中国社会科学院台湾史研究中心 主办

中国社会科学院近代史研究所台湾史研究室 编辑

台湾
历史
研究

第四辑

Taiwan History
Research　No.4

张海鹏　李细珠◎主编

社会科学文献出版社
SOCIAL SCIENCES ACADEMIC PRESS (CHINA)

目　录

1

茶叶贸易与台湾的经济发展 （1870～1965）

宋光宇

提　要　台湾原本没有贵重的物产足以吸引外国资本家和帝国主义者的注意。1861 年《天津条约》议定九口通商，淡水是其中的一个港口。最初选择淡水开港的原因不明，事后却证明，茶是淡水开港后最亮眼的出口产品，台湾于是登上现代国际贸易的舞台，这也造就了台湾经济发展的基础，更因为台湾取得这种成就，引来日本人的觊觎，而有乙未割台之惨事。茶如何与台湾人民的祸和福相连，是本文的重点。要回答这个问题，就必须把眼光放大到近代世界贸易史上，如此才能看出相关的各种联系。本文首先说明英美人民如何喜欢上喝茶，再谈英国人如何找茶，再谈台湾的洋行和茶叶外销。从中，我们可以发现乌龙茶、包种茶和红茶各自代表不同的政体、政商关系及营销策略和管道。

关键词　茶　工业革命　乌龙茶　包种茶　红茶

　　喝茶的习惯是中国人发展出来的，这已是毋庸置疑的事。2001 年考古学家在浙江余姚的田螺山遗址，发现了最古的茶树遗迹，年代是距今 7000－5500 年前，说明茶很可能起源于华中和华南地区。到了佛教风行之后，坐禅者，常饮茶来提神，慢慢地，饮茶之风风行各地。有关中国人如何喝茶，论者很多，无须多论，况且这也不是本文的主题，故暂且放在一边。总之，茶是中国人发明出来的饮料，至于西方人特别是英国人如何开始喜欢喝茶，又跟台湾有什么关系，是本文探讨的主要课题。

一　英国贵妇、工人都爱喝茶

　　英国《经济学人》杂志的科技主编斯丹迪奇（Tom Standage）有一本书

《历史六瓶装》（*A History of the World in 6 Glasses*）①，探讨了人类历史上六种饮料的发展史及其对那个时代社会、文化的影响。他在书中指出，是英国人在提倡喝茶，主要的推手是贵妇和工厂的工人，时间是在17、18世纪。茶最主要的功用一方面是使工人在单调的机器操作时，可以保持清醒；另一方面是茶具有天然抗菌能力，即使沏茶的水没有煮沸，喝茶也同样可以大幅降低水生疾病的流行。

喝茶是中国人的传统习惯。欧洲人在17世纪初，方才来到中国。那时，明朝的中国人把欧洲人看成是"洋鬼子"，不许他们在广州居住。同时，政府严格执行定期的朝贡制度，让海外的属国定期到中国来朝贡，兼做贸易。那时的中国人对欧洲的产品并没有兴趣，只愿意拿丝绸和瓷器换取白银。嘉靖三十六年（1557），明朝皇帝终于同意让葡萄牙人定居在广州外海的一个叫"澳门"的小岛上，与广州做生意，不受朝贡制度的限制。这样一来，中国既可以征收关税，又可以防止其他欧洲国家直接到中国来做生意，把中国人与外国人的接触降到最低。这种见解跟现代人的殖民观念是很不相同的。

欧洲人在1550年代已经注意到中国的茶叶。欧洲水手只是零星地带一些茶叶回欧洲，当作东方的珍奇，馈赠亲友。明万历三十八年（1610），荷兰商人方才把茶叶当成商品，运回欧洲。到1630年代，茶业由荷兰传入法国，1650年代传入英国。最初运到欧洲的是中国人一向饮用的绿茶。可是绿茶中往往掺杂太多的假货，如锯木而产生的木屑、柳树叶等，甚至更荒唐的一次记录是掺杂了羊粪。红茶就不容易掺杂这些假货，而且质量稳定，不容易在运输途中发生变质等情事。因此，欧洲人很快就喜欢上红茶，放弃了绿茶。红茶加上糖和牛奶，品尝起来，更加齿颊留香。可是，那时候的中国人都喝绿茶，很少有人喝红茶。于是他们认为外国人只适合饮用红茶。有趣的事情是欧洲人也错误地认为，红茶和绿茶是两种不同的产品。

茶叶传入欧洲之后，是一种奢侈的药用饮料。在1630年代，开始有人辩论茶叶对于人体健康有无帮助，有正、反两面的意见。反对的一方，以丹麦国王的德国籍医生西蒙·鲍利为主。他不但反对茶叶，同时也反对当时另外两种新潮的饮品——咖啡和可可。在1635年他出了本小册子，承认

---

① 斯丹迪奇：《历史六瓶装：啤酒、葡萄酒、烈酒、咖啡、茶与可口可乐的文明史》，吴平、葛文聪、满海霞、郑坚、杨惠君译，台北：联经出版公司，2006。市面上谈茶史的书不少，可是很少提到英国人跟中国茶之间的关系，因此本小节主要参考了此书。

茶叶的确是有一些药效，但是在漫长的运送过程中，由于变质而有毒。他宣称，饮茶会"让年过四十的饮茶者，加速死亡"。他自豪地说，自己倾全力阻止从中国进口茶叶这种疯狂的举动。

赞成的一方，以荷兰医生尼古拉斯·迪尔克为主，他主张"茶叶万能论"。他在1641年宣称，茶叶是一种神奇的植物，"那些坚持每天饮茶的人，都能身体健康，无病痛之苦，而且能享高寿"。另外一位荷兰医生庞德戈更加热衷提倡喝茶。他主张："我们国家中所有的人每天都要喝茶，如果有条件的话，每小时都要喝茶。最初可以一天喝十杯，然后逐渐增加，以胃的承受力为主。"他建议病人每天至少要喝50杯，而且多多益善，上限是200杯。荷兰东印度公司（中文正式的译名是"联合东印度公司"）为此颁奖给他。可是，他并不赞同当时流行的在茶中加糖的做法，认为糖不利于身体的健康。

欧洲人喝茶，喜欢加糖和牛奶。早在1660年，英国的茶叶广告上，就宣称：加了牛奶的茶可以增强肠胃的功能，减少能量的消耗，大大减轻肠绞痛的症状。从1650年到1770年，法国的贵族喜欢喝奶茶，蔚然成风。可是，奶茶很快就被咖啡和可可所取代，茶却在英国发扬光大，在人类的文明史上，产生巨大的影响。

1662年，葡萄牙国王约翰四世的女儿凯瑟琳嫁给英王查理二世。她的嫁妆中，包括丹吉尔和孟买的贸易站，也就是葡萄牙的海外贸易权，这意味着英国人可以从东方买到茶叶。凯瑟琳酷爱用小杯子饮茶。据说那个杯子只有拇指那么大。当她把饮茶嗜好带到英国后，很快就在贵族之间流行开来。饮茶之风席卷英国上层社会，在英国王室贵族中掀起饮中国茶的风潮。英国人赋予红茶优雅的形象及华美的品饮方式，使英国形成了内涵丰富的红茶文化，更将红茶推广成为国际性的饮料。这就是现在大家所熟知的英国下午茶的由来。

在英国，另一个推动饮茶文化的要角是英国东印度公司。从1660年代开始，英国东印度公司伦敦总部开董事会时，主要的饮品就是茶。当时的茶叶是船长私人夹带入境的。茶是一种理想的私货，稀有而且珍贵。一吨茶叶所能得到的利润可以抵得上数年的工资。一位船长一次夹带十多吨茶叶是稀松平常的事。这种私运的茶叶数量庞大，刺激了最初的茶叶消费。英国东印度公司在1686年下令禁止这种私人茶叶贸易行为，改由公司统一处理。

17世纪时，英国东印度公司从亚洲进口的货品主要是辣椒，其次是价格低廉的纺织品，茶叶是附带的东西。由于英国不产茶，所以茶叶的进口就不会冒犯国内商家的利益。英国是纺织工业发达的国家，于是国内的商家极力反对进口纺织品，要求多进口茶叶。这时候的茶叶是昂贵的消费品。在1660年时，每磅①茶叶要价6~10英镑。到1700年方才降到4英镑，品质较差的也要1英镑。那时一个贫民家庭的年收入才20英镑，因而饮茶不能普及。到了17世纪末，茶叶受到廉价咖啡的冲击，价格方才下滑，但一杯茶的价格仍是一杯咖啡的5倍。

18世纪以后，英国直接从中国进口茶叶，茶叶价格也一路下滑。从1718年起，茶叶取代丝绸，成为英国从中国进口货物的最大宗。1721年时，英国东印度公司从中国进口了5000吨茶叶。茶叶进口量最大的时候，曾占到英国东印度公司贸易总额的六成。茶税占到英国政府财政收入的5%左右。1795年，荷兰联合东印度公司破产，从此以后，英国东印度公司完全掌握了全球的茶叶贸易。

茶能在英国普及，要归功于妇女和在工厂工作的工人。《历史六瓶装》的作者斯丹迪奇说："凯瑟琳公主给了茶叶名分，东印度公司给了茶叶在英国的入场券，而新的饮茶方式使茶叶成为社交的一部分。"②1717年，伦敦一家咖啡店的老板托马斯·唐宁在他的咖啡店旁边另开了一家茶叶专卖店，专门卖茶给女顾客。那时候，咖啡店只允许男人光顾，妇女是不能进去的。家中的主妇又不愿意让仆人去买昂贵的茶叶，那么做，等于是把一大笔钱交给下人。在唐宁的店里，有身份的妇女可以买到各种时尚流行的茶叶，又可以在店中一饱口福，用小杯饮茶。唐宁会根据女顾客的口味，调配不同口味的茶饮，配上不同的糕点。这么一来，茶已不是单纯的饮品，而成为一种新兴的午后餐饮的推动者。

另一个英国人的创新是伦敦出现大大小小的饮茶花园。第一家饮茶花园是沃克斯豪尔，于1732年开张。里面有彩灯点缀的走道，在乐队伴奏下，艺人做各种表演。花园内还卖各种食品，主要是配茶的奶油面包。茶园的胜处就是它提供了一个高雅的场所，也是接触异性的好地方。相比之下，咖啡馆成了粗俗男人聚集的地方，社会地位每况愈下。于是咖啡馆纷纷转型。高档的咖啡馆成了男人的私人俱乐部，或因商业信息的交换而成为证

---

① 磅为英美制重量单位，1磅约合0.45公斤。
② 斯丹迪奇：《历史六瓶装》，第187页。

券交易所。档次低的咖啡馆就卖起酒来，与酒馆的差别越来越小。

茶叶的价格直落，再加上茶可以反复冲泡的特性，使得所有的穷人都喝得起茶。茶终于成为除白水之外最低廉的饮品。英国的茶饮由中国的茶加上西印度的糖组合成，是一种奇妙的创意发明。一杯热茶，配上一些凉食，就像是热乎乎地吃了一餐。于是英国社会中非常流行喝茶。斯丹迪奇特别指出："茶叶从世界最古老的国度款款而来，以其独特的口味和顽强的生命力，扎根并生长于新的帝国。每当英国人举杯啜饮，感悟茶境，唇齿留香之时，就会想起他们日不落帝国是多么的辽阔和强大。茶的兴起伴随着英国成长成为世界的强国，为英国的经济飞腾和殖民扩张奠定基础。"[1]

英国的强盛是基于它的工业革命，而茶在这个过程中发挥了正面功效。1771年发明水力纺织机的阿克莱特，建立大型纺织工厂，推动了工业革命的步伐，不但推动了技术的创新，更带来了组织管理上的变革。第一，不知疲倦的机器取代了熟练的工人；机器使用新的能源，如水力、蒸汽等。第二，工人只需要熟悉某一生产环节，不再需要熟悉整个生产流程任务。机器和人同室工作，意味着受到严密的控制。第三，实行轮班制，确保造价昂贵的机器可以发挥最大的工作效能。第四，为了保证工人能够按时上班，阿克莱特还在工厂附近建造工人宿舍。阿克莱特工厂的每一个工人能够完成50个手工纺纱工的工作量。加上其他生产环节的自动化，生产量大增。到了18世纪末，英国生产的纺织品量大价低，当英国国内销售盈满之后，开始外销印度，一举打垮印度的传统编织业，也打垮了中国的土布业。

18世纪新兴工厂的工人对于饮茶情有独钟，因为茶饮最适合新工厂里的工作性质与时间安排。为此，工厂主人开始提供茶点休息时间，作为工人的基本福利。喝茶不会像喝啤酒那样麻醉神经，相反，因为含有咖啡因，能提神醒脑，让人思路清晰。茶能使工人在长时间、单调而且重复的工作中，保持清醒，集中精力来操作高速运转的机器。手工纺纱的织布工人累了，就可以休息一下，而操作机器的织布工人身不由己，绝不可以忙里偷闲，他们必须像机器上的零件，不停地工作，而茶正是保证工厂顺利运转的润滑剂。

茶业另一个优点是具有天然的抗菌作用。即使沏茶的水没有煮沸，它也能大幅降低罹患水生疾病的可能性。从1730年代开始，伦敦的痢疾病例开始下降。到1796年，在伦敦几乎不再发生任何因饮水而发生的疾病。有

---

[1] 斯丹迪奇：《历史六瓶装》，第187页。

了茶叶抗菌的保证，大量的工人可以安心地涌入各个工业城市，聚居在工厂附近，不必担心痢疾等疾病的发生和蔓延。同时，婴儿的死亡率也随之下降，为工业革命储备了大量有用的人力资源。

中国人一直对英国乃至欧洲人的货物不感兴趣，迫使英国东印度公司必须用黄金、白银来交易，东印度公司深感不方便。在18世纪，英国东印度公司发现中国人喜欢吸食鸦片，大量的瘾君子是当时中国最大的社会问题，朝廷屡次下诏禁烟，可是成效不彰。鸦片来自印度，印度又在英国东印度公司的管辖下。因此，英国东印度公司大量地种植鸦片，从1770年起，默许鸦片商把鸦片卖给走私贩子，贿赂贪腐的中国官员。到了1830年，出口到中国的鸦片已达1500吨，超过从中国进口茶叶的总额。中英之间贸易形势自此完全逆转。清廷为了遏止这种逆转现象而有林则徐的禁烟行动。英国东印度公司为了自身的利益，向中国抗议施压不成，便采取军事行动。英国只用两艘战舰就打败了中国水师的29艘战舰，迫使中国签下《南京条约》，割地赔款，开放五口通商。中国自此历经各种内乱和外患，成了西方列强巧取豪夺的对象，沦为半殖民地。

总而言之，茶叶凭着对英国的影响而改变了世界的发展。

1834年东印度公司失去对中国的贸易垄断特权，开始积极寻找新的茶源，终而发现印度阿萨姆有茶的原生种。1840年，开始在阿萨姆种茶。1860年代末期，方才出现机械化的系统生产，茶树成排成列，工人按照严格的作息时间表操作，统一住在成排的宿舍中。从1870年开始，茶叶生产完全机械化，分工细密，大大降低生产成本。1872年，茶叶在印度的生产成本跟在中国的生产成本大致相当。但是到了1913年之后，印度茶叶的生产成本只有中国的3/4。这么一来，中国的茶叶注定要走下坡路。

台湾淡水开港后设立洋行和茶叶外销，就是在这样的时代趋势下的一个外围案例。主角是英国人和美国人所经营的洋行，茶叶销售的主要对象是美国的纽约。19世纪末，美国东部，从纽约到费城，西到五大湖区，都是工业发达的地方。这个老牌的英国殖民地的工人，也像英国工人那样喜欢喝茶。就是因为这个原因，台湾北部的茶叶才有机会登上世界舞台。

二 台湾原生的茶——水沙连茶

台湾原有高山野生茶树，分布在南投山地。康熙五十六年（1717）周钟瑄在《诸罗县志》的《物产志》中曾提到："茶经云：'茶者，南方嘉木'，北路无种者。水沙连山中有一种，味别，能消暑瘴。武彝、松萝诸品皆至自内地。"① 这是最早的台湾方志。根据这条资料，可知台湾北部原本没有茶树，中部水沙连（今南投县竹山、鹿谷、集集、名间一带）的深山中，有一种茶，味道不同于日常生活中所喝的茶。一般人日常喝的茶都是福建武夷山和安徽歙县松萝山所产的茶。

同书卷12的《杂记志·外记》中更提到："水沙连内山，茶甚夥，味别，色绿如松萝，山谷深峻，性严寒，能却暑消胀；然路险，又畏生番，故汉人不敢入采，又不谙制茶之法。若挟能制武彝诸品者，购上番采而造之，当香味益上矣。"显然是知道水沙连的茶质地不错，可无良好的制茶方法，以致质量不高。

康熙六十一年（1722）蓝鼎元在《东征集》中也提到："水沙连内山，产土茶，色绿如松萝，味甚清冽，能解暑毒，消腹胀，亦佳品云。"②

乾隆元年（1736）首任巡台御史黄叔璥在《台海使槎录》卷3云："水沙连茶。在深山中，众木蔽亏，实露蒙密，晨曦晚照，总不能及。色绿如松萝，性极寒，疗热症最效。每年通事于各番议明，入山焙制。"③

朱仕玠在《小琉球漫志》卷6中提到："水沙连山在诸罗县治内，有十番社。山南与玉山接，大不可极。内山产茶甚夥，色绿如松萝。山谷深峻，性严冷，能却暑消瘴。然路险且畏生番，故汉人不敢入采。土人云：凡客福州会城者，会城人即讨水沙连茶，以能疗赤白痢如神也。"④

朱景英在《海东札记》卷3《记土物》中也曾经提到："地不产茶。水沙连一种，与茗荈相类，产野番丛箐中，曦光不到之处，故性寒可疗热症，然多啜恐胃气受伤。"⑤

从康熙末年到乾隆中叶的50年间，台湾只有一种水沙连茶闻名于世。这种茶具有医疗的效果，可以去热，可以治赤白痢疾。"水沙连"现在也是以产

① 周钟瑄：《诸罗县志》卷10《物产志·物产》，康熙五十六年（1717），台湾银行经济研究室、台湾文献馆编《台湾文献丛刊》第141种，1957。
② 蓝鼎元：《东征集》卷6《纪水沙连》，康熙六十一年（1722），《台湾文献丛刊》第12种，1958，第85～86页。
③ 黄叔璥：《台海使槎录》卷3《赤崁笔谈·物产》，乾隆元年（1736），《台湾文献丛刊》第4种，第62页。
④ 朱仕玠：《小琉球漫志》，乾隆三十年（1765），《台湾文献丛刊》第3种，第23～24页。
⑤ 朱景英：《海东札记》，乾隆三十八年（1773），《台湾文献丛刊》第19种，第31～45页。

茶著称，可是不再宣称其茶有医疗的效果。据此可以确知，后来北部所发展的制茶业与南部土茶无关。

三　北部茶业的兴起

台湾北部种茶始于19世纪初。嘉庆年间，有位名叫柯朝的人，开始在鱼桀鱼坑①种植武夷茶，发育甚佳，收获亦丰。于是逐渐传开，坪林、深坑、石碇、景美、新店等地开始跟进种茶，②茶成为北部的一项特产，主要原因是台北地区温湿多雨，适合茶树的生长，一年可以收成四次。

清代台湾茶业最初只是在台湾岛内销售，继而运销厦门和福州。《淡水厅志》卷4《赋役志》"茶厘"云："北淡石碇、拳山二堡，居民多以植茶为业，道光年间，各商运茶往福州售卖。每茶一担，收入口税银二圆，方准投行售卖。迨同治元年，沪尾开口通商，茶叶遂无庸运往省城。省中既无入口税银可征，台地亦无落地厘银可抽。而茶叶出产，递年愈广。"③咸丰十一年（1861）九口通商之后，英国派驻淡水的首任领事郇和（Robert Swindhole）在他的记录中也说："当时台湾已有巨量茶叶运销大陆。"④在淡水海关的记录中，这一年茶叶输出82022公斤。这是在公文书上可以见到的台湾茶叶交易的最早正式记录。

到了咸丰十年（1860），情况有了根本的变化。台北的茶叶开始有机会打进世界市场，大稻埕的贸易网络也随之改变。

四　洋行与茶商

咸丰十一年（1861）淡水开港之后，洋人利用文字魔术，把"淡水港"的范围延伸到大稻埕和万华，到这两地方设立商行、货栈，从事砂糖、米、

---

① 鱼桀鱼坑究竟指哪个地方，有两种不同的说法。台北市茶商公会认为是指台北县的瑞芳，是个多雨的地方。参见台北市茶商同业公会编著《台茶输出百年简史》，1965，第2页。另一说是指台北县深坑乡、石碇乡，参见廖庆梁《台湾茶圣经》，台北：扬智文化事业股份有限公司，2009，第17页。

② 陈培桂：《淡水厅志》卷4，志3《赋役志》，"茶厘"，《台湾史料集成》，《清代台湾方志汇刊》第28册，台北：文建会，2006，第196～197页；连横：《台湾通史》，九州出版社，2008，第402页。

③ 陈培桂：《淡水厅志》卷4，志3《赋役志》，"茶厘"，第196～197页。

④ 转引自台北市茶商同业公会编著《台茶输出百年简史》，第2页。

茶、樟脑和鸦片的买卖，进而改变了台湾的经济结构。

根据 J. W. Davidson 和连横对台北地区制茶业的记录，可知大稻埕制茶业及其外销跟外国资金和技术的引入有关。[①] 自从淡水开港以后，逐渐有外商来到艋舺和大稻埕，设立洋行，从事国际贸易。

把台湾带入国际贸易之列者首推苏格兰人托德（John Dodd，又名"让独独""道先生"）。他最初是颠地洋行（Dent & Co.）驻厦门的代理人。颠地洋行在中国通用的名称是"宝顺洋行"，取"宝贵和顺"之意。在台湾的记录中，宝顺洋行却作 Dodd & Co.。咸丰十一年（1861），托德第一次到台湾来探察樟脑生意，就发现台湾北部的气候、土质非常适合栽种茶树。同治四年（1865），托德于淡水设立宝顺洋行，贩卖鸦片、樟脑，同时也从事茶的生意。托德在买办李春生的协助下，从福建安溪运来新的茶种，劝农分植，又贷款给茶农，教以新的烘焙技术。同治六年（1867），托德收购台北所生产的粗制茶，首次试销澳门。由于芳香郁馥，风味独特，此茶获得好评，托德于是信心大增。为免去运往福州加工之劳费，同治七年（1868），他从福州请来制茶的技师，设厂精制乌龙茶，奠定大稻埕往后茶业发展的基础。[②] 这是一种半发酵的茶，接近于红茶，适合英美人士喝茶的口味。同治八年（1869），托德试着给台茶贴上"福岛乌龙茶"（Formosa Oolong Tea）商标，运销美国纽约，数量达 2131 担，121856 公斤。由于质量不错，此茶颇获好评，获利也多。此举为台湾的制茶业和茶叶外销开创新纪元。[③]

同治九年（1870），宝顺洋行输往美国的乌龙茶暴增为 10540 担，价格也从先前的每担 15 美元增加为每担 30 美元。美国成为台湾乌龙茶的主要市场。

从同治九年（1870）开始，台湾茶的名声和市场逐渐建立，茶价也不错，外商渡海来台设厂制茶者也日渐增加。同治十一年（1872），台湾已经有五家洋行从事制茶和外销事业。这五家洋行为宝顺洋行（Dodd & Co.）、德记洋行（Tait & Co.）、爱利士洋行（Elles & Co.）、水陆洋行（Brown & Co.）、和记洋行（Boyd & Co.）。这五家洋行的经营者都是英国商人。后来

---

① J. W. Davidson, *The Island of Formosa: Past and Present*, 1903, 中译本由台北南天书局于 2001 年出版；连横：《台湾通史》，第 402～403 页。

② 台湾总督府殖产局特产课：《台湾の茶业》，1937，第 1 页。

③ 台湾总督府殖产局特产课：《台湾の茶业》，第 1 页；台北市茶商同业公会编著《台茶输出百年简史》，第 9 页。

台湾又增加英商义和洋行（Jardine Matheson & Co.，后改为怡和洋行）、英商嘉士洋行（Cass & Co.）、西班牙商瑞记洋行（Malcampo & Co.）、德商廉士洋行（James Milish & Co.）、美商惠利洋行（Field Hastus & Co.）、美商新华利洋行（The Anglo-American Deroct Tea Trading Co.）、美商美时洋行（Oliver Carter Macy Inc.）、美商裕达洋行（Reuten Brockelman & Co.）、美商罗百克洋行（Laprack & Co.）等九家洋行。[①] 这 14 家洋行存在的时间长短不一。也就是说，在台北大稻埕，先后曾经有 14 家洋行。

本地的商人群起效仿，辟茶园，设茶厂，或运粗制茶到厦门加工，而后运销南洋各地。根据日人在占领台湾之初的调查，在光绪二十二年（1896）时，台湾有本地茶商 259 家，总资本额是 1072384 元，从业员工有 3638 人。

依据茶商公会 1918 年至 1937 年的会员名录上的记载，包种茶商共有 140 家，乌龙茶商有 216 家。这两类茶商没有日本人。乌龙包种茶商 60 家，其中有 4 家是日本人经营。红茶商 9 家，其中有 4 家是由日本人经营。洋行 10 家，日本人 4 家，英国人 3 家，美国人 3 家。茶栈 113 家，其中由日本人经营的只有 2 家。茶箱商 36 家，日本人经营者 1 家。

从茶商公会的会员名录来看，经营包种茶者大多在海外有自己的分店。做乌龙茶生意者由于都是将茶供应给洋行，由洋行运销欧美，都没有海外分店。兹依据这份名录，整理包种茶商海外分店的分布情形，如表 1 所示。

表 1　包种茶商海外分店的分布情形（1918 年 4 月 1 日至
1937 年 3 月 31 日）

国家或地区	城市或地区	包种茶商分店（家）	兼卖包种茶乌龙茶	合计	附注
日本	内地	1	1	2	
	琉球	15	8	23	
	满洲	9	3	12	
越南	西贡以外地区	14	2	16	
	西贡	18	3	21	现在称胡志明市

---

① 台北市茶商同业公会编著《台茶输出百年简史》，第 10 页。

国家或地区	城市或地区	包种茶商分店（家）	兼卖包种茶乌龙茶	合计	附注
马来西亚	彼南	2	1	3	Penang 的音译，现译作槟榔屿
印度尼西亚	巴达维亚	13	0	13	即现在的雅加达，印度尼西亚首都
	三宝垄	36	5	41	Semarang，印度尼西亚爪哇岛中爪哇省商港和首府
	井里汶	22	2	24	Tjirebon，在印度尼西亚西爪哇岛的东部，有两万多华人，是 1963 年排华事件的发生地
	泗水	6	0	6	Surabaya，印度尼西亚第二大城市，在爪哇岛的东北角
泰国	曼谷以外地区	26	7	33	
	曼谷	27	3	30	
菲律宾	吕宋	3	0	3	
	马尼拉	2	2	4	
中国	厦门	10	0	10	
	香港	5	0	5	
新加坡	新加坡	27	16	43	
	中街	1	0	1	
	东街	8	0	8	
	东市	5	0	5	
欧美	—	—	1	1	
合计		250	54	304	

资料来源：《日治时代茶商公会业务成长报告书（1917～1944）》（会员名录），2008，第 289～359 页。

从表 1 来看，包种茶商的海外分店，以印度尼西亚（当时称作荷属东印度）最多，有 84 家贩卖包种茶的分店；泰国则有 63 家，新加坡有 57 家。这三国均有相当数量的华人。反而是菲律宾马尼拉有些奇怪，在茶商公会的统计资料上，输往马尼拉的茶数量不少，可是销售的据点却很少，不知为何如此。

以分店数来说，锦记茶行以九家分店居冠，主事者是陈天来。这九家分店分别设在三宝垄、井里汶、巴达维亚、曼谷、满洲、内地、西贡、新加坡、中街。也就是说，在印度尼西亚有三家分店、新加坡有两家分店，其他四地各一家分店。

设有七家分店的茶行有三：芳春、义兴吉和郭河东。

芳春行的主事者为王芳群、王连河等人，分店设在安南、西贡、暹罗、曼谷、新加坡、井里汶、彼南。也就是在越南两家、泰国两家、新马两家、印度尼西亚一家。

义兴吉的主事者是苏登原、苏广泉，分店设在暹罗、曼谷、安南、西贡、琉球、满洲与新加坡。

郭河东的主事者是郭汉泉（1912～1919年、1921年、1926～1931年主事）、郭春秧（1922～1925年主事）。它的分店分别设在三宝垄、巴达维亚、井里汶、东市、东街、厦门、新加坡。也就是说，在新加坡有三家分店，印度尼西亚有三家，厦门有一家。

拥有六家分店的茶行有二：永裕、建泰。永裕茶行的负责人是陈朝煌（1923年主事）、陈朝骏、陈朝波（1932年主事），分店分布在三宝垄、井里汶、巴达维亚、厦门和东街。建泰茶行的负责人是陈松标、陈雨经（1924年主事）、陈松苍（1930年主事），分店分别设在三宝垄、井里汶、巴达维亚、东市、东街、厦门。从分店的分布地来看，这两家茶行集中在印度尼西亚和新加坡。

从以上简单的分析可以看出台湾包种茶在南洋乃至东亚的贩卖概况。令人好奇的是马来亚的西岸尤其是马六甲和槟榔屿是中国人聚居最多的地方，可是在这本茶商名录中，只有芳春行在槟榔屿有一家分店，在马六甲没有任何一家茶行前去设立分店。马六甲、新加坡和槟榔屿合称"英国海峡殖民地"，同属一个行政系统，同样都是福建、广东的移民，在选用包种茶方面却有截然不同的表现，不知是何原因。

五 乌龙茶及其出口贸易

乌龙茶是一种半发酵茶，最初的制造方法来自福建，后经台湾经营者悉心研究，不断改良，方才得以发扬光大。它的特性有四。（1）水色：呈琥珀之金黄色，非常鲜艳。（2）香气：有熟果香的高雅香气，也有梨香或苹果香，随茶树的品种而异。（3）味：香醇而纯和，甘润有回味，入口有如嚼果之味，是乌龙茶最具特色之处。（4）形状：高级茶外形呈红、黄、白三色。能呈现艳丽的鲜花色者，是乌龙茶中的极品。

在光绪七年（1881）之前，台湾茶只有乌龙茶一种而已。我们可从海关的记录得知其每年的出口数量，并间接推知其中一些年份乌龙茶的产量。台湾历年乌龙茶出口数量之统计见表2。

表2　历年乌龙茶出口数量之统计

单位：公斤，日元

时期	年份	生产数量	生产价值	输出数量	输出价值
清朝统治时期	1865	—	—	82022	—
	1866	—	—	81371	—
	1867	—	—	123856	—
	1868	—	—	203494	—
	1869	—	—	200453	—
	1870	—	—	633407	—
	1871	—	—	892084	—
	1872	—	—	1170811	—
	1873	—	—	936596	—
	1874	—	—	1476627	—
	1875	—	—	2494413	—
	1876	—	—	3534312	—
	1877	—	—	4153800	—
	1878	—	—	4815660	—
	1879	—	—	5101970	—
	1880	—	—	5428 562	—
	1881	—	—	5768318	—
	1882	—	—	5421536	—
	1883	—	—	5873680	—
	1884	—	—	5620440	—
	1885	—	—	7014833	—
	1886	—	—	7283283	—
	1887	—	—	7588492	—

续表

时期	年份	生产数量	生产价值	输出数量	输出价值
清朝统治时期	1888	—	—	8144460	—
	1889	—	—	7212244	—
	1890	—	—	7717200	—
	1891	—	—	8148207	—
	1892	—	—	8204138	—
	1893	—	—	9836912	—
	1894	—	—	8229603	—
	1895	—	—	8039580	—
日据时期	1896	—	—	9643373	5515047
	1897	—	—	9643373	6445121
	1898	—	—	7840200	5696842
	1899	—	—	7051200	4723450
	1900	—	—	7255700	4186703
	1901	—	—	7406100	2996002
	1902	—	—	8555800	6033224
	1903	—	—	9142000	5323938
	1904	—	—	8152900	5054450
	1905	—	—	8668400	5341288
	1906	7465937.4	4483405	7465937	3981401
	1907	8098741.8	4266000	7855700	3984637
	1908	7667207.4	4248097	7710400	4117948
	1909	8090483.4	4309364	8128000	4301617
	1910	8106783.6	4445245	8104400	3853080
	1911	9207804.0	5343950	9207804	5227923
	1912	7081662.6	4000070	7325699	4057688
	1913	7323808.2	4110784	7221078	3942347
	1914	7602306.6	4297897	7488347	3853260
	1915	9064033.8	5418810	8888846	4312707
	1916	8785882.2	5414009	8486592	3936622
	1917	8445273.0	5246307	8112643	1731073
	1918	8983134.0	6440516	8806681	5692304

续表

时期	年份	生产数量	生产价值	输出数量	输出价值
日据时期	1919	7654678.2	5793404	6879690	5346327
	1920	3235160.4	1572509	2893305	2536026
	1921	4772730.6	3500512	4512702	3534590
	1922	5428700.4	4148328	5378583	4867662
	1923	5704230.0	4524868	5870348	5160965
	1924	5295298.2	4431318	5144197	4864578
	1925	5001796.8	4765862	4828231	5220958
	1926	4956694.2	5562792	4789887	5470129
	1927	4831177.8	4891554	4809447	5102621
	1928	4778721.6	4762086	4135487	4315770
	1929	3875038.7	3744876	3365383	3423426
	1930	3793412.3	3442091	3235160	2608639
	1931	4134370.7	2845069	3480142	2350845
	1932	4280853.6	1789280	3832622	2802316
	1933	3810810.6	2055395	4003902	2894245
	1934	3175436.4	3562301	3048284	3117360
	1935	3168018.6	3538321	3980287	3814289
	1936	3029624.4	3571499	2309053	2954716
	1937	2092204.8	2870562	1920964	2539925
	1938	2711396.4	3714700	2462335	2891145
	1939	2583874.8	4501546	2466206	4306992
	1940	1264114.8	1974363	1433863	2828989
	1941	63437.3	90989	4080	5934
	1942	2207295.8	364399	19639	20120
	1943	119990.0	220207	44960	—
	1944	51492.0	198594	51492	—
光复以后	1945	19500.0	102500	19500	—
	1946	507303.0	49868672（旧台币）	704146	—
	1947	1068847.0	543285170（旧台币）	754492	—

续表

时期	年份	生产数量	生产价值	输出数量	输出价值
光复以后	1951	—	—	402000	—
	1964	—	—	365000	—

资料来源：输出数量部分，参见张我军《台湾之茶》，台湾银行金融研究室编《台湾特产丛刊》第3种《台湾之茶》，1949，第7~8页；台北市茶商同业公会编著《台茶输出百年简史》"台湾茶业一百年间历年输出数量统计表""台湾乌龙茶之生产额"。生产数量、生产价格与输出价值数据，参见张佩英、曹淑珍《台湾之茶》，台湾银行金融研究室编《台湾特产丛刊》第3种《台湾之茶》，第52页。

  由表2可以看出乌龙茶出口从开始到兴盛，再慢慢转衰的整个起伏经历。在初起的十年中，乌龙茶的出口数量增长迅速。特别是1869年到1870年，乌龙茶的输出量由前一年的200453公斤跃升为后一年的633407公斤，增长了两倍多。1911年，乌龙茶的生产到达顶峰，是日据时代的最高纪录，约为920万公斤。1915~1918年的收成也很好，维持在850万公斤左右，然后逐年下降。这种衰退主要是受到爪哇红茶入侵美国市场的影响，乌龙茶不敌，节节败退。在1919年，乌龙茶的产量大幅下降，就是因为爪哇红茶夺取了乌龙茶的美国市场。自此以后，乌龙茶的输出量节节下降，到了1940年，降为143万公斤。后四年的输出量也很少，日本战败投降的1945年输出数量不足2万公斤。促成乌龙茶经营失败的另一个原因是台湾的经营者故步自封，不求进步，更有不肖商人用劣质茶鱼目混珠，以致影响声誉，失去美国人的信任。

  1937年日本发动七七事变，全面入侵中国。由于卷入战争，台湾乌龙茶的产量明显下降。1941年，乌龙茶的生产量跌到谷底。这一年日本发动太平洋战争，偷袭美国夏威夷的珍珠港。到1945年日本人投降时，乌龙茶产量只剩下19500公斤。光复后，台湾又遭逢物价飞涨，货币贬值的危机，旧台币以4万元折换新台币1元，茶的生产和销售都受到很大的阻碍。

  在输出场域方面，据1895年日本总督府殖产局特产课所编的《台湾茶业调查》，乌龙茶的输出市场计有中国大陆、香港和美国、英国等地。到了1934年，乌龙茶的销售国家或地区计有美国、澳大利亚、英国、英属美洲、中国香港等地。

  台湾茶商公会有从1917年至1941年各种茶叶的输出记录。乌龙茶全由洋行收购，贩卖至欧美国家。乌龙茶的输出几乎都操控在英美洋行之手。表3所列即为各洋行采购乌龙茶的记录。

表3　各洋行历年乌龙茶买入量之统计（1916～1936年）

单位：箱（每箱净重31斤）

洋行	1916年	1917年	1918年	1919年	1920年
三井洋行	100000	100300	102000	96500	19000
和记洋行	68400	69200	59500	61200	19950
德记洋行	64000	69500	78640	50000	46100
惠利洋行	56000	37800	31130	36800	20000
美时洋行	50000	103500	70600	68400	13600
义和洋行	47000	63400	43600	32800	21100
华利洋行	41000	40800	40000	26400	17600
野泽组	31000	3600	30400	16300	6800
浅野物产	—	—	42000	—	—
三菱茶行	—	—	—	2363	—
共计	457400	488100	497870	390763	164150
洋行	1921年	1922年	1923年	1924年	1925年
三井洋行	27900	63700	56800	60000	73500
和记洋行	36900	41300	47500	45400	39250
德记洋行	56000	54300	66400	79200	58600
惠利洋行	20450	29700	23000	—	—
美时洋行	36500	43500	56000	57000	65850
义和洋行	30600	35000	42200	40000	29000
华利洋行	38200	34000	28000	—	—
大美洋行	—	—	—	1900	—
野泽组	2100	8500	12000	14000	10500
共计	248650	310000	331900	297500	276700
洋行	1926年	1927年	1928年	1929年	1930年
三井洋行	59000	32500	21500	19000	15400
和记洋行	36300	38300	16750	24000	12750
德记洋行	55100	55160	54300	33530	40150
美时洋行	84700	76200	76200	60300	66540
义和洋行	28750	21500	19050	15950	11800
新华利洋行	—	43200	28700	23550	30700
野泽组	4700	8700	12100	8550	5400
共计	268550	275560	228600	184880	182740

洋行	1931 年	1932 年	1933 年	1934 年	1935 年
三井洋行	22200	7047	8654	7379	15500
和记洋行	12200	14338	12209	—	—
德记洋行	43500	49438	48344	36751	34000
美时洋行	62500	70260	87017	65709	91500
义和洋行	10220	18407	18375	18326	14800
新华利洋行	42000	39393	30345	36386	35000
野泽组	6100	4485	3113	1331	10300
其他	—	228	338	542	2625
共计	198720	203596	208395	166424	203725

洋行	1936 年
三井洋行	6812
和记洋行	—
德记洋行	37242
美时洋行	57451
义和洋行	15270
新华利洋行	22547
野泽组	3177
其他	2855
共计	145354

资料来源:《日治时代茶商公会业务成绩报告书（1917～1944）》，2010，第 189～268 页。

从这些记录中可以看到，德记洋行一直是最主要的输出者。和记、美时、义和与三井都是先盛后衰。惠利洋行最早退出，华利洋行于 1926 年改组成"新华利洋行"。日资的浅野物产和三菱洋行，分别出现在 1918 年和 1919 年的记录中，只是昙花一现而已，没有多少实质的作用。洋行不直接从事乌龙茶的生产，而是向大稻埕众多的茶厂（铺家）采购。洋行外销益盛，对大稻埕茶厂的采购益多，大稻埕市况也就益加繁荣，霞海城隍庙的祭典庙会也就跟着热闹起来。

乌龙茶最大的市场是美国，英国次之，二者在输入的数量上差距较大。其他如澳大利亚、加拿大、法国、秘鲁、丹麦、西班牙、印度、南非、挪威、德国等也都有少量的输入（见表 4）。

表4　台湾茶在国际市场上的输出地、输出数量及比率

单位：公斤，%

		合计	美国	英国	澳大利亚	中国香港	中国大陆	加拿大	其他地区
1896年	数量	9643573	328085			22531	9273674		19283
	占比	100	3.4			0.2	96.2		0.2
1904年	数量	5982612	2968532			15989	2990091		
	占比	100	49.6			0.3	50.1		
1914年	数量	7488347	6897609	375901	91128	77979	12144	20360	13226
	占比	100	92.1	5.0	1.2	1.0	0.2	0.3	0.2
1924年	数量	5144177	4446231	493825	39622	88070	5990	7353	63086
	占比	100	86.4	9.6	0.8	1.7	0.1	0.2	1.2
1934年	数量	3048284	2612776	384664	18456	1883		5041	25464
	占比	100	85.7	12.6	0.6	0.1		0.2	0.8
1944年	数量	5700							
	占比	100							
1954年	数量	245108	151149	59927				746	33286
	占比	100	61.7	24.4				0.3	13.6
1964年	数量	264087	176691	47027		6137		2093	32139
	占比	100	66.9	17.8		2.3		0.8	11.2

资料来源：台北市茶商同业公会编著《台茶输出百年简史》，第43页。

张我军在《台湾之茶》一文中，也利用1924年到1932年每隔一年的统计资料，来说明乌龙茶输往哪些地区。由表5可见，乌龙茶最大的输出国为美国。

表5　乌龙茶的输出地区与数量（1924～1932年）

单位：箱

国家或地区	1924年	1926年	1928年	1930年	1932年
美国	262209	240219	199150	138432	187249
英国	29818	26256	27762	36762	13198
澳大利亚	2058	2447	1090	890	1095
加拿大	286	740	495	880	998
法国	450	192	—	450	224

续表

国家或地区	1924 年	1926 年	1928 年	1930 年	1932 年
中国香港	644	266	406	131	204
中国大陆	329	800	77	619	2
日本	1567	718	799	670	347
其他	483	561	67	357	234
共计	297844	272199	229846	179191	203551

数据来源：张我军《台湾之茶》，台湾银行金融研究室编《台湾特产丛刊》第 3 种《台湾之茶》，第 9 页。

六　包种茶及其出口贸易

同治十二年（1873），乌龙茶外销不顺，部分洋行暂停购买乌龙茶，使得台北茶行仓库堆满了茶叶。在"穷则变，变则通"的指引下，洋商把一部分茶叶运往福州加工，改制成包种茶，贩卖中国大陆各地。八年后，也就是到了光绪七年（1881），福建同安的吴福老来到大稻埕，开设"源隆号"茶厂，经营制造包种茶，开创台湾生产精制茶的先河。同年，该茶厂开始输出包种茶。[①]

接着就有福建安溪的茶商王安定与张占魁合办"建成号"。随后，福建各地茶商接踵而至，生产和贩卖包种茶。于是，包种茶的声势日隆，与乌龙茶并驾齐驱。

台湾的包种茶具有以下的特性：（1）水色：低火候者，呈橙黄色，以鲜丽为贵。高火候者，具有红、黄甚至深红色。（2）香气：以花香为主，其高雅脱俗的自然花香为品茗者所欣赏。最好的花香之特色是"清飘不腻"，主要是用茉莉花、栀子花、素馨花熏制而成。（3）味：分高、低火候二种。高火候者以甘润回味有喉韵为主；低火候者具有上述自然之清飘花香，味以纯和甘滑为主。

台湾包种茶虽然质量很好，不过由于饮用者的口味不同，有人嫌它过于清淡。为了迎合不同嗜好、口味的消费者，于是茶厂用"熏花"的办法，

---

① 台北市茶商同业公会编著《台茶输出百年简史》，第 10 页。

来增加包种茶的香气。熏茶所用的香花主要是茉莉①、素馨②、栀子③。连横在《台湾通史》中提到包种茶必须"熏花"之事："南洋各埠前销福州之茶，而台北之包种茶足与匹敌，然非熏以花，其味不浓。"④

包种茶的生产带动了"种花"的行业。茶商需要花农就近供应"熏花"所需要的香花。土地种花，每甲可以收入10元以上，比种茶的利益还高。于是在艋舺、大稻埕、大隆同甚至三张犁一带，有许多以种香花为业的花农。

在产量方面，清政府统治时期只能从输出数量来推测产量。光绪七年（1881）第一次有包种茶的输出记录，为18446公斤。日据以后，产量总体呈上升趋势，如表6所示。

表6　包种茶输出数量统计（1881~1964年）

单位：公斤，日元

时期	年份	产量	生产价值	输出数量	输出价值
清朝统治时期	1881	—	—	18446	—
	1883	—	—	68147	—
	1885	—	—	348968	—
	1889	—	—	620336	—
日据时期	1897	—	—	1101300	460910
	1898	—	—	1216900	526733
	1899	—	—	1313200	572346
	1900	—	—	1503500	630949
	1901	—	—	1317400	505062
	1902	—	—	1200400	480683

---

① 双瓣茉莉（拉丁学名：Jasminum sambac，梵文：Mallika）为木犀科素馨属的植物，是一种高1~3米的灌木。分布在印度、菲律宾、缅甸和斯里兰卡。

② 素馨（拉丁学名：Jasminum grandiflorum），又名素英、耶悉茗花、野悉蜜、玉芙蓉、素馨针，属木犀科。花多白色，极芳香。原产于岭南。喜温暖、湿润的气候和充足的阳光，宜植于腐殖质丰富的沙壤土。可以压条、扦插法繁殖，亦可用于制作中药。古代常作为妇女的头饰。

③ 栀子（拉丁学名：Gardenia jasminoides），又名木丹、鲜支、卮子、越桃、水横枝、支子花、枝子花、山栀花、黄鸡子、黄黄子、黄栀子、黄栀、山黄栀、玉荷花、白蟾花，属茜草科栀子属植物。

④ 连横：《台湾通史》，第403页。

续表

时期	年份	产量	生产价值	输出数量	输出价值
	1903	—	—	1473500	639535
	1904	—	—	1457100	716299
	1905	—	—	1776100	892975
	1906	1581090.0	530000	1933900	1048316
	1907	2048958.0	1091607	2164700	1168231
	1908	2346009.6	1360881	2483000	1431576
	1909	2525299.2	1818548	2525300	1506914
	1910	2805720.0	2066506	2805800	1935244
	1911	2515207.2	1811068	2515200	1811014
	1912	3595768.2	2294853	3594717	2563619
	1913	3309070.2	2358006	3305743	2355189
	1914	3448730.4	2474083	3448824	2474083
	1915	3135844.2	2767117	3135844	2758571
	1916	3410351.4	2396433	3403991	2323601
	1917	3948446.4	2868121	3939356	2761787
日据	1918	3823171.2	2992548	3810404	2893574
时期	1919	3964801.0	3077600	3798242	2821078
	1920	3933463.2	4034205	3851603	4386448
	1921	4013292.0	4423192	3736331	4639459
	1922	3866070.6	5116265	3648922	4683737
	1923	3925912.8	4941554	3725398	5445229
	1924	4480807.8	5863403	4361092	6172784
	1925	4959456.6	6799659	4740505	6771295
	1926	5418514.8	6946138	5388515	6454274
	1927	5464507.2	6905191	5253237	5493295
	1928	4512821.4	5548077	4455762	5765940
	1929	4942418.6	6484979	4653090	5985925
	1930	4920859.8	6193677	4626058	4489261
	1931	4368207.2	5071499	3889900	1836742
	1932	2392871.2	2071509	2195666	1816576
	1933	3153770.2	1809039	2428768	2641386

时期	年份	产量	生产价值	输出数量	输出价值
日据时期	1934	3399739.8	3074987	3093020	2814975
	1935	3411288.0	3086095	3095333	2279345
	1936	3553525.8	3394389	2417106	2446182
	1937	2942929.2	3162587	2547378	3434974
	1938	3557191.8	3678970	3411536	8334456
	1939	4695853.8	9561336	4286302	6067708
	1940	3521898.6	5868749	2336474	16771277
	1941	5211088.7	8946126	4976100	16856781
	1942	7818485.2	11745360	4608961	—
	1943	5777556.0	19153518	5053536	—
	1944	1154007.0	11973671	7346281	—
光复以后	1945	226856.0	862217	23762	—
	1946	1361785.0	117289881 *	1114720	—
	1947	1122461.0	658751050 **	2207839	—
	1948	—	—	2965114	—
	1949	—	—	2721181	—
	1950	—	—	722132	—
	1951	—	—	1432115	—
	1952	—	—	1442582	—
	1953	—	—	1577305	—
	1954	—	—	1316671	—
	1955	—	—	1538331	—
	1956	—	—	1535348	—
	1957	—	—	1586214	—
	1958	—	—	1744335	—
	1959	—	—	1869097	—
	1960	—	—	1738974	—
	1961	—	—	1767040	—
	1962	—	—	2096148	—
	1963	—	—	1970720	—

续表

时期	年份	产量	生产价值	输出数量	输出价值
光复以后	1964	—	—	2079823	—

注：* 单位为旧台币。** 单位为新台币。

资料来源：输出数据参见台北市茶商同业公会编著《台茶输出百年简史》，第44页；张我军《台湾之茶》，台湾银行金融研究室编《台湾特产丛刊》第3种《台湾之茶》，第7~8页。生产数据、生产价格与输出价值数据，参见张佩英、曹淑珍《台湾之茶》，台湾银行金融研究室编《台湾特产丛刊》第3种《台湾之茶》，第52页。

从表6来看，包种茶的产销比较平稳，不像乌龙茶那样大起大落。从1889年到1896年的8年之间，是包种茶的蛰伏时期。1897年，包种茶输出数量是1101300公斤，到1907年已增加到2164700公斤。此后，包种茶输出量基本保持增长态势。1912年到1923年，每年输出额为300多万公斤，1926年到达顶峰，输出额为540万公斤。

1928年济南事变发生，中国大陆各地发起反日运动，抵制日货。台湾的包种茶因而受连累，出口量下降到4455762公斤。1931年发生九一八事变，日本占领东北三省，成立伪满洲国，全中国和南洋各地都爆发大规模的反日运动，抵制日货，包种茶的输出量大受影响，1932年降至200多万公斤。包种茶还能有销路，则是因为伪满洲国成立之后，台湾和伪满洲国同属日本殖民地，台北的茶商可以贩卖茶叶到东北，包种茶因而开拓了东北的市场。[1]

自此以后数年里，日本侵略中国大陆益加猖狂，例如1932年又有上海淞沪事变，日军攻击上海。中国南方各省和东南亚各地的华侨强力反日，抵制日货，包种茶成了受殃之池鱼，输出数量益加减少，在1937年卢沟桥事变爆发前，降到新的低点。可是一旦抗战爆发，日军迅速占领广大的华东、华北地区，包种茶因而又找到新的市场。[2] 所以抗战初期，尽管乌龙茶的出口额一落千丈，但包种茶与红茶的出口反而增加。[3]

从1904年到1934年，包种茶的海外市场以爪哇的三宝垄为首位，从1935年起，中国东北起而代之（见表7）。

---

[1]　张我军：《台湾之茶》，台湾银行金融研究室编《台湾特产丛刊》第3种，第10页。

[2]　张我军：《台湾之茶》，台湾银行金融研究室编《台湾特产丛刊》第3种，第10页。

[3]　张我军：《台湾之茶》，台湾银行金融研究室编《台湾特产丛刊》第3种，第10页。

表7 包种茶销往各地之数量（1916～1939年）

单位：箱（每箱净重23斤）

国家或地区		1916年	1917年	1918年	1919年	1920年
荷属东印度（爪哇）	三宝垄	166000	180198	120345	126421	139535
	井里汶	22000	24312	27444	18597	38224
	泗水	8000	8935	6699	6017	7913
	巴达维亚	4000	4236	2988	2071	4931
	小计	200000	217681	157476	153106	190603
新加坡		65800	12401	11395	12271	22578
安南		12000	23436	25002	21904	1011
暹罗		13700	21601	27582	42640	34095
菲律宾	马尼拉	5500	7273	10176	12841	8627
缅甸		—	70	366	635	84
中国南方	广东	—	50	—	7	—
	香港	—	170	102	—	19
	厦门	—	692	—	86	356
	汕头	—	—	—	9	—
中国北方	青岛	—	—	40	305	252
日本	冲绳	6648	11689	19397	18972	19984
合计		303648	295063	251536	262776	277609

		1921年	1922年	1923年	1924年	1925年	1926年
荷属东印度（爪哇）	三宝垄	129952	129384	123812	138964	146237	152296
	井里汶	34418	44448	46529	46146	55276	61340
	泗水	6607	6571	6729	7251	—	—
	巴达维亚	4200	4307	3929	3455	—	—
	小计	175177	184710	180999	195816		
沙捞越	泗里末	—	—	—	—	8509	9069
	加蚋吧	—	—	—	—	6205	6293
新加坡		8753	9056	9319	15430	22195	24923
安南		29349	3131	—	—	—	—
暹罗	曼谷	36578	51402	68779	81202	80543	54478
菲律宾	马尼拉	6675	5700	5123	7357	6845	6350
中国南方	广东	1074	—	—	—	—	—

续表

		1921 年	1922 年	1923 年	1924 年	1925 年	1926 年
中国南方	香港	656	1473	1994	3399	2175	3250
	厦门	1763	123	10	338	424	60
	汕头	—	—	—	90	—	34
日本	冲绳	19225	7429	6424	15762	4500	1278
其他		—	17	41	1588	7237	56148
合计		279250	262681	272689	320982	340110	375519

		1927 年	1928 年	1929 年	1930 年	1931 年
荷属东印度（爪哇）	三宝垄	132278	156227	166161	133574	137582
	井里汶	73014	87972	80098	56179	34835
沙捞越	泗里末	9027	10802	9583	9148	9477
	加蚋吧	7258	5343	3988	4275	3388
新加坡		28074	5879	840	4779	1614
暹罗	曼谷	55527	36437	44881	38674	35439
菲律宾	马尼拉	6808	6071	4125	3690	2300
中国	香港	967	1713	817	2017	2626
	厦门	1455	—	230	908	133
	汕头	—	—	—	768	1435
日本	冲绳	1319	1647	2. 286	2785	2200
合计		365852	334384	341846	186727	231029

		1932 年	1933 年	1934 年	1935 年	1936 年
荷属东印度（爪哇）	三宝垄	80851	46806	45052	24961	11823
	井里汶	15973	4760	3767	2004	1631
	直葛	1879	1035	496	204	191
	加蚋吧	3120	925	1763	2050	885
	芝捞札	10148	5597	1660	730	285
沙捞越	泗里末	6361	3249	4219	3773	2595
新加坡		1796	9491	19422	21683	21168
暹罗	曼谷	5544	32136	33170	37304	43179
安南	西贡	—	12861	23847	21192	18814
菲律宾	马尼拉	20	—	—	—	—

续表

		1932 年	1933 年	1934 年	1935 年	1936 年
中国	香港	10111	4454	3684	5871	—
	大连	—	19022	42455	44372	36171
	汕头	31	—	30	76	—
日本	冲绳	5736	10889	9523	18388	16028
其他		60	673	1649	5438	9711
合计		141630	151898	190737	188046	162481

		1937 年	1938 年	1939 年		
输出	伪满洲国	1532560	4281258	4963405		
	中华民国	45057	157035	1105595		
	英属香港	134389	32216	—		
	法属越南	341412	123190	72012		
	暹罗	689199	84854	137930		
	马尼拉	101664	20366	493		
	英属马来亚	312392	7200	—		
	荷属爪哇	321454	250633	230436		
	美国	19053	9779	23007		
	葡萄牙	3024	665	—		
	英国	6814	—	13335		
	其他	4429	7959	12873		
	小计	3511447	4975155	6559086		
移出	南洋厅	13600	19317	19318		
	冲绳	399890	724268	583349		
	朝鲜	4840	28464	39029		
	其他	7231	6747	27234		
	小计	425561	779346	668930		
输出移出合计		3937008	5754501	7228016		

注：（1）表格的格式不同是由于原书的统计表格式改变；（2）1939 年之后，原书只列出输出总量，不再细载输出、移出地点；（3）"输出"是指对外国，"移出"是指在日本的势力范围之内；（4）南洋厅在太平洋上的密克罗西亚群岛，原是德国的属地，一战之后所签订的《凡尔赛和约》，将其赤道以北（关岛除外）委任日本管理，包括现在的帛琉、马绍尔群岛、密克罗尼西亚联邦、北马里亚纳群岛等，日本在此设"南洋厅"。二战后，根据《旧金山和约》，此地区交由美国管理，"南洋厅"随之取消。

资料来源：《日治时代茶商公会业务成绩报告书（1917～1944）》，第 189～278 页。

从这个包种茶历年的输出记录来看，爪哇的三宝垄和井里汶一直是主要的包种茶输出地，每年输出的数量都很稳定，直到第二次世界大战之前，方才下降。包种茶都是在华人聚居的地方贩卖，虽然世界局势屡有变化，日本人疯狂的侵略行为，带来的战争所在多有；可是，一旦战事过去，地方上又回复往昔的繁荣时，市场很快地也回复先前的热闹景象。日本人很早就注意到战争对商业活动乃至国际贸易有深远的影响，于是日本人在其势力范围内，鼓励通商。包种茶得以在东北伪满洲国大卖，运往大连的包种茶数量增加，就是这种局势的具体表现。

七 红茶及其出口贸易

日人深知乌龙茶和包种茶对台北乃至整个台湾外贸事业的重要性，可是，这两种茶的贩卖主要由中国人和英美商人所控制，日本人一时无法染指，于是另谋发展，引进红茶，以为抗衡之用。

1895 年割台之后，台湾总督府公布制茶税率，再一年，又规定茶叶输出税与出港税。这些规定到 1910 年方才废止。

另外，日本人开始着手改良茶叶。1901 年在深坑庄十五分和桃园龟山之枫树坑设立茶树栽培试验所。1903 年在桃园草湳坡（现在的桃园平镇）设立机械制茶试验所与茶树栽培试验场。又设分场于苗栗的三叉河，专门研究改良茶树、育种、改进乌龙茶和试制红茶。1914 年撤废三叉河分场，草湳坡试验场也在 1922 年改属中央研究所的平镇茶叶试验支所。

日本人发展红茶始自 1899 年。三井合名会社首先在台北的海山与桃园的大溪开辟茶园，随之于大豹、大寮、水流东和磺窟等地建立新式的制茶厂，专门生产红茶，名称是"日东红茶"，质量极好，可以跟印度的立顿红茶匹比。"三井合名会社"后来又改名为"三井农林会社"。

1905 年，"日本台湾茶业株式会社"成立并借用草湳坡的制茶试验所，同时也收买了苗栗的三叉河茶园，专门经营红茶。

1918 年，日本台湾茶业株式会社又为新设立的台湾拓殖制茶株式会社所合并。新成立的会社在桃园大溪开辟茶园，生产红茶。

从此台湾红茶的生产与输出每年都大幅上涨，在国际上颇得好评，成为台湾茶的后起之秀。红茶历年的生产和输出记录见表 8。

表8　红茶的生产与输出数量及价值之统计

单位：公斤，日元

时代	年份	输出数量	输出价值	生产数量	生产价值
	1906	400	—	—	—
	1907	13300	7121	—	—
	1908	15500	5490	—	—
	1909	86900	22923	—	—
	1910	68900	23224	—	—
	1911	83400	37820	155892.6	51964
	1912	32700	17542	127236.6	72524
	1913	200300	100100	202740.0	101370
	1914	91500	11240	121719.0	48688
	1915	103800	14071	145836.0	80978
	1916	135900	26743	187767.0	73914
	1917	376900	31105	345852.6	142380
	1918	149800	—	174228.6	172588
	1919	30133	19267	59927.4	39268
	1920	37004	—	64095.6	35551
日据	1921	15090	4605	3694.8	2258
时期	1922	27935	15778	51006.0	22850
	1923	163759	119057	141276.0	131496
	1924	179171	91046	195519.0	173263
	1925	126494	26608	172539.0	173219
	1926	86246	53472	145949.4	146330
	1927	32315	19545	40458.0	27214
	1928	38464	50214	37920.0	54905
	1929	82465	104182	153600.0	116500
	1930	237714	201751	435262.8	403657
	1931	613391	436127	660656.4	392165
	1932	262957	117825	52306.8	477090
	1933	823078	557963	886485.0	773496
	1934	3296532	2889022	3612876.0	4250395
	1935	1958817	1490189	3293836.8	3963690
	1936	3469769	3174103	3905013.6	4517631
	1937	5809393	5887617	6336987.6	7417475

续表

时代	年份	输出数量	输出价值	生产数量	生产价值
日据时期	1938	4849419	4105074	5901276.6	6844031
	1939	5169081	5476487	5955499.8	8337589
	1940	5224346	7961521	6230100.6	12341990
	1941	3538520	6385233	6117194.1	12152838
	1942	3707293	5368662	3546594.6	5231267
	1943	2513084	—	4405741.0	9070633
	1944	3301786	—	580582.0	2501219
光复以后	1945	4446	—	92284.0	342495
	1946	1928697	—	2533351.0	299465001[*]
	1947	2325411	—	3831483.0	1603415360[*]
	1948	4002976	—	—	—
	1949	7485210	—	—	—
	1950	4206922	—	—	—
	1951	4796164	—	—	—
	1952	406027	—	—	—
	1953	1290017	—	—	—
	1954	5021673	—	—	—
	1955	2742320	—	—	—
	1956	2743975	—	—	—
	1957	3371318	—	—	—
	1958	3346524	—	—	—
	1959	3207546	—	—	—
	1960	3296363	—	—	—
	1961	3561124	—	—	—
	1962	2870186	—	—	—
	1963	2004948	—	—	—
	1964	2392823	—	—	—
	1965	12908492	—	—	—

注：[*]单位为旧台币。

资料来源：输出数据参见台北市茶商同业公会编著《台茶输出百年简史》，"台湾茶叶一百年间历年输出数量统计表"；张我军《台湾之茶》，台湾银行金融研究室编《台湾特产丛刊》第3种《台湾之茶》，第7~8页。生产数据参见张佩英、曹淑珍《台湾之茶》，"台湾红茶之生产额"，台湾银行金融研究室编《台湾特产丛刊》第3种《台湾之茶》，第53页。

张我军在《台湾之茶》一文中对于台湾生产红茶做了两点说明，认为台湾制造红茶的动机有二：一是由于乌龙茶的衰势无法挽回；二是由于红茶生产国爪哇、印度、锡兰等的《国际茶叶限产协议》有利于台湾红茶产业的发展。[①] 自民国 9 年（1920）乌龙茶失却大半市场以来，日本政府虽尽了九牛二虎之力，但是回生乏术，乌龙茶的出口无法再爬上千万斤大关。正在苦闷之间，爪哇等红茶生产国苦于生产过剩而自民国 22 年（1933）协议限产，翌年起限制输出。日本政府乃倾全力奖励红茶的产制，台湾红茶便乘机而起了。红茶市场的分布如表 9 所示。

表 9　红茶市场分布

单位：斤，%

国家或地区	1936 年		1937 年		1938 年	
	数量	占比	数量	占比	数量	占比
美国	1416450	24.3	3381468	35.0	1299749	16.3
加拿大	230204	3.9	358492	3.7	128101	1.7
英国	642580	11.0	839079	8.7	775993	9.7
德国	86488	1.4	88920	0.9	133454	1.7
荷兰	138700	2.3	502170	5.2	246366	3.0
美索不达米亚	97736	1.7	208392	2.1	84068	1.1
英埃苏丹	394858	6.7	996892	10.3	52558	0.3
英属亚丁	—	—	290966	3.0	47010	0.2
伊朗	973788	16.7	438368	4.5	89116	1.1
澳大利亚	214244	3.6	444068	4.6	375775	4.8
中国大陆（东北除外）	2508	—	1520	—	291146	3.6
中国东北	319808	5.5	740620	7.7	2998884	37.6
日本	912798	15.7	799026	8.5	1131606	14.2
其他	402642	7.2	542412	5.8	355243	4.7
共计	5832354	100.0	9602393	100.0	7975069	100.0

资料来源：张我军《台湾之茶》，台湾银行金融研究室编《台湾特产丛刊》第 3 种《台湾之茶》，第 10 页。

茶商公会所记录的红茶输出记录只有 1936～1938 年这三年的资料（见

[①] 张我军：《台湾之茶》，台湾银行金融研究室编《台湾特产丛刊》第 3 种《台湾之茶》，第 11 页。

表 10），更清楚地说明了红茶运销的国家和地区遍及亚洲、非洲、大洋洲和欧洲和南北美洲。

表 10 红茶输出、移出量统计

单位：台斤（1 台斤 = 0.65 公斤）

	国家或地区	1937 年	1938 年	1939 年
输出	美国	3295194	1386505	3447692
	加拿大	223909	93564	103892
	南美阿根廷	22547	64596	204852
	英国	809277	788061	84818
	荷兰	541574	268920	287582
	比利时	5670	7094	7557
	德国	74812	190237	325597
	葡萄牙	1890	—	—
	英属苏丹港	1025132	93101	16837
	埃及	60979	40893	934
	英属雅典	299722	17012	—
	意属班各吉	99304	—	—
	英属桑给巴尔	70984	34300	10395
	法属吉布提	19388	—	4914
	阿拉伯	29064	—	1890
	阿曼	1512	—	—
	伊拉克	123703	80312	32794
	伊朗	401574	82666	—
	英属印度	75460	—	—
	英属马来亚	15303	5292	2268
	英属香港	6630	2250	—
	中华民国	861	289254	488341
	澳大利亚	516351	394113	315446
	伪满洲国	730124	2980509	1401061
	意大利	—	—	263995
	马萨瓦	—	—	75600
	其他	89142	40698	172662
	小计	8540106	6859377	7249127

续表

	国家或地区	1937 年	1938 年	1939 年
移出	东京	318252	311314	302376
	神户	120879	277903	219990
	大阪	163154	234787	181155
	静冈	114608	240700	369570
	朝鲜	7912	9400	1285
	其他	9993	76484	126996
	小计	743798	1150588	1201372
输出移出合计		9274904	8009695	8450499

资料来源：《日治时代茶商公会业务成绩报告书（1917～1944）》，第 266～277 页。

除红茶之外，台湾还输出红茶粉，其输出、移出数量如表 11 所示。

表 11　红茶粉及其他输出数量、移出数量统计

单位：斤

	国家或地区	1937 年	1938 年	1939 年
输出	英属马来亚	106809	33652	239764
	英属苏丹港	58986	24572	28185
	埃及	175029	191153	269022
	英属雅典	2631	—	—
	法属吉布提	8694	—	—
	英属桑给巴尔	1927	4270	—
	伊朗	61828	60462	323168
	澳大利亚	13146	8510	—
	英国	298353	553308	130857
	伪满洲国	—	268934	37232
	中华民国	—	162260	136681
	美国	—	—	106681
	其他	379198	68749	49863
	小计	1106601	1229870	1321463
移出	东京	30246	10260	32050
	神户	123794	189479	145162
	大阪	37320	11771	12323
	静冈	645825	35137	6718

续表

	国家或地区	1937 年	1938 年	1939 年
移出	其他	38860	25282	9207
	小计	885045	271929	205460
	输出移出合计	1991646	1501799	1526923

资料来源：《日治时代茶商公会业务成绩报告书（1917~1944）》，第 266~278 页。

红茶是日本台湾总督府大力推动的经济项目，销路也就由日商开拓与掌握，在出口方面，日商的势力最大。由于台湾红茶在欧美各国也有销路，英美洋行也有一些势力。本省茶商除了在中国东北有若干顾客外，在国际上的推销是力有不逮的。兹将经营红茶之商行及其红茶输出量开列如表 12 所示。

表12 1936~1938 年经营红茶输出的商行及其输出量

单位：箱，台斤

国家或地区	商行	1936 年	1937 年	1938 年
日本	三井物产	24040	30743	487999
	日东农林	24404	40866	1926093
	野泽组	13991	14275	619601
	三庄制茶	6201	4290	307955
	中野商店	14788	8477	315298
	三菱商事	2242	10524	577313
	成冈商店	5865	2505	167236
	南山茶行	2102	8807	—
	富士茶业	5940	11664	176850
英美	美时洋行	5546	7798	174185
	义和洋行	6066	3984	—
	德记洋行	263	18755	—
	新华利洋行	28647	49246	718380
台湾本地	广合茶行	—	4170	
	祥泰茶行	—	14900	
	文裕茶行	—	6170	224777
	锦益茶行	—	—	287595
	永有茶行	—	—	279142

资料来源：张我军《台湾之茶》，台湾银行金融研究室编《台湾特产丛刊》第三种《台湾之茶》，第 10 页。

八 清末台湾茶叶外销所带来的祸福

1865 年，从淡水港运出的茶有 136700 斤，到了 1885 年，则跃升为 1227 万斤。[①] 这种成长率至为惊人，并带动整个大稻埕的市况繁荣。连横在《台湾通史》卷 27《农业志》中，对此现象有所描述：

> 时英人托德来设德记洋行（按：应是宝顺洋行），贩运阿片、樟脑，深知茶业有利，（同治）四年南洋各埠前销福州之茶，而台北之包种茶足与匹敌。然非熏以花，其味不浓。于是又劝农人种花。花之芬者为茉莉、素馨、栀子。每甲收成多至千元。较之种茶尤有利。故艋舺、八甲、大隆同一带多以种花为业。夫乌龙茶为台北独得风味，售之美国，销途日广。自是以来，茶业大兴，岁可值银二百数十万元。厦汕商人之来者，设茶行二、三十家，茶工亦多安溪人，春至冬返。贫家妇女拣茶为生，日得二、三百钱，台北市市况为之一振。及刘铭传任巡抚，复力为奖励，种者愈多。[②]

既然茶叶在 19 世纪下半期台北地区的经济上扮演如此重要的角色，而且茶农又普遍地把他们约 1/3 的收入用于宗教活动方面，那么霞海城隍庙在 1879 年开始的一年一度规模盛大的迎神赛会，必然跟茶业兴盛、地方繁荣、外销呈现出超，以及连带而来的谢神还愿有密切的关系。当我们仔细检视 1870～1895 年淡水港的茶叶输出金额，就能发现这项推论完全正确。

从 1868 年起，淡水港的贸易逆差就不算大，1872 年首次出现顺差 5 万两，按着是三年逆差。但是从 1876 年起，连续有十八年的顺差。1876 年有 2 万两顺差，翌年顺差增长 4 倍多，达 11 万两。再一年，顺差达 37 万两，1879 年达 54 万两（见表 13）。一连三年的顺差当然使大稻埕的茶商以及其他行业的商人雀跃不已，举行盛大的酬神仪式成为理所当然的事。

---

① 台湾总督府殖产局特产课：《台湾の茶业》，第 1 页。
② 连横：《台湾通史》，第 402～403 页。

表 13　1868～1895 年淡水港进出口情形

单位：两

年份	输入金额	输出金额	差额
1868	510000	270000	−140000
1869	490000	250000	−240000
1870	560000	400000	−160000
1871	700000	510000	−190000
1872	720000	770000	＋50000
1873	790000	550000	−340000
1874	910000	610000	−300000
1875	1020000	730000	−290000
1876	1190000	1210000	＋20000
1877	1320000	1430000	＋110000
1878	1300000	1670000	＋370000
1879	1550000	2090000	＋540000
1880	1600000	2310000	＋710000
1881	1730000	2410000	＋640000
1882	1450000	2530000	＋1080000
1883	1200000	2340000	＋1140000
1884	1230000	2400000	＋1170000
1885	1760000	2740000	＋980000
1886	2030000	3380000	＋1350000
1887	2230000	3370000	＋1140000
1888	2610000	3060000	＋450000
1889	2180000	3090000	＋910000
1890	2220000	3330000	＋1080000
1891	2200000	3100000	＋900000
1892	2350000	3430000	＋1080000
1893	3090000	4770000	＋1680000
1894	3420000	4880000	＋1460000
1895	1900000	1880000	−20000

资料来源：Shang Hai Chinese Maritime Customs, *Chinese Maritime Publications*, *1860 - 1895*, "Trade and Returns", Tam Sui 1891.

1876～1894 年，淡水关年年享受巨额的顺差，大稻埕也就年年酬神。时间久了，酬神成为惯例。

另外，淡水港茶的外销金额在同一时期整个台湾外贸金额中所占的比例，也总体呈增长趋势（见表 14）。当英人托德初次外销茶叶到澳门时，从淡水港运出的茶的价值不过 6 万多两，占全台外销金额的 7% 多一点。1876 年淡水港开始享受长期的顺差时，茶叶的外销金额首次超过 100 万两，占全台外销金额的四成。这种变化完全显示茶业在大稻埕发展过程中的重要性。

表 14 1868～1895 年淡水港运出的茶叶在台湾外销商品中的比例

单位：两，%

年份	台湾外销商品总额	淡水茶的外销金额	占比
1868	882752	64732	7.33
1869	976004	89376	9.16
1870	1655390	177403	10.72
1871	1693925	301118	17.78
1872	1965210	582872	29.66
1873	1472482	353445	23.97
1874	1812181	477329	26.34
1875	1815255	620067	34.16
1876	2628980	1060209	40.33
1877	2757717	1253232	45.45
1878	2788673	1502685	53.89
1879	4125126	1947381	47.21
1880	4874355	2156373	44.24
1881	4160960	2231896	53.64
1882	4050154	2402428	59.32
1883	4113833	2235179	54.32
1884	4165314	2330920	55.96
1885	3819763	2711803	70.99
1886	4449825	3333052	74.90
1887	4562478	3286972	72.04
1888	4543406	2914921	64.16
1889	4411069	2873075	65.13
1890	5255880	3083879	58.67
1891	4735628	2712776	57.28
1892	4959830	2929435	59.03
1893	63636580	4050980	63.93
1894	7245035	4083265	56.36
1895	3423792	1552798	45.35
合计	99683590	53319601	53.48

资料来源：Shang Hai Chinese Maritime，*Chinese Maritime Publications*，*1860 - 1895*，"Trade Reports and returns"，Tamsui 1891，淡水港部分。

林满红曾经统计了清末台湾几项主要的输出商品的输出额比率，详见表 15。

表 15　清末台湾主要输出商品之金额及在外销总金额中所占比例（1872 ~ 1895 年）

单位：%，海关两

年份	砂糖	茶	樟脑	煤	总金额
1872	57.76	29.66	3.29	3.64	1965210
1873	60.47	23.97	4.86	6.39	1474482
1874	64.51	26.34	4.22	1.81	1812181
1875	57.34	34.16	1.87	2.87	1815255
1876	52.16	40.33	1.95	2.39	2628982
1877	46.52	45.45	2.87	2.37	2757717
1878	36.61	53.89	3.01	2.48	2788673
1879	46.37	47.21	1.75	1.27	4125126
1880	44.21	44.24	2.07	0.93	4874355
1881	40.28	53.64	1.91	2.03	4160960
1882	35.09	59.32	1.06	1.95	4050154
1883	40.16	54.33	0.89	1.46	4113833
1884	39.12	55.96	0.08	1.34	4165314
1885	25.03	70.99	0	0.37	3819763
1886	20.91	74.90	0.34	0.93	4449825
1887	23.59	72.04	0.55	0.75	4562478
1888	28.98	64.16	0.53	1.68	4543406
1889	27.41	65.13	0.84	3.06	4411069
1890	33.38	58.67	2.07	1.52	5255880
1891	30.09	57.28	6.02	1.70	4735628
1892	26.34	59.06	6.06	0.82	4959830
1893	20.09	63.93	11.47	0.98	6336580
1894	26.20	56.36	11.50	1.11	7245035
1895	36.35	45.35	12.23	0.04	3423792

资料来源：林满红《茶、糖、樟脑业与晚清台湾经济社会之变迁》，台北：联经出版公司，1976。

从表 15 也可以看出茶业在清末台北外销事业中所占比重的变化。在 1870 年代，台湾外销产品的重心是砂糖，先是占比一半以上，然后逐年下降，到了 1890 年代，砂糖所占的比重已经下降到 30% 左右。反观茶叶所占的比重一直在上升，1885 年到 1887 年的三年，所占比重更上升到七成以上，由此可见茶叶外销这一项目在清末台湾经济上所占的重要性。

九　结语

台北茶叶外销美国是英国工业革命后出现的商业变化之一，英国人到处开发新的茶叶供应来源，台湾北部的茶叶外销就是这股商业浪潮的一部分。就经济收益来说，台湾在1870～1894年茶业外销的成绩太亮眼，因此才引起日本和美国的注意，在马关条约的谈判过程中，日本坚持要求中国割让台湾，对当时的台湾人民来说，茶叶使其因福得祸，成了战争的祭品。

但是只就台北和大稻埕来说，从以上各部分的叙述，我们可以清楚地看到乌龙茶、包种茶和红茶在台北经济发展中所扮演的角色。就乌龙茶而言，它由洋商从福建引进，并用契约栽种、统筹收购的方式在坪林、石碇、深坑一带种植。此外，茶商还在万华、大龙峒乃至松山、三张犁一带栽种香花，以供"熏花"之用。在洋行的监督下，乌龙茶制成并由各洋行收购后，运往美国纽约等地，整个过程可以看成是洋商所经营的一条生产线，大稻埕的茶商只是货料的供应者而已。这跟后来台湾在1970年代发展"代工"的工业化过程，基本上是完全相同的模式。当生产成本增高、出现强大的竞争对手、厂家墨守成规或是不诚实经营而以劣质品混充时，商品就会逐渐失去市场，终至无力可回天。

包种茶是中国人自创的品牌，由国人自行研发、生产与销售。于是我们看到经营包种茶的一半以上店家在海外都有分店，销售的对象也是以中国人为主。所以这些销售包种茶的海外分店大都在爪哇、新加坡、曼谷等华人聚居的城市。由于讲求信誉、口碑，顾客稳定，所以包种茶在外销记录上始终表现平稳，即使碰上国际政治的一些波动而减少输出，在第二年也会立即回复先前的水平。这一点也就相当于自建品牌，现在台湾的工商业还不曾学会。

红茶是日本殖民当局——台湾总督府拨款经营，刻意仿效外国而发展出来的产品。从研发到种植、制作、通路和最终端的销售，都掌握在日本人的手中，台湾的茶商只是附带贩卖一些红茶而已。红茶的销售具有更强更大的政治色彩。当它所依附的政治力量衰退或是垮台，红茶的生产与销售立刻受到巨大的影响。

不管是采用哪一种形式，茶叶生产直接受益者是台北的茶商，其次才是茶农。基于中国传统的宗教理念，赚钱是因受到神明的庇佑。一旦赚到了钱，酬神还愿也就成为必须要做的事。霞海城隍庙从 1879 年开始的隆重的酬神活动，就是在这种"因赚钱而酬神还愿"的心理状态下产生的。笔者所著《城隍爷出巡》①，就仔细地分析了酬神还愿与地方经济、文化活动之间的关系。

总括起来说，霞海城隍庙开始一年一度的迎神赛会是拜台北地区经济发展所赐。跟传统的郊商相比，这时期的经济发展有其独特之处，那就是淡水开港，外贸及技术活动本地制造业市场，同时，对外贸易的范围也从中国大陆沿岸港口扩大至世界市场。从此，大稻埕的经济情形跟世界经济的起伏息息相关。在 1879 年霞海城隍诞辰的祭典和迎神赛会初次举行时，酬神谢恩是为主要目的。但是，这种情况到 1910 年代发生了很大的变化，主要是因为这时期的台湾在日本人的刻意经营下，现代化的新式商业体系逐渐形成。② 这种新式的商业经营体系完全不同于前清时代的经营系统，因此如何适应新环境，如何建立新的销售管道，就成了当时台湾商人的重要课题。

到了第一次世界大战结束后，欧美各国相继实施保护政策，设立关税壁垒，世界性的经济风暴亦偶有发生。那时候的台湾已经是世界贸易体系中的一环，自然也就难逃经济风暴。大战初起时，台湾商品外销旺畅，到了战争后期，台湾的外销业绩大幅滑落。如何透过本地的销售管道将外销品改变成内销品以促进地方的繁荣，成为当时经济上最大的课题。在缺乏现今惯用的广告媒体的情况下，迎神赛会能吸引成千上万的人前来参与，于是商人就积极利用各地著名的庙会庆典及其迎神赛会来刺激消费，促进地方经济的繁荣，从而促进整个台湾社会产生结构性的改变。

(作者单位：台北中研院史语所)

---

① 宋光宇：《城隍爷出巡：台北市、大稻埕与霞海城隍祭典一百二十年的旋荡》，《台湾历史文化专辑》第 16 ~ 18 册，花木兰出版社，2013。

② 《台湾日日新报》1915 年 4 月 10 日。

泰雅人公医乐信·瓦坦的故事

——1918~1924 年西班牙流行性感冒时期

傅琪贻

提 要 若论台湾总督府殖民政策,从"医疗卫生"分析,可以凸显 1920 年代"理蕃"政策的特色。第一次世界大战后,全球处于原因不明的病菌"西班牙流行性感冒"的笼罩之下。同时期,日本殖民地统治政策从武力镇压转为"内地延长主义"。"内地延长主义"就是不许殖民地分离或独立自主,而是要使其进一步融入日本国内的同化政策。然在"蕃人""蕃地"的政策方面,也刚好迈向日本文化大举入侵的转折时期。本文所要探讨的便是"蕃地"公医泰雅人乐信·瓦坦 1920 年代的医疗活动与"理蕃"政策的关联。

关键词 泰雅人 公医 乐信·瓦坦 "理蕃"政策

一 台湾总督府警政体制下的公医

"台湾公医规则"(共 11 条)于 1907 年 11 月以府令第 92 号公布时,公医直属台湾总督管辖,接受其任免、配置位置及设立管辖区域范围等命令。到 1916 年 9 月 13 日,府令第 52 号修正"台湾公医规则"时,决定台湾公医隶属于台湾总督府警务局卫生课,并接受地方知事或厅长的任免、配置位置及设定管辖区域范围等指示,且直接接受郡守、支厅长、警察署长、警察分署长的指挥,从事预防传染病、种痘、公娼私娼的卫生管理、伤病救济等第 6 条内所规定的 8 项工作。因为公医不是仅从事医疗的一般医生,医疗之外还得负担辅助警察的公共事务,负起公共卫生管理、医事、报告等三大任务。

　　其中与"蕃地"公共卫生有关的，是第 6 条之第 8 项"蕃地蕃人之诊断"、第 9 项"蕃地卫生"、第 10 条"蕃人疗养、施药之指导"，以及第 11 条有关"报告"义务。根据第 11 条的规定，所有公医皆有义务在一年内分两期（1～6 月，7～12 月）分别于 7 月 5 日和 1 月 5 日前，向知事或厅长"报告"有关第 6 条所规定之医务，以及"依照官命所处理的事项"。但如有"紧急事务"时，则需随时做临时报告。① 在"依照官命所处理的事项"中，有种痘与吸食鸦片事宜。这属于一般"平地"公医要注意且按时填表缴交的任务。然在这报表的分类项目中，却没有设定有关"蕃地"医疗卫生事务的填写位置。这是因为公医本来是以"平地"为主设计，所以后来追加的"蕃地"医疗卫生在处理医疗事务上归于非常态性质。换言之，"蕃地"医疗卫生并不可被完全视为医疗卫生的事务，而是隶属于维护治安的纯警察系统的公共业务。"蕃地公医"隶属于警政部门，除了第 6 条中的"医务"以外，更重要的执行项目为"依照官命所处理的杂件"，且有义务向上级的"理蕃"警察报告。因此，"蕃地公医"的医疗，与警察系统关系密切，甚至可以说，医疗行为是推行"理蕃"政策的手段。

　　据 1916 年的"台湾公医规则"，台湾总督府于 9 月 14 日依民政长官的民警第 188 号"有关蕃地配置公医之通达"，通知桃园、新竹、宜兰、花莲港各厅，宣布从今年度起派任受过医学训练的公医，从事诊疗、施药，以求增进对"蕃人"的抚育。② 《台湾时报》第 81 号《官场记事》刊载之《蕃地公医》的征人启事，提到 1916 年 4 月起，宜兰、新竹、台中、南投、花莲港等 5 厅所派医务人员月薪 100 元等。③ 当局是从 4 月起实施蕃地公医配置事宜，但似乎找不到有意愿且合乎公医资格者，所以延至 9 月才公布通达，且只派驻桃园、新竹、宜兰、花莲港 4 厅。因此，1916 年度台湾总督府所公布的"蕃人接受治疗"者人数，只有以上 4 厅内的 2158 人。④

　　于是 1916 年在桃园厅"蕃地"境内，新设置的有公医派驻的"诊疗所"只有角板山与 gogan 两所，⑤ 翌年才有日本人的公医赴任。设置了公医"诊疗所"之后，桃园、新竹、南投、花莲港 4 厅统计出正确的部落与人口

---

① 台湾总督府编纂《台湾法令辑览》第 6 辑，东京：帝国地方行政学会，1941，第 177～179 页。

② 台湾总督府警务局编《理蕃志稿》第 4 编，台北：台湾总督府警务局，1938，第 249～250 页。

③ 东洋协会台湾支部：《台湾时报》第 81 号，台北，1916，第 41 页。

④ 台湾总督府官房调查课：《台湾总督府第 22 统计书》（大正 7 年度），台北，1920，第 719 页。

⑤ 永渊虎次郎在角板山诊疗所，村田藤三郎在 gogan 诊疗所。《台湾总督府职员录》（大正 6 年度），第 221 页。

动态数据。1918 年，官方在桃园厅内设立了 3 个"疗养所"，在雪雾闹 sib-nau 设立了一所"施药所"，1919 年又增设 urai 施药所。根据记载，1920 年改制①之后，新竹州大嵙崁支厅大溪郡"蕃地"诊疗所，在 gogan 与 bonbon 有两所；"疗养所"除在角板山、taiyakan、marquwan、kauiran 等地设立以外，还有控溪、haqawan、balon 山、haga 等处的 4 所，总计 8 所；"施药所"在 urai、tinsibou、阿姆坪、kaubou、yohabun 等处共设 5 所。② 1922 年经多方调整位置，相关机构对大溪郡"蕃地"医疗卫生的单位做了如下调整：于 9 月 17 日把 gogan"诊疗所"移到控溪；于 6 月 9 日将原设在 lala 溪的"疗养所"移到 balon 山，把 taiyakan 的移到 saqayatin，把 haga 的移到 Tar-aqas，把控溪的移到 gogan；另新增"疗养所"则于 12 月 29 日设在竹头角、马武督等地；新增的"施药所"部分，于 6 月 12 日设在 tayah③、萱原，12 月 26 日设在雪雾闹、qarah 等地；关闭阿姆坪与马武督的两所"施药所"。④一般而言，"诊疗所"是公医常驻，"疗养所"则由公医嘱托或雇员担任医务，"施药所"则由驻在所巡查当中对医务略知晓者兼职。所以公医所在地之管辖内的"疗养所"与"施药所"，皆由公医巡回诊疗，并加以指导医务。

二　泰雅人公医乐信·瓦坦的诞生

出生于大嵙崁前山群大豹群 mncaq 的泰雅人乐信·瓦坦一生当中拥有三个不同意义的名字；一个是他父亲取的泰雅人名乐信·瓦坦，另外还有上学后取的"渡井三郎"，以及入赘日野家后取得的"日野三郎"两个日本姓名。如再加上 1945 年日本战败后取得的"林瑞昌"的中国姓名，他一生中共有四个名字。他历经了从"生蕃"到"日本人"，再从"日本人"变

① 1919 年 10 月，第八任台湾总督为文官第一任总督田健治郎，他于 1920 年 7 月改采"州厅市街庄制"（原 10 厅制，改为 5 州 47 郡 3 市 260 街庄/2 厅 3 街庄 10 区）。因此桃园厅"蕃地"改为新竹州大嵙崁支厅大溪郡"蕃地"。

② 台湾总督府警务局编《理蕃志稿》第 5 编，台北：台湾总督府警察本署，1938，第 207 ~ 208 页。

③ 位于南天山，隔着雪雾闹溪流，面对着雪雾闹部落的 tayah 之地，是大豹社头目 Watan Syat 于 1908 年与日战斗时，幼小的乐信·瓦坦逃避日警隘勇线前进时，与大豹社族人一起匿藏的地点。然 1922 年时有不少的雪雾闹人迁入该地，居民人数之多，竟达可设立"施药所"的条件。这是官方默认非大豹社人居住该地的结果，官方借此也可阻断大豹社人的退路，让大豹社人完全丧失逃难的基地。其后，该地于森林调查时被归类为"国有地"。

④ 台湾总督府警务局编《理蕃志稿》第 5 编，第 381、384 ~ 385 页。

成"中国人"的身份变化，其一生充满了苦难与悲剧，是台湾原住民族背负的殖民统治时代共同遭遇的缩影。

Losin Watan 是他真正的名字，其中 Losin 是个人的名字，Watan 是父亲的名字，Losin Watan 的意思是 Watan 的儿子 Losin。泰雅人因没有姓氏名，只有个人的名字，所以其取日本姓名"渡井三郎"时，借用了与 Watan 音相接近的"渡井"（Watarai）来表示父亲 Watan 的第三个孩子"三郎"① 之意。另外，当时与乐信·瓦坦一起被送去念医学的泰雅人 Hayung Usung，在大嵙崁前山群诗朗 silung 社出生，他也有泰雅人名 Hayung Usung、日本名"宇都木一郎"、战后中国名"高启顺"三个名字。

乐信·瓦坦的父亲大豹 ncaq 社头目 Watan Syat 放弃抵抗日本之后，Losin 等于 1909 年 10 月 1 日被送往刚成立的角板山"蕃童教育所"，开始接受日本的教育。其实 Losin 等 20 名大嵙崁前山群 msbutunux 入学的孩童与 1910 年大嵙崁后山群 mkgogan10 社所的 10 名孩童，是当局以提供"食盐"为条件，逼迫部落贡献出来的人质。②

1911 年 11 月 14 日，乐信·瓦坦与 Hayung Usung 离开角板山到"平地"，进入日本孩童就读的桃园寻常小学校。③ 1916 年 4 月 20 日再入台湾总督府医学校预科（41 名学生），翌年 4 月时与 40 名学生一起被编入本科一年级，1920 年在本科四年级时，其所在学校改名为"台湾总督府医学专门学校"（台湾大学医学院的前身）。1921 年 3 月 26 日他们与第 20 期 36 名毕业生一起参加毕业典礼，④ 后于该年 4 月 1 日入研究科并在日本赤十字社台湾支部医院实习，⑤ 但于 9 月 30 日退学。在此求学过程中，他们两个一直

---

① 在户口资料上，他是次子。但当时原住民处于恶劣的生活环境下，婴儿出生率高的同时死亡率也很高。据说乐信·瓦坦有一位年龄差距很大的大姊与一位兄长（在逃难时过世），因此乐信·瓦坦是排行第三而取名"渡井三郎"。取姓"渡井"（Watarai）除了因其与 Watan 音近似之外，还因当时有位姓"渡井"的日警，勤奋读书考上正式的平地警察，故取此名以示以之为楷模。此事由 Watan Syat 的孙子林昭光、林昭明于 2011 年 3 月口述。

② 台湾总督府警务局编《理蕃志稿》第 3 编上，台北：台湾总督府警务局，1921，第 152 页。

③ 台湾总督府编《理蕃志稿》第 2 编，台北：台湾总督府警察本署，1918，第 855 页；台湾总督府编《理蕃志稿》第 5 编，第 165～166 页。

④ 在毕业典礼中，当时的台湾总督府总务长官，在"训示"（致辞）中特别提到毕业生有在"蕃界出生"的"渡井""宇都木"。除他们以外，其余同学皆是汉人；多数为"本岛人"，"支那"福建省、广东省各一人。他们预科入学时有 41 人，升本科时减为 40 人，毕业时只有 36 人。台湾总督府《府报》第 2370 号，1920 年 5 月 5 日，第 12～15 页。

⑤ 台湾总督府医学校：《台湾总督府医学校一览》（大正 10 年度），台北，1922，第 119 页。

在日警的安排与帮助之下，以公费生身份读书。① "台湾总督府医学专门学校"从第1届到第20届共有595位本科生毕业，其中具有泰雅人身份者始终就只有这两位而已。②

那么，为什么"理蕃"当局不让更多"蕃人"孩童到医学校念医学呢？

当时"理蕃"当局正拟实施"蕃童秀才教育"计划，认为教育能对"理蕃"发挥很大作用，因此1921年，从"蕃童教育所"学童当中选拔以优秀成绩毕业、体格优良、品行方正、志操坚实且未来能熬成人才者，官方以公费方式，准其进入再高一等的学校。依照规定，当年选拔13个（10岁到19岁）优秀孩童，其中7人念完"平地"的公学校后，再分发入学或插班进入师范学校（2人）、寻常小学校（2人）、农林专门学校（3人）；另6人插班进入公学校。其中9人在升学时取得日本姓名，如"花冈一郎""花冈二郎""白井一郎"等。③ 这些学生毕业之后全被安排回部落，担任比管区日警低一等级的基层"巡查"或"警手"（工友）。因为"理蕃"警察不需要具备法律知识，因此无一人被送进可学习正统的相关警察业务的任何层级的学校。

医学生乐信·瓦坦与Hayung Usung在学医的过程中，体会到了学医的不容易。如在预科一年级时，履修的科目计有理科（动物学、植物学、矿物学、物理学、化学）、地理、历史、数学、日语、伦理、体操等7项科目。再升学至本科正式开始念医学时，四年期间需履修的专业科目计有解剖学（解剖学、组织学、胎生学）、生物学（生物学、医化学）、病理学（病理学总论、病理解剖学）、药物学（药物学、处方学、调剂学）、内科学（诊断学、内科学各论及临床实习、小儿病学及临床实习）、外科学（外科学概论、器械绷带学、外科学各论及临床实习、皮肤病、花柳病学及临床实习、耳鼻咽喉科学及临床实习）、眼科学（眼科学及临床实习）、产妇人科学（妇人病学及临床实习、产科学及临床实习）等8项科目。④ 可见学医过程中，个人需要投入漫长的时间与毅力学习高难度的专业知识，因此这方面的人才比较稀缺。

① 1917年废除全校"给费生"制度，但保留5个名额，两人以"公费生""给费生""官费生"等身份念书，其余（汉人）皆是自费生。分别参见台湾总督府医学校《台湾总督府医学校一览》（大正5年度、6年度、9年度），第105、110、118~119页。
② 台湾总督府医学专门学校：《台湾总督府医学专门学校一览》（大正10年度），第132页。
③ 台湾总督府编《理蕃志稿》第5编，第160~164页。
④ 台湾总督府医学校一览：《台湾总督府医学校一览》（大正3~7年度），第26页。

总之，"理蕃"当局并不想透过"蕃童秀才教育"的方式，开发"蕃人"个人的潜能或栽培具有高度专业知识的人才。因此乐信·瓦坦与Hayung Usung，只不过是用来炫耀"理蕃"政绩的最顶尖人物而已。因为当局的未来"蕃人"人才培养方向，只是使"蕃人"能操流利日语来协助推行政令，及推动山地农业。因此"蕃童秀才教育"最后目标为培育"亲日"的"青年团"干部。

当桃园厅"理蕃"当局让18岁的乐信·瓦坦念医学时，他本人也是积极争取。乐信·瓦坦的父亲——抗日英雄大豹社头目Watan Syat在没有任何医疗照顾下，病逝于临时搭建的工寮，儿子乐信·瓦坦为此内疚而终生抱憾。医生乐信·瓦坦估算，泰雅人在日据初期的抗日运动中，人口从30万人锐减了一半。① 乐信·瓦坦幼年时在一连串的战乱与逃难中度日，因此族人遭受的惨痛厄运，他难以忘怀；部落被烧光，猎场被破坏，农作物被踩躏，受伤战士无法疗伤，逃难的老弱妇孺无处可息，泰雅人简直是濒临绝灭。幼年Losin也与族人一起度过很漫长的饥寒交迫的苦难岁月。而Losin内心的强烈意愿与"理蕃"当局政策上的考虑恰好相合，让他得以如愿。

三　大嵙崁区域的公医与"理蕃"

外来异民族殖民统治者靠着"国家"级大规模的人力与粮食、武力，乘虚入侵仅存一年粮食的少数族群泰雅人的生活圈。日本入侵规模与暴力之巨大，前所未有，泰雅人在长期对抗外来异族中，不但遭受人口减少压力，更面临民族生存领域消失的危机。靠近"平地"的前山区守不住时，深山"后山"区也同样面临沦陷的危险。在抵抗过程中，族人无法过正常的生活，健康堪忧。异族入侵后随之而来的"文明"病菌，传播到深山的后山群部落时，族人根本没有抵抗力。第五任台湾总督佐久间"五年理蕃计划"带给泰雅人前所未有的浩劫，能幸存的族人，还要遭受文明病菌的侵袭。一般"感冒"对"平地"人是小病，但对没有免疫力的泰雅人来说，"感冒"可使全族灭亡。

在征服泰雅人的战争中，日方特设"理蕃卫生部"与"警察救护班"，② 日

---

① 2011年3月林昭明口述。
② 台湾总督府编《理蕃志稿》第3编上，第218～220，269～272页。

本红十字会台湾支部也派出"救护班"的医生与护士，[①] 全天候照顾受伤的日军警与隘勇。然而随着日方"征服"泰雅人的战事扩大，当局发觉投降的"蕃人"求医者增多，因此医疗服务的对象，扩大到被征服的泰雅人。

1908 年 7 月 2 日训令第 113 号"有关在蕃地设置嘱托医施疗之时的医疗费之件"，规定"嘱托"医为"抚蕃"而施药；依照人数划分 1000 人以上的一等地到 100 人以下的七等地，编列按月补助 7 个等级的施药费 3 ~ 20 日元不等。[②] 1912 年 4 月 1 日，新设"蕃人疗养所"时，编列 4095 日元预算，这是在台北、宜兰、桃园、新竹、台中、南投、嘉义、阿猴等共 8 厅下，共设 27 所医疗机构的计划。但是该 27 所"蕃人疗养所"规定隶属于 1 派出所、16 驻在所、10 监督所内设置兼职而已。[③] 换言之，这些机构名为"蕃人"专用的医疗机构，其实仅是由日警中略解医务者来实施简易医疗的机构。桃园厅大嵙崁支厅准备在拉拉 lala 溪监督所、角板山监督所、kauiran 监督所内兼设"蕃人疗养所"。[④]

1912 年 6 月 6 日，"理蕃"当局还特别邀请总督府技师高木友枝[⑤]担任蕃务本署卫生顾问，目的是进一步研拟更有"抚蕃"效率的"蕃人"医疗政策。除桃园厅大嵙崁支厅内在 1915 年设有角板山"蕃人疗养所"以外，后山 gogan 支厅内还增设了 gogan、taiyakan、marquwan、kauiran 4 个"蕃人疗养所"。[⑥] 到了 1916 年 9 月 14 日，民政长官以民警第 188 号通达"有关蕃地配置公医之件"，通知桃园、新竹、宜兰、花莲港各厅，自本年度起派公医加强对"蕃人"的诊疗与施疗等，强化医疗抚育的措施。[⑦] 于是在桃园厅大嵙崁支厅内改设角板山公医诊疗所，gogan 支厅内也同时改设 gogan 公医诊疗所；至于 taiyakan、marquwan、kauiran 3 所增设"蕃人疗养所"。[⑧] 大嵙崁支厅前山与后山各派驻正式的公医，证明该地为"理蕃"抚育政策上的重点。

---

① 台湾总督府编《理蕃志稿》第 3 编上，第 87 页。
② 台湾总督府编《理蕃志稿》第 2 编，第 626 页。
③ 台湾总督府编《理蕃志稿》第 3 编上，第 282 ~ 284 页。
④ 台湾总督府编《理蕃志稿》第 3 编上，第 483 页。
⑤ 高木友枝于 1902 年台湾正流行鼠疫时来台，历任台北病院院长、医学校校长、总督府技师以及总督府研究所所长，创办台湾医学会。1919 年，任台电首任社长，1929 年离台。小川俊郎：《台湾医学 50 年》，洪有锡译，台北：前卫出版社，1995，第 81 ~ 82 页。
⑥ 台湾总督府编《理蕃志稿》第 4 编，第 150 页。
⑦ 台湾总督府编《理蕃志稿》第 4 编，第 249 ~ 250 页。
⑧ 台湾总督府编《理蕃志稿》第 4 编，第 287 页。

根据 1916 年《台湾总督府文官职员录》的记载，没有人赴任大嵙崁地区的公医。从 1917 年度以后一直到 1920 年度，则只有日本公医在该地服务：1917 年派任到前山的角板山公医永渊虎次郎（佐贺县人，月薪 80 日元），他一直在角板山服勤到大正 10 年（1921）度（其中大正 9 年度 90 日元，大正 10 年度 145 日元）；派驻到 gogan 的公医，1917 年度为村田藤三郎（宫城县人，月薪 80 日元），但 1918 年度为深津善吉（爱知县人，月薪 80 日元），1920 年度为汤田善吉（福岛县人，月薪 90 日元），他于 1921 年度时月薪 145 日元。[①] 1921 年 10 月 3 日，乐信·瓦坦 与 Hayung Usung 突然接到"蕃地医托"聘函，[②] 遭勒令退学且被紧急派往"蕃地"，但其中没有记载服务的地点，仅记明月薪 100 日元。当时在大嵙崁群前山群的角板山诊疗所公医为永渊虎次郎，后山群的 gogan 公医诊疗所为汤田善吉，这两位日本公医的月薪为 145 日元。[③] 1921 年日本人公医被泰雅人的公医取代，原因为该"蕃地"除了医疗卫生问题以外，还存在严重的"理蕃"问题，非得要同族人出面才能解决得了。

四 西班牙流行性感冒蔓延到北部"蕃地"

1918 年，《台湾总督府统计书》上出现了当地"死亡率高"的纪录，[④] 这与当时在全球流行的传染病"流行性感冒"侵袭台湾有关联。"蕃地"虽处于深山地带，但同样遭受病菌侵害。"蕃人"各族除了因"流行性感冒"猖獗而饱受威胁以外，还受其他的如麻疹、疟疾、赤痢、霍乱、登革热、伤寒、天花、流行性脑脊髓膜炎等多种流行性病源的同时侵袭。疟疾（马拉利亚）被称为"平地瘴气"，泰雅人被日警安排迁移到前山或更接近"平地"山腰地带"集团移住"后，依然要忍受蚊虫带来的疟疾。泰雅人原本与"平地"异族保持距离，因此各种传染疾病不会进入部落内。泰雅人居住地为樟脑等重点开发区，被日警全面控制后，族人丧失拒绝与外界交通的主体性，因此各种病菌跟着异族人群进来，1918 年泰雅人的社会与世界

---

① 日本人公医在"平地"服勤者月薪 50 日元，在"蕃地"服勤者月薪 80 日元，汉人公医在"平地"服勤月薪 25 日元。薪资的高低反映服勤地点的危险程度，但"蕃地"公医全由日本人包揽。

② 台湾总督府编《理蕃志稿》第 5 编，第 166 页。

③ 《台湾总督府文官职员录》（大正 10 年，7 月 1 日为止）。

④ 台湾总督府警务局卫生课：《台湾卫生要览》（大正 14 年），台北，1925，第 22 页。

同步，被卷进"西班牙流行性感冒"，不仅无法阻挡传统价值的丧失，健康也备受威胁。

1918 年 4 月间，从日本渡海来台巡回相扑选手 20 人先后出现感冒症状，其中 3 人去世。当时医生诊断死因为大肠破裂、支气管炎并发肺炎等，但是到了 6 月 10 日，《台湾日日新报》却以"出现不可思议的热病，呈现传染性的流行"来形容。10 月到 11 月间是该疾病流行的高潮期，到了 12 月"平地"的病况消退后，在新竹厅管辖的"蕃地"内，该疾病开始流行。1918 年 12 月 20 日《台湾日日新报》首次报道有关新竹"蕃地"遭流行性感冒入侵的消息，树杞林发病者有 65 人、北埔 65 人、南庄 100 人、大湖 96 人，共有 326 "蕃人"发病，当中 8 人死亡。

根据该报道，日方一方面采取预防与急救措施，另一方面对泰雅人说明疾病的趋势，以努力安抚民情。但当地的泰雅人认为被日警带到"平地观光"为感染途径，所以自行迁回深山的人迹稀少的溪流旁，并与外界断绝联络；也有部落内出现用某种药草做花圈绑在脖子上。因为这种原因不明的疾病正在蔓延，所以"蕃人"认定这是神的愤怒，神要灭绝人类。[1] 第七任台湾总督明石元二郎在 1918 年 6 月 6 日就任总督时，日本与台湾"平地"正流行"流行性感冒"。明石于 1919 年 10 月 26 日病逝时，台湾"平地"及"蕃地"早已遭受该病源的袭击，且在岁末时出现第二波流行高潮。虽然缺乏明石总督病逝原因为"流行性感冒"的医生证明，但其发高烧后并发肺炎，乘船回国通关时由于检疫不合格而无法顺利登陆，后又并发脑溢血等种种迹象显示，其病逝与当时已获证实的"流行性感冒"的猖獗，应有关联。[2]

第二波"流行性感冒"是在 1919 年岁末出现的，1920 年初时沿着西部铁道线在各都会区爆发，至 1 月 20 日前共有 66938 人患病，其中 5692 人死亡。但人口稀少的东部宜兰、花莲港、台东及离岛澎湖等地，发病者极少。1 月下旬时，都会区的病况虽缓和些，但乡村及桃园、新竹、南投、阿缑"蕃地"至 2 月 10 日时依旧状况严重。至 2 月 5 日，全台湾的患者计有 116839 人，其中 12988 人（11.12%）死亡。[3] 泰雅人间的疾病流行状况，据 1 月 30 日的

---

① 《流行性感冒 蕃地に侵入 新竹州厅の警戒》，《台湾日日新报》1918 年 12 月 20 日。

② 西川虎次郎：《明石将军》，福冈：大道学馆出版部，1934，第 87 页。

③ 《台湾医学会杂志》208 号，1920 年，第 312 页。

调查，计有患者 4768 人，当中死亡 537 人（11.26%），[①] 可见泰雅人社会遭受的冲击，比"平地"汉人、"本岛人"还要严重。

根据 1920 年 1 月 14 日《台湾日日新报》报道，新竹北埔"蕃地"泰雅人与赛夏人区域出现病况"激烈"之征兆。据 16 日报道，每日有三四人死亡、患者已达 300 人。据 18 日报道，"蕃地流感依然区域渐次扩大"，连不与他社往来，保持隔离状态的隘勇线外的部落，都受到蔓延，如头目家出现罹患者。该病源会奔驰飞跃，根本查不出感染途径且能迅速蔓延，病源与治疗方法都不明。总之，病源于人口稠密地方迅速扩散，所以都会区的幼儿园、小学公学校皆采取停课一周的措施。3 月 17 日《台湾日日新报》报道有关新竹地区的疫情时，称状况"尚有一弛一张"，新竹"蕃地"有 1298 人罹患，其中死亡者 214 人，在一个小部落，死亡人数竟达十数人之多。[②]

五　公医乐信·瓦坦与泰雅人群纠纷

因原因不明的流行性疾病在泰雅人的生活圈内猖獗，泰雅人依据传统文化举"出草"的仪式，求神息怒。

当 1921 年 3、4 月间，大嵙崁后山群 gogan 的 kauilan 社头目 Tali Sabi 发起"出草"时，tgleq 社、giheng 社、piyaway 社、suru 社、qura 社、takasan 社、sbunau 社等几乎群起响应。经商议，他们决定再邀请更多族人参与，他们之间的联合也扩大为泰雅人传统的攻守同盟 Qutuku Pahaban 关系，所以 kauilan 社头目 Tali Sabi 又到 mlikowan 群、mkanazi 群，邀请两部落共同发动大规模的"出草"。大嵙崁前山群志继 squi 社与忧哈弇 uhbun 社，在 1907 年与 gogan 群在插天山抗日战役时便已有攻守同盟 Qutuku Pinkialang 关系，也愿意加入。前山群诗朗 silung 社人与竹头角 sinazi 社的人，也正担心其传统领域被日本企业家夺取，[③] 因此抱着悲愤的心情参与并表示为此抗争到底。其中唯一提出反对意见并劝阻的只有角板社头目一人。[④] 翻阅当时的《台湾日日新报》，我们可以发现当局对疾病所引发的"蕃情不稳"非常警

---

① 《台湾医学会杂志》208 号，1920 年，第 312~313 页。
② 《新竹蕃地流感尚ほ一弛一张》，《台湾日日新报》1920 年 3 月 17 日。
③ 角板山至海山郡部分是三井公司的势力范围，竹头角是万基公司的势力范围，马武督是堀三太郎的事业区。
④ 台湾总督府编《理蕃志稿》第 5 编，第 90~92 页。

惕，深表关切。①

8月初台湾全岛遭受暴风雨的袭击，9月间日警当局接获密报，大嵙崁后山 gogan 群有意要袭击台北州苏澳郡南澳群。11 日，台湾总督府大杉警视紧急入山，立即召集各社头目努力劝阻，但其中 tgleq 社头目坚持要发动"出草"，此时 gogan 群已分两组即将出动：其中一组由 kalaho 社与 tgleq 社头目共同率领 171 人的部队，准备攻打 pyahau 社；另一组由 sulo 社、pyasan 社、btonokan 社三头目率领 145 人的部队，准备攻打南澳群四方林方面。12 日大溪郡郡守抵达 gogan 警察分室后，随即召集 13 社头目 152 人，极力劝阻。最后古鲁 kulu 社头目代表 gogan 群表示可接受中止"出草"的劝阻，但因为病死者多，要表示慰灵之意，因此向官方恳求各组仅取一个人头即停止行动。但日方搬出"服从官命"的承诺，坚决不准。② 日警的考虑是阻止 gogan 群与 mlikowan 群、mkanazi 群的结合，防止 gogan 群在后山势力扩张。因此日方一方面极力阻止 gogan 群对南澳群发动"出草"，同时又使 gogan 群与南澳群之间的"旧仇"敌对关系保留下来。

根据 1921 年 8 月警理第 1363 号总务长官给各州知事厅长的通达"有关操纵蕃人之件"，以及 8 月警理第 1367 号总务长官给各州知事厅长的通达"有关蕃人惠予之件"，当时"抚育蕃人"的手段当中，"惠予"因受预算紧缩限制而难以常用，因此日人极重"操纵"之妙。12 月，gogan 群共 10 个部落全被安排迁移到台北州宜兰地方所指定的 5 个泰雅部落内，从此，古鲁 kulu 社等 gogan 群的 10 个部落完全消失了。gogan 群原有 405 户 2253 人，其中壮丁 539 人，后被安排迁出 10 社 48 户 273 人（男 131 人、女 142 人）。③ 如此，通过成功地把原有敌对关系保留且逼他们为邻居，官方得以"操纵"族群内的敌对关系并扩大部落内部的矛盾关系，削减双方势力。

1921 年时全台"蕃地"已有"公医诊疗所"13 所、"蕃人疗养所"86 所、"施药所"89 所，④ 其规模大大超过 1916 年。乐信·瓦坦与 Hayung Usung 在 1921 年 10 月 3 日被任命为"蕃地医务"嘱托，月薪 100 日元。⑤ 1922 年乐信·瓦坦被派到大嵙崁后山群领域位于控溪的 gogan"蕃人疗养所"任职；

---

① 《蕃情恶化的原因となる流感を扑灭したいと极力预防に力む大溪郡》，《台湾日日新报》1921 年 4 月 30 日。

② 台湾总督府编《理蕃志稿》第 5 编，第 97~99 页。

③ 台湾总督府编《理蕃志稿》第 5 编，第 105 页。

④ 台湾总督府编《理蕃志稿》第 5 编，第 629 页。

⑤ 台湾总督府编《理蕃志稿》第 5 编，第 166 页。

Hayung 则被派到大嵙崁前山群领域位于角板山社的角板山"蕃人疗养所"任职。[1] 1923 年泰雅人的医生乐信·瓦坦 与 Hayung Usung 正式获聘为新竹州公医,[2] 月薪 100 日元,[3] 且从 1928 年以后另加"蕃地"给的"特别手当"(tokubetu teate),每月额外领取 20～30 日元不等。[4] 从此一直到 1945 年日本战败,他们在北泰雅人地区从事医疗服务,其月薪固定为 100 日元。[5]

当 1923 年他们出任公医时,gogan 与角板山"疗养所"改称"诊疗所"。[6] 乐信·瓦坦自 1922 年起负责 gogan "疗养所",以及另外 2 个"疗养所"与 4 个"施药所"。因警备线的变更、道路的改修以及族群关系等因素,既设的疗养所、公医诊疗所位置有所变更。[7] gogan 地区先于 6 月 9 日尚称"蕃人疗养所"时,其位置从控溪移至 gogan,但 9 月 17 日改名为"公医诊疗所"时,又把位置移回到控溪。[8] 这与乐信·瓦坦到任 gogan 有密切的关联,因为控溪处于控制 gogan 群、mlikowan 群、mkanazi 群三族群的好位置,是实施北部"理蕃"政策的重镇。

根据 1922 年 7 月 27 日的公告(施行于 7 月 1 日),32 位"新竹公医"所管辖区中有关"蕃地"只有 gogan、paskawalan、司马限等 3 所,其中唯有

---

[1] 台湾总督府编《理蕃志稿》第 5 编上,第 600～601 页。在台湾医学会编《台湾医学会杂志》(大正 10 年度)第 86 页记载之"宇都木一郎"任职于角板山"公医诊疗所"一文有误,当时在角板山设置的是"蕃人疗养所",到大正 12 年才把角板山与 gogan 的"蕃人疗养所"都改称为"公医诊疗所"。

[2] Hayung Usung 于 1923 年 3 月 31 日时已成为公医,乐信·瓦坦似乎比 Hayung Usung 晚几个月,因为依照官方文献资料,乐信·瓦坦于 9 月 17 日时当上公医,且那一天也是 gogan "疗养所"改称为"公医诊疗所"的日子。

[3] 《台湾总督府文官职员录》(大正 12 年度),第 304 页。

[4] 《台湾总督府文官职员录》(昭和 3 年度),第 345 页。

[5] 因缺 1942 年以后 4 年的资料,所以只能根据两家家属的回忆,其中似乎没有因工作地点使薪资变更等记录。

[6] gogan 区域之医疗设施名称,根据大正 12 年度《台湾总督府医学专门学校》第 140 页记载,为"疗养所",但《理蕃志稿》第 5 编第 629 页则写成"公医诊疗所"。这个差异可能与 Hayung Usung 于 1923 年 3 月 31 日担任公医,在角板山服务,乐信·瓦坦于 9 月 27 日才担任公医,在 gogan 服务有关。另外,1922 年"新竹州公医"管辖区中缺"角板山"服务区域的记载,是因为赴任的 Hayung Usung 还不是正式的公医,当时的角板山所设的是"疗养所"。因此《理蕃志稿》第 5 编第 593 页记载 9 月 17 日角板山与 gogan 两个"疗养所"同时改称为"公医诊疗所",是对的。

[7] 台湾总督府编《理蕃志稿》第 5 编,第 381 页。

[8] 台湾总督府编《理蕃志稿》第 5 编,第 384 页。根据 1922 年末有关新竹州大溪郡"蕃地"医疗机构的记载,在控溪配备的是公医,在 gogan 与角板山配备的则是"嘱托"。《新竹州第二统计书》(大正 11 年度),1924,第 172 页。

gogan 公医管辖区以族群关系划定服务范围为"gogan、mlikowan、mkanazi 蕃地一圆",其他两所是"郡"下"蕃地一圆"划分。① 翌年,gogan 与控溪两处都设立了公医诊疗所,② 于是"渡井三郎"从 1921 年 10 月担任"蕃地嘱托"以来,一直待在 gogan 地区,负责 gogan 群、mlikowan 群、mkanazi 群等广大深山区域的医疗活动,以及其他的如日警所命令的"理蕃"要务。

警务局中岛与一游历该地方后,于《台湾警察时报》中发表一篇文章《秋季蕃地纪行》,其中提到乐信·瓦坦在 gogan 与南澳两大群的斗争中,付出难以启口的辛劳,努力为"缓和蕃情"而奔波。③ 他为泰雅人群纠纷卖命处理调停,而在公医所提的报表上仅能以"处理杂务"项目,向上级报告。

六 各种流行性疾病在"蕃地"蔓延

"感冒"尚可成为泰雅人抗日起义的正当理由,何况当时在"蕃地"内流行的传染病种类很多,于是原住民们借由传统祖训,以恢复"出草"的方式进行抵抗。这种传统祖训,随时会复活,这对从事"蕃地开发"事业的日本人来说是"噩梦",也使"理蕃"当局浪费了十几年耗资千万元进行"讨伐"。然而在泰雅人看来,他们行使的行为规范"出草"是阻止传染病蔓延的唯一有效的方法。

1922 年 8 月 19 日,gogan 群与南澳群之间爆发激烈冲突并造成严重死伤。1921 年 gogan 群要发动"出草"时日警极力阻止,但这回日警乐观其成,不采取任何避开冲突的调停,反而积极把消息泄露,且借枪弹给南澳群,好让南澳群在路途中埋伏,引爆双方正面枪战。结果,经此战斗之后,南澳群 3 社 150 人当中死 19 人、伤 5 人,猎到 12 个首级;gogan 群 7 社 92 人当中死 14 人、伤 4 人,猎到 11 个首级。④ 后日警事出面时,只扮演医疗与详加调查者的角色,并深度了解双方互斗内情,以谋今后的对策。gogan 群因意外受挫,十数人被击毙而陷入消沉,但部落头目会议中又起发起报复南澳群的意见,同时决定再强化与前山群之间的同盟关系。日警得知后决定严格控管 gogan 群,为防止其破坏大团结"依时机而采取适当处置"方

---

① 《新竹州训令第 45 号》,《新竹州报》第 210 号,1922 年 7 月 27 日。
② 台湾总督府编《理蕃志稿》第 5 编,第 629 页。
③ 《秋の蕃地纪行》,《台湾警察时报》第 66 号,1922 年 11 月,第 51 页。
④ 台湾总督府编《理蕃志稿》第 5 编,第 276~280 页。

法。泰雅人传统的"攻守同盟"概念,是日后的"理蕃上的一大难题",① 日方非得要打破它不可。

如何精确掌握内情,深入侦察"蕃情",是警政上不可或缺的任务。乐信·瓦坦在 gogan"公医诊疗所"驻诊,为深山区域的泰雅人服务时,普受崇拜。因为他能以泰雅语与族人沟通,让当地人感到亲切便利,加上其神奇的医疗技术超越传统"巫术",只使用一帖药就能让吃到毙死猪而中毒者痊愈,因此被称赞为"神医"。② 由此可见,乐信·瓦坦替日警实现了"理蕃"上占绝对优势的"抚育"效果。4 月警理第 559 号警务局长致各州知事厅长的通达之中,表达官方清楚体会到"蕃地公医在医疗绥抚上,发挥很大的效果"。③ 警务局长田端幸三郎也提出唯有运用医疗的手段,"蕃人"才能亲身感受到"官方的恩惠",所以日方应善用医疗来达到真正的抚育与"操纵"。④ 这一体悟确实可从乐信·瓦坦的行医过程中获得验证。

1922 年时,各种流行性病毒仍旧在"蕃地"猖獗。如麻疹,1920 年就在台北州苏澳罗东内流行,1922 年 1 月间罹患者 83 人、死亡者 8 人,2 月中罹患者 28 人、死亡者 1 人;台中州能高郡 1 月到 4 月中发现罹患者 48 人、死亡者 12 人。新竹州内的 gogan 与竹东 mlikowan 地区从 1 月起发生麻疹,总计 171 人罹患、17 人死亡,麻疹随后又在 8 月到 11 月间猖獗。⑤ 如流行性感冒,在台中州能高郡内猖獗,共计 501 人罹患、22 人死亡;新竹州则于 1 月间在大湖北势群中有 7 人罹患,2 月到 5 月间在大料崁前山与 gogan 两群中有 87 人罹患、1 人死亡。该病于 1922 年间还传染到台南州的邹族达邦,高雄州牡丹、恒春,台东大武等排湾族的地方。⑥ 如流行性脑髓膜炎,曾发生于台中州能高郡的泰雅人、花莲港研海厅与台东的阿美人、布农人等。如热带性赤痢,在新竹司马限公医管辖内发生,由汤田善吉公医前去救援;另在台北州罗东泰雅人中也发生多起此类疾病。⑦ 如疟疾,6 月发生于台北乌来。如眼疾,在罗东发生时,7 月间罹患此病的泰雅人竟多

---

① 台湾总督府编《理蕃志稿》第 5 编,第 284 页。
② 《台湾警察时报》第 60 号,第 100 页。
③ 台湾总督府编《理蕃志稿》第 5 编,第 226 页。
④ 田端幸三郎:《理蕃事业に当面して》,《台湾警察协会杂志》1924 年 1 月号,第 14 页。
⑤ 台湾总督府编《理蕃志稿》第 5 编,第 386~387 页。
⑥ 台湾总督府编《理蕃志稿》第 5 编,第 387~388 页。
⑦ 台湾总督府编《理蕃志稿》第 5 编,第 389~390 页。

达 106 人，到 8 月时减至 63 人。[①] 预防方面，日方也注重推广疫苗如种牛痘疫苗，于 4 月间在台中东势、能高、新高等三郡共 541 名泰雅人中实施育苗（其中 516 人感染）；8 月因高雄"平地"发生牛痘，所以日方对屏东、潮州三郡内的排湾族 17 社实施全面性的种痘。[②]

根据 1922 年《新竹州第二统计书》的记载，新竹州"蕃地"（新竹、大溪、竹东、竹南、大湖的 5 郡）内接受公医医疗者总计 27193 人次（在 4 个"公医诊疗所"看病者共计 8494 人次，15 个疗养所则 14243 人次，14 个施药所则 4456 人次），其中大溪郡内看病人次总计高达 15233 人次（56%），即 1 个"公医诊疗所"3110 人次（36.6%），4 个"疗养所"10075 人次（70%），7 个"施药所"2048 人次（46%）。[③] 这与 1921 年新竹州所有"蕃地"内看病人数相比较，已减少到 1921 年的 65%，大溪郡也减少到 1921 年的 46.6%。

根据 1923 年《新竹州第三统计书》，我们能了解到当时新竹州内"蕃地"医疗状况。在新竹州"蕃地"（新竹、大溪、竹东、竹南、大湖）接受医疗者共计 36902 人次（在 6 个"公医诊疗所"看病者 12288 人次，16 个"疗养所"14789 人次，20 个"施药所"9825 人次），其中大溪郡总计有 22751 人次（62%），在 3 个"公医诊疗所"看病者 7699 人次（63%），7 个"疗养所"8567 人次（59%），9 个"施药所"7485 人次（76%）。[④] 这与 1922 年相比，新竹州"蕃地"中看病人次反而增加到 135.7%，大溪郡也增加到 149.3%。

根据 1924 年《新竹州第四统计书》，在"蕃地"（新竹、大溪、竹东、竹南、大湖）接受医疗的人数总计有 78357 人次（在 6 个"公医诊疗所"看病者 24538 人次，15 个"疗养所"则 39158 人次，18 个"施药所"则 14661 人次），其中大溪郡计有 61084 人次（78%），在 3 个"公医诊疗所"看病的人数有 19006 人次（77%），7 个"疗养所"则有 30240 人次（77%），7 个"施药所"则是 11828 人次（80%）[⑤]。这与 1923 年相比，新竹州"蕃地"中看病人数依人次来算增加至 212%，大溪郡也增至 268%。其看病人次大幅增加，显示新竹州内的泰雅人受现代化医疗服务已相当普遍。尤其在大溪郡

① 台湾总督府编《理蕃志稿》第 5 编，第 390 页。
② 台湾总督府编《理蕃志稿》第 5 编，第 391~393 页。
③ 《新竹州第二统计书》（大正 11 年度），1924 年 5 月，第 171 页。
④ 《新竹州第三统计书》（大正 12 年度），1925 年 8 月，第 153 页。
⑤ 《新竹州第四统计书》（大正 13 年度），1926 年 6 月，第 153 页。

常驻两位泰雅人公医后，此现象更是明显。

泰雅人接受当地医疗服务，当然会对施医者产生极大好感与绝对信任，族人就算是在医疗以外的事物上，也易于相信公医的言行。因为他们既是救命恩人，也是"神医"。如1923年在新竹州与台中州"蕃地"举办预防性种牛痘时，台中州内共575人接受注射，新竹内共有971人，其中仅泰雅公医驻诊的大溪郡内就有829人接受疫苗，[1] 大溪郡内的泰雅人对现代医疗的信任度非常高。

然"蕃地医疗"设计之初就只局限于紧急处理之初期施药，所以欲进一步住院开刀切除肿瘤或患者有公医无法治疗之重病时，"蕃地公医"会劝告泰雅人患者前往台北的大医院接受治疗。因此医药上的权威者仍是日本医生。

"医疗"不但使泰雅人对日本的"文明"产生信任，也让泰雅人体认到，台北的赤十字医院里的日本人医生"医术精湛"，远超越泰雅人"蕃地公医"，进而对日本的"理蕃"当局产生绝对的信任。1925年时，"理蕃"当局对"蕃人进化"与"蕃情静稳"表示极为满意。[2]

透过"医疗"带进"文明"，是日警高明的"抚育"手段之一。泰雅人的"蕃地公医"亲自上阵，为打破泰雅人传统文化及带领泰雅人迈向"文明"，起到了极大的促进作用。然而泰雅人"文明化"中最紧要的课题，乃是如何让其自动自发地放弃传统"纹面"习俗。

七 大豹群的处分与"犬瘟疫"的流行

当乐信·瓦坦为化解 gogan 与南澳两大群互斗而奔波时，已经成为一小群化的大豹社人从原来的部落被赶了出去。原来的部落土地已成为"三井事业预约地"（三井预定地），不再是大豹社人的土地。官方以两起重大误杀事件以及犬瘟疫流行为借口，逼迫族人离开祖先地。[3]

根据《理蕃志稿》，1922年时"犬瘟疫"在新竹州大湖司马限地区流行，3月间214只狗中毙死140只、痊愈61只，到6月末时仍有13只病狗

---

① 台湾总督府编《理蕃志稿》第5编，第697~698页。
② 台湾总督府编《理蕃志稿》第5编，第826~827页。
③ 台湾总督府编《理蕃志稿》第5编，第310页。

在该地。[①] 自 1922 年 10 月起至 1923 年 1 月，"犬瘟疫"也盛行于台北州罗东郡四季部落，病犬 463 头中毙死 378 只、痊愈 85 只。[②] 另在台北州海山郡有木、插角（原大豹大社）一带的大豹社当中，1922 年 3 月起开始流行"犬瘟疫"，不久即蔓延到角板山水流东一带。官方为此还派兽医抢救，但该地在 7 月间还是有病狗 33 只、毙死狗 32 只，痊愈的只有一只。[③]

然而根据台湾总督府中央研究所卫生部佐藤新一与洪兰所写的《新竹州下蕃地流行的犬疫病》报告，其实在"蕃地"内如花莲港、宜兰苏澳、大南澳、台中北势、大嵙崁后山等地，早在明治末年起即陆陆续续发生过犬瘟疫，主要由该地与"平地"交通频繁所致，该病源借由与汉人脑丁一起入山的狗而传播。犬瘟疫盛行的 1914 年，gogan 群内所饲养的猎犬因病而在一周内几乎全数毙命，而当时日方所给予的畜牛亦因感染而毙命，严重影响到该地"蕃情"。因此在 1922 年 3 月到 6 月期间，犬瘟疫疫情自大嵙崁前山蔓延到后山一带时，在两个群共 7 个部落中，计有 393 只狗生病（占社内犬的大半）、毙命 294 只，与前一年度合计则共有 400 余只狗生病、毙命超过 300 只。[④] 部落之间的感染并非因位置邻近，而是因远亲之间彼此交流频繁。所以，我们从犬瘟疫的传染就可得知部落间的亲疏关系。

新竹州下的泰雅人称此病为 matu（感冒）或 mIlupo（生病），但佐藤新一等从专业的角度认为，从如此激烈的流行状况分析，这并非一般性急性热性传染病"犬瘟热"（Stanpe der Hunde），而是应该被认定为"狗流行性感冒"（Influenza der Hunde）或着说是"犬疫"（Hundescnche）等，狗得病后会变畸形，该病毒中还可能隐含着中枢神经系统的中毒性病源体。

经过调查研究，大嵙崁地区于 1921 年秋季以来面临寒冬且再三遭受霜害，以致农作物歉收而陷入饥荒，这当然影响狗的食物与健康。虽然说泰雅人把猎犬当作家人疼爱，但一般不会特别为狗准备食物。因此在 1922 年间，该地区发生严重犬瘟疫应归咎于整个大嵙崁地区遭受污染，生态失衡，人狗皆面临饥荒问题。对大豹社来说，猎犬的绝灭象征打猎谋生时代的结束，另一个完全陌生的、以农耕为主的新时代开始。1926 年大豹社头目

---

① 台湾总督府编《理蕃志稿》第 5 编，第 310～391 页。
② 台湾总督府编《理蕃志稿》第 5 编，第 596 页。
③ 台湾总督府编《理蕃志稿》第 5 编，第 391～392 页。
④ 佐藤新一、洪兰：《新竹州下蕃地に流行せる犬疫病に就て》，《台湾总督府中央研究所卫生部业绩》第 31 号，1924 年 4 月，第 7 页。

Watan Syat 的第二个儿子 Taga Watan 率领族人 33 户 150 余人迁移到 lahau，在地势条件不良的荒野地方定居，创设"下溪口台"部落。[1] 他唯一能做的事，就是团结原大豹社人一起开创新社，拒绝接受原大豹社人被分散安置，防止大豹社消失在各前山部落之内。

八　结论

第一次世界大战结束不久，全球为"流行性感冒"的肆虐所笼罩；"流行性感冒"威力惊人，瞬间席卷全球各地，造成严重的感染并导致多人死亡，据说全球约有 200 万到 450 万人因此而死亡。因为首次流行的国家是西班牙且其症状类似感冒，故其一般被称为"西班牙流行性感冒"。其实这不是感冒，是由一种病毒感染人类、禽鸟、家畜等后，透过空气相互传染而引发。当时无法找到此病毒源与有效治疗方法，在大正时期的 1918 年至 1920 年间，该病流行于日本本土时，约 50 万人因罹患此病而死亡，故其有世界感冒、异性感冒、恶风邪、西班牙风邪、疾风、奇病大正病、大正热、力士病等多种病名称呼。[2] 当时处于日本统治下的台湾、朝鲜、库页岛、旅顺和大连等"外地"殖民地，也无一幸免而受到波及。病菌不选择人种，库页岛、台湾等地的少数民族感染之后，人口锐减，朝鲜死亡人数累计超过 23 万，旅顺和大连因日军驻扎当地病例尤多。

当时台湾被日本的台湾总督府统治，所以"蕃地""蕃人"也完全由日本人警察系统来治理，由警政的暴力装置来管治。由于"医疗卫生"也隶属于警务局，"蕃地公医"当然在"理蕃"机构中扮演着重要的角色。根据 1922 年新竹州训令第 49 号"公医服务规程"（共 12 条），公医应于接到任命后 5 日内赴任，需报备其开业地点、住宅往诊的时间、诊疗费料、手术费、药价等，医疗上所做的一切行为必须向管辖的日警驻在所报备；医疗所内配备了有关传染病检定等相关器材，公医若要离开坐诊地区前往外地赴诊，出发之前必须向所属警察机关报备等。该规程第五条第二项规定，"（让公医）从事医业以外的业务"时，必须获准所属机关最上级单位即州知事的

---

① 台湾总督府编《理蕃志稿》第 5 编，第 563 页；《ラハウの自立更生》，《理蕃の友》1933 年 6 月，第 9 页。

② 速水融：《日本を襲ったスペイン・インフルエンザ》，东京：藤原书店，2006，第 22 页。

认可。[1] 换句话说，公医也有可能接受上级官命从事医疗以外的任务，特别是在"蕃地""蕃人"处行医时。

乐信·瓦坦与 Hayung Usung，是当时日警栽培的最杰出优秀的泰雅人知识青年，也是台湾总督府文官体系中正式领取高薪的公务员公医。全球性流行性感冒流行"蕃地"时，他们两个人受命出任"蕃地公医"一职，发挥其所学习的医疗技术，以新竹州大溪郡"蕃地"，即其所在的大嵙崁前山群与后山群部落的泰雅人为主要对象，进行医疗服务。因为他们原本是泰雅人，会说泰雅语，又是接受现代"文明"医学熏陶的"神医"，对日警当局而言，通过他们二人在当地施展"抚育性镇压"之"理蕃"政策，更能发挥实质功效。他们在当地以母语开导族人，以医术救治族人，使族人备感亲切与惊奇，连官方要没收枪弹时都得要这两位泰雅人的医生替族人作保，说服族人，只要顺从日本人就能获得"幸福"。当时仍有不顺从而仍旧保持抵抗态势者，如台中州的 salamao 群、新竹州的 sakayou 群等，惨遭飞机轰炸并遭受邻近同族"味方蕃"（mikataban）的袭击，面临来自空中与地面的双重镇压。如 1920 年为了镇压新竹州的 sakayou 群，当局派 gogan 群人所组成的"奇袭队"出动。新竹州大溪郡"蕃地"大嵙崁前山群与后山群一带，因有乐信·瓦坦与 Hayung Usung，所以日警能安心掌握"蕃情"，又因有公医从中调停化解，这些地区无须大动干戈。泰雅人"蕃地公医"获得族人的信赖的程度，另从该地出现较高的就医人数，也可得到证明。

以通过"医疗卫生"成功征服大嵙崁群的例子来看，"抚育性镇压"的运用合乎文官总督时期的"理蕃"政策。为了栽培更多为日本效劳的"蕃人"，日本人借"蕃童教育所"的功能再研拟出"蕃童秀才"教育计划，希望借此培养像乐信·瓦坦与 Hayung Usung 一样，与"平地"汉人隔离而与日本人的儿童一起读书，从而对日本人抱有绝对信任与无比的亲密情感之"蕃童"。如果该"蕃童"是孤儿或赤贫，他们对日本人养育恩情之感激与敬仰则更为明显。因此日警"操纵"这些"蕃童秀才"将易如反掌，轻而易举地便可使他们自愿当日本人的打手。其中最成功的例子，是大豹社大头目 Watan Syat 的儿子乐信·瓦坦。Watan Syat 是抗清抗日的英雄，一生为保卫故土而斗争，最后战败病死。大豹社被打败而消失，结果当作不再抵抗标志而被献给日本人当"人质"的孤儿乐信·瓦坦长大成人之后，竟然

---

[1] 《新竹州报》第 226 号，1922 年 8 月。

成为最为"亲日"的泰雅人精英。成功地让乐信·瓦坦转为效忠日本的"渡井三郎",日警认识到了"教育"的威力与"操纵"之妙。"理蕃"政策之未来蓝图应在于"以蕃治蕃",然"理蕃"当局的这种如意算盘在1930年雾社事件发生时,因有了"花冈一郎"而走向破产。

（作者单位：台湾政治大学日本语文学系、台湾日本综合研究所）

抗战前夕台货与岭南市场

张晓辉

提　要　抗战前夕，台货在岭南地区正当贸易中的市场越来越局狭，而其走私却愈加肆虐。台货在岭南市场受到遏阻，主要因为民间抵制日货，国民政府提高进口关税税率，广东当局实行经济统制，海关加强缉私，等等。台货兼具日货之特点，在岭南市场形成较强的竞争力，更得到日本殖民当局"华南政策"的大力扶持，利用香港自由港倾销，并在广东四乡暗售，加剧了岭南与台湾地区之间的矛盾冲突。

关键词　抗日战争前夕　岭南市场　台货　抵货运动　走私

日本从 20 世纪 30 年代中期就开始将台湾发展为对华南、东南亚贸易的中继站，推动台湾迈入工业化阶段，台湾许多工业产品也向岛外输出。岭南历来是台湾货物非常重要的输出市场，目前国内外的相关研究相对较为薄弱，虽有学者就某些问题做了探讨，但总体来说不够系统深入。本文试就抗战前夕台货在岭南市场的竞销及其对两地关系造成的影响，进行全面考察。①

---

① 相关探讨主要有：习五一《1895～1931 年台湾食糖贸易研究——台湾、日本、大陆三角贸易考察》，《近代史研究》1995 年第 5 期；范毅军《广东韩梅流域的糖业经济（1861～1931）》，（台北）《中央研究院近代史研究所集刊》第 12 期，1983 年 6 月；姜捗亚《1930 年代广东地方关税和日本——以 1935 年的汕头事件为中心》，《民国研究》总第 9 辑，南京大学学报编辑部，2006；连心豪《近代潮汕地区的走私问题》，《中国社会经济史研究》1996 年第 1 期；臧运祜《20 世纪 30 年代前半期日本的华南政策》，《近代史研究》2003 年第 3 期；等等。与本文有直接关联的著述主要有台湾学者陈慈玉、萧明礼的《20 世纪 30 年代台湾对华南的水泥输出贸易》，该文认为水泥输出占当时台湾对外贸易总额的第 6 位，华南已成为台湾水泥重要的输出市场。参见中国社会科学院台湾史研究中心主编《日据时期台湾殖民地史学术研讨会论文集》，九州出版社，2010，第 239～251 页。

一 台货在岭南竞销概况

(一) 台湾水泥的竞销

岭南水泥市场向为英、日、法国厂商操纵，其洋水泥销量常随国人历次反帝运动矛头所指而互为消长。一战前岭南水泥市场以输入港澳青洲水泥为主，1919 年后以日本水泥所占比重最多。1925 年省港大罢工，青洲水泥濒临绝迹，日本水泥输入量猛增。1928 年济南惨案后国人抵制日货，青洲水泥销量大增，但不久日本水泥又卷土重来。1929 年世界经济危机后，各国降价推销，日本洋行掌握资料特别多，消息非常灵通，[①] 加以当时广东特别是广州市内各项建设事业及房屋建筑需求孔急，而本地水泥厂产能无法满足市场需求，故进口水泥数量增加，连带使得 1930~1931 年台湾水泥输入量大增。

1930 年广州市场共需水泥 25 万桶，其中分别从日本（含台泥）、香港进口 10 万桶和 5 万桶，本地水泥厂自产 10 万桶。1933 年需求量增至 50 万桶，广州厂自产 40 万桶，从日本、香港输入约 10 万桶。[②]

抗战爆发以前，台湾水泥的输出量曾发生剧烈变动。1931~1937 年，台泥输出量呈现先下降后上升的走势，特别是 1932 年情况最为糟糕，1933 年输出量略有回升，直到 1934 年以后才大幅回升，1935 年达到高峰。此后再度下滑，1936 年锐减超过 50%，1937 年继续下跌。[③] 这与同期台泥输往香港和汕头的演化轨迹是一致的（见表 1）。

表 1 台湾水泥销往岭南各港口的数量（1931~1937 年）

单位：日斤，元

年份	广东（珠三角及粤西）		汕头		香港	
	数量	价值	数量	价值	数量	价值
1931	6611707	98950	4930476	75164	27521944	422596
1932	94500	1450	—	—	8411730	130500
1933	—	—	—	—	9851499	67090

① 参见林宏照《广东水泥市场和水泥工业》，《广州文史资料》第 16 辑，广东人民出版社，1965。
② 香港福大公司编《南支经济丛书》第 1 卷，1940，第 106 页。
③ 中国社会科学院台湾史研究中心主编《日据时期台湾殖民地史学术研讨会论文集》，第 242 页。

续表

年份	广东（珠三角及粤西）		汕头		香港	
	数量	价值	数量	价值	数量	价值
1934	—	—	715446	5386	19348343	99761
1935	—	—	910416	7734	23099666	143590
1936	—	—	31	475	10316	110998
1937	—	—	—	—	8846	95370

注：（1）1日斤等于1台斤，又等于0.599公斤；（2）自1936年起数量单位改为吨。

资料来源：中国社会科学院台湾史研究中心主编《日据时期台湾殖民地史学术研讨会论文集》，第243页。

据1933年广州口岸海关报告，这年洋水泥因本埠新设水泥厂产品的排挤以及进口税率激增一倍而输入不振。[①] 1934年5月，广东当局开征洋水泥进口附加税，以充当中山大学建设经费及长途电话线架设工程费用。同时，由于广州西村士敏土厂设备不断扩充、产量大增等因素影响，进口水泥难以与当地产品竞争，自1935年在广东的销量连年大幅下滑，1937年降至微不足道的地步（见表2）。

表2 广东进口水泥量值统计（1930～1937年）

单位：公担，国币元

年份	数量	价值	年份	数量	价值
1930	1335866	4271187	1934	332324	1042827
1931	1609201	5732320	1935	251235	718399
1932	1680366	7029137	1936	179087	373422
1933	697091	2506746	1937	27515	87606

资料来源：广东省政府秘书处编《广东年鉴》第14编"工业"第2章"各业概况"第15节"水泥业"，曲江，1941。

1931年时，台湾水泥对汕头的出口量仅次于厦门、广东（珠三角及粤西）。次年因抵制日货运动、关税政策限制等因素影响，台湾水泥停止出口汕头。但由于台湾至汕头间水泥海运费用相对低廉，故1934年以后，台湾再度对汕头出口水泥，直到1937年抗战爆发前夕才再告终止。[②]

---

① 中国第二历史档案馆、中国海关总署办公厅编《中国旧海关史料（1859～1948）》第114册，京华出版社，2001，第159页。

② 中国社会科学院台湾史研究中心主编《日据时期台湾殖民地史学术研讨会论文集》，第244页。据海关统计资料，1935年时汕头已无水泥进口，故此处所讲情况应为非正当贸易。

1934 年，汕头口岸水泥等进口锐减。次年，因省政府实行水泥专卖政策，并对其进口加以种种限制，海关统计资料显示其进口已告绝迹。① 琼州口岸洋水泥也因受广州产品的排挤，进口日减。三水口岸之输入向以日货为多，往昔进口水泥以备附近各地销售甚多，但 1935 年已完全告停。②

应指出的是，尽管 1934 年时广州水泥业两厂合计日产 1600 桶（西村厂 1200 桶、河南厂 400 桶），然而全省每日消费量已逾 4000 桶，故不能不依赖于舶来品。③

因地理位置、经济发展上的高度相连，台湾水泥出口至香港后亦多转口至广东地区，故其出口总量在 1932 年受到经济不景气以及广东抵制日货运动影响而大幅衰退了 70.69%，直到 1933 年开始略有恢复，而 1934 年较前一年激增了 2.65 倍，并于 1935 年达到出口量的最高纪录。但自 1936 年起，又开始大幅度下滑。④

表3　台湾水泥输出总量及销往岭南港口的水泥所占之比例（1931~1937 年）

单位：日斤，元，%

年份	台湾水泥输出总量		销往广东、汕头、香港数量		输往岭南港口水泥所占比重	
	数量	价值	数量	价值	数量	价值
1931	54560284	829632	39064127	596710	71.60	71.92
1932	15990871	245541	8506230	131950	53.19	53.74
1933	16150207	137426	9851499	67090	60.99	48.82
1934	42737523	328690	20063789	105147	46.95	31.99
1935	53067747	523207	24010082	151324	45.24	28.92
1936	16186	229716	10347	111473	63.93	48.53
1937	9715	114534	8846	95370	91.06	83.27

注：（1）1 日斤等于 1 台斤，又等于 0.599 公斤；（2）自 1936 年起数量单位改为吨；（3）本表输出总量数据包括输往中国大陆关内、东北、香港及东南亚的数量。

资料来源：根据中国社会科学院台湾史研究中心主编《日据时期台湾殖民地史学术研讨会论文集》第 242~243 页表整理计算。

---

① 中国第二历史档案馆、中国海关总署办公厅编《中国旧海关史料（1859~1948）》第 118 册，第 303 页。

② 中国第二历史档案馆、中国海关总署办公厅编《中国旧海关史料（1859~1948）》第 118 册，第 289、291 页。

③ 李宏略：《广东经济的解剖》，《香港华商总会月刊》第 1 卷第 5 期，1935 年 1 月，第 61 页。

④ 中国社会科学院台湾史研究中心主编《日据时期台湾殖民地史学术研讨会论文集》，第 244 页。

由表 3 可见，抗战前夕台湾水泥外销仍以岭南各口岸为主，其中香港尤其重要。

（二）台湾煤炭的竞销

日本总督府对台湾煤矿业基本采取的是比较放任的态度，唯希望台煤能够满足岛内产业需求，剩余则外销东南沿海地区。[①]

表 4　台湾煤炭生产与需求数量（1930～1937 年）

单位：千吨

年份	产量	需求消费				
		需求总量	外销		省内	
			日本	其他地区	本地	轮船
1930	1598	1520	41	342	640	496
1931	1421	1419	64	309	597	447
1932	1354	1407	61	170	662	552
1933	1533	1584	146	186	658	592
1934	1520	1570	105	162	681	621
1935	1596	1706	81	147	701	776
1936	1743	1976	114	127	895	840
1937	1953	2269	270	137	858	1003

资料来源：中国社会科学院台湾史研究中心主编《日据时期台湾殖民地史学术研讨会论文集》，第 356 页。

由表 4 可见，抗战前夕台湾煤炭销量比较稳定，需求消费以岛内为主。台煤大体上供不应求，其外销起伏不定，这与用煤地区的政治、经济有关，如华南的反英和抗日，对于台煤销量的增减大有影响。据 1926 年出版的《中国矿业纪要》记载，广州煤市的货源主要来自抚顺和日本控制的台湾，开滦虽也有供应，但为数不多。该年来自抚顺和台湾的煤分别为 8.7 万吨和 7.4 万吨，合计占当年广州煤炭输入总量的 33.6%，而开滦煤仅 7.4 万吨，只占 15%。不过开滦矿务局利用"中外合办"名义，乘抵制日货运动之机，于 20 世纪 30 年代初开拓南粤煤市并取得了一定成效。[②]

---

① 中国社会科学院台湾史研究中心主编《日据时期台湾殖民地史学术研讨会论文集》，第 364 页。
② 汪敬虞主编《中国近代经济史（1895～1927）》上册，人民出版社，2000，第 594～595 页。

广东乃用煤大省，每年需要输入煤炭约 50 万吨，向来仰赖日煤。[①] 广州市及四乡每月用煤当在 4 万吨以上，九一八事变以前日煤倾销，几占1/2，利权外溢每年超过千万元。[②] 1930 年 10 月，广州进口洋煤共计 35814 吨，其中台煤为 11333 吨，在各货源地中所占比例最大。[③] 1931 年广东进口日煤共 182144 吨（其中 720 吨来自日本、56000 吨来自台湾、125424 吨来自抚顺），远超过其他各种洋煤。[④] 1932 年全国共计消费日煤 725540 吨，其中广东和香港消耗 326340 吨；共消费台煤 13511 吨（唯有广东）。[⑤] 虽在次年进口统计表中已不见日煤进口记录，却仍有大量日煤消费记录，其只能是自香港转口输入，且主要靠走私进行。

汕头工业燃料以煤为主，由于省内梅县所产土煤质量差，故用煤多来自日台和开滦。据 1933～1934 年调查，汕头每年约输入 400 万元煤炭，按每吨煤约 20 元计，每年需输入煤 20 万吨。[⑥]

煤为台湾输出香港的最主要货物，香港乃台煤输出的最大市场。[⑦] 20 世纪初，香港很少进口台煤，一战期间输入剧增，1916 年近 1.7 万吨，次年即猛增为 15.3 万吨，1920 年达 24 万吨。民初，日煤占香港每年进口煤炭（内约两成转销广东等地）之比例，多时达八成以上，少时也有五六成。[⑧]

1935 年香港共计输入煤炭 831244 吨，价值 8570716 港元，其中日煤606267 吨，价值 6170376 港元，分别占 72.93% 和 71.99%。[⑨]

（三）台湾蔗糖的竞销

日据台湾后，首先积极发展糖业，1902 年设临时糖务局，官方发布《台湾糖业奖励规则》，开始糖业改良工作。此后官方大力推行巨额补助金制度，改良品种，建设新式榨糖厂，使台糖无论产品还是生产技术皆突飞

---

① 《贸易》，《中行月刊》第 5 卷第 3 期，1932 年 9 月。
② 《开滦煤在广州之销场》，《广东建设月刊》第 1 卷第 10 期，1933 年 8 月。
③ 《统计资料》，《工商半月刊》第 2 卷第 23 号，1930 年 12 月 1 日。
④ 《贸易》，《中行月刊》第 5 卷第 3 期，1932 年 9 月。
⑤ 《贸易》，《中行月刊》第 6 卷第 3 期，1933 年 3 月。
⑥ 全国图书馆文献缩微复制中心编《二战时期中国工业调查报告》上卷，三河弘翰印务有限公司，2006，第 226、228 页。
⑦ 王键：《日据时期台湾总督府经济政策研究（1895～1945）》（上），社会科学文献出版社，2009，第 661 页。
⑧ 日本台湾总督官房调查课编《香港の港势と贸易》，1922，第 228～229 页。
⑨ 《一九三五年本港商务盈亏一览》，《香港工商日报》1936 年 1 月 19 日。

猛进，到 1910 年，台湾已建成现代化糖厂 14 个。[①] 1916～1931 年，日本将台湾培植为本国制糖工业的原料产地。到 20 世纪 30 年代，主要由日本资本投资的新式制糖厂基本上垄断了台湾的制糖业，日本统治下的台湾赢得了"糖业帝国"的称号。[②] 1925 年，台湾糖产量为 480000 吨，其中 428000 吨（占 89%）被输出到日本。[③]

香港为远东食糖的主要集散地，商务以糖业为大宗，年交易额达几千万元。洋糖输入内地经香港转运，故香港糖业兴衰，系乎内地销量之多少。在 20 世纪 20 年代以前，内地从香港进口的各类食糖占全国进口总量的70% 左右。[④] 由于省港大罢工及抵制英货，港商担心糖源短缺，纷纷向日台各糖厂订货，反而给日台糖商以极大之利益。1928 年日本向中国大陆输出食糖的总额达到历史最高峰，为 394.2 万担。[⑤]

粤港销流之糖，向由印尼爪哇和台湾运入。但自 1928 年济南惨案发生，中国对日经济绝交，港中办糖庄口，以台糖滞销而不敢采办，台糖销路一落千丈。受其影响，香港糖市趋淡。[⑥]

汕头输出货品，以农产为主。据 1933～1934 年调查，汕头土糖曩年出口，年约 1000 万元，近受洋糖竞争，降至 300 万元。幸因广东政府实行专卖，更设一新式糖厂于揭阳，一面厉行缉私，一面改良生产，情况略有好转。[⑦] 1934 年，汕头口岸糖品进口锐减。次年，已无海关进口统计。1935年，往昔进口糖品较多的三水口岸亦无进口统计。

表5　广州、汕头、香港输入洋糖统计表（1930～1934 年）

单位：千关担

年度	广州	汕头	香港
1930	834	730	4200

① 范毅军：《广东韩梅流域的糖业经济（1861～1931）》，《中央研究院近代史研究所集刊》第 12 期，1983 年 6 月。
② 王键：《日据时期台湾总督府经济政策研究（1895～1945）》（下），第 1160 页。
③ 中国社会科学院台湾史研究中心主编《日据时期台湾殖民地史学术研讨会论文集》，第 95 页。
④ 上海社会科学院经济研究所等编著《上海对外贸易（1840～1949）》上册，上海社会科学院出版社，1989，第 436 页。
⑤ 习五一：《1895～1931 年台湾食糖贸易研究——台湾、日本、大陆三角贸易考察》，《近代史研究》1995 年第 5 期。
⑥ 《经济新闻》，《广州民国日报》1929 年 8 月 31 日。
⑦ 全国图书馆文献缩微复制中心编《二战时期中国工业调查报告》上卷，第 226 页。

续表

年度	广州	汕头	香港
1931	666	476	4635
1932	221	406	1716
1933	9	135	577
1934	4	59	595

注：九一八事变后，广州、香港洋糖进口量剧减。至 1934 年，分别仅为 4 千关担和 59 千关担。
资料来源：许道夫编《中国近代农业生产及贸易统计资料》，上海人民出版社，1983，第 234 页。

20 世纪 30 年代前期，广东省营糖业兴起，形成较大的原料需求，促进了甘蔗生产。另外，自省内蚕桑业衰落后，农民毁桑种蔗，多将桑基改植甘蔗，又有了蔗基鱼塘模式。因此，珠江三角洲等地区糖蔗种植仍有发展。1935 年是广东复兴糖业计划推行的第二年，省营六大糖厂全部开工，产品陆续运销各地。国民政府农本局 1936 年派员南下调查，发现闽粤市场向以台糖最为畅销，但自粤糖推出后，台糖亦已退缩。[①] 直至抗战前夕，虽然洋糖走私进口为数颇巨，但因广东当局实施糖业统制，并大办糖厂，故土糖产量有所增加，而洋糖输入整体呈减少趋势（见表 6）。

表 6　广东蔗糖进出口价值统计表（1930～1936 年）

单位：国币元

年份	洋糖进口		土糖出口	
	价值	指数	价值	指数
1930	25255241	100.00	1291128	100.00
1931	16190946	64.11	3246020	251.41
1932	11057224	43.78	2580003	199.83
1933	2514194	9.96	8240804	638.19
1934	1583107	6.27	12922447	1000.86
1935	1690948	6.69	20430048	1582.35
1936	2052008	8.13	27792228	2152.55

资料来源：《广东省银行二十五年份营业报告》，《银行周报》第 21 卷第 23 期，1937 年 6 月 15 日，第 23～24 页。

（四）台湾海产品的竞销

20 世纪二三十年代，在日本总督府的奖励措施下，台湾渔业顺利发展。

---

① 《农本局调查粤蔗糖与蚕丝》，《香港华商月刊》第 2 卷第 4 期，1936 年 12 月。

日台商人组织渔业公司，1929 年已经营者有蓬莱渔业公司、共同渔业公司、日本轮船拖网公司、公海渔业公司、华太渔业公司等，拥有百吨以上渔轮 30 多艘。这些渔船初仅在台湾附近捕鱼，但很快即进入南海活动，侵我利权。① 同年底，日本海产品 "如潮涌至"，因广州输入过多而华南销力有限，广州海产品滞销，价格低落。②

20 世纪 30 年代初沿海汕头、琼东等地尽为日台渔商大规模侵入。粤东南澳岛因日商渔轮侵入后，5 万渔民大半失业。1936 年 8 月，日商渔业公司派员到此，与当地渔民合组渔业会社，投资 10 万元，购置新式渔船 4 艘在粤闽沿海掠捕，产品销往汕头、香港。因南澳附近各小岛渔民捕鱼技术极佳，同年底，该会社在此招渔民前往台湾。当地各区公所以失业渔民举家迁台甚多，呈报当局协助制止。同年，日商共同渔业公司在华南增资 1000 万元，又以香港为中心，将蓬莱渔业公司资本额从 40 万元扩充为 100 余万元。从此足见日本已独占南澳渔业。③

1937 年，汕头的日商渔业公司合并后，改名为共同渔业株式会社，香港、台湾的蓬莱渔业公司也归并在内。粤省海域被划分为潮汕、广海、高雷、海南四区，以香港、澳门为中心点，日船在华南沿海捕捞，有恃无恐，"下网后鱼虾绝迹，苦我渔（民）晒网捱饿"，而广东政府的应对措施 "迄今未见有何成效"。日商渔业公司在香港湾仔设总市场，日销量达 100 吨以上。潮汕方面渔船多向日商渔业公司订购水产品，运回汕市发售，每天约有 100 吨。④ 据海关 1937 年报告，汕头口岸海产品近几年以日货为大宗，该年更是受到沉重打击。⑤

日本海商势力的入侵，导致粤闽渔业危机。据 1937 年《水产月刊》第 4 期消息，由于日轮入我领海捕鱼，广东沿海 50 余万渔民失业大半。⑥

（五）台湾茶叶的竞销

20 世纪 30 年代初，中国大陆茶叶的世界市场已被台湾茶叶侵占，大陆

---

① 《经济新闻》，《广州民国日报》1929 年 8 月 19 日。
② 《经济新闻》，《广州民国日报》1929 年 12 月 20 日。
③ 戈秉臣：《南澳岛之渔业》，《水产月刊》第 4 卷第 1 期，1937 年 1 月 1 日。
④ 《国内外水产消息》，《水产月刊》第 4 卷第 4 期，1937 年 4 月 15 日。
⑤ 中国第二历史档案馆、中国海关总署办公厅编《中国旧海关史料（1859～1948）》第 124 册，第 421 页。
⑥ 《国内外水产消息》，《水产月刊》第 4 卷第 4 期，1937 年 4 月 15 日。

茶叶出口日渐衰落。台茶有包种、乌龙两种，它们利用自身优势，逐渐占领南洋市场。1934 年时，香港茶庄不下百余间，经营闽赣茶叶者，以销往南洋各埠为主，但生意不多，"前途异常悲观"。据报道，台茶发展的原因在于，凡当地有茶叶出口，必经当地政府派员检验质量，始准放行。[1]

此前香港茶市所经营以中国大陆茶叶居大部分，无论茶居、酒楼还是住户，均纯用大陆茶。唯 1934 年以后，香港商业不景气，各大茶居亏本者多改用台茶。且有一些投机者，因台茶价廉，改设小规模底楼茶居。部分散售茶店更将台茶混合大陆茶，以大陆茶名义发售牟利。台茶在香港贱价推销，大量运入，售价约每斤四五毫（角），较大陆茶价低过半，大陆茶遂无从与之竞争（见表 7）。[2]

表 7　台湾茶叶输往香港统计（1930～1933 年）

单位：千磅，%

年度	1930	1931	1932	1933
台茶输入香港的数量	1786	1199	1135	868
台茶输出总数	18541	18414	15259	18290
香港台茶占台茶输出的比重	9.6	6.5	7.4	4.7

资料来源：许道夫编《中国近代农业生产及贸易统计资料》，第 263 页。

二　台货竞销的影响因素

抗战前夕，影响台货在岭南市场竞销的原因十分复杂，有利及不利两方面因素皆存在。

（一）台货竞销的抑制因素

1. 各地抵制日货运动成效卓著

1919 年五四运动时期，广东抵制日货，但置日煤于例外，而"九一八"后的抵货则波及之，至 1932 年中期，台湾、抚顺煤已陷入杜绝输入的状态，[3] 日煤销粤遂减。1933 年 2 月，广东进口煤炭 4.8 万余吨，以前占主要

---

① 《港闻三》，《香港工商日报》1934 年 7 月 8 日。
② 《港闻三》，《香港工商日报》1934 年 8 月 3 日。
③ 《贸易》，《中行月刊》第 5 卷第 3 期，1932 年 9 月。

地位的日台煤，已不见于进口统计表中。① 受抵制日货运动的影响，1932 年后，台湾水泥运销量迅速下跌。从 1933 年起，台泥在珠三角及粤西各港口已无输入记载，只能靠走私或由香港改装入口。

九一八事变后，广东政府的对外政策由亲日为主转为以反日为主。由于抵制日货运动持续高涨，在粤经营的日商不断抱怨他们作为中国的"敌国人"，受到种种限制。据日本横滨正金银行 1934 年的调查，在广东市场，日货唯有通过走私运入，价值仅几百万元。日商对此状况非常不满，要求"帝国"做及时有力的工作，以改变这一局面。② 日本在 1935 年广州外贸总额中所占的比例极低，据粤海关对外贸易统计，1934 年广州港进口日货价值302336 元，不及该港进口贸物总值34050385 元的 1%。1935 年，广州港进口货值基本维持上一年的水平。③

在香港，凡经营出口杂货者，皆称为庄口。日本庄（专办日货的行号）的生意全靠推销货物于内地，本港消费者不过 10% 左右。该行在民初多能图利，但每遇国内抵制日货事起，其经营便大受影响。④ 日本是著名的海产国，香港进口的海产大都是日货，主要转销华南等地。香港海味往昔交易旺盛，每年行销内地价值计达上千万元，20 世纪 30 年代初，由于经济不景气，加以中国政府重关税和内地抵制日货，故全行均受亏折。⑤ 日货在香港进口商务中的地位自九一八事变后猛跌，如 1930 年时日货进口占香港进口总额的 12.1%，1931 年降为 10%，1932 年上半年再降为约 2%。⑥

2. 地方政府相关政策措施

陈济棠主粤时，利用关税壁垒和经济统制，重点扶持省营企业，排斥竞争对手，广东形成所谓新工业的"黄金时期"。

由于台湾、爪哇等地改用新法制糖，产糖量有所提高，走私入口为数至巨，对粤省蔗糖业形成严重威胁，广东政府遂实行糖业统制，提高洋糖进口关税，以行遏制。统制糖业经广东省政府核准，于 1934 年 6 月 1 日起实行。广东当局大力发展炼制白糖，1933 年提出"复兴广东糖业三年计划"，创办了大型省营机器制糖厂，并采取特别措施，以保护省营白糖，例如于 1934 年 5

① 《贸易》，《中行月刊》第 6 卷第 4 期，1933 年 4 月。
② 肖自力：《陈济棠》，广东人民出版社，2002，第 257 页。
③ 程浩编著《广州港史（近代部分）》，海洋出版社，1985，第 239 页。
④ 《经济新闻》，《广州民国日报》1929 年 2 月 16 日。
⑤ 《贸易》，《中行月刊》第 5 卷第 6 期，1932 年 12 月。
⑥ 《贸易》，《中行月刊》第 5 卷第 2 期，1932 年 8 月。

月宣布开征洋糖税，税率高达127%。[1] 翌年4月，广东当局又决定将舶来糖类捐税率加倍。[2]

1932～1936年，广东省营糖业兴起，从国外购进蔗糖设备，陆续兴建了新造、市头、顺德、东莞、揭阳、惠阳六间机制糖厂，对甘蔗原料的需求大增，加以珠江三角洲等地区糖蔗种植的发展，20世纪30年代中期，广东蔗田面积已超过印尼爪哇、菲律宾及台湾之总和。[3]

1932年广东省政府自理水泥统税，对进口水泥亦予征收。1933年5月，广东海关修正进口税则，将水泥进口税率提高一倍。6月20日，广东省政府会议决议通过《处罚舶来士敏土私运章程》《办理专营事务缉私章程》《处理私运货物与惩奖章程》。[4] 台泥的输入因关税政策限制而遭到很大打击。

1934年5月，粤省当局为谋推销省营制品，设立广东省国货推销处士敏土部，作为本省水泥贩卖统制机构，并规定种种具体办法，以广销路。如政府建筑必须全部使用省营水泥，私人建筑凡费用超过毫洋1万元者亦同。主管机关除尽力推销本省产品外，还需要统制外来货品，认真检查其质量，凡不合格或无许可证者，则绝对禁止。另还规定省营水泥之代理店绝对不准贩卖非本省水泥。[5] 广东士敏土厂经扩充，产量倍增，1935年日产量达到3100余桶，是当时各省营工厂中办得最成功的一家。[6]

1933年，广东省建设厅厅长林云陔鉴于渔业严重凋敝，特于政府三年施政计划内，建议发展渔业。[7] 1936年底，广东各地渔民派员到广州，向建设厅请求救济。建设厅长刘维炽"以渔业之振兴，与国计民生，发展实业，均有绝大关系，故决定设法整顿"，呈请广东省政府拨款12万元，将整理全省渔业计划编入三年施政计划内，并成立渔业改进委员会。[8] 次年2月，刘维炽出巡潮汕，返穗后拟订复兴潮汕渔业计划，内容一为拨100万元举办

[1] 连浩鋈：《陈济棠主粤时期（1929～1936年）广州地区的工业发展及其启示》，《中国社会经济史研究》2004年第1期。
[2] 广东省档案馆编《民国时期广东省政府档案史料选编》（4），1988，第155～156页。
[3] 冯锐：《广东复兴糖业之经过述略》，《香港华商总会月刊》第1卷第5期，1935年1月。
[4] 广东省档案馆编《民国时期广东省政府档案史料选编》（3），1987，第386页。
[5] 全国图书馆文献缩微复制中心编《二战时期中国工业调查报告》上卷，第59页。
[6] 连浩鋈：《陈济棠主粤时期（1929～1936年）广州地区的工业发展及其启示》，《中国社会经济史研究》2004年第1期。
[7] 《产业》，《中行月刊》第7卷第3期，1933年9月。
[8] 《水产消息》，《水产月刊》第4卷第1期，1937年1月1日。

渔民贷款，二为设立渔业市场以免受人操纵。①

此外，国民党宁粤对峙时期，广东省政府还实行独自的税制改革，所创办的"专税"成为省库收入的最大项目。所谓专税包括对进口到粤省的洋货征收地方关税，如舶来士敏土税、舶来糖类捐、舶来京果海味杂项专税等，这些对于台货外销也产生了一定的抑制作用。

3. 中国海关加强武力缉私

抗战前夕，广东"私货充斥，税收大减，不啻华北情形"。为此，南京国民政府财政部已商定整个强化武力缉私计划。1936 年 5 月，江海关监督唐海安到粤，与广东当局会商缉私计划，决定扩大缉私范围，除要求缉私机关和粤海关负分内责任外，还要求省内各区绥靖委员公署督促所辖各县、市政府认真查探，协助缉私团队执行任务。② 1936 年 7 月，两广事变解决，宁粤对峙局面结束后，海关严厉执行关章，台货的倾销空间受到挤压，仅半年间，"粤省各埠，缉私情形，颇见改善，关税收入，为之激增"。③

（二）台货竞销的有利因素

九一八事变后，日本在国际上的孤立状况与扩张政策使台货成为日本对华倾销的一支生力军。日台商人针对岭南地区的实际情况，在殖民当局的大力支持下，有预谋地贱价倾销，并配以大规模私商走私，对岭南市场造成恶劣影响。台货竞销于岭南主要有以下几方面优势。

1. 产品质量高及市场需求旺盛

岭南地区能源资源匮乏，抗战前夕，其工业化及城市化快速发展，社会消费能力提高。本地经济较为落后，不仅产品数量不能满足社会需求，质量也缺乏竞争力，这为台货预留了较大的市场空间。

民国初年，广州地区的水泥厂和港澳青洲水泥公司的产能不能满足岭南地区广大的市场需求，这就促成了台湾水泥向岭南出口。另据 1934 年调查，尽管粤省当局采用严厉措施统制水泥，但因省内建设事业猛进，省营水泥不敷市场需求，故外货仍大量输入。④

---

① 《国内外水产消息》，《水产月刊》第 4 卷第 4 期，1937 年 4 月 15 日。

② 《粤省要闻》，《香港工商日报》1936 年 5 月 25 日。

③ 中国第二历史档案馆、中国海关总署办公厅编《中国旧海关史料（1859～1948）》第 120 册，第 414～415 页。

④ 全国图书馆文献缩微复制中心编《二战时期中国工业调查报告》上卷，第 59 页。

广东本省产煤供不应求，且煤质较差，每年须输入大量煤炭，尤其是日台煤炭。

汕糖的市场基本上分布在国内，其中又以华北、长江中下游较为重要。台糖自出港后，中外市场并重，随后演变为以行销国外为主，此乃汕、台两地明显不同之处。汕头糖业衰落的原因是，生产加工技术落后，国内外市场先后被洋糖所夺，其中国内市场被印尼爪哇、日本糖取代。①

20 世纪二三十年代，台湾改良甘蔗品种，产量骤增，加以运装包储得法和免税促销，故其以低价倾销，尽夺潮蔗市场，使蔗农赔累不堪。② 赤糖为潮州土产大宗，因受洋糖冲击，销路一度锐减，农村经济大受影响。

广东本为良好的渔业产区，但由于渔民墨守陈法，不加改良，政府也未对渔业给予保护，30 年代初沿海汕头、琼东等各地尽为日台渔商大规模侵犯。又有奸商以香港为贸易根据地，将日货冒充国货，廉价代销，致使粤省渔业，一落千丈。③

1934 年春，日货在华南大肆倾销，大有独占华南市场之势。此时专司此职之华南株式会社已在香港成立，计划将日货输入内地倾销，时论即指出："日货不计成本，总以市场独占为主。"④

2. 日台当局的大力扶植

1931～1937 年为台湾畸形发展的"工业化"的第一个阶段，台湾总督府主导的"工业化"政策渐次成为日本经济政策的重点。九一八事变前后，日本与中国国民党广东派联系，支持其反蒋运动，以牵制南京政府。"福建事变"后，日本的华南政策转向以台湾为基地，对华南进行经济扩张。

1934 年 5 月，台湾总督准备召开华南会议，邀请华南各地日本领事参加，研究谋取华南市场的对策。⑤ 7 月 11 日，驻香港的日本领事偕广州日领同行赴台，该会议的最大问题为向华南倾销日台货物，并研究未来之计划。⑥ 同月 17～20 日，日本在台北召开"华南领事会议"，达成的内容有：制定以台北为中心发展华南经济的方案；向华南倾销台货；整理向闽、粤

---

① 范毅军：《广东韩梅流域的糖业经济（1861～1931）》，《中央研究院近代史研究所集刊》第 12 期，1983 年 6 月。

② 章有义编《中国近代农业史资料》第 3 辑，三联书店，1957，第 174、424 页。

③ 《产业》，《中行月刊》第 7 卷第 3 期，1933 年 9 月。

④ 《港闻一》，《香港工商日报》1934 年 4 月 30 日。

⑤ 《港闻一》，《香港工商日报》1934 年 5 月 24 日。

⑥ 《港闻一》，《香港工商日报》1934 年 7 月 17 日。

的借款问题，并专门讨论了向华南的走私问题。日本驻福州、厦门、香港、广州、汕头等地的领事参加了会议，台湾总督中川健藏提出，台湾要"促进华南经济的活跃，并为实现日中经济圈乃至东亚经济圈做出贡献"。[①] 同月 25 日，香港、广州日领返港，在回答记者采访时说：此次会议之目的，在于发展台湾与华南之间商务及其他经济事业，保护华南日侨，等等。[②] 芦野还说，台湾华南日领会议原定每年召开一次，唯近年局势不甚太平，各领事无暇抽身，故停止举行，今年继续召开，嗣后当每年进行，中国关税壁垒导致华南日货滞销，本次会议即主要为谋求运输快捷及扶助日商。他还抱怨香港至基隆需 3 日，船速太慢，且港台及华南客轮过少，每周仅发 1 艘。[③]

1936 年"两广事变"被平定前后，日本于 8 月确立了"南北并进"的国策，对华南"采取发展经济的政策"。[④]

3. 日台浪人走私活动的推动

自九一八事变后，日本积极发展台湾军事建设。1936 年春，台籍浪人在汕、厦等地十分活跃，"包运私货，毫无忌惮"，其能立于华南者，"当为靠台湾方面有充足之武力在后"。此后，台湾"将形成为一侵略华南之最重要根据地"。[⑤]

抗战前夕，日本浪人私运之猖獗，已成为"最严重问题"。[⑥]

三　台货竞销的特殊空间

（一）香港"自由港"为其提供便利

香港是国际自由港，同时又是东方最大的转口港，是岭南各埠洋货进口的主要货源地。如何处理台港经济关系乃日本殖民政府外贸政策中的重要一环。尽管远不如往昔，1934 年时，台港贸易仍占台湾外贸总额的近 10%。[⑦]

1935 年，香港市场充斥日货，各大马路日货商店比比皆是，即使人行

---

① 臧运祜：《20 世纪 30 年代前半期日本的华南政策》，《近代史研究》2003 年第 3 期。
② 《港闻一》，《香港工商日报》1934 年 7 月 26 日。
③ 《港闻一》，《香港工商日报》1934 年 7 月 27 日。
④ 臧运祜：《20 世纪 30 年代前半期日本的华南政策》，《近代史研究》2003 年第 3 期。
⑤ 《社论·华南之危与英国》，《香港工商日报》1936 年 4 月 18 日。
⑥ 《粤省要闻》，《香港工商日报》1936 年 5 月 25 日。
⑦ 王键：《日据时期台湾总督府经济政策研究（1895～1945）》（下），第 654 页。

道上小贩所卖物品，亦有日货。究其原因，一为日货价廉，二为日本宣布退出国际联盟，1935 年 3 月 27 日为终止之期，届时日本将不再享受国联会员之商业优待，平日为日货之尾闾的中亚、非洲各国都将提高日货进口关税，日货之唯一销场，则只有中国。而香港为华南运输枢纽，故日货充斥，实乃势所必然。①

（二）汕头为其特殊势力范围

近代汕头与日本的关系甚至比广州还密切，汕头市场因被福建籍的汕头人控制，所以在贸易方面加强了与福建网络里的台湾、南洋之间的交流。日本殖民台湾后，加强向东南亚的渗透，使得福建华人网络和日本活动范围交叉重叠，汕头和日本的交流比以前更深了。比如 1935 年在汕头经营贸易且拥有日本国籍的人剧增到 500 多名，其中大部分是台湾人。1936 年初驻广州总领事致日本首相函显示，为了漏税，与日本合作的汕头商人也不少，他们与台湾人同样享受日本的外交保护。②

据《香港工商日报》1936 年 4 月 "汕头专讯"，该市日人商业旺盛，近年来增设商号 30 余家，共达 57 家。侨民增至五六百人，而 "正在筹设者，不知凡几"。自 2 月以来，日商在汕生意更趋畅旺，"来汕日籍民，有如过江之鲫"。而本地商号却不断倒闭歇业，竟达三四十家。③ 汕头私枭还变更运销货物办法，即由各走私商号派出台籍浪人，分驻潮汕各处，名为 "出张员"，实负责接销私货，交结汉奸。私货运往内地均附带 "护照"（由走私商号填写），并派台人押运，作为护符。④

（三）私枭仗恃特殊庇护

日台货在岭南地区走私猖獗的最大原因是中国实行高关税政策。南京国民政府成立后，推行 "关税自主"，从 1929 年到 1934 年制定了四部海关进出口税则，进口税率大幅度提高。据 1934 年海关记载，"沿海各处私运之风日炽"，"初则华南一带，肇其端倪，而以香港、澳门及广州湾为渊薮；

---

① 《港闻三》，《香港工商日报》1935 年 3 月 24 日。
② 参见姜抮亚《1930 年代广东地方关税和日本——以 1935 年的汕头事件为中心》，《民国研究》总第 9 辑。
③ 《汕市日人商业旺盛》，《香港工商日报》1936 年 4 月 27 日。
④ 《粤省要闻》，《香港工商日报》1936 年 2 月 28 日。

继而延及全国海岸，尤以台湾对岸为最烈"。①

宁粤对峙时期，随着广东省军费投入剧增，广东当局多次提高专税税率，使之与他省税率拉开差距，更助长了走私。汕头奸商与日籍台湾人互相勾结漏税或走私，广东和日本之间的摩擦也不断，如 1935 年 6 月，汕头海关以未带进口行动证为由，扣押了日商所有的水泥。②

广东政府依靠统制政策和关税政策来"复兴"糖业。但关税越重，走私越猖狂，"故加税后市面之洋糖，几全属于私枭之偷运"。据粤海关统计，洋糖进口在 1930 年未加税以前，为 785936 担，1933 年则仅有 14287 担，几为 55 与 1 之比。时人指出，这"实非洋糖入口锐减，而为私枭所偷运！"③

日台走私于此时空前严重。台湾总督府与华北日本势力遥相呼应，变本加厉地向闽粤沿海地区进行大规模的武装走私。日本军舰经常巡逻于台湾与厦门、汕头之间，保护走私船只，甚至炮击中国海关缉私舰艇，中国海关对台湾海峡的走私活动基本无力管制，闽南、粤东沿海成了日台走私的重灾区。④

日商在粤勾结奸商走私，以军舰护航，惠州、汕尾、江门等地为其聚散处。陈济棠致力于广东经济建设，需要大量水泥，更刺激了水泥走私活动。据广东省建设厅估计，民间水泥消费量每年达 70 万吨，其中走私水泥不下 20 万吨。⑤

因"九一八"后兴起轰轰烈烈的抵制日货运动，1932 年日煤即告绝于广州市场，但由香港走私转运于四乡之日货，仍比比皆是。⑥

（四）粤台官方幕后交易的推动

抗战前夕，国内形势云谲波诡，日本极力利用华南地方派系搅局。据日本外交文书中有关"福建事变"的来往文电记载，1933 年 11 月 15 日，日本驻福州总领事致广田弘毅外务大臣电，报告经驻广东武官和知正斡旋，

① 中国第二历史档案馆、中国海关总署办公厅编《中国旧海关史料（1859～1948）》第 116 册，第 231 页。
② 参见姜抮亚《1930 年代广东地方关税和日本——以 1935 年的汕头事件为中心》，《民国研究》总第 9 辑。
③ 冯锐：《广东复兴糖业之经过述略》，《香港华商总会月刊》第 1 卷第 5 期，1935 年 1 月。
④ 连心豪：《近代潮汕地区的走私问题》，《中国社会经济史研究》1996 年第 1 期。
⑤ 参见林宏照《广东水泥市场和水泥工业》，《广州文史资料》第 16 辑。
⑥ 《开滦煤在广州之销场》，《广东建设月刊》第 1 卷第 10 期，1933 年 8 月。

已应李济深、陈济棠要求援助"西南独立"并提供财政援助,台湾军及日本总督府已与之议定,将每月价值50万元的10万担台湾糖输往中山港之计划具体化。同月26日,日本驻福州总领事致广田外务大臣电,报告李济深曾前来商谈广东进口台湾砂糖一事,此事获日本总督府谅解,总督府已令人具体安排,台湾华南银行董事竹藤也为此来到福州。① 不过由于官方幕后活动的隐秘性及事件的扑朔迷离,其结果难以明了。

潮汕一向是走私台糖独占的市场,日本政府为了突破广东政府的垄断,通过台湾总督所派遣人员和驻汕领事馆的阴谋策划,利用沿海港汊的复杂地理形势,大规模进行武装走私,并与广东缉私人员既勾结又斗争。②

结　语

全面来看,抗战前夕台货在岭南地区正当贸易中的市场越来越局狭,而其非正当贸易(走私)却愈加肆虐。虽然水泥及蔗糖业受到地方政府保护,以及煤炭受到抵货运动影响,使台货倾销遇到相当的阻遏,但当地海产品及茶叶销售处于无助的地位,则任凭台货席卷市场。

台货在岭南市场受到重大遏阻,主要由于民间兴起宏大的抵制日货运动,南京国民政府提高进口关税税率,广东当局实行经济统制,地方官营企业垄断同类制品市场,以及海关加强缉私等。

台货兼具日货之特点,在岭南市场形成较强的竞争力,更得到日台军政当局"华南政策"的大力扶持。台货趁势利用香港自由港倾销,在汕头仗恃特权走私,并在广东四乡暗售,令人防不胜防。尤应注意的是,由于走私的潜作用,尽管各埠海关统计之日台货输入量大减乃至为零,但这并不真正表明台货已退出岭南市场。

20世纪30年代前期,日本由于在中国大肆推行侵略扩张而在国际上陷于孤立状态,台货作为日本对华南乃至东南亚市场实行商品倾销一支生力军,发挥了相当作用,同时也加剧了岭南与台湾地区之间的矛盾冲突。

(作者单位:暨南大学历史系)

---

① 上海市档案馆编《上海档案史资料研究》第18辑,上海三联书店,2015,第119、184页。
② 连心豪:《近代潮汕地区的走私问题》,《中国社会经济史研究》1996年第1期。

论第五届台北市长选举国民党
候选人之落马

冯 琳

提 要 在蒋介石亲自指定候选人并过问助选事宜的第五届台北市长选举中，国民党候选人"意外"落马，给蒋以莫大打击。其间有国民党调和路线之误、党力之缺，更有大陆失败之累等种种因素。国民党试图调和全民，却在贪污高发的都市给人以包庇之嫌。国民党内争不断，宣传不力，使高玉树坐享哀兵之成。退台后，国民党为获民心而力图"反攻"，但迫于形势一再食言，反致民心流失。此次选举为国民党赢得"民主"之赞，也反映出诸多问题。

关键词 台北市长 国民党 高玉树 周百炼

地方自治①是三民主义中民权主义的重要内容，1947 年国民党通过的"宪法"将地方自治纳入其中。"二二八事件"中，台湾地方人士要求实现省自治。为安抚人心，国民党承诺台湾将比大陆其他地区更早实现"县市长民选"。蒋介石下野后，主政台湾的陈诚开始启动地方自治的准备工作。1950 年 8 月至 1951 年 7 月，第一届县市长选举完成，产生 21 名地方行政长官。此后，县市长选举定期举行，1964 年则进行第五届县市长选举。

在开放一些地方人士参政空间的同时，为保证自身对地方的控制，国民党采行辅选动员机制，利用作为"执政党"的各种资源和影响力来保证历

---

① 有关国民党在台地方自治的资料和研究，台湾地区很早就有，近年来也有不少，如"中国地方自治学会"《台湾地方自治实录》，加利福尼亚大学，1951；"中国地方自治学会"《台湾光复后之地方自治》，加利福尼亚大学，1975；欧素瑛编注《地方自治与选举——战后台湾民主运动史料汇编》，台北："国史馆"，2001；等等。大陆方面，朱天顺、黄嘉树、孙代尧等人也有关相关研究。但现有研究多从全局角度观察，缺乏更为细致的视角，使用资料方面也有其局限性。

次选举中国民党候选人在大多数县市和关键县市中胜出。据国民党中央委员会统计，第一届区乡镇长及县辖市长选举中，国民党提名当选者占71%，第二届改选344个单位，国民党提名当选者289人，占全部的84.1%。[①] 而在关键县市，国民党更是力图确保本党提名之候选人的当选。但第五届选举发生了意外：国民党候选人虽获得21县市中17县市的胜利，但在要位台北市长的选举中落马。这令蒋介石颇受打击。

一　选举之利对蒋之刺激

第五届台北市长竞选，参选者有中国国民党提名之周百炼以及无党籍之高玉树、李逸松和李鈇源。高玉树获半数以上选票而当选，周百炼败北。这一事件不但引起各方媒体关注，更使蒋介石内心震动。1964年4月28日，蒋介石自记"（台北市长本党候选人落选）乃为本党迁台以来最大之打击"。[②]

其实，无党籍人士并非第一次当选台北市长。第一任民选台北市长吴三连便是无党籍人士，第二任则为无党籍之高玉树。第五届选举高玉树当选，仍给蒋介石带来如此大的打击，其因何在？

1950年台湾正式启动县市长由民选产生工作，并不全是因为总理遗教或是"二二八"后国民党的承诺，部分原因为获取美国支持，需要摆出民主姿态。1949年美国发表白皮书，公开表明其弃蒋立场。国民党退台，内外失据。英法已逐渐退出亚洲，且表现出对新中国政权的某些善意。为对抗苏联支持下中共的军事威胁，并尽量保住联合国席位，求助于美国似乎是国民党的不二选择。为此，蒋介石派人到美国游说各方要员，重用美国人所欣赏的吴国桢，以换取美援。1949年11月，美方给国民党的建议是：由吴国桢接任省主席；由孙立人统领台湾军事；蒋介石清除累赘的政府组织，并除去旧式军人与政客干扰。[③] 1950年6月，朝鲜战争爆发后，美国为战略需要而支持国民党，但美国仍期望国民党能向民主政党和民主政权的方向努力推进。

---

① 中央委员会秘书处编印《中央委员会四十二年度工作检讨报告》，ZhongGuo Guo Ming Dang 6.4/9，美国斯坦佛大学胡佛档案馆藏。

② 《蒋介石日记》，1964年4月28日，美国斯坦福大学胡佛档案馆藏。

③ 吴昆财：《1949年的台湾：以〈美国外交文件〉（Foreign Relations of the United States）为论述主轴》，《中华人文社会学报》第2期，2005年3月，第33页。

　　第一届县市长选举无疑要受到国际社会关注。无党籍的吴三连出身于台湾贫苦家庭，无派系背景，为不少台湾人所支持，1950 年曾为蔡培火推荐、吴国桢支持而任官派台北市长。蒋介石为表支持还曾亲自接见他。1950年 3 月，蒋介石复职，宣布四项施政重点，其一便是"在政治上保障民权，励行法治"。在政治上保障民权，同时在事实上维持威权体制，"其折中做法必然只在地方自治上有所着力"。① 吴三连参选第一届民选台北市长，为显示民主诚意，蒋介石决定支持吴三连。② 1951 年 2 月，吴三连在竞选中击败国民党籍林紫贵，当选民选首任台北市长。此次选举，无党籍人士的当选是国民党促成的，为的是换取外界对台湾民选的好感。为使吴三连当选，国民党甚至对林紫贵进行过规劝和拘捕。③

　　第一届台北市长选举时，国民党也没有把党内党外区分得那么清楚。1950 年 8 月至 1952 年 10 月，国民党对自身进行了全面改造，确立"以党领政"的体制。"中央改造委员会"规定，"宪政"状态下，非经所在机关的党组织，党不能直接作用于管理机关及政府，不能过问其事，更不能干涉施政。④ 为同时兼顾"宪政"模式与党的威权，国民党开始重视行政主官的党籍。在任期后段，吴三连已意识到国民党内一些人认为台北市长"非由国民党员出任不可"。⑤

　　1954 年第二次选举时，国民党不再继续作秀，而是大力支持本党候选人王民宁竞选。但无党籍之高玉树得票超过王民宁 1 万多张，令"委员长和党的领袖非常吃惊和失望"，⑥ 5 月 2 日开票当晚，广播电台甚至未明确宣布当选人，仅谓"高某得多票数，仍在统计中"。⑦ 后蒋介石不得不裁定选举有效，并开始认真检讨，思考今后对策。⑧ 据高玉树回忆，此次选举使国

① 吴三连口述，吴丰山撰记《吴三连回忆录》，台北：自立晚报，1991，第 142 页。

② 《蒋介石日记》，1950 年 11 月 14 日。

③ 蒋介石日记曾记："召见天放等十余人与孟缉等商讨林紫贵竞选台北市长不守党纪，决加以取缔驱逐出境，拟明日召见，作最后之警告也。"（《蒋介石日记》，1951 年 1 月 3 日）另，任育德在其文中提到国民党情治系统在 1950 年制造理由拘捕林紫贵。任育德：《中国国民党辅选动员机制之建立及其发展（1950～1960）》，《国立政治大学历史学报》第 25 期，2006 年，第 97 页。

④ 《中国国民党党政关系大纲说明》，中国国民党中央委员会党史委员会编《中国国民党党务发展史料——中央改造委员会资料汇编》（上），台北：近代中国出版社，1990，第257页。

⑤ 吴三连口述，吴丰山撰记《吴三连回忆录》，第 152 页。

⑥ 《顾维钧回忆录》（11），中国社会科学院近代史研究所译，中华书局，2013，第 238 页。

⑦ 高玉树：《行宪感恩忆往》，《宪政思潮》季刊第 76 期，1986 年 10 月，第 159 页。

⑧ 《蒋介石日记》，1954 年 5 月 4 日。

民党中央党部张其昀引咎辞职，并为党工敲响警钟。此后，每逢选举，国民党党工便开始为求胜选而不择手段。[①] 1957 年竞选第三届台北市长时，国民党支持的台北市议长黄启瑞竞选，但在开票过程中出现了多次停电等引人起疑的情况。[②] 有感于选风败坏，高玉树未参与第四届市长选举，黄启瑞连任。

第二任台北市长竞选中无党籍的胜选使蒋介石开始警惕。在高玉树执掌市政期间，有感于国民党无法对其很好地掌控，蒋介石产生这样的想法：将台北市改为"中央直辖市"，由"政府"直接管辖，其市长不由民选，而用委任制。[③] 同时，蒋介石有意培养周百炼为台北市长人选。1964 年在中常会讨论第五届县市长候选人人选时，蒋介石不顾众人反对而指定周为候选人，以为自己数年来所培植之人应能不负期望。[④] 3 月，蒋介石召见王成章与彭德，亲自部署助选台北市长事，并在日记中记录此事。[⑤] 这是台湾地方自治以来蒋介石少有的干涉举动，足见其重视程度。

1964 年高玉树重新参选台北市长，遭遇国民党候选人周百炼、党外陈逸松等劲敌。此次选举被视为十几年来选情最激烈的一次台北市长选举。国民党动用舆论、学校、社团等各种力量为周百炼辅选，但最终以失败告终，给蒋介石以重击。

如果说第一届吴三连的当选是国民党有意为之，第二届高玉树的当选是国民党意外的马失前蹄，那么经过 10 年的检讨与努力，国民党候选人的再次落马则为有失颜面之事。特别是蒋介石用心栽培候选人，并亲自指示助选之事，败选对其之创可以想象。

选举结果揭晓后的数日，蒋介石一直在为此事反省，时有愤懑之情。[⑥] 其直接反应是对部分党工感到失望，他写道："此乃本党干部粗枝大叶、骄矜疏忽、轻视对方、不自警惕自反之所致，其于对内对外的本党声望之无比损害也，故心意极为消散悲伤，不知所止。"[⑦] 国民党自成立后，虽在近

---

① 高玉树口述，林忠胜撰述《高玉树回忆录》，台北：前卫出版社，第 74 页。
② 高玉树口述，林忠胜撰述《高玉树回忆录》，第 102 页。
③ 《蒋介石日记》，1956 年 3 月 17 日。
④ 《蒋介石日记》，1964 年 1 月 30 日。
⑤ 《蒋介石日记》，1964 年 3 月 11 日。
⑥ 于"台北市长选举问题本党失败时起烦恼，未能安息"。《蒋介石日记》，1964 年 4 月 30 日。
⑦ 《蒋介石日记》，1964 年 4 月 28 日。

代中国发挥过重大作用，并执掌中国 20 多年，但其自身的痼疾也积重难返，问题不少。对于国民党，蒋介石早在 1920 年代就有失望之感叹，① 1940 年代这种感觉尤为明显。第三次下野后，他曾进行彻底反思，并逐渐坚定对党进行改造的信念。但退台之初对党的整顿未能解决所有问题，党内不良作风和消极心理依然存在。② 1964 年，蒋介石认为自己苦心栽培候选人并亲自部署助选之事，胜选理应没有问题，但结果出人意料，此皆为党干之过。

蒋认为选战的胜负，是党的力量强弱的一个试金石，而党在某些地区力量的加强，又正是党务工作进步的正确显示，所以党务工作会议要有全盘的、彻底的检讨和策定。③ 为使党的干部深刻认识到不足，并设法改正克服，各种检讨与反省活动接连展开。4 月 28 日，蒋介石在心理作战会议中就台北市长助选工作进行了长达万字的深入分析，认为"党的辅选工作，亦即党对群众心理作战的工作，仍旧是浮面的! 单薄的!"④ 5 月 4 日，蒋主持"国防"研究院总理纪念周，分析台北市长选举中周百炼落选原因。6 日，蒋主持中央常会，检讨此次台北市选举情况与台湾各县市一般选举经过。

透过此次选举，蒋介石萌生了深层的忧虑，即对台湾不安定因素的担忧。1964 年台北市长竞选中国民党的败选引起各方议论，有人认为此次失败是台湾不安之红灯，国民党倾力为周助选，却未能战胜台湾本省人支持的高玉树，说明台省人心理起了变化。这些人若为外国或中共鼓动，可能会有反党反"政府"甚至要求自治独立行动的发生。⑤

除令各方面深刻检讨、防止令台湾不安之一切可能的发生外，蒋介石所做的补救就是不顾反对之声，坚持将台北市改为"院辖市"。在 1956 年，蒋介石就设想将台北市改为"中央"直辖，市长改为委任，⑥ 但未能实施。后来他提出将台北改为"行政院"直辖市，却为陈诚等人所反对。1964 年国民党在台北的败选，令蒋坚定台北改制的决心。他认为"此次台北定为

---

① 《蒋介石日记》，1923 年 11 月 12 日。
② 见冯琳《中国国民党在台改造研究（1950～1952）》，凤凰出版社，2013，第一章与第七章。
③ 《对党务工作的检讨指示》（1964 年 7 月 6 日、7 月 10 日），秦孝仪主编《先总统蒋公思想言论总集》卷 28，台北：中国国民党中央委员会党史委员会，1984，第 329～330 页。
④ 《心理作战和群众心理》（1964 年 4 月 28 日），秦孝仪主编《先总统蒋公思想言论总集》卷 28，第 310 页。
⑤ 《蒋介石日记》，1964 年 4 月 30 日。
⑥ 《蒋介石日记》，1956 年 3 月 17 日。

行政院直辖市之政策被辞修反对而中止致成今日之大错，是其最大原因也"。① 蒋推动台北改制之事，然阻力甚大，到1967年，省议会仍有反对之议。蒋闻之激动，"急不择言"。② 不过，最终改制问题还是得到通过，1967年，台北升格为"院辖市"，市长由"中央"委派。台北市长不由民选产生，台北市升格，可谓第五届台北市长选举中国民党候选人落马事件产生的效应之一。

二 舆论情况

舆论大多对国民党举办选举的"公正"与"公平"性加以赞赏。因台北市长这一要位的丢失，国民党曾被赞为"民主"政党。《联合报》4月27日社论认为，国民党在台北等四县市的选举失败，更"为这次选举的公正提出无可怀疑的佐证"，由此证明台湾的自治选举已"真正达到了自由、公平、合法的地步"。同日，《征信新闻报》亦发表相关社评：

> 执政党在台北等四县市之败绩，一方面不无令人惊异，一方面也正可反映这次选举是在公平竞争的情况下进行，所谓选举受到控制的传说，必将因这样的选举结果而廓清。而且高玉树在公开竞选中所表现的言论表现了国民党的容忍作风已超过了其应有的限度，故在民主政治的立场说，虽然选举上失败了，但仍旧是成功的。

美国合众国际社电讯亦指出：

> 台湾县市长选举被誉为最公正和最诚实的一次，虽然国民党在选举中的市长选举大部份已经失败了，但同时亦在该党党史上获得前所未有的声誉。

《香港工商日报》4月28日评论称：

> 海外及反国民党的论客们常批评国民党"不够民主"。从此次全省

---

① 《蒋介石日记》，1964年4月30日。
② 《蒋介石日记》，1967年1月12日。

民选情形看来，这种诋毁与怀疑可一扫而空。

舆论还认为国民党获得了绝大多数台湾人的支持。《联合报》4月28日专栏指出：

> 国民党在这一选战中，失于部份"点"，胜在绝大多数的"面"。对于一个执政甚久的政党而言，面的胜利，表示它得到绝大多数民族的信任。

对于国民党落选的原因，舆论认为大体有如下几点。

1. 候选人个人因素

周百炼"口齿不灵，组织力差，而又暴躁浮动"。[1] 周不善抓住群众心理进行有效演讲，对于国民党在台北的许多成就不知利用，却大作"党八股"，讲国民党过去对国家的种种大贡献，这与市民的现实利害无关，故被人厌恶。[2]

周百炼在前任市长黄启瑞因贪污而被调查审讯以及上诉期间代理过二十七个月的市长，这二十七个月的代理对他有有利之处也有不利之处。他在台北市任内施政之一切缺点，均可作为攻讦的口实。周曾在演说最后一分钟对小人物们许下承诺：不拆违建，不干扰摊贩，准许三轮车公开买卖，不取消违章计程汽车司机的执照。周百炼"这种关怀小人物的措施，为时似觉太晚"，高玉树只要质问这些措施为什么不在两年以上的"代理市长"期间推行，就够了。[3]

高玉树以在野身份出而竞选，在宣传上，易掌握主动。[4] 周百炼为国民党提名的候选人，在政见发表会上，只能中规中矩地做正统的竞选演说；高玉树喊"党内人选党内人，党外人选党外人"，同时把选民对现实一切的

---

① 《台湾省第五届县市市长选举结果国内外舆论分析》，伦敦《观察报》驻台记者5月6日台北专电，《中央公职人员增补选选举委员会文件》（一），RuanYicheng, Box 35。引自该文件的各条资料均为1964年，下不另注。

② 《台湾省第五届县市市长选举结果国内外舆论分析》，《华侨日报》6月8日专栏。

③ 《台湾省第五届县市市长选举结果国内外舆论分析》，伦敦《观察报》驻台记者5月6日台北专电。

④ 《台湾省第五届县市市长选举结果国内外舆论分析》，《联合报》4月27日专栏。

不满都归罪到周百炼。① 选民不满某些执政措施，而高玉树利用群众心理，以哀兵姿态出现，② 获得许多同情票。

2. 提名与辅选的失败

首先，有舆论认为提名周本身就是个失误。《新闻天地》有文指出"周百炼之勉强提名，乃一大失策，市党部临阵换将，则为错上加错"。③《自由亚洲》亦认为"漠视情势径提名"是失败原因之一。④ 在提名之时，国民党内部就没有统一意见，而是由蒋介石不顾意见分歧指定周为候选人，这一点为竞选失败埋下了伏笔。而被蒋亲自召见指示助选工作的王成章也有"粉饰太平"之嫌。⑤

其次，此次失败还应归因于辅选助选单位太多，组织庞杂；⑥ 党内力量不能水乳交融，团结合作；⑦ 组织不健全，党与党员脱节，干部间有派系，提名后亦未化解。"周百炼的失败即国民党的失败，而国民党的失败亦即国民党的不团结使然。"⑧

辅选助选工作上传下达做得也并不踏实，⑨ 国民党的民众运动，"根本是机关主义，形式主义，有上层无下层，经不起考验"。⑩ 民运工作虚有其表，主管部门习惯报喜不报忧。⑪

3. 国民党施政问题

舆论指出国民党"都市之败，败在资本无节制，农村之胜，胜在平均地权之实施"。⑫ 国民党"迁就资本主义路线而不行民生主义"，对党权下的

---

① 《台湾省第五届县市长选举结果国内外舆论分析》，《征信新闻报》4月27日专栏。
② 许今野：《台湾省第五届县市长选举结果国内外舆论分析》，《新闻天地》第848期，5月16日。
③ 许今野：《台湾省第五届县市长选举结果国内外舆论分析》，《新闻天地》第848期，5月16日。
④ 《台湾省第五届县市长选举结果国内外舆论分析》，《自由亚洲》第15年第6期，5月25日。
⑤ 许今野：《台湾省第五届县市长选举结果国内外舆论分析》，《新闻天地》第848期，5月16日。
⑥ 《台湾省第五届县市长选举结果国内外舆论分析》，《联合报》4月27日专栏。
⑦ 《台湾省第五届县市长选举结果国内外舆论分析》，《自立晚报》4月27日专栏。
⑧ 任卓宣：《周百炼底落选与国民党的革新》，《政治评论》5月号，《中央公职人员增补选选举委员会文件》（一），RuanYicheng, Box 35。
⑨ 《台湾省第五届县市长选举结果国内外舆论分析》，《联合报》4月27日专栏。
⑩ 任卓宣：《周百炼底落选与国民党的革新》，《政治评论》5月号。
⑪ 社论：《台湾省第五届县市长选举结果国内外舆论分析》，《香港工商日报》4月29日。
⑫ 《台湾省第五届县市长选举结果国内外舆论分析》，《香港华侨日报》（航空版）5月2日专栏。

资本家和地主采取妥协政策。资本家和地主做了国民党党员，更做起高官显贵。民众感觉国民党"不是为了实行三民主义，而是在保障这些分子"。①

第三任与第四任台北市长——国民党籍黄启瑞在任上因受住宅兴建委员会涉嫌官商勾结疑案而遭停职，引人关注。香港《天文台》指出贪污事件是国民党执政的弱点。② 对万人唾骂的贪污分子都姑息不敢动手，使党的忠实分子对党感到失望。③

4．选民的问题

也有媒体指出选民的问题："善良的选民态度消极，奸恶的选民助桀为虐，以对现实报复。"④

高玉树能以一人之力，竞选成功，以"无党无派"，打败"有党有派"。还有一些"有党有派"候选人虽未当选，得票也相当多，足见选民对政党政治观念的薄弱，"令野心份子和地方派系得逞，致使中国政治走向个人政治、家族政治和帮会政治的危险"。⑤

5．美国的解释——独立倾向

《纽约前锋论坛报》、合众国际社、《纽约邮报》等美国媒体则别有用心地从台湾独立倾向的角度做出解释，说蒋介石的候选人"败于无党无派曾受美国教育的高玉树，被解释为一千万台湾人支持建立一个独立的台湾共和国的尺度"。⑥

三　落选原因之我见

笔者认为国民党在第五届台北市长选举周的败选原因在于国民党本身的问题及其面临的困境。

其一，国民党的调和路线存在失误。国民党对自身定位模糊，自成立以来就没有说清楚自己所代表的阶级。围绕此问题，党内虽有争论，但在

① 陈征远：《台湾省第五届县市长选举结果国内外舆论分析》，《真知识》第1卷第5期，6月2日。
② 《台湾省第五届县市长选举结果国内外舆论分析》，香港《天文台》5月2日专栏。
③ 陈征远：《台湾省第五届县市长选举结果国内外舆论分析》，《真知识》第1卷第5期，6月2日。
④ 《台湾省第五届县市长选举结果国内外舆论分析》，《香港华侨日报》（航空版）5月2日专栏。
⑤ 周若木：《从县市选举谈到政党政治》，《政治评论》5月号。
⑥ 社论：《台湾省第五届县市长选举结果国内外舆论分析》，《纽约邮报》4月29日。

相当长的时间内代表全民说是主流观点。退台后，具有调和色彩的代表全民利益的说法仍为相当多的党员和党部所认同。

于 1938～1975 年担任国民党总裁的蒋介石信奉基督。1931 年，他曾在日记中对共产党的阶级说与基督教的问题进行比较，结果自然是赞赏"以博爱救世为主义"的基督教，"反对阶级"。① 蒋介石的立场如此，国民党上层同样有不少人认可这样的主张。退台后，国民党除了确立"反共抗俄"的基本"国策"外，仍然申明自己代表"全民"。意思就是，除了和共产党亲近或有过来往的人被审查、严惩以外，其他人都是被争取的对象。

退台前后，国民党在农村实行土改，三七五减租就是他们欲在农民与地主间寻求折中的鲜明表现。此举既得到全省农民的拥护，地主亦不觉得吃多大的亏；有限缓和了农民处境，保护了地主的实质权益；以有限的让步调和了地主与佃农关系。对此，虽然也有一些负面评价，但因为该政策在一定程度上改善了佃农处境，亦赢得不少支持。

然而，在城市，国民党则有袒护显贵之嫌。都市中贪污事件高发，前任台北市长黄启瑞就因为此事被停职，但 1963 年 12 月被判决无罪。第五届市长选举之前，黄启瑞要求复职，虽令蒋介石感觉为难，② 但最终还是复职成功。舆论虽未明言，但矛头似乎是指向黄。媒体指出国民党败选的原因之一为贪污问题，《联合报》还建议"犯了贪污罪经法院完谳者不予录用"。③ 国民党对贪污者的姑息，令不少民众和党员心灰意冷，舆论指出国民党"对万人唾骂的贪污份子都姑息不敢动手，使党的忠实份子对党失望"。④

对于城市中的工厂企业，国民党主张劳资合作，工会开展工人运动，要在劳资合作基础上。⑤ 然而资本家和工人的利益是无法完全达成一致的。想要代表全民，事事折中，没有鲜明立场，实际是导致"'全民'中没有哪一个阶级，真正认同或感觉到国民党确实代表了他们的利益"。⑥ 1930 年代就有人评价："模棱两可的政策，终究必为他们所厌弃。"国民党的社会基

---

① 《蒋介石日记》，1931 年 4 月 14 日、4 月 19 日。

② 《蒋介石日记》，1963 年 12 月 2 日。

③ 《台湾省第五届县市长选举结果国内外舆论分析》，《联合报》5 月 22 日。

④ 陈征远：《台湾省第五届县市长选举结果国内外舆论分析》，《真知识》第 1 卷第 5 期，6 月 2 日。

⑤ 第四组：《巡回训练小组题材》，中国国民党台湾省工矿党部改造委员会编《工矿党务》第 7 期，1951 年 7 月 1 日，第 16 页。

⑥ 王奇生：《党员、党权与党争》，上海书店出版社，2003，第 148 页。

础是薄弱的，薄弱的原因不是国民党不想博得全民的欢心，而是他们太想迎合全体，结果反而一无所获。[①]

为提高革命性与活力，国民党在台湾确定"以青年、知识份子及农、工、生产者等广大劳动民众为社会基础，结合其爱国的革命的份子，为党的构成份子"，[②]但大多数知识青年认为国民党保障地主、资本家利益，不愿入党，党内积极分子愈来愈少，使党走上"衰退窒息"之路。[③]

基于此，一些人建议国民党再来一次大改革。[④] 实际上，国民党败退台湾不久就试图通过整肃，把投机取巧、贪污腐化、藉党营私者，彻底清查出去，从而使党恢复"革命精神"。[⑤] 在1950年代初的整肃中，国民党也确实查办了部分腐化分子，取得一些效果，但没有从党的理念方面阐明根本立场，注定其改革是不彻底的，各种问题容易再次滋生复发。

其二，国民党的党力存在问题。国民党的派系纷争曾是导致其在大陆失败的重要原因。不断发生的内争，削弱了国民党的党力，而且国民党发动群众的能力仍然欠缺。

派系斗争问题是国民党的顽症。退台初，蒋介石对于清除派系态度鲜明，并曾采取多种措施杜绝派系，在1952年国民党"七全大会"上，白崇禧不在委员之列，贺衷寒、刘健群等也不在提名候选人之列，蒋曾以为党内派系纠纷得到消除，是"七全大会最大之成就，乃为本党六十年自有组织以来空前未有之功效"；[⑥] 但实际上国民党从来就没有彻底消除过派系纷争的现象。退台初的改造运动压制了 CC，却助长了团派的势头。1954年，蒋介石自己也意识到派系观念的复萌，提醒自己应加注意。[⑦] 1963年，在黄启瑞复职一事上，似也有派系压力之因素。[⑧]

[①] 萨孟武：《如何增厚党的力量》，《时代公论》第4号，1932年4月。

[②] 《本党改造纲要》，《中国国民党党务发展史料——中央改造委员会资料汇编》（上），台北：近代中国出版社，1990，第15页。

[③] 陈征远：《台湾省第五届县市长选举结果国内外舆论分析》，《真知识》第1卷第5期，6月2日。

[④] 社论：《台湾省第五届县市长选举结果国内外舆论分析》，《香港工商日报》4月29日。

[⑤] 《整肃工作的意义》，中国国民党中华航业海员党部改造委员会编《航业党务》创刊号，1951年4月16日，第45～46页。

[⑥] 《蒋介石日记》，1952年10月，反省录。

[⑦] 《蒋介石日记》，1954年3月6日，上星期反省录。

[⑧] "对王（黄）启瑞要求复职台北市长案最难处理，可见台人之派系与冲动难御矣。"《蒋介石日记》，1963年12月2日。

在提名第五届台北市长候选人时，国民党内又发生严重分歧。本省籍各派党员多对周百炼表示反对，威胁"中央"暂勿指定。蒋介石以为再不决定，纠纷更多，而力排众议指定周为候选人。[①] 但周和反对提名他为候选人的党内巨公们的关系经常恶化。[②] 虽为国民党自身提名的候选人，却不能得到全党支持，反遭党内实力派掣肘，周百炼的竞选实力大为削减。

另外，国民党发动民众的能力依然不强。大陆时期，由于拥有足够的军事力量，蒋介石并未足够重视对民众的宣传与动员，[③] 此项工作一直是国民党的弱项。许多人嘲讽国民党的宣传"没有出过党部大门"，[③] 反映出其宣传效果极为有限。而共产党运用群众的支持使国民党更加陷于孤立。退台后，国民党将自身宣传目标定位向下挪移，并努力增强宣传的效果，改善宣传手段。但毋庸讳言，国民党的宣传仍有较多局限，常不能深入人心。

台湾第五届市长选举，五个市中只有两名国民党候选人胜选。有人认为国民党败得惨，主要因为"不得人缘"。[④] 而国民党的宣传则让人有大而无用之感，党内某些巨公亲自助选，党办报刊奉令替周氏吹嘘，结果让高玉树坐享"哀兵之成"。[⑤]

败选后，蒋介石痛彻分析对群众的心理作战手法，指出应"了解各别不同的心理状况，因人、因事、因时、因地、因心，以制其宜，做到面对面，心对心，使之直接的感觉到休戚相关，利害与共，而引起心理上的共鸣"，而不是"海阔天空，写几篇冠冕堂皇的文章，广播一阵含混笼统的报导"。[⑥]

其三，"反攻"问题引起民怨。退台后，国民党面临如何鼓舞人心的问题，"'反攻'是国民党政权的招牌"。[⑦] 但在美国千方百计的阻挠下，国民

① 《蒋介石日记》，1964 年 1 月 30 日。
② 《台湾省第五届县市长选举结果国内外舆论分析》，伦敦《观察报》驻台记者 5 月 6 日台北专电。
③ 山田辰雄便认为尽管蒋介石认识到革命运动中群众的重要性，但因其军事力量成为保障政权存续的基础，所以基本没有考虑依靠群众运动的力量。见山田辰雄《国民党政权的垮台与蒋介石的政治领导》，中国社会科学院近代史研究所编《划时代的历史转折——"1949 年的中国"国际学术讨论会论文集》，四川人民出版社，2002，第 267 页。
④ 《台湾省第五届县市长选举结果国内外舆论分析》，《新生晚报》4 月 28 日新闻要点及评论。
⑤ 《台湾省第五届县市长选举结果国内外舆论分析》，伦敦《观察报》驻台记者 5 月 6 日台北专电。
⑥ 《心理作战和群众心理》（1964 年 4 月 28 日），秦孝仪主编《先总统蒋公思想言论总集》卷 28，第 310 页。
⑦ 胡适语，吴三连口述，吴丰山撰记《吴三连回忆录》，第 157 页。

党不得不一次次食言。第五届市长选举之前的 1963 年的食言是最让蒋介石难堪的一次。

美国认为台湾自身没有反攻大陆的实力，不希望被拖入中国的内战，而是希望维持两岸的某种均势，使两岸分离永久化，从而实现美国利益最大化。这一立场让国民党当局的反攻时间表一再修改拖延，令部分民众对其丧失信念。

1960 年代初，由于严重的自然灾害和"大跃进"运动造成的混乱以及中苏决裂引发的外交困难，大陆面临着考验。国民党认为这是他们反攻的绝好机会。1963 年，蒋介石指出："今年为反攻大陆最后一年之机会。"① 12 月，国民党组织"反攻军登陆总指挥部"，除留下两个师戍守本岛之外，其他 21 个师全部被编入反攻军的战斗序列。国民党还在台北三峡成立工作组总部，由王文度等参谋进行研讨，规划反攻计划。蒋介石每周都亲自主持军事会议。② 但就当国民党紧锣密鼓准备时，美国接到美军顾问团的报告，国务卿腊斯克（Dean Lusk）来到台湾，告诉当局如果要反攻，不能使用美援装备，即使使用，美国也不会补弹药、零件。反攻计划只得中止。③

败选后，蒋介石在直觉上认为台籍人士多存地方偏见，穷困人士对"政府"反感，"此乃反攻延期之故为多"。④ 年年高喊"反攻"却不见行动，不但民众已丧失信心，观望中的其他国家也对立场做出了选择。1963 年，日本商人拟将尼龙制造厂设备售予大陆，首相池田勇人公开发表"贸易立国"与中立主义言论，⑤ 明言"台湾没有力量反攻大陆"，⑥ 加深了台湾民众恐慌。法国也于 1964 年 1 月与中华人民共和国建交。第五届县市长选举之时，民众心理可以想见。

美国在阻止国民党反攻的同时，也在鼓吹分裂中国的"两个中国"政策，并扶植"台独"势力。国民党候选人在台北的败选，也被美国部分媒体别有用心地解释为"台湾独立"倾向。《纽约前锋论坛报》认为虽然高玉

---

① 《蒋介石日记》，1963 年 1 月 9 日。
② 朱浤源、张瑞德访问，蔡说丽、潘光哲记录《罗友伦先生访问纪录》，台北：中研院近史所，1994，第 189 ~ 190 页。
③ 朱浤源、张瑞德访问，蔡说丽、潘光哲记录《罗友伦先生访问纪录》，第 190 ~ 196 页。
④ 《蒋介石日记》，1964 年 4 月 26 日。
⑤ 社论：《日本与中共贸易应有警惕》，《星岛日报》1963 年 9 月 18 日；《在池田谈话的背后》，《中央日报》1963 年 9 月 21 日。
⑥ 《日相池田荒谬言论国人一致表示愤慨》，《中央日报》1963 年 9 月 21 日。

树未公开主张建立放弃反攻大陆的"台湾共和国",但选举结果被解释为"是对政府打击和一种走向独立的动力"。[①]

四　余论

自台湾实行地方自治,台北市长被认为是最关键的职位。该职位曾为党外人士占据,为确保第五届选举的成功,蒋介石亲自参与其事,但仍遭遇败选之意外。

1960 年代,国民党虽仍能控制地方选举大局,但其控制力已呈现严重隐忧。当时台湾行政区划中共有五市,国民党作为"执政党"仅在台中、高雄两市获胜,而在台北、基隆、台南三市均遭失败,尤其是在政治中心台北的失败令人瞩目。在大多数小县市国民党,凭借行政、警务与社团力量基本能控制局面,但大都市的失败则更能反映出问题、折射出民心。

在 1949 年前后,国民党全党上下曾沉痛深刻地反思,并曾为免重蹈覆辙而进行全方位改造,但一些问题并未获得解决。国民党始终奉行调和路线,力图造福"全民",但结果难免引起各方面不同程度的不满,贪污高发的都市更是暗藏许多一触即发的负面情绪。国民党不善发动群众,不善宣传,坐享哀兵之成的党外高玉树对施政阴暗面的攻击直接触发了民众的负面情绪。而 1963 年、1964 年国民党遭遇到的外交困境也间接触发了民众的怨气。其间,美国阻止国民党"反攻大陆",日本则公开发表台湾"反攻"无望论,法国更以与中华人民共和国建交表明立场。

第五届台北市长选举显示出的国民党治党与"执政"危机,经台北改制等行政手段被暂时掩盖,但这种危机必然会在一定时机更充分地显露。尽管党外人士或别的政党"执政"也会存在各种问题和施政漏洞,但他们不必背负大陆失败之累,因而要主动得多。背负大失败之累的国民党为获民心而高喊"反攻",但迫于形势而不断食言,反致民心流失。因此,周百炼说到底是国民党历史包袱的牺牲者。

(作者单位:中国社会科学院近代史研究所)

[①] 专讯:《台湾省第五届县市长选举结果国内外舆论分析》,《纽约前锋论坛报》1964 年 4 月 27 日。

土地政策与农业现代化：战后台湾
"第二次土地改革"之争

程朝云

提 要 1960 年代台湾成功实现农工转型，随着工业的快速发展，农业相对式微。面对农业发展的困境，王作荣等一批经济学人建议当局推行"第二次土地改革"，使农地能够自由流通，从而扩大农业经营规模，推动农业现代化。这一建议在台湾经济学界、农政界和地政系统引起不小的争论，这些争论主要围绕耕者有其田政策与农业现代化的关系展开，反映出各方对台湾农业发展道路的思考，即将农业现代化等同于西方以机械化和企业化为主要特征的大农经营模式。以农业现代化为目标，耕者有其田政策逐渐成为台湾农业发展的阻碍，台湾的土地政策因而逐渐发生改变，台湾当局最终废止了耕者有其田政策。

关键词 土地改革 耕者有其田 农业现代化 土地政策

1969 年 12 月 17 日，兼具官员与学者身份的财经专家王作荣[①]在《中国时报》第二版发表文章《宜着手筹划第二次土地改革——农业发展的新方

[①] 王作荣（1919～2013），湖北汉川人，1943 年毕业于中央大学经济系，后分别获得美国华盛顿州立大学和范登堡大学的经济学硕士学位，随国民党迁台后曾供职于"行政院美援运用委员会"，在尹仲容手下工作多年，同时在台湾大学等高校任教。王作荣结识李登辉于其微时，对李登辉有知遇、提携之恩，在李登辉时代曾出任"考选部长""监察院长"，但因不赞同李登辉的"台独"主张，两人分道扬镳。王作荣曾任《中国时报》主笔多年，专门撰写财经类社论。根据他本人的回忆，此文应撰写于他即将卸任"联合国亚洲暨远东经济委员会"工业组组长时，1970 年 1 月，他即应蒋经国之邀返台。详见王作荣《壮志未酬——王作荣自传》，台北：天下远见出版股份有限公司，1999。

向》，建议当局重新思考土地政策，着手筹划"第二次土地改革"。[①] 王作荣的上述文章虽不如 1980 年代他与著名经济学家蒋硕杰的财经大论战有名，但在台湾经济学界、农政界和地政系统依然引起了不小的争论，这些争论主要围绕耕者有其田政策是否有必要继续实施、对农业现代化究竟是相辅相成还是形成阻碍展开。而在这些争论背后，值得注意的是双方特别是主张"第二次土地改革"方对台湾农工转型后农业发展道路的思考，这些思考对此后台湾的土地政策不可避免地产生影响，进而影响到台湾农业的发展。关于战后台湾的土地改革与土地政策，目前的研究主要集中在战后初期土地改革的实施动机、成功推行的原因以及成效评价等方面，对于此后的土地政策调整，除农经学者或地政学者从实务角度有所讨论外，[②] 学界一般较少关注，尤其是 1960 年代末开始的围绕土地政策改革方向的争论，更未引起注意。本文希望通过对此次争论内容进行梳理与分析，以期了解争论双方的农业发展思路与土地政策思路，从而更好地理解战后台湾的土地政策演变与农业发展道路选择。

一 农工转型与 1960 年代末的农业危机

王作荣发表前述文章有个重要背景，即 1969 年 3 月 29 日国民党第十次"全国"代表大会通过了《策进全面实施平均地权及贯彻实施耕者有其田纲领案》，该案计划将土地改革期间容许每户地主保留的 3 甲出租土地，总计 6 万余公顷，放领给约 11 万户现耕农民，以便贯彻实施耕者有其田政策，彻底消除租佃制度，[③] 并在都市平均地权。

---

① 王将战后初期国民党政权推行的包括三七五减租、公地放领、耕者有其田在内的土地改革称为"第一次土地改革"，这一称呼后来多有沿用，如 2007 年 7 月，马英九宣布台湾将以"小地主、大佃农"的方式推动"第三次农地改革"，即将此作为第一次，而将 1980 年代以农地重划为主要内容的土地改革作为第二次。但三次土地改革的说法并不严谨，1980 年代的农地重划在官方表述中实际上叫"第二阶段土地改革"，因其仍然在耕者有其田的土地政策框架下。

② 如殷章甫《台湾之土地改革》，"中央文物供应社"，1984；毛育刚《台湾土地改革后土地政策之再出发——迈向地尽其利》，《农业金融论丛》第 37 卷，1997 年；吴聪贤《耕者有其田与农地利用》，《台湾大学学术论丛》第 2 期，1981 年。

③ 赖文辉：《商榷"贯彻耕者有其田"政策的意义——寄望决策当局慎重考虑有无实施的必要》，王作荣、李登辉、赖文辉等：《台湾第二次土地改革刍议——台湾农村经济问题》，台北：环宇出版社，1970，第 21 页。

从 1949 年陈诚主理台政后推行三七五减租开始，到国民党政权迁台后陆续实行公地放领、耕者有其田，土地改革无疑是战后台湾历史上的重要事件，无论是对其持肯定还是批判态度，都必须承认土地改革对战后台湾农村社会经济结构产生了深远影响。在冷战话语体系下，国民党以所谓和平方式推行的、旨在扶植自耕农的平均地权改革，更被美国等西方世界视为第三世界国家或地区成功进行土地改革的典范，并成为国民党政权"技术援外"的一项重要内容。1968 年 11 月，"行政院国际经济合作发展委员会"还与美国林肯学会（John C. Lincoln Institute）签订合约，共同出资在桃园创设土地改革训练所，帮助联合国粮农组织和第三世界国家或地区培养土地改革人才，并接受菲律宾、越南、马来西亚、印尼等国高级官员来访。① 由此可知，从战后实施土地改革以来，直至 1960 年代末，台湾的土地政策仍然在平均地权和耕者有其田的轨道上运行，舆论宣传层面，土地改革也依然呈现其积极成功的一面，其正当性与成效尚未受到怀疑与挑战。

然而，1960 年代在战后台湾历史上是关键的转型时期，通过当局多年实行的"农业培养工业"政策，台湾在 1960 年代前中期成功实现农工转型，工业在整个生产净额中的比重在 1963 年首次超过农业，在出口产品结构中，工业品的比重也于 1966 年首次超过农产品与农产加工品的总和。② 从此农业在整个经济中的地位不断下降，1969 年，农业在总生产净额中的比重由 1952 年的 35.9% 下降为 18.8%，而工业则由 1952 年的18.0% 上升为 34.6%，两者在经济中的比重完全互换了位置。第五期经建计划期间，也就是从 1968 年到 1972 年，农业的年平均增长率下降到2.2%，而工业则保持高达 21% 的年平均增长率，与工业相比，农业的衰退极为明显。③

农业发展速度放缓的重要原因，是都市化与工业化吸引了大量农村人口，农村劳动力大量外流，造成农业劳力不足，农业用工工资上升。在劳

---

① 沈宗瀚：《晚年自述》，《沈宗瀚自述》，台北：正中书局，1975，第 108～109 页。

② 廖正宏、黄俊杰、萧新煌：《光复后台湾农业政策的演变：历史与社会的分析》，台北：中研院民族学研究所，1986，第 63 页；段承璞：《战后台湾经济》，中国社会科学出版社，1989，第 132 页；林梓联：《近十年来台湾农村人口及其产业演变之分析》，《台湾农业》第 6 卷第 2 期，1970 年。

③ 参见廖正宏、黄俊杰、萧新煌《光复后台湾农业政策的演变：历史与社会的分析》，第 63、66 页。

动力相对减少的情况下，农业生产的劳力投入必然减少，传统的精耕细作型农业难以为继，农业生产趋于粗放。上述情形如果进一步发展，而农业又不从制度上做出调整的话，则农业经营有逐渐变成副业或兼业的可能，农业生产将进一步萎缩。① 以能反映劳动力投入情况的作物复种指数来说，在 1965 年达到战后最高点 189.7 点后，已开始逐年下降，而从 1968 年开始，下降趋势更加明显，到 1972 年仅为 176.4，相当于 1956 年的水平。② 而在 1965 年之前，作物复种指数一直呈上升趋势，这也是战后台湾农业增产的重要因素之一。

农村人口外流，除了工业化与都市化进程的客观影响外，农业所得偏低、农家收入与非农家收入的差距越来越大是另一重要因素。至于农业所得偏低则源于两个方面：一是农业经营规模小。台湾人多地少，光复以前即以小农经营为主，战后的土地改革造成更多小农产生，其后，因为人口增长与分户现象的发生，加上工业与都市发展占用耕地，耕地面积减少，农户的农地面积更加细化，小农户数量不断增长，到 1970 年，拥有耕地不足 1 公顷的农户已高达农户总数的 70% 以上，其中耕地不足 0.5 公顷的又达 43.93%。③ 耕地面积过于狭小，由农业获得的收益便受到很大局限，农家所得往往不足以应付家庭支出。1963 年，这种情形还仅限于拥有耕地不足 0.5 公顷的农户，但 1968 年，根据一项农家收益调查，耕地面积 1 公顷以上的农家也不得不兼营他业，以弥补家庭一般支出的不足。④ 为家计所需，加上都市与工厂往往能提供更优厚的待遇，大量农村劳动力外流。二是战后当局实行"农业培养工业"即"压挤"的农业政策。较之农业，当局更关注工业化建设，不仅农产品的价格相较于工业产品被压低，农业剩余被转移至工业，从而支持工业化建设，农村人口也成为不断扩张的工商业廉价劳动力的重要来源。

农业的式微对台湾社会造成强烈的心理冲击，舆论普遍认为农村已隐伏危机，如何挽救农业与农村，是 1960 年代末台湾社会关心的重要问题。

---

① 沈宗瀚：《台湾农业现况与展望——在中央委员会总理纪念周报告》，王作荣、李登辉、赖文辉等：《台湾第二次土地改革刍议——台湾农村经济问题》，第 99 页。

② 《台湾农业年报》（1978），台湾省农林厅，1979，第 21 页。

③ 《台湾省粮食增产情形及业务概况》，台湾省粮食局，1972，第 25 页。

④ 林梓联：《近十年来台湾农村人口及其产业演变之分析》，《台湾农业》第 6 卷第 2 期，1970 年。

二 "第二次土地改革"之议及其农业发展思路

在农业生产速度放缓、农业发展面临种种危机的情况下，国民党的土地政策纲领案一经公布，就引起了台湾社会尤其是经济学界的关注，当局为慎重起见，不得不将实施工作予以搁置，并委托学术机关进行相关调查研究。[①] 而王作荣则在此时公开撰文，倡议"第二次土地改革"。

王作荣首先指出，农工转型以来台湾农业存在的问题并非因为农工发展不平衡，而是源于农业本身的发展不平衡，即偏重技术，忽略制度，尤其是战后初期通过平均地权、实施耕者有其田形成的土地制度，已不适应农工转型后的台湾社会，构成农业发展的阻碍。王作荣主要从三个方面展开论述：其一，从社会公平的角度来看，在农业社会，由于主要财富是土地，平均地权、实施耕者有其田的土地政策有其意义，但在台湾迈入工业社会后，社会的主要财富是工业资本，而非土地，这一政策的重要性于是逐渐降低，乃至消失。其二，台湾在迈入农工转型阶段后，面临农业劳动力短缺以及亟须提高农民生产力进而提高其经济收入的问题，农业发展需要由劳动密集型转为资本和技术密集型，即发展企业化经营。为此，需要扩大农业经营规模与农场面积。其三，与台湾经历类似的日本，在经过20多年的发展后，也有人认为，战后初期的土地改革及由此形成的土地制度，对农业发展形成了阻碍，日本社会已有再一次进行土地改革的呼声。基于这三点，王作荣提出有必要筹划"第二次土地改革"，并对战后初期的土地改革（"第一次土地改革"）和"第二次土地改革"的特质进行了类比（见表1）。

表1 两次土地改革特质比较

第一次土地改革	第二次土地改革
分配土地所有权	提高农业生产力
社会财富之平均	农业本身之改造
社会性的改革	经济性的改革
目的在救贫	目的在致富
农业家庭化，求自给自足	农业企业化，供市场需要

---

① 王益涛：《对于应否"实施耕者有其田政策"之一测验》，《东西文化》第30期，1969年。

续表

第一次土地改革	第二次土地改革
单位耕种面积由大变小	单位耕种面积由小变大
传统的农业观念与操作	现代的农业观念与操作
农业经济社会的土地改革	工业经济社会的土地改革

资料来源：王作荣《宜着手筹划第二次土地改革——农业发展的新方向》，原载《中国时报》1969 年 12 月 17 日，转引自王作荣、李登辉、赖文辉等《台湾第二次土地改革刍议——台湾农村经济问题》，第 10 页。

这种类比显示出典型的"传统 VS 现代"二分法，"第一次土改"被归入传统农业经济范畴，"第二次土改"则代表了现代工业社会的农业发展路径。此时王作荣对"第一次土地改革"的批评还比较隐晦，后来他则直言："这种土地改革，本质上是一种社会财富的重分配，与农业发展并无必然的关系。所谓刺激农业生产，完全是推测之词。在中国租佃制度之下，即使耕者不能有其田，仍然会努力生产。"① 认为平均地权不能解决农业发展问题应该说不是王作荣甚至也不是这个时代的创见，当年国民党的土地改革派试图在大陆推行土改，有部分学者就已经提出了类似的反对意见，1950 年代初耕者有其田政策出台前夕也依然有这样的声音，② 而 1990 年代后台湾社会对国民党土改政策的各种批评声音中，比较典型的也是持这一看法。

对战后初期土地改革政策的批评背后，是王作荣对农业发展路径的认识，更进一步说，是他对整体经济发展道路的认识。王作荣深受凯恩斯主义的影响，来台后又主要协助尹仲容致力于台湾的工业化建设，是欧美现代化与工业化路线的坚定拥护者，他晚年曾言："我的'壮志'就是想要建立一个高度现代化的国家，使我的同胞无论在经济方面、政治方面、社会方面，都能过着像西欧、中欧、北欧、北美那些国家人民的生活。"③ 服膺西方发达国家成功经验，在二战以后的发展中国家或地区较为普遍。基于这种对整体经济发展道路的认识，王作荣认为农业也应当现代化，且农业现代化必须走工业化道路，即扩大经营规模，采用企业化经营方式，农业生产直接面向市场。④ 所以"第二次土地改革"应该从以下几个方面入手：（1）放宽对每个农户耕地面积的限制，如由 3 甲水田增至 10 甲水田，或者根本不

① 王作荣：《壮志未酬——王作荣自传》，第 89 页。
② 如陈正修（时任"立法委员"）：《耕地制度之商榷》，《民主潮》第 3 卷第 3 期，1952 年。
③ 王作荣：《壮志未酬——王作荣自传》，自序。
④ 王作荣：《壮志未酬——王作荣自传》，第 93~94 页。

加限制，只规定必须自耕；（2）准许农地在自耕农间自由买卖；（3）从宽解释自耕农的定义，使其包括雇工经营的农场主；（4）拨出巨额经费，全面进行土地重划与土地整理。①

相对于财经领域，农业并非王作荣擅长的领域，他对农业与土地政策的理解，除了受到其文中提到的英国学者亚伦（C. C. Allen），以及曾任日本农林部次长的小仓武一的影响外，还受到其文中提到的"几位年轻农学界人士"的影响。他们大多是刚从美国留学归来的农经方面的专家，包括康奈尔大学农业经济学博士李登辉、美国明尼苏达大学农经硕士吴同权、美国宾夕法尼亚大学农经博士许文富、美国夏威夷大学农经硕士史济增和赖文辉、美国范德堡大学经济学硕士刘铮铮等。这些年轻学人对西方经济学的理论颇为熟悉，并深受其影响。而当时的西方社会，正从尊崇政府干预的凯恩斯主义，重新转向主张自由市场经济。在农经领域，1969年，张五常的《佃农理论——应用于亚洲的农业和台湾的土地改革》由芝加哥大学出版社出版，在此之前，该书的一些重要内容以论文形式已公开发表，其不同于古典经济学派的新租佃理论也已为学界所知。该理论认为无论是分成地租制度，还是自耕农制度，土地利用的有效程度都是一样的。该理论从经济学上否定了地权改革的必要性。现代农业经济理论的奠基人、美国经济学家、1979年诺贝尔经济学奖获得者之一西奥多·舒尔茨（Theodore W. Schultz），则于1964年在耶鲁大学出版社出版《改造传统农业》一书，强调农业也能对经济发展做出贡献，并着力探讨如何将发展中国家或地区弱小的传统农业改造成一个高生产率的经济部门。西方经济学界的这些新思想、新理论，成为上述年轻学人思考危机中的台湾农业发展道路的重要理论基础。②

1969年1月17日，几位年轻学人在台北举办"泛谈当前台湾农村经济问题"的座谈会，会议记录发表在创刊不久的《大学杂志》第16～18期上，不久又与王作荣的前述文章，以及李登辉、赖文辉等讨论台湾农业问题与土地政策的文章一起结集出版。

在座谈会上，他们首先提出当时台湾的经济结构是"双重经济"结构，即当时台湾社会正处于由传统过渡到现代化的阶段，现代化经济活动与传统的经济活动同时并存，这是发展中国家或地区在迈向现代化过程中必然经历的阶段。相较于从西方直接移入的现代工商业，台湾原有的农业部门

① 王作荣、李登辉、赖文辉等：《台湾第二次土地改革刍议——台湾农村经济问题》，第9页。
② 在"泛谈当前台湾农村经济问题"座谈会上，几位年轻学人即多次提到舒尔茨。

还属于落后的传统部门，专业化、商业化水平很低，技术停顿。① 对于这种说法，虽然有人提出不同意见，认为双重经济结构一般是就殖民地经济而言，台湾当时的经济至少已处于"起飞"阶段，但李登辉、赖文辉等认为，现代农业的重要标志是劳动效率的提高以及农业机械化的水平，相比较而言，作物制度改良与化学肥料的施用，虽提高了土地的效率，却不能用来代替劳动力，从而提高劳动效率，台湾尚未达到 20 世纪西方以技术进步为中心的经济水平。这种"双重经济"结构论述和农业现代化的评判标准，彻底否定了小农经营的现代性，为战后台湾农业发展贴上了"落后"的标签。

在为台湾农业定性之后，接下来他们具体讨论了台湾农业面临的几个问题，如农村人口外移与农业劳力不足问题、保护工业与农业用品价格偏高问题、发展工业与农工业用地竞争问题等。对于日益严重的农村人口外移问题，几位年轻学人认为这是经济发展的必然现象。为解决人口外移导致的农村劳力不足，他们主张推行机械化。但农机价格昂贵和农地面积过小构成机械化的阻碍，尤其是农地面积过小涉及制度性问题，他们认为《实施耕者有其田条例》和《耕地三七五减租条例》对地主的过分压制以及对佃农的高度保护，妨碍了农地的流动。和王作荣主张放宽农地在自耕农之间自由买卖不同，他们认为农地买卖在当时面临更多困难，因而更倾向于通过代耕或租赁方式扩大农地经营面积。一方面，建议政府立法，将代耕者视作雇农而不是佃农，使代耕不受现有土地政策约束，从而鼓励劳力不足的地主雇用劳动力耕作。另一方面，建议政府将耕作权与所有权分开，鼓励愿意耕作的农民通过租用土地扩大经营面积。赖文辉还据此提出了"大佃农小地主"的土地政策概念，并强调这个政策实现的关键是保障地主的权益和制定合理的地租，地主可以自由转让其土地所有权，也可在因农地规划、工商业或都市用地需要而变更土地用途时，将土地收回，并不必因此向佃农支付"权利金"。② 这些规定显然与《耕地三七五减租条例》反其道而行，由"过度"保护佃农耕作权、禁止地主任意撤佃，转为保护地主的土地所有权，鼓励土地的流动与充分利用，从而扩大农业经营规模，

---

① 参见王作荣、李登辉、赖文辉等《台湾第二次土地改革刍议——台湾农村经济问题》，第 28、35、32、30、37 页。

② 参见王作荣、李登辉、赖文辉等《台湾第二次土地改革刍议——台湾农村经济问题》，第 40、46、58 页。

使农业向现代化转变。

在探讨农业现代化路径的同时，对当局过分重视工业、忽视农业的经济政策，如对农民形同征收重税的肥料换谷政策，在政府保护政策之下工商业侵占优质农耕地等，几位年轻学人也有所批评。在围绕上述各种问题进行讨论之后，他们对台湾 20 年后的农业状况进行了展望，认为未来台湾仍将维持家庭农场制度，但每一农家的经营面积将由目前的 1 公顷增加到 5 公顷，农户数和农业劳动人口都将大幅下降，农民素质将大为提高，[1] 农村在衣食住行等方面也将全面走向现代化。

基于对台湾农业发展道路的思考，赖文辉不久又对农业转型后台湾应该采取的土地政策做了系统表述，他认为今后的土地政策应该适应现代企业生产的原则，以提高农民所得为目标，一方面应该能阻止农场经营规模的再分割，另一方面应该能够促成众多过小的农场合并为较大规模的农场，使农业生产单位成为现代化的企业。为实现这一土地政策目标，他建议政府采取如下措施：（1）规定农场经营面积的最低标准；（2）制定新的耕地租赁法规；（3）供应长期低利贷款，帮助农民扩大经营规模；（4）严格执行土地既定用途的法令；（5）加速农地重划。[2] 这五点建议应该说比王作荣的四点建议更有针对性，两者的差异只在农地自由流动的方式是通过自由买卖还是自由租赁，其他则大体相同，而在土地政策背后，则是他们共同认可的农业现代化路径，即农业工业化。

三　争议：耕者有其田与农业现代化的关系

王作荣的文章发表后，地政系统和经济学界都有所回应，支持其主张者有之，反对者亦有之。支持者如赖文辉等前述农经学者，又如在耕者有其田政策出台时就表示反对的老一辈反土改人士朱文伯，[3] 其主要观点都是耕者有其田政策对农业现代化构成阻碍，台湾需要进行一场新的土地改革。

对于王作荣及其支持者的意见，反对者首先关注的是其对耕者有其田

---

① 王作荣、李登辉、赖文辉等：《台湾第二次土地改革刍议——台湾农村经济问题》，第 90 页。

② 赖文辉：《谈适应现代化农业的土地政策》，王作荣、李登辉、赖文辉等：《台湾第二次土地改革刍议——台湾农村经济问题》，第 124 页。

③ 朱文伯为"国大代表"，在国民党当局讨论耕者有其田方案时，与"立法委员"陈正修等都持反对意见。参见朱文伯《王作荣〈筹划第二次土地改革〉读后再论农业政策》，《现代国家》第 62 期，1970 年。

政策的批评，因此其反驳也主要围绕耕者有其田的解释、耕者有其田与农业现代化的关系展开。

对王作荣提出的平均地权和耕者有其田政策与制度已经不适应新形势的要求，应当放弃的观点，来自地政系统的苏志超主要从平均地权和耕者有其田的解释角度进行了辩驳。他认为平均地权并非如王作荣所说，只是平均分配土地，所以只适用于农业社会，它是要保障使用人有取得土地使用的均等机会，在土地为私有产权的情况下，平均地权赋予政府公权力以节制资本。至于耕者有其田，他认为这只是保障有耕作能力者有机会取得所需要的土地，对于扩大农场经营规模或耕作面积，并无任何阻碍。[1]

对于耕者有其田与农业现代化的关系，反对者一般在分析耕者有其田政策实施经过与实施成效的基础上，从两个层面进行辩驳，维护耕者有其田政策。

第一个层面是着眼于过去的经历，说明台湾土地经营面积狭小的状况并非实施耕者有其田所造成，而是在土地改革前即已存在。同样来自地政系统的周秀华，即认为王作荣等人对耕者有其田政策的批评是不了解耕者有其田实施的具体过程，他指出耕者有其田与台湾农地规模小且分散之间并无必然联系。在实施耕者有其田政策之前，尽管地主拥有的土地规模较大，但一般分租给众多佃农，佃农租种的土地面积因此大多非常狭小。实施耕者有其田，并未改变耕地的使用状况及每一块耕地面积的大小，征收放领只是在土地登记册上，对土地所有权进行变更登记。[2]

社会学者杨懋春曾对战后台湾土地改革进行调查研究，撰写了《台湾土地改革对乡村社会制度影响之研究》一书[3]，对土地改革有较高评价。针对"第二次土地改革"之议及其对土地改革的批评，他认为"经济学家仅以经济上的观念来批评未免以偏概全"，至于台湾农地经营单位狭小零碎，他同样认为并非土地改革所造成，而是土地改革之前已经非常零碎，佃农只有获得地主的信任，租种的土地才有可能达到 2~3 甲，一般佃农所能耕种的田地都只有 1 甲，土地改革的土地分割只是针对所有权，而不是土地的施用。作为社会学者，他强调土地改革给予佃农土地、提高佃农社会地位的正义性，指出如果没有土地改革，不少佃农生活会继续发生困难，且有

---

① 苏志超：《对于筹划第二次土地改革之质疑》，《民主宪政》第 38 卷第 1 期，1970 年。
② 周秀华：《耕者有其田与农业现代化》，《地政学苑》第 7 期，1971 年。
③ 1970 年由中研院中美人士社会科学合作委员会出版。

失社会公道，因此土地改革不是错误的，而是一项必要的工作。①

第二个层面则是就台湾农业面临的来自工业化与都市化的压力，着眼于未来的发展，指出耕者有其田不会阻碍农地经营面积的扩大，不会妨碍农业机械化与现代化。杨懋春在前述文中即表达了类似的意见。周秀华则强调实施耕者有其田政策是解决农地分配问题，农业机械化耕作、扩大经营面积则是解决生产问题，两者应当并行不悖，而在解决生产问题之前，必须先合理解决土地分配问题，因此他主张贯彻执行耕者有其田政策，并在耕者有其田之下推进农业现代化建设。②

由反对者的上述观点可知，他们坚持耕者有其田政策的正确性与必要性，但他们同样认为台湾农业需要向现代化迈进，需要扩大农业经营规模和推行农业机械化。和王作荣等人主张的不同之处在于，他们坚持在耕者有其田的政策框架下走扩大农业经营规模的农业现代化之路，强调政府对土地政策和农业发展的干预。在具体路径上，他们强调加强土地利用，将"地尽其利"作为土地改革的新方向，"必使地权分配以开其绪，地尽其利以尽其功，方可谓土地改革之成功也"。而"地尽其利"的重要手段是实行农地重划。③

农地重划从1958年在台南县仁德乡大甲及屏东县社皮两个农地重划区开始试办，1959年"八七"水灾后，农复会和台湾省地政局在中部受灾较严重地区开展灾区土地重划，将被水灾破坏成沙砾河床的农地恢复为可耕地，并建立了新的农场制度。此次的经验为之后开展大规模农地重划奠定了基础。农地重划的具体做法是将每个农户零碎的土地集中起来，进行平整和重新划分，重划后的土地区块面积更适合经营家庭农场和使用小型农机。同时配合道路、灌溉排水系统建设，使每块农田都直接和道路、水路相通，改善农地的水利设施与运输条件。④ 这是在不触动农地产权的情况下，通过技术性手段，改善农业经营环境，扩大农场经营规模。由于农地重划与耕者有其田政策不相冲突，且根据已有经验，自耕地较多的地区较

---

① 杨懋春教授语，李宽信、林炫炫笔记《我们的土地改革是错误的吗?》，《地政学苑》第8期，1972年。

② 周秀华：《耕者有其田与农业现代化》，《地政学苑》第7期，1971年。

③ 沈时可：《台湾土地改革之新方向——地善尽其利》，《研究与发展》第4期，1969年。

④ 刘瑞煌：《台湾之农地重划》，"台湾地政简介丛书"(10)，台湾土地改革纪念馆，2004年，第1~2页。

之出租地较多的地区，土地重划进行得更为顺利，① 因此坚持耕者有其田政策的一方，均将农地重划放在重要位置。如地政官员张维一认为，农地重划是改进农业经营、改善农场结构、发展机械耕作的综合性土地使用改良，"假如说有'第二次土地改革'的话，应该就是'农地重划'和'国土计划'"。②

在坚持耕者有其田政策、维护分散的小农土地所有权之下，扩大农业经营规模的另一重要手段是建立家庭农场制度，辅导农民合作经营，另外辅以奖励机械耕作、引导与鼓励农民转业、改善农产品运销业务等其他手段。③

上述反对意见主要反映地政系统的立场，他们大多是坚定的土地改革派，也是当局土地改革政策的理论来源，有些还是土地改革的具体执行者，一直到 1980 年代，他们对台湾的土地政策依然有直接影响力。

在当时关于土地政策的各种意见中，还有一种声音介于支持与反对之间，他们主要来自农复会系统，是参与农政建言的农经学者，或者是主持农政的技术官僚。对于土地政策，他们更注重实证研究，相对于地政系统，较少受到意识形态的束缚，又不似主张"第二次土地改革"者那样激进。他们并未直接加入这场争论，但他们对这一时期的土地政策也有他们的思考与探讨，并对台湾的土地政策演变有重要影响。如农复会农经组组长、台湾大学农业经济学教授毛育刚，曾通过对台湾农村地主佃农经济的调查研究，对土地政策提出两点建议：一方面他认为纯粹从农家经济的角度，维持现有的租佃关系或者彻底实施耕者有其田均无不可，但如果准许地主任意收回出租的耕地，将会后果严重，需要深入考虑；另一方面他不建议废除租佃制度，因为随着经济发展，农村人口将逐渐外移，合理的租佃制度有利于农民扩大农场规模，改善农村经济，促进农业发展，且租佃制度在农村很难完全消除，不如设法改进。④ 由此可知他既不倾向于贯彻实施耕者有其田政策，也不赞同租佃制度完全转向以地主利益为依归。时任农复会农经组技正的高欲新从农业生产要素合理配置的角度分析后，同样认

---

① 潘廉方语，郭隆朝记《台湾土地改革之新方向》，《民主宪政》第 43 卷第 6 期，1973 年。
② 张维一：《论农业发展与第二次土地改革》（上），《民主宪政》第 37 卷第 9 期，1970 年。
③ 周秀华：《耕者有其田与农业现代化》，《地政学苑》第 7 期，1971 年；潘廉方语，郭隆朝记《台湾土地改革之新方向》，《民主宪政》第 43 卷第 6 期，1973 年。
④ 毛育刚：《台湾农村地主佃农经济调查研究》，"内政部"、农复会，1969，转引自高欲新《从扩大农场面积看贯彻耕者有其田政策》，《中国经济评论》第 7 期，1970 年。

为当局并无贯彻实施耕者有其田的必要，因为经济结构的变化使实施耕者有其田的基本条件发生了改变，政策实施将难以达到 1952 年的效果，且耕者有其田的贯彻实施，将使原佃农被继续束缚在土地上至少 10 年，不利于农业人口的外移和农场面积的扩大，也不利于都市化与工业化进程。但他的研究另一方面也从经济学角度说明，耕者有其田政策曾经是有效的政策。[①]

从上述各种意见来看，各方对于当时台湾农业与农地问题的认识有共通之处，即都认为在农村劳动力外流的趋势下，扩大农场面积，推行机械化，是通往农业现代化的必要路径。但在如何扩大农场面积方面，各方的答案并不相同。地政系统倾向于贯彻实施耕者有其田政策，事实上国民党"十全大会"提出的土地政策纲领案就来自地政系统。经济学界和农政系统基本上都不主张贯彻实施耕者有其田，但在是否完全放弃耕者有其田政策方面，农政系统不似经济学界那般激进。至于经济学界倡议的农地自由流通，无论是农地自由买卖，还是自由租佃，农政系统同样较为审慎，地政系统则明确反对。

1973 年 12 月 10 日，农复会与美国农业发展协会在台北联合举行农业发展研讨会，总结 20 多年来台湾农业成功发展的经验，并探讨台湾农业发展策略的转向。会议期间，与会专家就台湾亟须解决的农地问题，讨论了既有的三种发展路径：第一种是学习美国，注重土地重划、资本投入以及农业机械化，从而提高劳动生产力，这种方式需要新的机械技术和大规模的农民离村进城；第二种是学习日本，增加兼业农民，日本兼业农民当时已达农民总数的 80%；第三种是走美国与日本的中间道路，在保存零散的农地所有权的基础上，设法扩大农业经营单位，如台湾正在推广的共同栽培或共同经营方式以及农业机械服务站等，这种方式需要很好的组织制度。大多数与会专家倾向于日本的兼业农民的方式。[②] 但从后来当局采取的土地政策来看，其并未采纳与会专家的主流意见。

受"第二次土地改革"之争影响，国民党"十全大会"提出的土地政策纲领案未再付诸实施，但耕者有其田依然是台湾土地政策的总体指导原则。由于各方意见不一，此后一段时间内当局采取了折中的土地政策，从 1973 年 9 月颁布重要法案《农业发展条例》，到 1980 年代当局推行第二阶

---

① 高欲新：《从扩大农场面积看贯彻耕者有其田政策》，《中国经济评论》第 7 期，1970 年。
② 沈宗瀚：《晚年自述》，《沈宗瀚自述》，第 76 页。

段土地改革，其政策重心都在不根本触动耕者有其田政策框架的同时，通过农地重划以及鼓励共同经营、委托经营等技术和组织手段，扩大农业经营规模，促进土地有效利用。但既然各方对台湾农业现代化的发展路径并无本质分歧，随着工业化与都市化的进一步加深，农业与农村进一步萎缩，耕者有其田政策的终止成为必然结果。1992 年，当局公开承认耕者有其田对推行农业政策形成一定的阻碍，并正式废止《实施耕者有其田条例》，强调今后台湾土地政策以扩大农业经营规模为方向，其扩大方式不再强调土地所有权的获得，而是朝向鼓励租赁经营发展。① 继这一重要政策之后，开放农地自由买卖、鼓励农地租佃的"小地主大佃农"政策也陆续出台。从当局相继采取的上述土地政策中，可以看出 1960 年代末各界知识精英尤其是倡导和支持"第二次土地改革"者有关农业发展方向与土地政策的思考的影响。

四 余论

"第二次土地改革"之争发生在台湾实现农工转型、农业相对于工业逐渐式微的大背景下，台湾社会普遍关注农业现代化的发展路径。深受西方经济理论影响的一批经济学人建议对土地政策"松绑"，倡导农地自由流通，从而解决限制台湾农业现代化的农业经营规模狭小问题。尽管其对耕者有其田政策和小农经济的彻底否定，引发地政系统的批评，在相对中立的农政界也未获得共鸣，但扩大农业经营规模、推行农业现代化显然是各方的共识。正是对农业现代化目标的共同追求，此次争议对台湾土地政策产生了深远影响，台湾的土地政策逐渐偏离原有轨道，直至最终放弃了耕者有其田政策。然而，"第二次土地改革"之争显示，农业现代化被等同于西方的大农经营模式，东亚的小农经营模式则被定性为"传统""落后"，这种简单的传统与现代二分法在当时有一定的思想背景，直至今日依然有其影响力，但其是否允当，显然值得怀疑，有学者就指出，美国"大而粗"的农业发展模式并不适用于人多地少的中国，中国"小而精"的农业发展模式有其合理性。② "第二次土地改革"之争中台湾知识界以西方农业发

---

① 《立法院内政、经济、司法三委员会第一次联席会议纪录》（1992 年 5 月 14 日），《立法院公报》第 81 卷第 41 期，1992 年，第 326 页。
② 黄宗智：《"家庭农场"是中国农业的发展出路吗？》，《开放时代》2014 年第 2 期。

经验为参照系，对台湾农业现代化道路和土地政策的思考，以及后续对土地政策的影响，值得进一步研究与反思。

（作者单位：中国社会科学院近代史研究所）

1970 年代初台湾留美学生保钓运动
与新中国认同述论[*]

王玉国

提　要　1970 年代初，台湾留美学生掀起了轰轰烈烈的保钓运动，捍卫了国家的领土与主权。台湾当局对钓鱼岛的态度软弱，让台湾留美学生开始认同新中国，布朗大学会议通过决议，拥护中华人民共和国为唯一代表中国的政府。中美关系缓和后，知名华裔学者和台湾留美学生归国参观，重新认识新中国，对社会主义制度和新中国取得成就的认识与赞扬，更加深了台湾留美学生对新中国的认同。台湾留美学生对新中国的认识/认同，经历了由保钓运动的感性认识到归国之旅的理性认同的过程。国家认同包括"族群认同"、"文化认同"和"制度认同"，台湾留美学生只是转变制度认同，不能将"制度认同"简单等同于"国家认同"，认为台湾留美学生转变了"国家认同"。

关键词　台湾留美学生　保钓运动　新中国认同

1970 年代初，台湾留美学生发起的保钓运动，是中国历史尤其是台湾历史的重要组成部分，对中国大陆和台湾都影响深远。近年来，日本不断在钓鱼岛问题上挑起事端，1970 年代初的台湾留美学生保钓运动也引起学界关注，相关资料整理、回忆日益增多，但深入系统的研究还较少，尤其在台湾留美学生对中国认同方面。[①] 台湾学者薛化元认为保钓运动导致了海

---

[*]　本文为教育部人文社会科学重点研究基地重大项目"台湾史与'台独史观'批判"（项目号：10JJ DGJW020）和福建省教育厅项目"1970 年代海外知识分子保钓与新中国认同研究"（项目号：JAS14017）成果。

① 林国炯、胡卜比、周本初等：《春雷声声：保钓运动三十周年文献选辑》，台北：人间出版社，2001；龚忠武、王晓波、林盛中等：《春雷之后：保钓运动三十五周年文献选辑》，台北：人间出版社，2006；春雷系列编辑委员会：《峥嵘岁月，壮志未酬》，台北：海峡学术出版社，2010；王春生、王正方：《台湾留美学生在中国大陆的见闻》，香港：文教出版社，

外的台湾留学生"国家认同"改变,保钓运动对台湾造成"相当程度的伤害"。① 在海外学人的认同方面,有学者认为回国访问的西南联大知识分子,对当时的中国社会"做出了与事实完全相反的历史判断","对国家统一的强烈感情,让他们的理性失去了对事实的反省"。② 但事实是否如此? 本文将利用台北中研院近史所档案馆、北京的清华大学图书馆、台湾新竹的"清华大学"图书馆所藏档案等资料,结合国家认同理论,探讨 1970 年代初台湾留美学生保钓运动及其对新中国的认识与认同。③

一 台湾留美学生与保钓运动

1968 年 10 月,在联合国亚洲及远东经济委员会的支持下,美国、日本、韩国和中国台湾地区 12 名地质学者,在东海及黄海进行地球物理探勘。次年,他们发表研究报告,认为台湾与日本之间的大陆架蕴藏丰富的石油资源,在此地区的钓鱼岛引起世界关注。1970 年 9 月 2 日,台湾《中国时报》记者登上钓鱼岛,升旗宣誓主权。但旗帜随即被日本人登岛扯下,此举激发了台湾民众的愤慨。9 月 10 日,美、日两国达成协议,美国准备在 1974 年将二战时所占领的琉球交予日本,其中包括钓鱼岛,这引起了台湾留美学生的关注。面对领土与主权的危机,留学生开始整理和研究钓鱼岛的地理与历史,争相刊载关于钓鱼岛的文章,让广大同学认识钓鱼岛问题。麦城钓鱼台行动委员会编辑《保卫钓鱼台运动特刊》,对钓鱼岛地理、历史

1973;王浩:《回国参观的几点感想》,香港:盘古社,1973;何炳棣等:《留美华裔学者重访中国观感集》,香港:七十年代杂志社,1974;叶嘉莹等:《祖国行》,香港:七十年代杂志社,1976;王晓波:《尚未完成的历史:保钓二十五年》,台北:海峡学术出版社,1996;任孝琦:《有爱无悔:保钓风云与爱盟故事》,台北:风云时代出版社,1997;邵玉铭:《风云的年代:保钓运动及留学生涯之回忆》,台北:联经出版事业股份有限公司,1991;郑鸿生:《青春之歌——追忆 1970 年代台湾左翼青年的一段如火年华》,台北:联经出版事业股份有限公司,2001;谢小岑、刘容生、王智明主编《启蒙·狂飙·反思——保钓运动四十周年》,新竹:台湾"清华大学"出版社,2010;邵玉铭:《保钓风云录:一九七〇年代保卫钓鱼台运动知识分子之激情、分裂、抉择》,台北:联经出版事业股份有限公司,2013;邵玉铭:《此生不渝:我的台湾、美国、大陆岁月》,台北:联经出版事业股份有限公司,2013;刘玉山:《1970 年代中国留美学生保钓与统一运动之研究》,厦门大学博士学位论文,2012。

① http://www.twhistory.org.tw/20010423.htm,2015 - 01 - 18。

② 谢泳:《西南联大知识分子的时代困惑》,《西南联大与中国现代知识分子》,福建教育出版社,2009,第 128、130 页。

③ 1970 年代中后期,台湾留美学生对新中国的认同进一步发展,将另文论述。

及主权、美日企图、台湾当局态度等问题加以探讨，号召"全体中华儿女们"保卫钓鱼岛，"争主权，争国格"。① 由此可以看到留学生认同钓鱼岛是中国领土，认同自身是中华儿女一员。②

台湾留美学生在研究钓鱼岛历史和地理的同时，还在各地成立了保钓组织。1970 年 11 月 17 日，美国普林斯顿大学留学生成立"保卫钓鱼台行动委员会"，在抨击美国与日本的同时，也要求台湾当局力争主权。1971 年 1 月 29～30 日，留学生分别在纽约、华盛顿、芝加哥、西雅图、旧金山等地游行示威。在旧金山和西雅图的游行队伍向台湾"驻美官员"递交抗议书，并前往日本领事馆抗议；在华盛顿的示威学生还派代表进入日本大使馆面交抗议书；在纽约的游行学生在联合国广场发表演讲。各地学生通过各种途径向台湾当局，向日本政府，向世人表达了钓鱼岛是中国的坚定立场。在游行中，留学生打出"钓鱼台是中国的""七亿人民一条心，全力保卫钓鱼台"等标语。③ 7 亿人民自然包括了中国大陆和台湾在内的全体同胞，此时所说的"中国"显然包括了中国大陆和台湾，强调的是"一个中国"。

1971 年 4 月 10 日，留学生再次在华盛顿举行声势浩大的游行示威，参加游行的学生来自美国各地，"远自西岸的西雅图、旧金山、洛杉矶、怀俄明州、阿利桑那州，中部的伊利诺、密西根、威斯康辛、印地安那、爱荷华、俄亥俄、肯萨斯、奥克拉荷马，南部的乔治亚、阿拉巴马、路易西安那、德克萨斯"，约有 2500 人。④ 此次示威准备充分，示威者制定了具体的时间、地点、路线及注意事项等。游行队伍先前往美国国务院递交抗议书，随后前往"台湾驻美机构"向周书楷质询，最后前往日本大使馆递交抗议书。这次示威游行规模大、影响大，将 1970 年代的保钓运动推向了高潮。1971 年 5 月 23 日（星期日）的《纽约时报》刊登了保钓公开信，包括著名华裔学者陈省身、杨振宁等在内的 3000 人签名保钓，进一步扩大了保钓的声势。

① 资料组：《保卫钓鱼台》，麦城钓鱼台行动委员会编《保卫钓鱼台运动特刊》，清华大学图书馆藏档：36 - 000 - 003，第 10 页。
② 但不可否认，此时台湾留美学生所指的中国应该还是"中华民国"，这是当时客观环境所决定的，后文将具体论述。
③ 《"一二九"示威游行所用标语》，柏克莱保卫钓鱼岛行动委员会编《战报》（一二九示威专号），清华大学图书馆藏档：23 - 000 - 148，第 44 页。
④ 《四一○全美中国同胞华府示威纪要》，林国炯、胡班比、周本初等：《春雷声声：保钓运动三十周年文献选辑》，第 351 页。

台湾留美学生发动保钓运动，华裔学者也积极参与，台湾当局被迫发表声明，维护钓鱼岛主权。张群代表蒋介石向 500 位海外学人回信，表示"主权属于我国"，"寸土片石，亦必据理全力维护"。① 回信受到留学生的质疑，他们认为台湾当局态度不够强硬，用国际法来解决钓鱼岛问题是不现实的，要台湾当局"拿出实际行动来阻止日本的侵略，不要空谈！"② 1949 年后的台湾，无论在政治、经济，还是军事、外交上，都要仰息美国。台湾没有"独立自主"的能力，因此在钓鱼岛问题上表现软弱，这让台湾留美学生非常失望。相反，新中国成立后，其国际地位及影响日益提升。1970 年，新中国成功发射了第一颗人造卫星，更是轰动世界。美国几乎所有的报纸都发了号外，各通讯社、电台、电视台纷纷发表专稿、进行专题讨论、制作特别节目。新中国的强盛，让在美国的华人也扬眉吐气，感到自豪。此外，中美关系日渐缓和，1971 年夏，美国总统尼克松宣布将访问中国。新中国日益强大及国际地位提升，让留学生开始思考，谁使中国逐步繁荣强盛起来？谁使中国人民在世界上站立起来？谁真正代表中国？

4 月 10 日的大游行之后，保钓运动逐渐政治化，除了讨论钓鱼岛问题外，留学生们开始思考台湾问题及中国统一问题。留学生在美国各地举办多场"五四纪念研讨会""国是会议"等探讨国是，6 月 11 ~ 12 日在麦迪逊举办夜营大会，6 月 19 ~ 20 日在萨克拉门托举办夜营会，8 月 14 ~ 15 日在堪萨斯大学举办中部地区国是会议，8 月 20 ~ 21 日在布朗大学举办美东讨论会，8 月 28 日在路易斯安那州州立大学举办东南国是会议，9 月 3 ~ 5 日在安娜堡举行国是大会。据谢定裕回忆，在布朗大学举办美东讨论会"讨论的内容基本上就是介绍新中国，介绍大陆情形。那个时候大陆有很多新的事物大家也不了解"。③ 各方虽然在讨论中存在争执，但最终还是达成一致：反对"两个中国""一中一台""一个中国两个政府"的国际阴谋；中国台湾省问题属于中国内政问题，应由全体中国人民（包括台湾人民在内）自己决定；一切外国势力撤出中国领土与领海；反对任何出卖中国国

---

① 《张秘书长代表总统答复旅美学人书》，《钓鱼台事件》，《外交部档案》，台北中研院近史所藏档：713.1/0039，第 11 页。

② 《评张群代总统答五百海外学人书》，林国炯、胡班比、周本初等：《春雷声声：保钓运动三十周年文献选辑》，第 69 页。

③ 《谢定裕》，春雷系列编辑委员会：《峥嵘岁月，壮志未酬》上册，第 441 页。

家民族权益的政权与集团；中华人民共和国政府为代表中国之唯一合法政府。① 9月3~5日，安娜堡国是会议再次围绕中国大陆和台湾问题展开相应讨论，最终通过的五项决议基本与美东讨论会决议相同。② 经过这两次会议，留学生已经从简单的保卫钓鱼岛领土，开始上升到国是讨论，"已经从感性认识提升到理性的认识，把运动逐渐转到认识祖国，认识社会主义，朝向中国统一大业的方向去"。③ 尤其是美东讨论会通过的五项决议，反映台湾留美学生不但开始认识中国大陆，而且开始认同中国大陆，拥护中华人民共和国为中国唯一的政府。但他们此时对新中国的认识还停留在报纸和杂志层面，还属于感性的认识。

二 华裔学者与台湾留美学生的归国之旅

随着美中关系的缓和，美国总统尼克松宣布撤销前往中国大陆旅行禁令。这让在美国的华人欣喜若狂，他们终于可以回到久别多年的中国大陆，探望阔别多年的亲朋好友。1970年代初，华裔学者纷纷回中国大陆探亲观光，也借此机会重新认识新中国。其中，较为重要的人士有陈省身、杨振宁、何炳棣、任之恭、赵元任、叶嘉莹等。

1971年，杨振宁在巴黎的中国大使馆获得签证后，回到中国大陆探望父病。杨振宁在中国大陆旅行4个星期，参观了北京的清华大学、北京大学和上海的复旦大学，还参观了中国科学院的生物化学研究所、生理学研究所及核物理研究院。此外，他还前往合肥和山西大寨，参观了人民公社，了解中国农业问题。除与大陆学界交流外，杨振宁还受到了周恩来总理的接见。杨振宁回到美国后，9月21日在纽约州立大学石溪分校发表重要演讲，题为"我对中华人民共和国的印象"。杨振宁从他所见的上海女性穿裙子，讲到科研事业、文化传统，内容无所不包，最后以"为有牺牲多壮志，敢叫日月换新天"来概括新中国之变化。④ 作为海外华裔科学家访问新中国

---

① 《美东会议作出重要决议》，林国炯、胡班比、周本初等：《春雷声声：保钓运动三十周年文献选辑》，第430页。
② 《联合国问题》，《安娜堡国是大会记录》，新竹：清华大学图书馆藏档：C383868，第112页。
③ 《林国炯》，春雷系列编辑委员会：《峥嵘岁月，壮志未酬》上册，第394页。
④ 杨振宁：《我对中华人民共和国的印象》，何炳棣等：《留美华裔学者重访中国观感集》，香港：七十年代杂志社，1974，第50页。

的第一人，杨振宁回到美国后，受到各界人士的邀请，穿梭于全美各高校进行演讲，以所见所闻示于学生，让更多华人了解新中国的真实状况。著名历史学家何炳棣于 1971 年 11 月到中国大陆访问。他访问后完成《从历史的尺度看新中国的特色与成就》一文，从历史学家的角度，分析当时中国大陆的情况，也受到广泛关注，被留学生广为传抄。1973 年 3 月 28 日，美国亚洲学会在芝加哥召开年会，何炳棣担任了题为"重访中国"的全体研讨会主席，并做导论性发言。[①] 杨振宁和何炳棣两人都在美国学界享有较高的威望，并且都是台湾中研院院士，他们两人的报告备受瞩目，对台湾留美学生以及海外华人都影响深远。

台湾留美学生虽然在保钓运动中开始认识新中国，认同新中国，但他们对新中国的了解还是来自美国和台湾的负面宣传，以及在美国图书馆所能阅读的大陆报刊。对待新中国，他们还有诸多疑问："社会主义是什么？是不是比资本主义优越？什么又是社会主义的中国？谁知道这些？谁知道的更多些？"带着这些疑问，参与保钓运动的台湾留美学生陈恒次、陈治利、王正方、王春生和李我焱于 1971 年参加北美华侨回国访问团，在中国大陆访问 8 周。他们的行程在当时没有公开，因此被后人称为"保钓零团"。在这 8 周的时间内，他们访问广州、上海、南京、杭州、北京等城市，也前往山西大寨，参观学校、工厂、乡村、部队。"居住在美国，而想正确地认识社会主义的新中国，是件相当困难的事情，报章杂志电视广播中的报导，夹杂了无数主观的歪曲与故意的污蔑。"王春生和王正方将他们的亲身经历写成《台湾留美学生在中国大陆的见闻》一书，指出新中国是"一个崭新富庶而繁荣的新社会，一个社会主义的新国家，一个朝着理想迈进的国家，一个光辉灿烂的人间"。[②] 这批留学生受到新中国高度关注，周恩来总理热情接见他们。因此有学者认为这批留学生是"两岸大和解使者，打破了两岸一九四九年以来阻隔冰封了长达二十二年的敌对状态，启动了两岸的漫长和解进程"。[③] 两岸是否从此时即开始和解，尚值得进一步推敲研究，但不可否认，这次接见是大陆高层首次面对面和台湾同胞接触，开

---

① 何炳棣：《从历史的尺度看新中国的特色与成就》，何炳棣等：《留美华裔学者重访中国观感集》，第 1 页。

② 以上参见王春生、王正方《台湾留美学生在中国大陆的见闻》，香港：文教出版社，1973，第 2~5 页。

③ 《龚忠武》，《峥嵘岁月，壮志未酬》上册，第 329~330 页。

始借此了解台湾社会。1972 年，还有以程君复为首的海外保钓一团访问大陆，① 以及黄哲操、毛仁浩、朱邦沦、李浩、张惠生、陈必昭等人的海外保钓二团访问大陆。② 曾参与保钓的赖尚龙在 2008 年回忆其大陆之行时，总结道："因为中华民族的历史保留了强大的凝聚力，唤醒了我们沉睡的爱国心，指引着我们寻根溯源。"③ 这足见台湾留美学生对中华民族历史的认同。

1972 年 6 月 28 日至 7 月 25 日，12 名美国各大学和研究机构的专家组成"美籍中国学者参观团"，连同眷属共 27 人，访问新中国。④ 同年，曾安生率领旧金山美洲工程学会 39 人，访问中国，途经广州、桂林、杭州、上海、南京、沈阳、天津等地，参观学校、科研单位、工厂等。⑤ 此外，1972年访问中国大陆的还有陈省身、周文中，张琼月等人；⑥ 1973 年访问中国大陆的有赵元任、杨步伟夫妇，松涛等人；⑦ 1974 年访问中国大陆的有叶嘉莹、於梨华、孙至锐、张东才、赵宪国、赵嘉琪等人；⑧ 1975 年访问中国大陆的有赵钟荪等。⑨ 杨振宁在 1971 年 7 月回国后，又于 1972 年 6 月、1973年 5 月和 7 月再次回国，3 年回国 4 次。1973 年 7 月 16 日，杨振宁还受到毛泽东的接见。杨振宁回国频繁，所受之规格待遇也最高。这里还要特别提到叶嘉莹，她回国的主要目的是探亲，在北京家中住了两个星期，随后参观了大寨、延安、西安、上海、广州、桂林，她为中国的独立自由而感到骄傲，写下了两千多字的长诗《祖国行长歌》，其中"渐觉新来观点异，兹游更使见闻开"表达了对祖国的深切感情。

华裔学者与台湾留美学生在大陆之行中，参观了城市、农村、工厂、学校、医院、部队，地点主要集中在北京、上海、广州、南京等城市和各

---

① 《蔡文珠——我的丈夫程君复》，《峥嵘岁月，壮志未酬》上册，第 244 页。
② 《黄哲操》，《峥嵘岁月，壮志未酬》上册，第 347～348 页。
③ 《赖尚龙——香巴拉并不遥远》，《峥嵘岁月，壮志未酬》上册，第 365 页。
④ 任之恭：《阔别二十六年的中国——一九七三年二月二日在纽约哥伦比亚大学中国同学会上的演讲》，何炳棣等：《留美华裔学者重访中国观感集》，第 121 页。
⑤ 《观感小集——旧金山美洲工程学会访华团团长曾安生》，何炳棣等：《留美华裔学者重访中国观感集》，第 302 页。
⑥ 周文中：《谈新中国的音乐》，何炳棣等：《留美华裔学者重访中国观感集》，第 276 页；张琼月：《探母归来》，叶嘉莹等：《祖国行》，香港：七十年代杂志社，1976，第 98～104 页。
⑦ 《观感小集——美籍中国语言学家赵元任及夫人杨步伟》，何炳棣等：《留美华裔学者重访中国观感集》，第 301 页；松涛：《从小事看中国大陆》，叶嘉莹等：《祖国行》，第 64 页。
⑧ 若虚：《叶嘉莹、於梨华、孙至锐：访华观感》，叶嘉莹等：《祖国行》，第 10、13 页；《张东才》，《峥嵘岁月，壮志未酬》上册，第 523 页。
⑨ 赵钟荪：《京华忆旧》，叶嘉莹等：《祖国行》，第 28 页。

自的家乡、农业的典型大寨、工业的典型大庆、革命圣地延安等，这些都是在当时大陆发展比较好的地区。在学术交流方面，他们参观清华大学、北京大学、复旦大学、中国科学院等，也是当时教育及科研重镇。他们离开大陆回到海外后，这个参观路线受到质疑，即是否是大陆特意安排以展示社会主义优越性？但事实并非如此，这些城市、乡村、学校、工厂，大多是他们向往或想了解的地方。这些地方虽然在中国大陆较为优越，但同西方国家相比，还是存在差距的。而且大陆负责接待的官员并不隐瞒缺点，在介绍之后总是"诚恳的自我检讨"，请华裔学者"提出批评建议"。① 1973 年 5 月 2 日，乔冠华、罗青长在北京接见来自美国的留学生时，也表达了同样观点："对于回国参观的同胞，我们希望回去后讲真话，不必过分夸大，中国现在还不是样样都好，但是比过去好得多了。……希望能尽量多接近工农群众，多看看工厂和农村的情形，一般来说，农村还是比较落后的。"②

三 华裔学者与台湾留美学生再认识新中国

归国参观的华裔学者均为 1949 年之前在中国大陆生活过，并且在美国已经成为该学科的专家学者。台湾留美学生均为 1949 年之后在台湾成长，后赴欧美的留学生。前者经历过旧中国的苦难生活，因此在参观的过程中，习惯将新中国的成就与旧中国的没落相对比，"亲眼看到那么多翻天覆地的变动"；③ 后者从小接受台湾当局的"反共"教育宣传，习惯将中国大陆与欧美、中国台湾相比较。

这些华裔学者与台湾留美学生，虽然在海外对社会主义制度有所耳闻，但并没有真正体会到社会主义。因此，他们回国探亲参观的同时，更希望加强对社会制度的认识。在感受了大陆 20 多年翻天覆地的变化后，他们认为新中国的成就在于"社会制度的创造"，这是"史无前例的典型"。④ 无论是知名教授，还是由台湾赴美的留学生，从中国大陆观光回来以后，大

---

① 赵浩生：《中国归来答客难》，何炳棣等：《留美华裔学者重访中国观感集》，第 236 页。
② 区言笔记：《乔冠华、罗青长谈话记》，欧洲中国和平统一促进会编《欧洲通讯》第 8 期，第 22 页。
③ 任之恭：《阔别二十六年的中国——一九七三年二月二日在纽约哥伦比亚大学中国同学会上的演讲》，何炳棣等：《留美华裔学者重访中国观感集》，第 133 页。
④ 叶南、袁晓园：《访大港油田和小靳庄大队》，叶嘉莹等：《祖国行》，第 133 页。

多"赞美中国社会制度"①。除了社会制度,他们还赞扬大陆工农业的科学进步。在对大陆工厂、农村、高校进行参观之后,吴瑾琛认为"中国的工业已经有了一个良好的基础,而且正以一日千里的速度向前迈进"。当然,他也认识到新中国和先进国家相比较还存在差距。② 人民生活状况及水平也是他们观察的重点,许多人参观后的感觉是大陆"人民生活俭朴""大家安居乐业"。张琼月回到家乡渑池,发现"电灯、水管、旅社、医院,样样俱全,青年人有学上,壮年人有工作,小孩们有照顾,老年人有保障,各守岗位,按部就班,他们都生活在无忧无愁之中",和她离家时的情形完全两样。③ 通过新旧中国的对比,许多人感受到新中国"到处都是欣欣向荣地充满了朝气","凡是以国家民族为重的中国人都为今天的新中国感到骄傲"。④ 在亲身感受到大陆的社会生活后,他们将大陆与台湾、欧美进行对比。在人民生活方面,陈恒次认为"大陆工人的工资收入、政治地位、福利及子女教育机会都比台湾工人所得者好出甚多"。⑤ 孙至锐在大陆参观,与工人接触后,认为美国有严重的失业现象,而在中国绝对不可能产生这种现象。於梨华将自己与妹妹的生活进行比较,认为自己的生活条件虽然好,但"妹妹有一种非常深的安全感及满足",每当看到妹妹时,於梨华"反而倒觉得非常不安"。⑥ 他们的比较中无不充满着对大陆的赞美,对台湾、欧美的批判。

这些知识分子长期生活在海外,一旦重回故乡,看到新中国的成就而兴奋异常,这是否会影响他们客观认识新中国呢?有学者认为他们对当时的"中国社会作出了高度的认同和评价","做出了与事实完全相反的历史判断",20年后,杨振宁、何炳棣"对他们当年对中国的失察做了反省"。⑦ 事实并非完全如此。何炳棣虽然认为《从历史的尺度看新中国的特色与成就》一文只看到国内新气象的表面,未能探索底层动机,但还是认为该文

---

① 胡廉:《三访中国》,何炳棣等:《留美华裔学者重访中国观感集》,第171页。
② 吴瑾琛:《在中国旅行的观感》,叶嘉莹等:《祖国行》,第163~164页。
③ 张琼月:《探母归来》,叶嘉莹等:《祖国行》,第109页。
④ 吴瑾琛:《在中国旅行的观感》,叶嘉莹等:《祖国行》,第158页。
⑤ 陈恒次:《我的一些见解和报告》,欧洲中国和平统一促进会编《欧洲通讯》,1972年6月,第14页。
⑥ 若虚:《叶嘉莹、於梨华、孙至锐:访华观感》,叶嘉莹等:《祖国行》,第23、15页。
⑦ 谢泳:《西南联大知识分子的时代困惑》,《西南联大与中国现代知识分子》,福建教育出版社,2009,第122、128~129页。

"史实与感情"并存。① 同样，杨振宁在 1988 年接受香港记者采访时，也认为自己"有许多地方对于中国的认识是不清楚的"，但他还是认为自己"所做的事情是符合历史的潮流的"。② 不可否认，海外知识分子虽然在新中国从城市到乡村，从工厂到学校，看过很多地方，但毕竟停留时间有限，各自所看到的事物不同而感受也不同。当时生活在中国大陆的国人尚且对国内的社会问题认识不清，我们就更不能苛求海外知识分子深入认识新中国的全貌。而且，我们不能用现在的眼光与标准对他们求全责备，而是要把他们对新中国的认识放到当时的历史背景下解读。他们大多从大处着眼来讨论，以及相对客观地认识新中国，并且中国大陆方面也希望海外知识分子客观理性地认识新中国。有学者认为海外知识分子不忍心"对自己的祖国提出批评"，"对国家统一的强烈感情，让他们的理性失去了对事实的反省"；③ 但事实上，周恩来就劝任之恭讲述中国的真实情况，"不要过分夸奖中国及其惊人的成就"，"在一个 7 亿人口的国家中，怎么可能每个人都活得那样好呢？"④ 在赵浩生要离开北京时，中国大陆一位负责人还特别叮嘱他回去写东西做演讲的时候要保持冷静，"如果说新中国样样都好，恐怕别人不会相信是真的"。⑤ 因此，华裔学者与留学生也认识到中国大陆和欧美国家的差距，并非全面赞扬新中国。他们对新中国的认识，是出自内心的"一种赤诚的愿望"。李怡在 1973 年 10 月的演讲中高呼，"无论你看到中国有多少缺点，她是你的中国；无论你多么欣赏中国的优点，你也不满足于她的进步。因为你不是外人，你是中国人"。⑥

来中国大陆参观的华裔学者与留学生回到美国后，受到海外华人的高度关注。尤其是国际知名学者何炳棣、杨振宁、陈省身、叶嘉莹等，在他们回到美国后，不断有人邀请他们演讲，谈他们对中国大陆的印象。杨振宁 1971 年回到美国后在其任教的学校做报告，"在场的同学赶紧把他讲的话抄下来，然后印成了手抄本小册子，立即向全美加各校分发……这下大

---

① 何炳棣：《读史阅世六十年》，广西师范大学出版社，2009，第 393 页。
② 徐胜蓝、孟东明：《杨振宁》，中国卓越出版公司，1990，第 104 页。
③ 谢泳：《西南联大知识分子的时代困惑》，《西南联大与中国现代知识分子》，第 130 页。
④ 任之恭：《一位华裔物理学家的回忆录》，范岱年等译，山西高校联合出版社，1992，第 173~174 页。
⑤ 赵浩生：《中国归来答客难》，何炳棣等：《留美华裔学者重访中国观感集》，第 236 页。
⑥ 李怡：《"中国热"掀起以来的感想——一九七三年十月在香港专上学联主办的"中国周"研讨会上的讲话》，龚忠武、王晓波、林盛中等：《春雷之后：保钓运动三十五周年文献选辑》，第 663 页。

家都知道,我们中国出现了一个新社会!"① 听众对杨振宁的演讲踊跃提问,问题涉及政治制度、人民生活、中美关系等,反映了听众渴望了解新中国,也说明了听众对新中国认识的匮乏。何炳棣被邀往各处演讲,《从历史的尺度看新中国的特色与成就》一文"在国内影响很大","在海外影响更大",至今不少海外爱国人士仍劝其重印。② 海外保钓零团回到美国后,许多台湾留美学生也希望得到新中国的消息,陈恒次、陈治利、王春生就一起去美国中西部各学校介绍,南部则到达新奥尔良。③ 除了演讲之外,台湾留美学生还通过创办刊物,放映电影、幻灯片等多种形式介绍新中国,让更多的华人了解新中国的真实情况,认同新中国。部分台湾留美学生开始回到中国大陆定居,为新中国贡献智慧和力量。

四 台湾留美学生与新中国认同

台湾社会是以大陆汉族移民为人口主体而建构起来的社会,共同的民族感情和历史文化渊源,使对中国的国家认同深深扎根于台湾人民心中。即使在日据时期,日本殖民者大力推行皇民化运动,强迫台湾人民改日姓、讲日语、参拜日本神社,也未能在台湾消灭中国文化。台湾人民无论是进行武装斗争还是文化抗争,都是以对祖国大陆的国家认同、民族认同和文化认同为指向的。1949 年国民党迁台后,虽然两岸走上不同的发展道路,但在某些认同方面还是一致的,如都认同中华民族,都认同中华文化,都认同只有一个中国,都认同中国大陆与台湾同属一个国家。两岸的差异是社会制度不同,政权性质不同。台湾学者江宜桦认为国家认同是一个含有多重意义的体系,大致包括"族群血缘关系"、"历史文化传统"与"政治社会经济体制",即分为所谓的"族群认同"、"文化认同"与"制度认同"。④ 不可否认,政治认同是国家认同的重要组成部分,但国家认同绝不仅仅是一种政治认同,它更是一种族群认同和文化认同。在国家认同的族群和文化层面,台湾留美学生始终认同中华民族和中华文化,也始终认同

① 《周本初》,《峥嵘岁月,壮志未酬》上册,第 564 页。
② 何炳棣:《读史阅世六十年》,第 393 页。
③ 《陈治利》,《峥嵘岁月,壮志未酬》上册,第 306 页。
④ 江宜桦:《自由主义、民族主义与国家认同》,台北:扬智文化事业股份有限公司,1998,第 15 页。

一个中国，从未发生改变。他们由原来认同"国民党当局"转而认同"新中国政权"，只是"制度认同"的转变。简单将"制度认同"的转变等同于"国家认同"的转变，是以偏代全，是不全面的，也是不正确的。

有学者将国家认同区分为"归属性认同"和"赞同性认同"，认为归属性国家认同主要表现为对国家领土的认同、对国家历史的认同、对国家民族文化的认同、对祖国同胞的认同，赞同性国家认同则主要表现为由公民对公民身份的认同、对国家制度的认同和对宪法、爱国主义的认同。[①] 台湾留美学生前往中国大陆访问前，虽然认同新中国，但他们对于新中国的了解还很匮乏，因为他们先前接受的是国民党对新中国的负面宣传，所以他们不能客观地认识新中国。当美国允许赴中国大陆旅游后，台湾留美学生如饥似渴地奔赴新中国，亲身感受新中国的社会主义制度。在看到新中国建设成就后，他们对新中国大加赞扬，更加深了对新中国的认同。他们的认同从原有的归属性认同，即对国家领土的认同、对国家历史的认同、对民族文化的认同、对祖国同胞的认同，发展到赞同性国家认同，即对国家制度的认同，认同方式也从感性认同发展到理性认同。他们以介绍新中国为己任，回到美国后，通过各种方式向海外华人介绍新中国，促使更多的华人认识新中国，认同新中国。

台湾留美学生认同新中国的原因，除了新中国日益强大外，还在于台湾当局软弱无力。在保钓运动的初期，台湾留美学生发表公开信，在示威游行中前往台湾"驻美"机构递交请愿书，希望台湾当局能出面解决钓鱼岛问题。台湾当局在保钓运动中的软弱表现，严重动摇了台湾当局的"合法性"，动摇了台湾留美学生对台湾当局的认可。他们认为"国民党政权不能为中国人的利益做任何措施，他们只能代表他们自己一个统治集团的利益"。[②] 蒋介石言行不一，保护不了钓鱼岛，"无法尽到历史的责任，完成历史的任务，实在不配当国家的领袖"。而毛泽东，由于坚决反帝，"变成了民族英雄，世界的元老政治家，甚至人类的希望"。[③] 此外，第 26 届联合国大会恢复新中国在联合国合法席位，也是促使台湾留美学生新中国认同不断增强的重要因素。保钓运动最后使许多台湾留美学生做了明确的抉择，他们为了保卫钓鱼岛，保卫国家领土和主权，开始转而认同新中国政权。

1971 年布朗大学会议通过的决议——拥护中华人民共和国为代表中国

① 肖滨：《两种公民身份与国家认同的双元结构》，《武汉大学学报》2010 年第 1 期。
② 王春生、王正方：《台湾留美学生在中国大陆的见闻》，第 3～4 页。
③ 《龚忠武》，《峥嵘岁月，壮志未酬》上册，第 331 页。

唯一的政府，是留美台湾学生认同新中国的转折点。我们也应看到，并非所有的留学生都支持这个决议，该会议也是保钓运动走向分裂的分水岭。认同新中国的，走上归国再认识新中国之路，朝推动统一运动迈进；而"否认"新中国的，则回到台湾，走上革新保台之路。而且不必讳言，至今仍有部分台湾同胞仍不认同新中国。造成这一现象的原因在于客观历史环境的影响，1949 年新中国成立，中国大陆与台湾各自走上了不同的发展道路，在相对隔离的情况下缺乏应有的接触和交流，部分台湾同胞对中国大陆的疏离感、陌生感甚至抗拒感逐渐增强，再加上台湾当局对中国大陆恶意丑化宣传，自然影响他们对中国大陆的认同。

五　结论

1949 年，国共战争导致国家分裂，海峡两岸走上不同的发展道路。1970 年，美、日两国达成协议，美国准备将包括钓鱼岛在内的琉球交予日本时，台湾留美学生掀起了轰轰烈烈的保钓运动，捍卫了国家的领土与主权。虽然中国政府和台湾当局也都积极保钓，但态度的软硬不同，让台湾留美学生开始思考到底哪一个政权代表中国。台湾当局对待钓鱼岛的软弱态度，让台湾留美学生开始认同新中国政权，布朗大学会议通过决议，拥护中华人民共和国为代表中国的唯一政府。中美关系缓和，尼克松撤销前往中国大陆旅行禁令后，台湾留美学生归国参观，重新认识新中国，对社会主义制度和新中国取得成就的认识与赞扬，更加深了他们对新中国的认同。在保钓运动中，台湾留美学生是运动的中坚力量，发挥了重要作用。在归国认识新中国运动中，华裔学者因其国际知名度而发挥重要作用，扩大了新中国的国际影响，推动了台湾留美学生对新中国的认识与认同。台湾留美学生对新中国的认识/认同，经历了由保钓运动的感性认识，到归国之旅的理性认同的过程。他们在认识到新中国成就的同时，也认识到存在的问题，并非失去"理性"。他们在对新中国的认识/认同过程中始终坚持一个中国，始终认同中华民族与中华文化，只是将对国民党当局的认同转变为对新中国的认同，这种认同仅是制度认同的转变。简单将"制度认同"的转变等同于"国家认同"的转变，是以偏代全，是不全面的，也是不正确的。

（作者单位：两岸关系和平发展协同创新中心、厦门大学台湾研究院）

试论李登辉、陈水扁时期的
台湾教育改革

李跃乾

提 要 1987 年以后，台湾社会进入改革的历史时期，教育改革也是其中一项。台湾民间教育改革运动是推动台湾教改的原动力。1994 年以后，台湾当局开始正式推动台湾教改。到 2008 年陈水扁"执政"结束后，台湾教改已经取得了许多具体的成绩。但是，由于台湾教改是在李登辉、陈水扁"执政"期间发生的，其过程始终包含着一条"去中国化"或者说追求"台独"的线索。所以，台湾教改引发争议，特别是引发蓝绿"统独"的激烈争议，十分正常，而且这个争论还会持续下去。

关键词 台湾教育改革 李登辉 李远哲 陈水扁 "去中国化"教育

一 背景与动力

1950～1988 年蒋介石父子时期，国民党一直高度重视台湾的教育，并力图推行大中国的教育。当时教育大权完全掌控在政府手中，教育行政、教育目标、经费编列、入学方式、学校体制、师资培育、招生人数、课程规划、教科书编纂等各方面，都由政府掌握。

教育是对人力资本的投资，是影响台湾经济发展的关键因素之一。1964 年，台湾接受美国专家的建议，在政府的经济建设计划机关设立人力规划单位，负责人力资源的规划。直到 1980 年代中期，台湾的教育规划都是配合经济发展，是达成经济发展目标的手段。①

---

① 参见孙震《台湾高等教育改革的理念与实践》，赵存生主编《世界多元文化激荡交融中的大学文化——"海峡两岸大学文化高层论坛"论文集》，高等教育出版社，2008。

1968 年以后，台湾开始实施小学和"国中"（相当于初中）的九年义务教育，将国民教育从 6 年延长为 9 年。当局还制定了"国中"校舍的"设计标准图"，要求全岛各地的学校都采用统一的"设计标准图"来设计校园。当局还按照"标准图"来控制建筑造价，统一调配年度建筑经费。这些措施几乎杜绝了校园建筑多样化发展的可能性，从而制造出一大批千篇一律、毫无生机的校园建筑。1970 年代经济起飞以来，台湾一味追求经济建设，忽视教育方式改革，致使其教育长期延续传统的权威崇拜、填鸭式教学、僵死意识形态的灌输和升学至上主义，极大忽略了学生的个性化成长和培育因材施教、灵活多样的教育环境。僵化的教育体制更强化了台湾校园的单调刻板的气氛："一"、"П"或"口"型布局，中轴线双边对称，中央配置衙门似的门厅，政治铜像和口号以及供领导训话的司令台等，所有这些构成了当时台湾校园的统一风格。①

台湾在 1970 年代中期以后经济发展迅速，因为教育提供了平均素质较高的人力资源。经济成就仰赖教育体系对专门人才的训练。但是，正是由于要配合经济发展，大学教育逐渐功利化、工具化。高校招生人数及其在院系间的分配，则根据预测经济成长率与产业结构对不同人才的需要，基本上是重理工而轻人文社会，重功利而轻理想。大学的行政体系，校长是官派的，下属都像官员一样。大学师生都不快乐，非常苦闷。

台湾的产业结构从劳动密集型进入资本和技术密集型，社会对高等教育的需要也不断增加，升学竞争的压力日益严重，中小学教育以升学为最优先的目标，在德、智、体、群、美教育中，学校只重视智育，而智育中又只重视升学知识的教育。

台湾中小学学生的课业负担较重，升学压力也很大。因为入学很困难，入学考试竞争激烈，入学压力非常大，当时台湾考生都要参加高强度补习。

黄武雄认为，台湾存在威权主义的桎梏，台湾教育受到当局的集权管控，具体表现在三个方面：一是升学主义，片面追求文凭、学历，导致学生学业负担过重；二是管理主义，行政凌驾于教育之上，教师和学校缺乏专业自主性和尊严，威权主义的政治控制和思想控制自上而下地进入学校，背离了教育的目标；三是粗廉主义，学校进行廉价的大批量"生产"，大班

---

① 参见林宪德《新校园运动的省思》，《反省与对话：921 震灾"新校园运动"的回顾与前瞻研讨会论文集》，台北：建筑改革出版社，2006。

大校而不关注教育品质，使学校沦为教育工厂。①

总之，计划经济式的教育体制本质上难以适应高度自由的市场经济体系。随着台湾社会向多元化转型，旧的教育体制已越来越不适应时代需要，民间要求教育改革的呼声越来越高。

1987年7月，台湾地区解除长达30多年的戒严，台湾社会开始发生剧烈而深刻的变化。先是"中央"民意代表改选，接着是银行金融业管制解除等，一时之间台湾社会各行各业进入了大转变时期。各式各样的社会团体纷纷成立，社会运动也随之风起云涌。因此，许多民间教改团体也应运而生，推动台湾的教育事业向前发展。当时重要的教育事件主要有以下几项。

自1985年始，台湾东部的宜兰县在民选的民进党籍县长的领导下，率先对全县中小学校园进行翻新和风格改造，被称为掀起了"校园新风貌革命的第一页"。

1987年人本教育促进会成立，1989年人本教育基金会正式成立，代表人物为台大教授史英。二者的宗旨为推动台湾教育改革，主要活动有举办演讲、研习营、夏令营等，并就重大事件召开记者会，以诉诸媒体或司法等方式，展开抗争。

1987年9月"教师人权促进会章程草案"及"教师人权宣言"通过。教师人权运动要求制定"教师法"，并打破师资培育一元化，要求制定"师范教育法"，鼓励民间兴学运动，要求制定"国民教育法"与"私立教育法"等。

由于受到国际人权教育的影响，台湾民众开始强调尊重学生受教权和家长教育选择权。1987年发表的"教育权利宣言"及"学生人权宣言"等，都要求保障学生基本人权、自治权和学习权。

教改的序曲是大学的改革，目的在于把国民党赶出校园。在大学校园民主化运动的压力下，1988年1月，教育部门研拟"大学法修正草案"，2月召开"第六次全国教育会议"。

1990年，戒严时期维护各级校园安定的机构被取消。同年，教育主管部门成立了"教师申诉管道研究小组"，奠定日后各级学校教师申诉制度的基础。大学教育改革促进会在"立法院"提出"大学法修正案"，大力推动

---

① 黄武雄：《台湾教育的重建》，首都师范大学出版社，2011，第78页。

校园民主。同年，教育主管部门进行教科书内容检验，为日后教科书开放及研究奠定基础。

1991 年，台湾清华大学学生因阅读史明著作，遭到调查局人员入校逮捕，引发社会强烈反响，万人游行抗议，要求军警退出校园。

1993 年 9 月，大学教育改革促进会发表"高等教育白皮书"，站在民间的立场上检讨台湾的高等教育，要求按照"宪法"揭示的"讲学自由"精神，追求校园自治的民主理念，影响翌年"大学法"的修订。

1994 年 4 月 10 日，经过长期社会讨论酝酿，台湾 200 多个民间团体、3 万多民众走向街头，批判升学主义，抗议联考制度一试定终身，表达教育改革的诉求。这次行动被称为"4·10"大游行，主要发起人为黄武雄。

"4·10"大游行提出了四项目标：落实小班小校，广设高中、大学，推动教育现代化，制定教育基本法。游行者着重指出了台湾教育的三大弊病：第一是升学主义，片面追求文凭、学历，导致学生学业负担过重；第二是管理主义，教育行政化；第三是粗廉主义，发展廉价的教育，而不关注教育的品质。①

这场以台湾知识分子和中产市民阶级为主体的大游行，其目的在于推动教育摆脱从"中央"到地方的大一统格局，实现教育民间化和自由化。游行者除了提出教材编写民间化、师范教育多样化、升学管道多元化、教学方式人性化等多方面倡议外，还推动了一些学校积极地探讨"开放教育空间"。②

总之，在台湾解严后最初七年（1987～1994 年）的教育变革中，民间教育运动和教育组织的推动和准备，为后来的教改提供了一定的条件。台湾教改的原动力来自民间，台湾民主化和社会结构变化等都是推动台湾教改的动力。

二　改革过程与内容

"4·10"大游行提出的诉求，迅速成为台湾民众的共识。教育改革势在必行，可是怎么改呢？教改是个十分复杂浩大的系统工程，无论其中哪项改革，都会产生十分深远的影响。

---

① 黄武雄：《台湾教育的重建》，第 66 页。
② 丁育群编撰《921 重建经验》，台北：重建会文史馆，2006，第 9 页。

"教育部长"郭为藩首先倡议筹组"行政院教育改革审议委员会"（简称"教改会"），以检讨教育所面临的各种问题，着手推动教育改革。于是，1994 年 9 月 21 日，"教改会"成立。"行政院长"连战请"中研院院长"李远哲出任召集人，李远哲为台湾省籍，在美国留学和教学 30 年，非常看重美国式的开放教育。"教改会"的制度设计采用合议制，只对有共识的意见形成决议。"教改会"成员有各级学校校长、教师、企业家、文化界人士、政府官员，加上李远哲总共 31 人。"教改会"成员到台湾各地进行调查研究，与教师、家长召开的座谈会不下一二百场。他们发掘问题，汇总意见，并在委员会上研究。他们还学习其他国家的教改经验。他们每半年向"行政院"提交一份咨议报告书，1996 年 12 月 2 日提出一份《教育改革总咨议报告书》。随后，"教改会"解散。这是一个为期两年的临时编组，只负责重大教育改革方案或者政策的拟议、审议、建议、咨询等任务，不是长期执行教育实务的单位。

总咨议报告书正式确定教育松绑、带好每位学生、畅通升学管道、提升教育品质、建立终身学习社会等五大改革方向，并将中小学教科书的编写，由"一纲一本"改为"一纲多本"。

1994 年被台湾当局定为"教育改革年"。此后，李登辉、陈水扁时期，当局陆续地推出了一系列教改措施，涉及法令、学校行政、师资、课程、教学、教科书、财政等与教育相关的各个方面，其过程和主要内容如下。

第一，学习和模仿美、德、日等发达国家，让全台湾的教育事业公开化、民主化、法制化、多元化。这是李登辉"执政"之后，台湾教育发展的大方向。其中民主化包含着"西化"与"本土化"，"本土化"中间则包藏着李登辉、陈水扁的"台独"意图。

教改开始以后，台湾教育主管部门不断公布各种报告书与白皮书，作为施政的依据。1995 年 2 月，"中华民国教育报告书"；1995 年 12 月，"身心障碍教育报告书"；1997 年 6 月，"中华民国原住民教育报告书"；1998 年 3 月，"终身教育白皮书"；2000 年 5 月，"技职教育政策白皮书"；2001 年 7 月，"大学教育政策白皮书"；2002 年 1 月，"创造力教育白皮书"；2002 年 10 月，"媒体素养教育政策白皮书"；2003 年 12 月，"科学教育白皮书"；2004 年 4 月 2 日，"教育部"发表"教育政策白皮书"。

由于教改是一场旷日持久的全民运动，台湾当局被迫让全台各阶层人士参加各种各样的教育会议，参与制订各项教改计划。当然，在李登辉、陈水扁"执政"的情况下，主持各项教育会议和教育计划制订的核心人物，都是亲绿人士。

从1994年呼吁教育改革的"4·10"大游行开始，台湾的教改和各种教育议题主要是由"教育改革社会运动"所推动引领的。民间教育团体形成了一套工作机制，即从"催熟议题"到改变政策。他们有一个基本的观点，就是不能就教育谈教育，教育的公平正义不可能在教育内部达成，必须推进外部因素的改变。

1996年，李远哲主持制定《教育改革总咨议报告书》（以下简称《总咨议报告书》），作为教改的蓝图。在该报告起草和颁布前后，民间教育团体和"教改会"曾进行多次会谈，但黄武雄对这个报告一直不满意。

1997年9月，人本教育基金会发起"还我钱"大游行，抗议当年"修宪"时删除"中华民国宪法"中关于政府预算的教科文比例的下限。而在1997年以前，宪法条款保证教科文经费占"中央政府"总预算的15%。

1998年，"教育改革行动方案"公布，确定自次年起，当局连续5年拨款新台币1570余亿元推动12项教育改革工作。1999年，包含7个领域的"九年一贯课程纲要草案"进入试验阶段，义务教育年限延长到12年方案进入规划阶段，私立学校受到鼓励。此时，"大学学费弹性化"开始实行，一大批专科学校升格为技术学院，大学"公立改民营"及大学合并也进入实施阶段。

2001年，台湾初中升高中采取以"基本学科能力测验"代替传统的统一升学考试，并全面推行"九年一贯课程"。

2002年，大学实行"多元入学"方案；教育行政部门出台"挑战2008国家发展重点计划"，该计划以"E世代人才培育"为首要项目。同年9月28日，全台教师会发动十万教师大游行，以"还我纳税权"口号争取教师劳动权。

由黄光国等百余位学者组建的"重建教育连线"，则于2003年7月发布《教改万言书——终结教改乱象 追求优质教育》，发出重建台湾教育的宣言。其诉求有四：一为检讨十年教改，终结政策乱象；二为透明教育决策，尊重专业智慧；三为照顾弱势学生，维护社会正义；四为追求优质教育，提振学习乐趣，①"行政院"则设置教育改革推动委员会，继续推动教

---

① 《重建教育宣言》，《教育参考》2006年第2期，第1页。

改。同年 9 月，台湾当局召开"全国教育发展会议"，全面检讨教改。

2004 年，教改已经进行了十周年。3 月 5 日，李远哲发表《关于教育改革的一些省思》。4 月 2 日，"教育部"发表"教育政策白皮书（初稿）"。4 月 6 日，友善教育联盟要求"教育部"把每年的 4 月 10 日定为"学生日"，并订定《校园体罚防治专章》，希望用社会互动方式来达到终结校园体罚的目的；希望各级学校能在当天将学生视为最重要的教育主体，并放下无谓的架子，利用各种活动或座谈会，让学生有话大声说，学校则是扮演一个倾听者的角色。友善教育联盟包括中学生权利促进会、永和社区大学、后四一零教改论坛、台少盟、台湾女性学学会、台湾人权促进会、澄社、励馨基金会、东吴大学张佛泉人权研究中心等社团。4 月 10 日，快乐学习教改连线、全国教师会、全国家长团体联盟、友善校园联盟等著名教育团体，以及"教育部长"黄荣村、黄武雄、黄光国等，纷纷进行教改十年的省思。

此外，"教育部"2004 年公布的"新十大建设计划"中，包括"发展国际一流大学及顶尖研究中心计划"。同年制订的"五年教育促进方案"，统合整理了以前召开的"全国科学教育会议""全国技职教育会议""全国高职发展教育会议""全国教育发展会议"等的结论。

总之，台湾教改是在官民互动之中推动的。

第二，给教育松绑，推动教育现代化。这是教育改革的大原则，也是与民主化、公开化、法制化、本土化等密切联系在一起的，贯彻在教改的各个领域。《总咨议报告书》引用联合国教科文组织 1985 年《第四次国际成人教育会议宣言》称："学习的权利不仅仅是发展经济的工具；而应该被承认是基本的权利之一。学习的行为是教育活动的中心，事实上学习行为使人从受事件支配的客体状态变为创造自己历史的主体地位。""教育现代化"的目标，在《总咨议报告书》里被表述为人本化、民主化、多元化、科技化、国际化。[①] 教育现代化包括重视个体参与，强调个体差异，尊重各族群的主体性，改善教育品质，增加民众的自由选择。

教育松绑是"走出戒严"的社会转型在教育领域的表达。[②] 教育松绑的早期要以教育民主化和多元化为核心，旨在调整过去教育部门对教育权限的过度管制，赋予地方和学校更大的自主权，最终达到保障基层教师专业

---

① "行政院教育改革审议委员会"：《教育改革总咨议报告书》，台北："行政院研究发展考核委员会"，1996，第 15 页。

② 黄武雄：《台湾教育的重建》，第 9 页。

自主权的目的。教育松绑就是尽量减少政策上或者是法规上的管束，尤其是让大学有更多的自主权利；强调因材施教，重视弱势族群的孩子；改革升学联考制度、高考制度，推行多元入学，学生升学可以通过申请，也可以直升，也可以靠平时的成绩；等等。①

教育松绑的思想，贯彻于各项教育法律法规的制定，首先反映在 1994 年修正公布的"大学法"上，表现在高校去行政化上。教改之前，台湾公立大学的校长任命一直都采用官派、委任制。1993 年，台湾当局修订"大学法"，大学校长的自主遴选有了法理基础。新修订的"大学法"以大学自主、教授治校和学生自治为三大原则，使大学脱离教育部门的控制，得以自行决定校长选举等大学内部的一切教育事务。台湾各大学校长，由各校组成的遴选委员会选举产生。校长遴选委员会包括教师代表、行政人员代表、校友代表及社会公正人士，其中教师代表不得少于总数的 1/2。

1995 年公布的"教师法"，以"教师专业自主权"为核心，规范教师的权责和对教师的保障，对教育行政和教师影响甚大。公办学校的教师同时是教师会的成员，政府官员、教师、家长都是平等的参与主体。中小学和幼儿园的治理中，学校行政、家长会、教师会三足鼎立成为常态。

在师资培育方面，1996 年《总咨议报告》中说："师范校院设校条件不如一般大学，在追求较大效益的前提下，一方面可将有关校院加以归并整合，另一方面可考虑转型为综合大学，使其发挥较大效益。"同年，台湾当局订定"师资培育法"，开放整体师资培育市场，改变以前师资培育及教师数量由当局管控的方式，让各大学都能够参与中小学师资培育工作。于是，各大学纷纷设立师资培育中心，到了 2004 年，台湾有 75 个师资培育中心及 96 个教育学程。

1999 年，台湾地区仿效德国，颁布"教育基本法"。它类似于"教育宪法"，主要用来规范其他教育法规。它提倡教育参与，教育中立，照顾弱势学生，尊重学生权、教师权和家长权等理念。

所谓家长权，就是指家长有参与子女学校教育事务的权利。所有学校都有家长会，有学校甚至有家长会办公室。家长全面参与学校教育，学校也借力使力，让办学更加开放多元。

另外，"国民教育法"第八条规定允许民间编写教科书，中小学教科书

---

① 周祝瑛：《传统与革命：台湾教改 20 年反思》，2016 年 4 月 4 日在中山大学礼堂"教育中国未来 30 人论坛"年会上的演讲。

编写全面开放。地方还曾经推动实施为学生带来较多自由思考的"开放式教学"与办理体制外学校等实验计划。这些法令与措施都使台湾教育朝向松绑、开放的多元方向发展。

"国民教育法"修订后，中小学"校务会议"成为学校真正的决策机构，举凡校长的遴用、学校预算、校务发展计划、教科书选用、学生奖惩规定、成绩考查等项目，都要经过校务会议讨论。[①]

通过松绑，台湾也开放了私人办学。1973 年，"行政院"曾下令禁止私立学校成立，1985 年后又重新开放。

松绑的一个重点是实行所谓"一纲多本"、开放教科书编印。以前台湾的教科书都是由"教育部国立编译馆"统一编写。1996 年以后，作为教改运动的一部分，台湾允许各出版商自行编写教科书，并将选择教科书的权利交给各中小学，"教育部"只负责设定课程大纲，以及审查出版商出版的教科书内容。各个版本的教科书只有 5% 的差异，考题由教育部门统一编写。

松绑的另一个重点是实施人本教育。台湾过去的教育不是以人为本，而是以职业为本，假如以人为本的话，就要发展全人教育、通识教育，或者是终身教育。

第三，广设高中、大学，减缓升学压力，畅通升学管道。教改实施以前，台湾高中学校、高校数量较少，高中生、大学生占青年的比例少，台湾当局对高等教育的投资不足。1994 年，全台只有 177 所高中、50 多所大专院校，大学生人数只有 25 万多。

初中毕业生升学有两道关隘。第一道是高中阶段 70% 的学生要进入高职和五专，只有 30% 的学生进入一般高中。高职和五专的课程设计是为了就业，而不是为了升入大学。第二道是应对联考。高等教育容量不足，考试竞争激烈。《总咨议报告书》建议降低高职和五专的比例，使更多初中毕业生进入一般高中；在大学入学制度上，建议入学方式多元化，不要过分依赖联考。

呼应教改要求，台湾教育主管部门广设公立高中与大学，并放宽专科学校、技术学院升格改制的限制，专科、技职体系几乎全部改制为大学。

至 2004 年下半年，台湾共有高等院校 161 所，其中很大一部分是由专

---

① 杨东平：《你不知道的台湾教改 20 年》，《中国青年报》2014 年 6 月 4 日。

科学校、独立学院或技术学院升格而成的，参加入学考试的学生有 102285 人，被录取者 89035 人，录取率达 87.05%。2006 年以考试方式入学的录取率为 90.93%，若加上其他升学方式，大学录取率达到 100%，创下历史新高，"人人念大学"的理想达成。高等教育的供给发生了根本的变化。

在畅通升学管道的措施上，首先，扩大高等教育入学机会，例如开拓三条教育"国道"：第一条教育"国道"是完善学术教育系统，学生由小学、初中升入高中；第二条教育"国道"则是扩大职业专业教育，如广设四年制的技术性大学与二年制专科、二年制技术学校，让职高和专科学校毕业生能够入读；第三条教育"国道"则是于各大专院校设立进修部门，举办为社会人士提供进修机会的回流教育。其次，为逐年提升高中学校与人数比例，教育部门除新设普通高中外，还将部分初中改制为完全中学（初中、高中合校），鼓励职业学校及普通高中改办为类似美国的综合高中，借此朝向小区高中发展，让学生能就近入学，改善越区就读等问题。①

1990 年台湾推出中学毕业生自愿就学方案，废除高中入学考试，以减轻升学压力；改革高中与大学的入学制度，实施多元入学方案，于 2002 年废除联考制度，以其他入学方式取代，让不同学生能够选择适合的入学方式。这些入学方式包含：推荐甄选、申请入学、自愿就学方案、资优学生保送甄试入学、特殊学生入学等。实施的对象包含：高中、职高、五专、四技二专、二技及一般大学等类学校的招生。此外，教育主管部门全面推动初中生基本学力测验、技专校院及大学考招分离方案等。

另外还有"繁星计划"和军、警大学等招生管道。测验分为学科能力测验、指定科目考试、术科考试等统一考试，学生则可以选择学校推甄或个人申请的方式进入大学。至于初中入高中则采用基本学力测试的方式，台北、高雄两市还曾提出免试升高中的自愿就学方案。

总之，台湾高等教育改革的主张，只有高等教育的容量扩增一项得到了迅速落实。高等教育从过去的精英教育转变为普及教育，接受高等教育从过去的特权转变为一种权利，而且它不仅是年轻人的权利，也是全民的权利。

第四，追求卓越教育。这就是要让全部学生都具有基本的学力、有效的学习态度与方法、民主的素养、文化的关怀，以及国际的视野。

教育主管部门追求卓越教育的改革措施主要集中在以下几个方面：教

---

① 周祝瑛：《1987 年以来台湾教育放权的改革探索》，《南方周末》2015 年 10 月 27 日。

育的制度与法令，学校的环境与设施、课程与教学，以及校园中的各种教育质量的提升等。

追求"卓越"的具体做法也有很多。在家长权益方面，除了争取家长的权利，社会各界也希望解除对私人兴学的限制，设置更多私立学校，及给予私人办学自主权，使家长教育选择权确实得以体现。此外，各级学校还成立了实际参与校务的"家长会"。

在争取教师权益上，1994 年"教师法"订定后，各级学校得以成立教师评审委员会与各种教师组织，如"教师会"与"全国教师工会"，教师权益更受保障。

2004 年 10 月底，"行政院"宣布"顶尖大学计划"启动。2005 年，台湾开始推动 5 年 500 亿"顶尖大学及教学研究中心""大学教学卓越计划"等。

第五，在保障弱势族群教育上，出台相关改革措施。加强原住民教育，设原住民委员会，并制定公布"原住民族教育法"，保障原住民教育经费。

在各机关开展性别平等教育，成立"妇女权益促进委员会"；在教育部门成立"性别平等教育委员会"。在教科书审定方面，更纳入性别平等的审查标准等。

改善约占学生总数 5% 的身心障碍学生的教育，实行特殊教育，加强学校的软硬件建设。学校有专门的教师编制和预算。

增设母语教学，在小学推动母语教学，使学生有机会学习母语，保存母语及其所代表的文化。

提倡乡土教育，将乡土文化纳入小学与初中课程，增进学生对乡土的认识和爱护，以促进各地区乡土文化的保存与发展。

对于占学生总数 15% ~25% 的"学困生"，政府提供经费实行课后补习。

在城乡各地发展"社区大学"，创造社区居民受教育的条件。

第六，提升教育质量。为了改善教育质量，"教育部"首先全面提升职前师资培育工作，加强现职小学、初中、高中、职高教师在职进修，改善工作环境及待遇。此外，为了促进大学学术发展，"教育部"补助大学实施追求学术卓越计划，并于 2005 年推出 5 年 500 亿顶尖大学计划。随后，"教育部"又相继推出大学与技职院校的教育评鉴与教学卓越计划，促进高教质量的提升。

在中小学课程方面，自 2001 年 9 月起，台湾从小学一年级开始实施"九年一贯课程"教学，提出现代国民所需具备的十项能力。这种教学打破传统学科组织，将课程统整为语文、数学、社会、健康与体育、艺术与人文、自然与生活科技及综合活动七大学习领域。它还强调课程统整与协同教学，自小学五年级开始起实施英语教学，降低各年级上课时数。2002 年 9 月，小学四年级、"国中"一年级开始实施"九年一贯课程"教学。

推动小班教学实验，逐步落实小班小校。以台北市为例，2004 年全市小学生总人数不到 19 万人，全市共有 151 所公私立小学，平均每校 43 班，每个年级约 7.2 班，平均每班仅 29 人。从 2007 年开始，全台湾的小学、初中每班学生人数不能超过 35 人。

第七，改革教育经费筹措与分配制度，使其多元化、民主化、透明化、基金化。提升教育质量首先需要充足的经费。台湾各级学校的经费来源，高等教育由"中央政府"负责，高中、高职由省市政府负责，国民教育由县市地方政府负责。在现行财政收支制度下，地方政府税收大量不足，有赖"中央"补助。1980 年代以来，公立大学迅速扩增，经费需求也迅速膨胀。"教育部"对地方教育补助也不断增加，"中央"与地方均感教育经费不足。《总咨议报告书》建议，"鼓励民间资源投入各级各类教育"。

教改团体和教改运动追求教育经费的公平分配，积极推动建立公开透明的程序和机制。最终，2000 年，"行政院"设立"教育经费基准委员会"，确定教育经费占财政支出的比例及分配办法；"教育部"设立"教育经费分配审议委员会"，具体分配各级各类教育经费。"教育部"的这一委员会由政府官员、教师团体、家长团体、学生代表等组成，最多为 18 人。由此，教育资源配置不再是"黑箱操作"，被纳入公开化、民主化的程序。

对高等教育进行财务改革与结构调整，鼓励民间捐款，成立校务基金，减少"政府"补助，要求公立大学自负部分财务责任，增加对私立大学的补助，拉近公私立大学的教育成本和学费差距。

台湾高等教育院校的经费来源原本主要为政府所分配的年度预算，但受到全球化和学校增加的影响，其财务结构的重心向校务基金和自筹款项倾斜，而校务基金的来源除了政府编列的预算外，还有学杂费、推广教育、建教合作、场地设备管理、捐赠、孳息等来源。

第八，建立终身学习型社会。现代社会知识膨胀、经济发展、技术进步很快。"教改会"强调非正规教育与非正式教育的功能，还强调发展正规教育的小区学院、开放大学与推广教育。"教改会"建议实行更具弹性的入学制度，使社会成员在人生的任何阶段、任何年龄都可以方便地重回学校体系，接受教育。

当局强调要推广终身学习理念及统整终身学习体系、建立回流教育机制。如在技职教育体系建立弹性多元学制,通畅学生升学管道,规划科技大学、技术学院、小区学院、专科学校、职业学校、综合高中及初中技艺班之一贯体系,打通技职教育的瓶颈,以提高学生就读意愿。

为此,"教育部"公布实施"终身教育白皮书",建立学习型社会组织。自1998年以后,全台设立了将近百所社区大学、长青学院,推动形成了终身学习风气,成为民众活到老、学到老的进修机构。

第九,开展落实各项教改理念的"新校园运动"。1999年9月21日,台湾中部发生大地震,导致全台湾1546所学校受到不同程度的损毁,其中293所严重受损,需要重建。在这一重建过程中,"新校园运动"诞生了。

2000年5月,各民间团体与"教育部"就校园重建问题沟通。这次他们的"结合软体革新的硬体重建"理念和"校园博览会"概念,正好符合新任"教育部"领导大力推广教育改革的理想。于是,"教育部"正式推出针对灾区校园重建的"新校园运动"。"新校园运动"力求改变过去一元化的填鸭式教育体系,在校园空间设计上尝试把人本教育、开放教育、小班教学、终身学习、校园开放、绿色学校等精神贯彻进去。该运动还希望通过校园创新,为未来台湾其他地区的校园改造,乃至公共建筑的建造提供新的标准。[1]

三 一点看法

自教改启动以来,台湾社会围绕教改问题一直争论不休,有人认为教改是成功的,有人认为教改是失败的。黄武雄认为,教改有成有败,成多于败。很多人也指出了教改的不少失败之处,例如在扩大教育机会、促进教育公平的过程中,政府承担的责任不够,教育落入了经济主义的市场化轨道,2/3的高等学校是私立学校;教改的目标之一是减轻中小学生的学习负担,但是,教改之后学生的课业负担反而更重了;政治仍然没有退出大学校园,学校成了政治的战场;[2]"广设高中、大学",虽然保证人人都能上高中、大学,但也导致大学供过于求、教育质量下降,以及台湾教育竞争力下降等;取消联考制度后新的入学选拔制度不健全;取消中考,实行"多元

---

① 范巽绿、黄茂德、刘育东编《大破大立:远东921校园建筑奖》,台北:田园城市文化事业有限公司,2003,第58页。

② 龚鹏程:《台湾教改失败主要因教育精神内涵讨论缺失》,《小康》2010年9月。

入学方案"产生新问题；实行"师资多元化"导致教师水平参差不齐、教师数量过多；推行"建构式教学"对学业成就带来部分负面影响；高校毕业生质量严重下降，缺乏一技之长，无法充分就业；城乡差距问题并没有真正解决；台湾家长的观念没有多少改变，仍然是重视明星中学和大学；台湾20年教改，师范教育是一个重灾区；等等。

对此，李登辉居然把责任都推到了李远哲的身上。李登辉接受《财讯杂志》专访时表示，"台湾的教育（改革），李远哲应该要负责任，他完全是美国式的方法，在德国就没有这种问题，德国的职业教育很成功"。①

曾任"教育部长"的黄荣村为李远哲做了辩解：教改20年的起始点是1994年的"4·10"教改行动，当时已提出了四大诉求；李远哲1994年9月才接任教育改革审议委会召集人，教改四大诉求已经定调。②

李远哲本人则在总结经验教训时指出，师资培育、课纲问题，很多学者、老师不知道提供多少意见给教育部门，但教育部门都没有落实。教改20年来，"教育部长"换得太快、九年一贯教育政策还没准备好就匆促上路，都是教改失败的原因。另外，还应注意到，《总咨议报告书》中没提出"建构式教学""九年一贯课程"等课程改革方面的具体内容，故此问题在社会上引起很大的争论；乡土语言不宜在课堂上强迫学习；教改经费不充裕，导致教改成果不彰；长期以来，政府教育投入太少。③ 这些同样是教改失败的重要原因。

1980年代中期的台湾，种种改革风起云涌，教育改革只是其中一端。此次台湾教改是一项复杂的全面的社会改革，内容包罗万象，含法令、师资、课程、教学、教科书、财政、学制等各方面，堪称台湾教育史上最剧烈的变革。因此，它必然涉及台湾全社会各个阶层每个人的切身利益、长远利益，牵动着他们的思想感情。台湾教改运动是一场全民运动，由于改革过程中存在急躁冒进的情况，有引起争议和失败的地方，十分正常。

台湾的教育运动、教改是教育向现代化转型的重要步骤，有许多地方是符合当代世界教育发展趋势的，总的来说是成功的。与此同时，台湾的教改也受到了蓝绿政治斗争、"统独"之争的干扰，有许多失败的地方。成功与失败的主要责任人都是身为"总统"的李登辉、陈水扁，而不是李远

---

① 据中评社2012年5月23日报道。
② 言浩：《谁为台湾教改失败负责》，华夏经纬网，2014年11月15日。
③ 言浩：《谁为台湾教改失败负责》，华夏经纬网，2014年11月15日。

哲或者历任"教育部长"。

实质上，台湾教改争论的焦点，主要集中在教改的指导思想、师生的国家观念、历史和地理等教科书内容的编写上。

首先，台湾教改的指导思想毫无疑问是李登辉制定的，旨在逐步消灭师生的"大中国"观念，树立所谓台湾主体性的观念。2014年，李登辉在日本对日本人表功说，他担任"总统"后，实行了教育改革、文化改革，修改了宪法，取消了台湾省，就是要解决台湾人的精神信仰问题，解决"中华民国"名不副实的问题，实现"'中华民国'在台湾"的理念，树立台湾的"主体性"，培育"台湾民族"的意识。①

2002年9月中旬，李登辉向台湾"教育部长"黄荣村表示，当前民众认同台湾、认为"我是台湾人"的比率仅约占四成，他建议黄荣村推动教改，全面扬弃过去中小学史地教材的"大中国"观点，使2008年时民众认同台湾的比率达到八成以上。②

其次，教改的主要人事布局也掌握在李登辉、陈水扁手里。虽然李远哲作为台湾教改的"领头羊"，以欧美的教育制度为主要参照，制定了台湾教育改革的大纲；但是，他当时是得到了李登辉的鼎力支持的。"教育部长"吴京也是李远哲推荐给李登辉的。

大家所公认的是，台湾的教改是由民间发动的，却是在政府主导和组织下进行的。主持教改活动的历任"教育部长"郭为藩、吴京、林清江、杨朝祥、曾志朗、黄荣村等，也都是李登辉、陈水扁任命的。

最后，为了争取教育领域的选票，"蓝""绿"政治势力都企图影响教改。陈水扁当政时也喊出"一县一大学"的口号。这必然助长专科院校升格为大学的风气。

教科书编印制度的改革，最能反映李登辉、陈水扁"去中国化"的政治野心。从1998年9月开始，台湾当局就规定小学三年级至六年级，每周设"乡土教学活动"，初一则开"认识台湾"课程。到了陈水扁时期，经几次教改，"中国史"居然在台湾成了"外国史"。"去中国化"教育，扭曲了部分年轻人的伦理道德观和历史观。

（作者单位：北京联合大学台湾研究院）

---

① 徐静波博客，凤凰博报。
② 华夏经纬网，2002年9月17日。

政治协商还是政党协商

——1990 年台湾地区"国是会议"研究

翟金懿

提　要　1990 年台湾地区"国是会议"是在世界民主化浪潮推进、中华人民共和国国际地位日益提升、国民党内纷争不断和党外反对力量壮大、岛内中产阶级崛起和社会运动高涨的背景下召开的。会议讨论了"国会改革""地方制度""中央政府体制""宪法（含临时条款）修订方式""大陆政策与两岸关系"等五大议题，达成终止"戡乱时期"、废除"临时条款"、"资深国代"退职、开启"宪政改革"、增进两岸交流等共识，使台湾涌现出一批至今仍活跃在政坛的人物，是台湾社会转型时期的一次重要会议，虽具有政治协商的形式，但带有明显的政党协商色彩，对岛内政治格局的变化和两岸关系的发展均产生一定影响。

关键词　政治协商　政党协商　台湾地区　"国是会议"

"国是"在《辞海》中的解释为"国家大计"，而"国是会议"则是一种以"政治协商"形式来讨论"国家大政方针、发展方向"等方面议题的会议。

台湾地区的舆论认为，"国是会议"的召开多是由于"国家发生重大危机而正常体制运作已难化解，被迫另循全民参与的形式共同克服难关"。① 舆论还指出，在"革命、变乱、外患、内争僵持不下之际，召开国是会议往往能转移形势。在常态形势下，国是会议则往往集中于宪政话题，包括国体与政体之争，国家非度过共识与认同危机，无从正常运作"。② 1960 年代初，台湾地区就有召开"国是会议"的议论，张俊宏在"国是会议"筹

---

① 王震邦：《国是会议》，台湾《联合报》1990 年 3 月 24 日。
② 王震邦：《国是会议》，台湾《联合报》1990 年 3 月 19 日。

备委员会第一次会议上发言指出，召开"国是会议"是由《大学》杂志于1960 年代提出来的，当时的成员包括丘宏达、施启扬、马英九、李登辉等人，他认为在这次会议上，"当年各种分歧言论，终而成为全民共识，更成为政府政策"。①

1990 年，台湾地区召开的"国是会议"是台湾当局进行"政治体制"改造、启动"修宪"前的一次重要会议。对这次会议的研究，有助于增加对岛内政治结构和两岸关系变化趋势的认识。

一　"国是会议"召开的背景

1990 年代，世界格局风云变幻，东欧剧变，苏联解体，第二次世界大战后构成的两极格局发展为一极多强格局。亨廷顿将 1974 ~ 1990 年这个时段概括为全球政治发展的第三波民主化浪潮时期，在这一时段，大约有 30 个国家从非民主政治体制向民主政治体制转变。以亚洲为例，韩国于 1987 年由卢泰愚发表《6·29 宣言》，执政的民主正义党接受了反对党的基本要求，政治的严冬开始解冻。1992 年，金泳三就任总统，韩国开启了"文民政治时代"，正式完成权威主义政体向民主政体的过渡。② 在东南亚，菲律宾、泰国也开始政治转型。台湾地区召开"国是会议"除与此国际大背景相关外，也有其特殊因素。

（一）中华人民共和国国际地位日益提升

1949 年 10 月，中华人民共和国宣告成立，随着几个五年计划的实施，经济逐渐恢复，生产快速发展，同时因应国际局势和国内情况的变化，其对台政策也由武力解决逐渐转为和平方式。党和国家领导人还根据当时的国际国内环境，确立了新中国外交的三个原则："1. 凡愿与我国建交的国家，必须同盘踞在台湾的国民党集团断绝外交关系，承认中华人民共和国中央人民政府是中国唯一合法政府，台湾是中国的一部分；2. 对新中国采取友好态度，支持其恢复在联合国的合法席位；3. 把现在该国领域内的属

---

① "国是会议"实录编辑小组编《国是会议实录》上册，台北："国是会议"秘书处，1990，第 10 页。

② 丛日云：《当代世界的民主化浪潮》，天津人民出版社，1999，第 104 页；金浩镇：《金泳三政府的改革政策：政治方面》，《当代韩国》1994 年第 4 期。

于中国所有的财产及其处置权完全移交给中华人民共和国政府。"① 中国政府据此明确表示,只有在对方承认一个中国即中华人民共和国的情况下才会与对方建立外交关系,截至 1955 年底,中国与 22 个国家建立了外交关系(不包括两个建立代办级外交关系的国家)。② 但是,直到 1971 年联合国通过 2758 号决议,台湾当局窃据的"中华民国政府"一直在联合国里占据了新中国政府的合法席位。1971 年 10 月 18~25 日,第二十六届联合国大会就恢复中华人民共和国在联合国的合法权利问题进行专题辩论,最终以 76 票赞成、35 票反对、17 票弃权的多数优势获得通过,中华人民共和国经过不懈努力,终于得以恢复在联合国的一切合法权利,台湾"代表"被驱逐出会场,台湾社会也因此"人心大乱,当局惶惶不可终日,如丧考妣,路上有人甚至抱头痛哭"。③

1972 年 2 月,尼克松访华,美方表明了"只有一个中国,台湾是中国的一部分"的立场。28 日,中美联合发布《上海公报》,美方在公报中表示坚持"一个中国"原则,并声明:"美国认识到,在台湾海峡两边的所有中国人都认为只有一个中国,台湾是中国的一部分。美国政府对这一立场不提出异议。它重申它对由中国人自己和平解决台湾问题的关心。考虑到这一前景,它确认从台湾撤出全部美国武装力量和军事设施的最终目标。在此期间,它将随着这个地区紧张局势的缓和逐步减少它在台湾的武装力量和军事设施。"中方则重申自己的立场:"台湾问题是阻碍中美两国关系正常化的关键问题;中华人民共和国是中国的唯一合法政府;台湾是中国的一个省,早已归还祖国,解放台湾是中国的内政,别国无权干涉。"④ 同年 9 月,日本首相田中角荣访华并表示要实现日中邦交正常化。29 日,《中华人民共和国政府日本国政府联合声明》发表,在声明中,日本政府"承认中华人民共和国政府是中国的唯一合法政府"。⑤ 同日,日本社会党、公明党、民社党分别发表声明,对中日恢复邦交表示欢迎和支持。10 月 28 日,时任日本外相太平正芳在日本国会发表演讲,对联合声明中涉及的台湾问题发表评论:"关于台湾的地位问题,正如我国政府历来所表明的,根

---

① 郭伟伟:《周恩来与新中国的谈判建交制度》,《毛泽东思想研究》2010 年第 1 期。
② 张历历:《当代中国外交简史》,上海人民出版社,2009,第 11 页。
③ 马振犊主编《台前幕后:1949~1989 年的国共关系》,九州出版社,2012,第 294 页。
④ 中华人民共和国外交部编《中华人民共和国条约集》第 19 集(1972 年),人民出版社,1977,第 23 页。
⑤ 中华人民共和国外交部编《中华人民共和国条约集》第 19 集(1972 年),第 7 页。

据旧金山和平条约，已经放弃了台湾的我国，不独自认定台湾的法律地位。另一方面，鉴于开罗宣言、波茨坦公告的原因，台湾应当归还中国，已经接受了波茨坦公告的我国政府的见解是不予更改的。"①

中美《上海公报》发表、中日建交等外交领域的一系列重大变化表明中华人民共和国国际地位日渐提升，影响力逐渐增强，而与美国、日本关系的利好变化，使得中国迅速吸引了世界上多个国家的注意，到1978年底，与中华人民共和国建交的国家已达到116个，而台湾当局仅与23个国家保持"外交关系"。中国实行改革开放政策后，潜在的巨大市场对德、英等国无疑具有吸引力，美国也因此按捺不住，其国内要求与中国实现关系正常化的呼声日渐高涨。1979年1月1日的《中华人民共和国和美利坚合众国关于建立外交关系的联合公报》中明确指出："美利坚合众国承认中华人民共和国政府是中国的唯一合法政府。在此范围内，美国人民将同台湾人民保持文化、商务和其他非官方关系。"文件还强调"美利坚合众国政府承认中国的立场，即只有一个中国，台湾是中国的一部分"。②与此同时，美国政府也通知台湾，结束双方的"外交关系"，并终止双方缔结的共同防御条约。张俊宏对此感叹道："当国际强权的'传统友谊'已经十分脆弱的时候，几乎唯一可靠的方法，便是实现民主法治化的政治。"③

1979年元旦，全国人大常委会发表《告台湾同胞书》，提出实现祖国"统一"是众望所归，大势所趋，标志着"解决台湾问题的理论和实践进入了一个新的历史时期"。④《告台湾同胞书》发表后，邓小平、叶剑英等党和国家领导人在多个场合表达"和平统一"的愿景，希望得到台湾方面的积极回应。

大陆方面立场的转变给台湾岛内带来巨大压力，国民党在台统治的"合法性"遭到质疑，面临"被统一"的"执政"危机，而在国际社会和对外交往中的一系列失败也促使台湾当局被迫进行政策调整。如1972年国民党十届三中全会和1973年11月国民党十届四中全会均强调"革新保台"的口号，国民党的组织机构和台湾当局机构均开始"本土化"改革。但是

---

① 田桓主编《战后中日关系文献集：1971~1995》，中国社会科学出版社，1997，第126页。
② 中华人民共和国外交部编《中华人民共和国条约集》第26集（1979年），世界知识出版社，1983，第7~8页。
③ 张俊宏：《我的沉思与奋斗：二千个煎熬的日子》，台北：高山彩色印书有限公司，1977，第189页。
④ 当代中国研究所：《中华人民共和国史稿》第4卷（1976~1984年），人民出版社、当代中国出版社，2012，第303页。

这些政策调整并没有挽救台湾当局在国际交往中的颓势，也没有给台湾当局在国际社会中带来"利好"，台湾当局仍是接二连三受挫。台湾当局在孤立无援的处境中把希望寄托在美国身上，起初"拒不承认"中美发布的联合公报，其后积极向美方靠拢，成为美国通过《与台湾关系法》干涉中国内政、操控台海问题、遏制中华民族复兴的"棋子"。1985 年 7 月，美国国会通过了"台湾民主修正案"，其中就包含对台湾实现"民主化"的声援："充分民主为台海和平前途之要件，美国应鼓励台湾当局依台湾关系法之精神努力达成此一目标。台湾若能朝更民主的方向前进，将有助于美国民众对台湾道义与法律上的支持。"①

伴随大陆对台政策的调整，岛内民众要求两岸交流、开放探亲等的呼声日益高涨，直接影响就是对蒋经国推行的"不谈判、不接触、不妥协"的"三不"政策形成冲击。1987 年底，台湾当局允许部分民众赴大陆探亲，加速了两岸关系向前发展。随着两岸间互访交流和经济来往的增加，民众已经不满足小众范围的来往，要求进一步扩大交流，国民党当局不得不思考改变其"戡乱"旧体制，重新制定两岸政策。

（二）党外反对运动给当局施加压力

台湾社会在国民党败退到台后移植了其大陆时期的行政体系，建立了"党国威权政体"，其施行的"封闭中央"和"开放地方"并存的二元制度结构、在选举部门施行的派系政治，以及对民间政治异议言论一定程度的容忍，② 都在这一体制内打开了缺口，也为党外反对运动的发展提供了空间。

1960 年代初期，台湾地区因逮捕雷震引发社会运动，但这一时期的运动缺乏互相配合且较为分散，不能形成集中有效的反对力量，仍带有"英雄式、乌合之众"的特点，尤其是"民众运动在选举期间造成了短暂的高潮，选举之后就烟消雾散了。除了在每一次选举中，偶尔出现几个英雄的角色之外，二、三十年来党外政治运动一直不能形成具体的制衡力量"。张俊宏指出，"党外人士往往把这个责任归咎于国民党的分化、离间、渗透、挑拨和颠覆上；事实上最大的原因还是在党外人士本身缺乏有效的组织或联系，缺乏同志爱和互相照应的习惯。由于彼此间既无粘加剂，又缺乏共同信念和导致共同信念的体系，因之遇到外力的干扰立刻分崩离析。再加

---

① 转引自赵勇《台湾政治转型与分离倾向》，中央编译出版社，2008，第 48 页。
② 孙代尧：《台湾威权体制及其转型研究》，中国社会科学出版社，2003，第 88 页。

上每一次选举利益的冲突，更易造成党外人士间的对立"。① 而且，这一时期党外运动的主要方式还是以"街头演说"为主，因此没有形成气候。

中美关系正常化以及1975年蒋介石去世，给台湾地区的党外人士和党外活动带来了活动空间，它们开始走上组织化、公开化的道路。1979年9月，部分党外人士在台北创办《美丽岛》杂志，由黄信介担任发行人，社长为许信良，施明德担任总经理，聚集了姚嘉文、林义雄、黄天福、吕秀莲等人，为其撰稿的人员几乎囊括了台湾所有知名的党外人士。杂志创刊后，一方面，创办者与国民党内的开明派及社会知名人士、专家学者开展交往，如与时任国民党"中央政策委员会"副秘书长关中和梁肃戎等进行沟通，主要方式有"餐聚"和"中间人"协调两种，并且沟通次数不止一次。据梁肃戎回忆："早期的朝野沟通，国民党方面由我和关中负责，党外则以康宁祥为主，双方一方面以非正式的餐聚建立沟通的渠道，一方面也透过台籍耆老吴三连为个别的冲突事件建立协调解决的桥梁。"② 另一方面，创办者在杂志上发表一系列文章抨击国民党的统治政策，提出"开放党禁"等诉求，一改台湾过去"国民党有组织无群众，党外有群众无组织"的局面，推动形成了一个"没有党名的党"，已经初步"具有政党雏形"。③ 11月底，该杂志向高雄警察局申请在12月10日"《世界人权宣言》发表30年纪念日"举行"国际人权日纪念大会及游行"，遭到驳回，引发了游行示威活动，示威者与维持秩序的宪兵和警察发生对峙，双方均有受伤情况。事件发生后，国民党当局采取镇压方式，《美丽岛》杂志被查封，"美丽岛事件"相关人士被四处搜捕并被进行公开军法审判。不过在这次事件中，蒋经国的态度值得关注。事情发生后，蒋经国指出："治安人员所付出的牺牲，政府必会有所交代，绝不会是毫无价值的牺牲。"④ 1980年6月，他在扩大早餐会中的讲话则可以视为对"美丽岛事件"的总结和定性。他说："许多年来，即使在国家艰难困苦的处境之中，有些异同之事，政府总是抱着以'宽容致祥和、相忍为国福'的胸怀来化解，来协合。因为我们觉得政府所作所为，无处不是在为民众着想，也就无话不可明说，合情的批评，合理

① 张俊宏：《我的沉思与奋斗：二千个煎熬的日子》，第193~194页。
② 梁肃戎：《大是大非——梁肃戎回忆录》，台北：天下文化出版股份有限公司，1995，第207页。
③ 李立：《台湾政党政治发展史》，九州出版社，2014，第97页。
④ 蒋经国：《关怀高雄市暴力事件受伤宪警慰问之谈话》（1979年12月11日），《蒋总统经国先生言论著述汇编》第12集，台北：黎明文化事业股份有限公司，1982，第309页。

的建议，合法的言论，可以增进了解，有助改进，也有助团结，自然都受欢迎。但如有人因私利而妨害国家的整体利益，因滥用自由破坏社会的安宁，甚至因不法行为而危害到国家的安全，超越了情、理、法的范围，那么为了维护法律的尊严，更为了保护复兴基地一千七百万全体同胞的安居乐业，政府如不负起责任采取适当的措施，以防星火燎原，那就是政府对不起国民了。"① 这次事件尽管打击了党外运动，使得台湾地区的党外运动一时沉寂下来，但也使得党外人士的社会影响力大增，民众支持的基础不断扩大，给国民党当局的威权统治造成很大压力。更重要的是，这次事件中的许多人成为后来民进党的骨干和重要政治力量，活跃在1990年代台湾地区的政治舞台上。

"美丽岛事件"也引发国民党当局思考其执政策略，并对外宣称要坚决贯彻"民主宪政"。蒋经国在审判结束后就指出要"力行民主政治，来扩大各个层面的协调和谐"。② 具体措施之一就是制定"选举罢免法"。1981年以后，台湾当局对"一党专制"政策进行调整，主要通过增补选民意机构中非国民党籍代表名额、改善与其他党派如民社党、青年党的关系等措施，着力于构建一个"全民参与"的政治形式。其中，民进党的成立无疑是台湾地区现代政治史上的一件大事，是台湾地区结束"一党专制"实行"多党竞争"制度的第一步。1983年先后成立的"党外中央选举后援会"和"党外编辑作家联谊会"，以及1984年成立的"党外公职人员公共政策研究会"（简称公政会），为民进党的组党运动提供了组织基础。1986年9月28日，民进党在台北宣布成立，推举费希平、尤清、谢长廷、康宁祥、傅政、游锡堃、颜锦福、江鹏坚、黄尔璇、洪其昌、许荣淑、张俊雄、周清玉、周沧渊、邱义仁、苏贞昌、郭吉仁、陈菊等18人成立工作小组，筹备党代会。11月10日，民进党第一届党员代表大会召开，通过了党章、党纲，党纲提出台湾前途应由"台湾全体住民"决定的主张。本次大会还选举出第一届中央执行委员会和第一届中央常委会，推举江鹏坚担任第一任民进党主席。1988年4月17日，民进党"二大临时会"通过"四一七决议文"，提出"如果国共片面和谈，如果国民党出卖台湾人民之利益，如果中共统一台湾，如果国民党不实施真正民主宪政，则本党主张台湾应该独立"。决

---

① 蒋经国：《国家的基本立场和精神》（1980年6月9日），《蒋总统经国先生言论著述汇编》第13集，台北：黎明文化事业股份有限公司，1984，第25～26页。
② 蒋经国：《国家的基本立场和精神》（1980年6月9日），《蒋总统经国先生言论著述汇编》第13集，第28～29页。

议还指出，"执政当局应速依据实际，全面调整政治法律结构，使国家体制正常化"。① 民进党从成立伊始，就是一个标榜"本土化"的政党，希望借着"政党政治"和"民主宪政"的口号，吸引民众注意，实现其"台独"分裂的企图和推动"台湾独立建国"的阴谋。因此，在1980年代中后期台湾地区的社会运动中，几乎少不了民进党的参与，其顺应社会要求改革的潮流，还打出反对国民党"专政"的旗帜，逐渐发展成为台湾地区的第一大反对党，也使得国民党当局执政压力骤增。

1989年1月，继解除"戒严"后，"立法院"正式通过"动员戡乱时期人民团体组织法"，意味着台湾在法律程序上结束"党禁"，推动了岛内的组党热潮，加之允许成立政治团体，使得台湾结社、组党合法化，也为党外社会活动的开展提供了有利条件。在这一时期，各种形式的社团组织大量涌现，他们通过集会动员、参与选举等途径向岛内执政当局施加压力、表达利益诉求。随着岛内政治力量和社会力量发生变动，这些政党和社团大都意识到需要检视台湾地区未来政治发展中存在的问题，尤其是结束"戡乱"、破解"政治体制"僵局、回归"宪政"的问题，为"国是会议"的召开提供了推动力。

（三）党内派系纷争需要借助外力化解

1949年，国民党败退台湾后，为解决"合法性危机"和"认同危机"，采取了一系列措施，政治上，沿用了在大陆时期制定的"宪法"和"民意代表机构"，塑造统治的"合法性"。同时开放地方自治选举，吸纳地方精英进入体制内，以图缓解社会矛盾。1986年10月，蒋经国在国民党中常会上讲话指出："时代在变，环境在变，潮流也在变，因应这些变迁，执政党必须以新的观念，新的做法，在民主宪政体制的基础上，推动革新措施。"② 时任"参谋总长"的郝柏村在日记中也记载了蒋经国关于实行"民主政治"的言论："政府实践民权主义，实施宪政，推行民主政治，此不仅顺应时代需要，且更合乎民众要求。"③ 这表明蒋经国时期，台湾当局已有改革"宪政体制"的筹议。但是，1988年1月13日蒋经国去世后，台湾基本失去依

---

① 民主进步党"中国事务部"编印《民主进步党两岸政策重要文件汇编》，第4页，厦门大学图书馆藏。
② 蒋经国：《为国家民族前途再创新机之指示》（1986年10月15日），《蒋总统经国先生言论著述汇编》第15集，台北：黎明文化事业股份有限公司，1988，第323页。
③ 郝柏村：《八年参谋总长日记》下册，台北：天下远见出版股份有限公司，2000，第1090页。

靠蒋的个人威权进行政治革新的机会，尽管李登辉通过正常程序"合法"地继承了蒋经国留下的行政体系和政治地位，但他面对的政治环境却是"世界民主浪潮澎湃汹涌，岛内的改革动力更一夕迸发，民主开放的大势已沛然莫之能御"。蒋经国时代改革带来的社会多元化及反对党成立后的激烈抗争，对国民党的"执政"地位形成挑战。此时，国民党"势必要改，也不能不改，只是党内属于旧世代的人无法、也拒绝体察。"李登辉本人也意识到台湾地区的"政治体制"与所处的时代格格不入，他对于"推动民主改革，有极为强烈的使命感"。① 而台湾岛内因"政治理念的逐渐提升，与海峡两岸情势的日益变化"而"对当前非常时期的宪政体制，以及未来达成国家统一的途径与方式，多有不同的看法"。② 加之国民党内原本存在的派系斗争也因蒋经国的去世被放大，李登辉等新生派力量只能一步步去解决问题。

首先是国民党主席之争。国民党内的元老对于国民党主席一职原本属意"行政院长"俞国华担任或建议国民党中常委集体领导，经由宋楚瑜等新生派力量的努力，在国民党第十三次代表大会上，"拥俞派"（沈昌焕、黄少谷、蒋纬国、郝柏村等代表元老派、军系、政务系统的联盟）和"倒俞派"（以国民党秘书长李焕为首的党务系统联盟）之争中"倒俞派"占据上风，③ 最终1184名出席代表中，有1176人起立表示赞成李登辉担任党主席，并且新选举的"中央委员"中增补了许多新鲜血液，大多思想较为活跃，这标志着第一轮的党内派系争斗，李登辉等新生派力量取得暂时胜利。

其次是"总统""副总统"选举问题。2月11日，国民党临中全会后，以林洋港、李焕、郝柏村、蒋纬国、陈履安、关中为主的所谓"非主流派"，开始与李登辉、宋楚瑜等"主流派"，④ 围绕"总统制""内阁制"的

---

① 张慧英：《李登辉：1988～2000执政十二年》，台北：天下远见出版股份有限公司，2000，第44、257页。

② 李登辉言论集编辑委员会编辑《李登辉先生言论集》（9），台北：正中书局，1992，第128页。

③ 史卫民：《解读台湾选举》，九州出版社，2007，第55页。

④ 不过，在国民党党内"主流派"和"非主流派"究竟是否存在，时人也有不同看法。"总统府资政"蒋彦士认为"国民党没有主流、非主流派之分，党内部只有不同的意见"。参见台湾《中国时报》1990年3月25日。而"立法院长"梁肃戎却曾直接称自己是"主流派"。随着蒋经国"政治革新"和"党务革新"的推进，台湾地区国民党的内部结构也发生了变化，台湾省籍党员的总数不断增加，1986年已经达到80%，日益趋向"本土化"，而此时国民党内在社会转型问题上和政治体制选择上确实存在意见分歧，将不同的观点和主张归类分为"主流派"和"非主流派"有一定道理，且两派的斗争最终导致国民党分裂，即郝伯村"下台"和"新国民党连线"成立。

选择及"总统"是否兼任党魁等问题，展开了长达一个多月的政争。尤其是在"总统""副总统"选举的表决方式上，即在采用传统的起立方式还是举手表决方式或是投票选举方式上，"主流派"坚持认为应该采用起立表决方式，但是"非主流派"认为应该用投票方式选举。这期间，林洋港也被"非主流派"推举为"总统"候选人。据他回忆，谢东闵、陈立夫、黄少谷、倪文亚、袁守谦、辜振甫、李国鼎、蒋彦士等人曾与他约谈，主要内容还是强调"以团结安定为重"。① 直到3月22日，林洋港、蒋纬国等相继宣布退出"总统"选举，李登辉顺利当选，政争方才暂时停歇。这场国民党内政争，带来的结果是"国民党元气大伤，李登辉威信大失，整个社会也赔上了安定与信心，而其直接的结果，便是决定在6月召开国是会议，并使得民进党在国民党主流派的战略考量上，大受青睐，一夜间被提升为名实相副的'第一大反对党'"。②

在1990年初的政争中，李登辉及国民党"主流派"逐渐占据上风，他们意识到需要引进体制外的力量来解决"执政党"面临的一系列困境，尤其是化解派系矛盾，实现政治抱负，这就需要召开"国是会议"来讨论如何改变现有体制并容纳其他政党和社会力量参与政府管理。

（四）中产阶级崛起带来新的政治诉求

关于"中产阶级"的概念和划分并没有一个统一的标准，有的学者以"中间阶层"概括这一群体。社会学领域里，马克斯·韦伯、布迪厄、阿尔文·古尔德纳等都有自己的探讨和划分，米尔斯在其著作《白领：美国的中产阶级》一书中将"老式中产阶级"与"新式中产阶级"进行区分，前者主要是农场主、商人和自由职业者，后者包含管理者、工薪专业工作者、销售人员和办公室工作人员。研究结果显示，中产阶级对社会稳定与发展、社会秩序的维持等有积极作用。

台湾社会中产阶级是在特定历史背景下产生的，与国民党1949年撤退到台湾后推行的经济政策密切相关。蒋经国曾用"台湾经验"来形容国民党推行的经济政策，即"政府适时的政策引导""自由经济的制度""政治

① 林洋港口述，黄奠华执笔《我心如秤——阿港伯在司法院的日子》，台北：新新闻文化事业股份有限公司，1995，第197页。
② 李炳南等：《宪政改革与国是会议》，台北：永然文化出版股份有限公司，1992，第29页。

社会的安定与教育水准的提升""人民的勤奋和努力"。① 从 1970 年代初期开始，台湾当局提出"一切为经济，一切为出口"的口号，施行"第二次进口替代"，也就是"在岛内制造资本密集和技术密集的产品，以替代同类的进口产品"。随后，台湾当局相继实施"十大建设"和"十二项建设"，拉动内需，推动工业产业升级，促进台湾经济快速发展，使台湾从农业社会成功进入工业社会，并产生了数量庞大的中产阶级。到 1980 年代中期，台湾当局推动了"十四项建设"，推动服务业、资本及技术密集型产业的发展，带动出口市场多元化，推动了台湾地区产业结构和经济结构的再次变化，台湾由资本净输入地区转变为资本净输出地区。服务业的升级和技术密集型产业的发展，造就了一大批专业技术人员和务工人员。到了 1990 年代，中产阶级已成为台湾社会结构中的主体，而且继续发展壮大。

台湾的中产阶级具备的民主理念和政治改革诉求表现出不同的政党支持意识，驱动其组织了一系列社会运动，如妇女运动、环保运动等。他们希望在反对国民党威权统治的基础上，获得一定的社会权力资源，改变现有的财富分配体系。如工商界有关人士在一场座谈会上提出了他们的三个诉求，"希望能建立一个行政效率高，且有严格法治的政府；订定大陆政策原则应明确；并恢复良好投资环境，以挽回工商业的信心"。② 工商协进会还邀请了企业家与工业团体"立法委员"谢来发、张世良等畅谈对 1990 年初召开"国是会议"的期待，与会人士基本赞同会议"讨论事关国家定位的统独问题，以便规划未来大政方针"。台湾固特异公司董事长梁治国认为，"国是会议应首重'确定方向'，台湾未来是统？是独？须充分讨论"。③

（五）社会运动加速"国是会议"的召开

1946 年选出的国大代表，一直是"中华民国宪法"的民意基础。国民党退台后，面对"国大代表"年纪偏大，有的已经离世的困境和民间要求增加台籍代表的呼声，也进行了一些改革，但"国大代表"仍被冠以"宪政怪兽""千年国代"等称号，要求"老国代"整体退职甚至废除"国民

---

① 蒋经国：《答亚洲华尔街日报主编罗荻亚问》（1987 年 10 月 22 日），《蒋总统经国先生言论著述汇编》第 15 集，第 425 页。
② 台北讯：《工商界对国是会议提出三大期许》，台湾《中央日报》1990 年 4 月 9 日。
③ 黄淑玲：《企业家与工商团体立委：国家统独定位　规划大政方针》，台湾《联合报》1990 年 4 月 9 日。

大会"的呼声在蒋经国去世后日益高涨,国民党面临"法统"危机。但是,李登辉在选举"总统"期间对"国大代表"的妥协,以及"国大"在民进党及无党籍代表退席的情况下,通过每年自行集会一次行使"创制""复决"两权等决定,更是引起了社会不满。有舆论直接指出"国大"的行为是逆势而为,"对于四十年来不改选的国会体制,社会之所以加以容忍,仍是期望在政权承续的特殊政治环境下,有一个和谐安定的政局,但是依国大目前的运作现象观察,这种背离民意,拂逆民主潮流的乱象,除了让社会大众了解这个'宪政怪物'如何践踏民主之外,对于这群老少代表实在是没有什么好期待的,而谁该负起这个责任,相信事实已是十分清楚不过了"。① "立法院立委们"一致"痛责国民大会已成为'祸国殃民'的'政治垃圾'",并强调"当循宪政管道已无法制止国大胡作非为时,只有号召群众,发起超党派的全民运动,'推翻'国民大会"。②

1990 年 3 月 11 日,由台大学生会和教权会发起,净化选举联盟、台权会、妇女团体、残障联盟、环保联盟等十余个社会团体发表联合声明,要李登辉在"终止戡乱时期"、废除"临时条款"的基础上解散"国民大会"和召开"国是会议"。3 月 18 日,初期仅是部分学生自发的抗议活动开始发生变化,向有组织的社会运动发展并引起越来越多的在校学生、学者、民进党籍人士等关注。这一天,有近 700 位台湾大学生在中正纪念堂前围坐,"以歌声、演说喊出心中对民主改革的期望,并由来自六所大学的学生推派代表组成'七人决策委员会',以'自主、隔离、和平、秩序'四大原则,坚决不容许各类政党、政治人物介入,维持学生和平静坐的抗争模式"。学生团体随后提出诉求,要与李登辉直接进行对话,并要求李登辉回应学生提出有关民主改革的四点要求:"一、解散国民大会,重建一元化的国会制度。二、废除临时条款,建立新的宪法秩序。三、召开国是会议,全民共谋体制危机的解决。四、提出民主改革时间表,呼应民意的潮流。"③ 部分民进党籍"立委"如张俊雄、卢修一、魏耀乾、叶菊兰等到达现场向学生"致意",有的参加了静坐,台大教授贺德芬、张国龙也来到现场。

这次大规模的学生运动最终走向社会运动,引发了多种社会力量的参

---

① 林进坤:《我们对这群老少"国代"没什么好期待的》,台湾《中国时报》1990 年 3 月 15 日。

② 夏珍:《要钱要权、国民大会千夫所指》,台湾《中国时报》1990 年 3 月 15 日。

③ 林照真:《学生要求"解散国民大会"》,台湾《中国时报》1990 年 3 月 19 日。

与，这与民进党的动员分不开。民进党发表声明，表达了对这场运动的支持态度："在体制没有改变以前，民进党的抗争不会终止。我们对于学生要求的改革，绝对百分之百的支持与尊重。"① "立法院"也在"院会"中通过决议，建议李登辉"尽速召开国是会议，宣告终止动员戡乱时期及拟定政治改革时间表"。②

3月19日，台湾岛内十余个民间团体、大学教授和学生代表共同提出一份名为"还政于民，重建宪政"的联合声明。这些团体包括净化选举联盟、台权会、妇女团体、残障联盟、环保联盟等，其声明指出："动员戡乱时期临时条款是法治的乱源，国民大会更趁混乱之际，进行无止境的'政治勒索'"，声明提出四点要求，"一是李登辉立即宣布'终止动员戡乱时期'；二是废除临时条款；三是解散国民大会；四是召开国民国是会议"。③当学生运动向社会运动方向转化扩大，最终学生运动和社会运动相结合，一场席卷全岛要求"宪政改革"的动员无可避免，李登辉便顺势而为。20日，他宣布台湾地区将召开"国是会议"，并以"健全宪政体制""谋求国家统一"为两大议题，借此"搭建一个集合朝野精英共商大计的舞台，来对抗脱离民意的内部既得利益集团"。④ 李登辉还宣称"国是会议"召开后，所凝聚的共识将通过研议具体政策执行。

二 "国是会议"的筹备工作

召开"国是会议"，对于李登辉等国民党"主流派"而言，可以使其借助社会力量开启政治改革，稳固自己的政治地位。但是，在会议正式召开前，有几个问题亟待解决。

首先，会议召开是否应有"预设前提"的辩论。这一问题引起台湾地区各党派、民意机构、社会舆论、专家学者及海外人士等持续关注，除了民进党明确表示不应有"前提"外，岛内多数党派和社会舆论均提出应在会中排除"台独"主张。

---

① 樊嘉杰：《黄信介对李总统的期待》，台湾《联合报》1990年3月22日。
② 吴嫒华、范植明：《立院决议：建议总统尽快召开国是会议》，台湾《联合报》1990年3月21日。
③ 何振忠：《十余个民间团体提出联合声明：还政于民　重建宪政》，台湾《联合报》1990年3月20日。
④ 邹景雯：《李登辉执政告白实录》，台北：成阳出版股份有限公司，2001，第331页。

国民党方面希望会议尽量"避免空谈",李登辉也对会议主题提出过建议。1990年3月21日,国民党"中常会"结束,会中提出召开"国是会议"应坚持"时间上当然要尽快,但也应慎重、充分筹备,以免最后好高骛远,流于泛泛空谈"的原则。① 24日,新当选的台湾正副"总统"李登辉和李元簇连续拜会国民党党政军大老陈立夫、倪文亚、孙运璿、王叔铭、黎玉玺、高魁元等,与他们商谈"国是",可以视为李登辉等"主流派"为"国是会议"顺利召开、积极争取党内认同所采取的行动之一。国民党机关报《中央日报》发表题为"大家要以光明之心,迎接光明的国家前途——我们对于国是会议的观察与建议"的长篇社论,提出十项建议,主要内容包括会议召开时间、会议代表范围和会议召开的前提,基本上代表国民党当局召开会议的立场。② 其中,参会人员的广泛性和代表性,会议议题应进行分组等建议基本与"国是会议"筹备委员会的计划一致。

民进党方面仍坚持认为会议应是"协商"性质,不应有任何预设前提。民进党主席黄信介在接受媒体专访时表示,希望在"国是会议"中"不同的意见能实在的表达,不要只迎合执政当局的意思"。民进党中央党部秘书长张俊宏认为"长期以来国民党老是以形式、抽象的问题束缚自己,已经浪费太多时间",目前"最重要的问题是如何选定、制定适合现在时、空的体制",也就是如何进行"实质的改变"。③ 此外,民进党中央党部还就国民党中"非主流派"提出的"内阁制""一个中国"等前提发表反对声明,认为会议召开不应该预设太多前提。

其他党派观点不一,但大多认同会议应设有讨论范围。"青年中国党"副主席谢学贤表示,只有借助"国是会议"在"'国家认同'问题上求得一致的共识,才能再规范其他政治议题"。劳动党秘书长苏庆黎表示,会议召开要在"避免台海发生危机、两岸和平可获得保障的前提下,规划未来政治方向",建议会议能够草拟"一个远程的国土复合发展计划,毕竟'统一'的课题仍是无法逃避"。此外,他还希望此次会议"能在海峡两岸已实质三通之后,共商如何统一的方式"。"净化选举联盟"负责人吕秀莲表示,

---

① 张景为:《除了沈昌焕,中常委均主张召开国是会议》,台湾《中国时报》1990年3月22日。

② 社论:《大家要以光明之心,迎接光明的国家前途——我们对于国是会议的观察与建议》,台湾《中央日报》1990年3月23日。

③ 何旭初:《国是会议民进党将参与筹备》,台湾《联合报》1990年3月21日。

"国是会议"应该解决两个问题:"一是宪政问题,其最底线是终止动员戡乱时期及废除临时条款,而如能更进一步则应研究重新制宪或修宪;二是大陆政策,目前三不政策,已经与现实的台湾整体发展距离太远,因此即使撇开统独问题,也要好好检讨大陆政策"。此外,她还建议"国是会议"要体现"全民意愿",应有"士、农、工、商、海内外团体参与"。也有部分党派对会议持反对立场,如大公党主席雷渝齐表示"国是会议"根本不必召开,因为会议"缺乏法源基础,也不具普遍民意代表性,更难有真正的决策权",他建议"借临时条款于三月之内在台湾选举产生三千名增额国代,连同已包含的现时国代共约三千七百多人,则其民意基础具备之后,可举行国大临时会","这样才是具有民意基础的国是会议,这样选举的国代才可以修改宪法,解决台湾的困境"。①

社会舆论对"国是会议"的召开普遍表示欢迎。许倬云、戴国煇、丘宏达、高英茂、魏镛等学者指出,会议首先要确定"国号不能中断、废除临时条款;台湾前途如何,应从世界着眼;认同国家政权、认清不能分裂;应邀各界参与、健全国会结构;捐弃以往成见、理性协调解决"等前提。②台湾《联合报》社论指出这次会议具有"结合各方、集思广益、促进和谐团结的效应",并提出三点期待:"第一,国是会议是把握问题的会议而不是讨论问题的会议,它应具有最大的代表性与权威性;所以,它应是小规模的,而不应成为政治大拜拜。第二,国是会议所把握的问题,应以宪法及宪政体制为规范,任何决议的法律效力,不能超越宪法。第三,它绝不是修宪会议,绝不能涉及国家认同的问题,绝对要排斥台独及分离主义的主张。"③

专家学者的观点分为两类:一类是支持会议召开并积极提出各类建议;另一类是持谨慎或负面的态度。提出建议的一方有胡佛、朱云汉等人。

台湾大学政治系教授胡佛认为,要召开"国是会议"则有必要达成两项共识,即"台湾前途方向以及我们宪政规范为何,这样才能使社会安定与政治稳定发展"。④叶俊荣(时为台大法律系副教授)列举台湾过去"经

---

① 杨宪村、邱源宝:《在野党派谈国是会议》,台湾《中国时报》1990 年 3 月 24 日。
② 《中国时报》政经研究室整理《国是会议召开前应先确立基本共识》,台湾《中国时报》1990 年 3 月 22 日。
③ 社论:《谈召开国是会议》,台湾《联合报》1990 年 3 月 20 日。
④ 《国家前途宪政规范》,台湾《联合报》1990 年 3 月 19 日。

革会""国建会""司法会议"的未成功召开事例,提出召开"国是会议"首先应明确这个会议是"要找出问题,还是要能解决问题"。① 时为台湾大学政治系副教授的朱云汉建议,"国是会议"可以以两种方式召开:一种是政党协商,达成共识,"召开正式会议时,即可扩大范围兼容各方面的社会人士参与";另外一种是知识界、学界人士组成委员会,通过和政界进行交流磋商,然后对"各种不同的改革方案进行客观检讨,厘清可能的内在矛盾,并且提出各种不同选择的序列"。朱云汉表示自己理想的模式是后一种,他认为"后者比较容易得到明确的发展方向,设计层面的考虑可能比较周延而又适切可行"。② 朱新民直接提出反对"台独"势力参与会议,建议举行"一个简单而清楚的仪式,让参与国是会议者'宣誓'他们是在认同中华民国前提下来开会",只有这样,会议才会避免成为"台独筹备会",否则会议将给台湾"带来不可测的危机"。③

时任台湾政治大学财税系副教授林全对"国是会议"的召开持较为负面的看法,他认为根据台湾过去的经验,召开类似会议都不大会成功,而且目前台湾面临的问题是"政治结构的不合理,最后的解决之道仍要凭政治实力,订定一个时间表让老代退职,再透过民主竞争程序,使老一代权力逐渐转移给新一代"。时任台湾大学三民所副教授周阳山持审慎保留的态度。他建议先召开政党协商会议,而且由"立法院中具有民意基础的增额立委们共同协商",④ 这样既有民意基础,又可避免"资深国代"参与。

而在会议召开前夕,坚定的"台独"主张者也从"台独"角度提出多项建议。如许世楷认为,从"国是会议"的筹备情况来看,主要是"现政权为了装修其门面,以加强其支配基础而做"。因此,他建议会议讨论"台湾的前途",而待"台湾的前途"决定后,再召集"制宪会议案",并且此案还要"经过公民投票决定"。⑤

从会议正式召开前的社会大讨论可以看出,大部分党派和社会成员对本次会议抱有较高期待,希望会议能破解台湾地区的政治困境,推行"宪政体制"改革,并反对"台独"势力干扰。但民进党站在反对党角度,反

---

① 《召开国是会议 处理宪政危机》,台湾《联合报》1990年3月19日。
② 朱云汉:《召开国是会议可运用两种模式》,台湾《联合报》1990年3月21日。
③ "国是会议"实录编辑小组编《国是会议实录》中册,第1558页。
④ 《各党派缺乏共识 开会徒加深对立》,台湾《联合报》1990年3月19日。
⑤ 许世楷:《新宪法论》,台北:前卫出版社,1991,第51~53页。

对会议有预设前提，实际上是以抗议换取政党利益，这也是民进党成立早期一贯的抗争策略。

其次，成立会议筹备委员会。"国是会议"筹备委员会在李登辉指示下开始进入计划成立阶段，由"总统府资政"蒋彦士担任召集人，并由台湾当局指定"行政院副院长"施启扬担任筹委会执行长，"总统府副秘书长"邱进益、"行政院研考会"主任马英九出任副召集人，此外，国民党还成立了党内议题研究小组，由"中常委"谢东闵、李焕担任召集人，主要组成人员有宋楚瑜、林栋、郑心雄三人。①

筹备委员会还没有正式成立，仍在讨论参与筹备的名单时，民进党中央党部便发表五条反对声明，对筹备委员会进行批评："1. 国是会议必须是没有前提，没有条件的。不能在国民党预设的框架上谈国民党自己想要的改革。人民期待的国是会议，是台湾政治及社会全新的起步。2. 国民党不能把国是会议，当成是解决它自己党内剧烈斗争的党事会议。从现在所知的名单看来，它要解决党事的企图更甚于解决台湾事务。3. 国是会议是全民反对宪政结构荒谬之下，逼迫催促出来的。国民党的统治结构正是这个国是会议所要改革的目标，如今，国是会议尚未开议，国民党就安排了诸多大老重臣作为筹备主干，这是犯了严重的逻辑错误。4. 民进党要求，国是会议的定位与筹备，不能由国民党自己决定。获得将近40%选票的民进党，以及公正的第三方代表，都必须参与筹备，以开出一个符合国人期望的国是会议。5. 民进党将在近日召开党内扩大会议，讨论在各种情况下要不要参加、如何参加国是会议。"② 这五项声明除了抨击国民党企图借会议解决党内事务和操纵改革外，更重要的是希望按照政党比例分配筹备委员会名单，民进党中央党部还正式提出筹备人选的建议："执政党9名，民进党6名，社会公正人士6名。"③ 民进党提议就此问题召开两党协商会议，如果不能使民进党满意，民进党将考虑退出会议。面对民进党的质询，召集人蒋彦士回应道："筹备委员的邀请完全是凭其个人的'立场、性格'，并不是以其'党籍、职位'做考量。"针对民进党要求按照选票得票比例在筹备委员会获得相应席次问题，蒋彦士说："没有考虑过这个问题，这不是

---

① 台北讯：《国是会议四月初首开筹备会》，台湾《中国时报》1990年3月24日。
② 邱源宝：《民进党指国民党无召开诚意》，台湾《中国时报》1990年3月24日。
③ 林进坤：《国是会议：筹备人选比例怎定？》，台湾《中国时报》1990年3月25日。

分赃。"① 时任中研院近代史所所长张玉法教授认为，没有必要过于强调按照政党比例分配名额，且如果"朝体制改革，会议就可以成功"。他还对会议中可能出现的问题做了预估："如果会议中有人坚决主张体制外改革，就很危险。例如台独主张，变更国体、国号的主张，会议就不可能成功。"②

最终公布的筹备委员名单与原计划差别很大，削减了政党比例，除国民党、民进党各两席，其余则"尽量容纳学界人士及社会公正人士"参加。原名单还打算加入"行政院长"李焕、"立法院长"梁肃戎、"司法院长"林洋港、"考试院长"孔德成、"监察院长"黄尊秋等以及部分民意代表，③不过考虑到党籍问题，他们最终没有入选。4月初，李登辉与黄信介会晤后，"国是会议"筹备委员会名单正式公布，共25人，具体情况如表1所示。

表1 "国是会议"筹备委员会委员

姓名	年龄	籍贯	主要现职	主要经历	党籍
王玉云	65	台湾	"国策顾问"	高雄市长、台肥董事长	国
王惕吾	77	浙江	联合报系董事长	国民党中央常务委员	国
田弘茂	52	台湾	美国威斯康星大学教授		无
丘宏达	54	福建	美国马里兰大学教授		国
吕亚力	55	浙江	台大教授		无
余纪忠	79	江苏	中国时报社董事长	国民党中央常务委员	国
宋楚瑜	47	湖南	执政党秘书长	新闻局长、执政党文工会主任	国
吴丰山	45	台湾	"国大代表"、《自立早报》发行人		无
施启扬	54	台湾	"行政院"副院长	执政党青工会副主任、"教育部"次长、"法务部长"	国
胡佛	58	浙江	台大教授		国
高玉树	77	台湾	"总统府资政"	台北市长、"交通部长"、"行政院政务委员"	无
陈永兴	40	台湾	民进党中常委	医师	民

① 周梓萱：《国是会议筹备会延后一周召开》，台湾《中国时报》1990年3月25日。
② 王美玉：《朝野不必过度强调国是会议政党比例》，台湾《中国时报》1990年3月28日。
③ 吴南山：《国是会议筹备委员　缩减政党人士》，台湾《中国时报》1990年3月29日。

续表

姓名	年龄	籍贯	主要现职	主要经历	党籍
陈长文	46	福建	律师、国民党法律顾问		国
陶百川	88	浙江	"国策顾问"	"监察委员"	国
康宁祥	52	台湾	《首都早报》发行人	市议员、"立法委员"	民
黄石城	55	台湾		彰化县长	无
黄信介	62	台湾	民进党主席	"立法委员"	民
黄越钦	49	台湾	政大教授		无
张京育	52	湖南	政大校长兼国关中心主任	新闻局长	国
张俊宏	52	台湾	民进党秘书长	"省议员"	民
张博雅	48	台湾	"立法委员"	嘉义市长	无
辜振甫	73	台湾	工商协进会理事长、国民党中央常务委员		国
蔡鸿文	81	台湾	"国策顾问"	"省议会议长"	国
蒋彦士	76	浙江	"总统府资政"	"教育部长"、"行政院"、"总统府秘书长"、执政党秘书长	国
谢深山	51	台湾	"立法委员"	"立法委员"	国

注："国"代指"国民党","民"代指"民进党"。

资料来源：寇维勇制表，台湾《联合报》1990年4月4日。

4月12日，民进党中央党部在"立法院"第五会议室举行意见反映会，邀集"立院党团""国大党团"民进党籍成员等参加。民进党主席黄信介在谈到这份筹备委员名单时表示："民进党有4人，联合无党籍的3人，以及3位学者，因此在国是会议筹委会，民进党有10人左右的意见相同者；其他15人中，有5位保守人士、5位是倾向国民党者，这10人属国民党方面，另5人则动向不明。"① 一方面，李登辉与黄信介会晤后公布名单，说明政党间存在协商和妥协；另一方面，黄信介本人以及民进党对筹备委员会的名单比较乐观，认为至少在这一问题上与国民党能"势均力敌"。

不过，民进党内"新潮流系"和"美丽岛系"在要不要参加会议上出现了分歧，甚至一度议决民进党不参加会议。李念祖对民进党以退出会议为要挟的做法提出批评："国是会议是为解决宪政问题与台湾前途而召开，不应成为政党无限度角力的工具"，作为执政党的国民党要听取各项意见，

---

① 胡文辉：《黄信介：民进党可有所作为》，台湾《联合报》1990年4月13日。

而在野党"亦应诚意参与改革，放弃以参加国是会议作为政治筹码的尝试；若是动辄以退出国是会议为要挟，以致会议不能终席者，恐怕不容易为民意所接纳"。① 民进党最终选择参加"国是会议"，不过这次党内争议也反映出民进党内部从"国是会议"开始就存在派系纷争，意见并不能一致，而且在其成立初期，斗争基本上以"退出协商会议""开展街头抗争"等作为政治筹码，政治经验还停留在稚嫩阶段。

确定会议讨论议题、议事规则及参会人员。关于此问题，朱天顺在《评台湾"国是会议"》② 一文中做了详细介绍，此处只略做补充。

会议筹备委员会正式成立后，就会议日期、日程、讨论议题、议事规则和邀请人员等问题先后召开了八次会议。

4 月 14 日，召开第一次会议，确定会议召开时间，通过分区"国是"座谈会实施要点、日程表及排定座谈会主持人人选，同时决议举办青年学生"国是"座谈会。21 日，召开第二次会议，讨论确定会议议题及海外"国是"座谈会实施要点及日程表等。蒋彦士在筹备会上提出了李登辉交代的"宪政体制""政治革新""国家统一"等三个问题，也基本确定这几个问题将会成为讨论的议题。其中"国家统一"经会议秘书处商定改为"大陆政策与两岸关系"。但在讨论"国家统一"议题时，有不同意见。

如在"立法院"的次级问政团体"集思会"举办的会议中，吕亚力、胡佛、李鸿禧、杨国枢、马英九等都认为，"统独问题无法在几天的会议内得到结论，如成为国是会议的议题，可能会变成统派、独派各说各话，甚至发泄情绪，恶化统独冲突，而且，统独问题既非短期内可解决，亦非目前必须立即处理的问题"，他们认为最要紧最迫切且容易达成共识的是"宪政改革问题"，"统独问题"只会"越谈越乱"，③ 最好不要列入会议议程。

民进党在拟提交的七项议题中没有直接涉及两岸关系议题，这七项议题分别是："1. 国会全面改选、总统直接民选、省市长直接民选。2. 宣布终止动员戡乱时期。3. 释放政治犯，宣布特赦使政治犯复权。4. 军队国家化及司法独立。5. 开放电视频道，促使广播电视自由化。6. 解除海外人士黑名单。7. 删除一切党国不分预算。"④从民进党提交的议题可看出民进党在

① 李念祖：《宪政与国是》，台北：永然文化出版股份有限公司，1991，第 355 页。
② 朱天顺：《评台湾"国是会议"》，《台湾研究集刊》1990 年第 4 期。
③ 庄佩璋：《学者认为国是会议应只谈宪政改革》，台湾《中国时报》1990 年 4 月 11 日。
④ 樊嘉杰：《大刀阔斧进行改革以回应民间要求》，台湾《联合报》1990 年 3 月 22 日。

这次会议中关注的是"国会改选"和"总统直选"问题,这也符合民进党本土政党的自身定位。关于民进党未来的"大陆政策",黄信介认为"不希望刺激大陆,影响到台湾的进步、安定、繁荣"。① 而且在筹备委员会讨论时,黄信介仅建议会议应分为两个主题进行讨论,即"宪政改革问题"与"大陆政策与两岸关系",② 没有发表其他看法。

最终,"国是会议"确定五项议题:一是"国会改革"问题,二是"地方制度"问题,三是"中央政府体制"问题,四是"宪法(含临时条款)修订方式"有关问题,五是"大陆政策与两岸关系"问题。

5月5日,召开第三次会议,讨论通过"国是会议"出席人推荐办法,推选"张俊宏、宋楚瑜、吕亚力、黄越钦、吴丰山、谢深山等六位筹备委员会同蒋召集人(蒋彦士)组成审查小组,审查国是会议出席人人选"。③该次会议还通过《国是会议议事规则》(草案)及《国是会议日程表》(草案)。12日,召开第四次会议,讨论决定"国是会议"主席团主席采取由筹备委员会推荐、经预备会议通过后担任之方式。

5月19日,召开第五次会议,讨论会议出席名单。时任台大心理系教授、澄社社长杨国枢对会议名单有过建议,指出会议成员"应是超越政府和党派的,除了政府和执政党的决策者外,也应包括政府研究部门。至于在野政党,像民进党中美丽岛系、新潮流系都应邀请。在野政党参与比例应根据选举得票率,酌量加权。最后是学术界对法政真正有研究者,尤其是宪法专长者,也要邀请。另外,就是工商社会贤达,不一定找有名气者,而是对国是会议议题有了解者。"④ 民进党主席黄信介反对有过多专家学者参加会议,"因为学者专家只能算是学术界的代表,负责提供资讯而已,若是太多学者专家来开国是会议,就成了'国建会'了"。⑤ 他还指出,民进党未来推荐的人选参加"国是会议",将以"宪政"方面人才为主。经会议讨论,最终确定参加人数为150人,既有政党代表,也有专家学者、社会人士和海外代表。

6月4日,召开第六次会议,听取海外"国是"座谈会举办情形报告。

---

① 樊嘉杰:《大刀阔斧进行改革以回应民间要求》,台湾《联合报》1990年3月22日。
② "国是会议"实录编辑小组《国是会议实录》上册,第34页。
③ "国是会议"实录编辑小组《国是会议实录》上册,第7页。
④ 《当选后就职前 由总统召开最好》,台湾《联合报》1990年3月19日。
⑤ 樊嘉杰:《大刀阔斧进行改革以回应民间要求》,台湾《联合报》1990年3月22日。

13 日，召开第七次会议，决定将出席"国是会议"的 150 人分为 5 组，每组 30 人，同时就同一议题进行分组讨论。23 日，召开第八次会议，确定"蒋彦士、田弘茂、丘宏达、吕亚力、宋楚瑜、吴丰山、胡佛、高育仁、陈长文、康宁祥、黄越钦、张俊宏、张俊雄、辜振甫及谢深山等 15 人为国是会议主席团主席推荐名单，拟提请国是会议预备会议通过后担任。"①

至此，"国是会议"的各项筹备工作基本完成。

三 "国是会议"五大议题讨论情况

6 月 28 日上午，经过几个月筹备的"国是会议"正式开幕，7 月 4 日，会议闭幕，李登辉出席开幕式和闭幕式。据统计，最终报到人员共有 142 人，人员结构分析如下："按性别分析，男性 131 人、女性 11 人；按组成分析，学者专家 39 人、民意代表 40 人、各界人士 63 人；按地区分析，台湾地区 122 人、岛外 20 人（美洲 13 人、欧洲 1 人、日本 2 人、中国香港 2 人、东南亚 1 人及澳洲 1 人）；按党籍分析，中国国民党 84 人、民主进步党 16 人、青年中国党 1 人、无党籍 36 人、党籍未填者 5 人。"② 会议讨论了五大议题，实际上前四项议题均为"宪政体制"问题，第五项议题是"大陆政策"问题，所以报道经常以"宪政改革"和"两岸关系"两大问题概括会议主题。具体情况如下。

（一）"国会改革"议题

该议题共涉及十大项，分别是第一届"资深中央民代"退职问题、"国民大会"问题、"监察院"问题、"新国会"产生的时间问题、"新国会"的名额问题、"新国会"中海外侨选代表问题、"新国会"中职业团体代表制问题、"新国会"中妇女团体代表制问题、"新国会"是否设置大陆代表问题、选举风气的净化问题。这一议题的核心是"资深中央民代退职"和"新国代选举"问题。

会议达成的共识有：（1）第一届"资深中央民意代表"全部退职。"资深国代"问题在会前就饱受诟病，成为"国是会议"召开的原因之一，不过在"资深国代"退职的期限上，分为四种意见。主张"尽速退职"的有

① "国是会议"实录编辑小组编《国是会议实录》上册，第 7 页。
② "国是会议"实录编辑小组编《国是会议实录》上册，第 11 页。

16 人，主张"应在 1990 年底前退职"的有 25 人，主张 1991 年 7 月底前退职的有 13 人，主张"依大法官会议解释至迟在明年底（1991 年）前退职"的有 71 人。①（2）废除侨选、职业团体代表。（3）选举风气应净化。

会议存在的分歧有：（1）"国民大会"存废问题。主张采用选举人团或委任代表制彻底修改后仍保存此机构者有 67 人，主张根本废除者有 34 人。②（2）新一届"国会"是否应该增设大陆代表问题。会前根据台湾民意调查基金会的报告，有 41.8% 的受访者倾向于不赞成或非常不赞成，30.7% 倾向赞成或非常赞成。③ 会中主张以政党比例选举产生"不分区代表"的有 73 人，主张设置大陆代表的有 13 人。大多数参会者认为"大陆代表制不止是理论上有困难，事实上也窒碍难行，且很可能产生反作用，制造省籍矛盾"，其解决办法是以"政党比例代表制的办法，进而产生全国不分区代表"，并将"海外侨选代表、职业团体代表及妇女团体代表等，都设法纳入全国不分区代表中"。④ 有学者如明居正认为这是向"大陆宣告我们正要设置全国代表或政党比例代表，代表大陆地区，表示不会走向分裂"。⑤（3）新一届"国会"产生时间。

（二）"地方制度"议题

该议题共涉及五大项，分别是地方制度"合宪化"与法制化问题、行政区域重划问题、地方首长民主化问题、地方自主权问题、乡镇市自治问题等。国民党败退台湾后，依照《台湾省各县市实施地方自治纲要》实行地方自治，因为与"宪法"有关规定颇有差距，受到多方批评和争议，所以将"地方制度"议题也列入了"国是会议"讨论范围。

会议达成的共识有：（1）地方省市长民选问题。与会者认为民选才是推进地方自治民主化的方式，具体做法是"由法制化途径，制定省自治法、直辖市自治法"。当然也有人提出"省长应由行政院长提名，经由省议会同意后任命，省长并应具有议员身份"。（2）地方制度法制化、自主化问题。与会人士多认为地方"无权无钱"，应通过法制化实现自主权，尤其是增加地方

---

① "国是会议"实录编辑小组编《国是会议实录》上册，第 1325 页。
② "国是会议"实录编辑小组编《国是会议实录》上册，第 1326 页。
③ "国是会议"实录编辑小组编《国是会议实录》下册，第 3109 页。
④ "国是会议"实录编辑小组编《国是会议实录》上册，第 1328 页。
⑤ "国是会议"实录编辑小组编《国是会议实录》中册，第 1370 页。

政府的"人事权、财政权、警察权",其中财政权应重新合理分配,通过这些措施使权力下放到地方。也有人建议警察权、教育权应统一。(3)调整"省级"行政区划,但不能废除"省"的名称。围绕这一问题分为两派,分别是"多省制"派与"多市制"派。前者主张"增设省而维持两直辖市",这样不违背"宪法"精神,又可解决"中央"过于集权问题,后者主张"增设直辖市而维持一省",认为多设省"缺乏行政效率,增加支出,引起统独意识纠纷,导致海峡两岸关系紧张"。[①] (4)乡镇(市)废止。多数与会者主张废止乡镇(市)公法人地位,采用"省、县(市)二级制",以缓和地方派系之争。

会议存在的分歧有:(1)地方自治机关如何组成。围绕此问题分为四种主张,有主张通过"修宪"另订条文并授权给立法院制定"国家统一前(或自由地区)省县地方制度条例",以此来进行省长、省议员的选举,组织省政府与省议会;有主张回归"宪法",制定"省县自治通则",召开省民代表大会;有主张"修宪"或以附加条款方式规定"省之内阁制",或实施联邦制;有主张不能回归"宪法",必须彻底"宪法"化,"制宪"以台湾本身发展为依据,实行地方自治。[②] (2)"省"是否虚级化。有的认为"省"的数量增加带来行政区域缩小,不需要虚化,持"多市制"观点者多主张虚级化。

(三)"中央政府体制"议题

该议题共涉及四项,分别是"总统"与"国民大会"之关系、"总统"和"行政院"(或"内阁")及"立法院"(或"国会")之关系、"考试院"改革、"监察院"改革。讨论的核心问题是"总统选举方式"问题。

会议达成的共识有:"总统"应由选举产生。

会议存在的分歧有:(1)"总统"选举方式主要有"直接选举"和"委任选举"两种。支持"直接选举"者认为只有"直接选举产生的'总统'具有充分的民意基础,权威性提高",但"重大议案得交由公民复决"。[③] 支持"委任选举"者则认为"国民大会"可以改为选举人团,其职权就是选举"总统"。(2)"中央政府"架构问题。(3)"监察院"存废问

---

① "国是会议"实录编辑小组编《国是会议实录》上册,第1332页。
② "国是会议"实录编辑小组编《国是会议实录》上册,第1332页。
③ "国是会议"实录编辑小组编《国是会议实录》上册,第1337页。

题。"单一国会制"的支持者赞同废除"监察院",将"监察院"的调查、弹劾等权并入"直选"产生的"国会",并与行政部分互相制衡。

(四)"宪法(含临时条款)修订方式"有关议题

该议题的核心是"修宪"或是"制宪"或是制定基本法。

会议达成的共识有:终止"戡乱时期",废除"临时条款"。"宪法"应进行修订,反对"老国代""修宪"。

会议存在的分歧有:"宪法"修订途径、程序问题,主要集中在"修宪"、"制宪"或制定基本法上。

"修宪"派的主张是废除"动员戡乱时期临时条款",但不能废止"国民大会",应在"国大"基础上待第一届"中央资深民代"退职改选后,由第二届"国民大会"代表进行"修宪"。

台湾张荣发基金会下属的"国家政策研究中心"在"国是会议"召开前,曾邀集会议筹备委员陶百川、胡佛、吕亚力、康宁祥、黄石城、吴丰山等,与张瑞猛、许宗力、朱云汉、庄硕汉等学者展开对话,探讨"宪政体制"议题。陶百川、胡佛、吕亚力等认为:"终止动员戡乱时期、废止临时条款是宪政改革的必然走向。"至于"宪政改革"怎么改,胡佛认为,"目前修宪权在国民大会,民意不可能期待国大完成修宪使命,唯有终止戡乱、冻结临时条款,使第一届中央民代不受临时条款保障,政府责成中央选举会举行第二届中央民意代表选举,依宪法廿六条台湾地区现在可以选出六十位区域和职业团体国代,即可着手研究修宪问题"。胡佛还坚决反对"制宪、制订台湾共和国宪法或另制订基本法",他认为"制订台湾共和国宪法就是台独,将打破国际上'一个中国'的原则,使台湾陷入危机"。吕亚力则表示,这次会议应该制定最高和最低纲领,最高纲领是"对重大利益的事务拟出可行办法并达成共识",最低纲领是"研究中央民代退职和戡乱时期及临时条款的修订或废止"。①

王作荣提出无论是"修宪"或"制宪"都应坚持一个前提,即"台湾是中国的一部分,这个事实无法否认"。②"修宪"一方如余纪忠认为:"制定新宪法或基本法在社会上缺乏共识,无可资遵循的途径,且其程序旷日

---

① 寇维勇:《终止动员戡乱 废除临时条款大势所趋》,台湾《联合报》1990年4月9日。
② "国是会议"实录编辑小组编《国是会议实录》上册,第916页。

废时，现行体制将因而瘫痪，造成激烈的政治冲突。"① 他赞同胡佛在《"修宪"途径与"制宪"途径之比较》一文中的观点，即"宪法对反体制与维护体制之两股力量间已无共识，解决冲突之法律规则已经失去拘束功能，势必造成政府运作功能的瓦解，冲突之解决最后必然是取决于军队或群众，后果堪忧"。② 此外，他认为"废宪"与"制宪"所引发的"台独"的疑虑会加剧两岸关系的紧张。金耀基认为不论是"制宪"还是"制基本法或民主大宪章"，带来的后果都是"废弃或冻结中华民国宪法，中断宪法传统，此则是宪政革命。宪政革命则必然引起政治之大震荡，共识难求"。③ 金耀基的观点代表了会议中"修宪"一派的主张，他们提出要回归"宪法"但要进行"修宪"，具体做法是"首先应废除临时条款，再修改宪法条文，或相关条文之修改。至于修宪则由第二届有新民意基础之民选国代为之，不废除国民大会，仍维持原来的五权分立制度"。④

"制宪"派坚决要求废除"中华民国宪法"，重新制定新"宪法"，并交由"公民表决"，这是明显的"台独"主张。

具体到政党而言，国民党内"修宪"派分为三：一是主张增订"宪法"第十五章或附列增修条文（名为"非常时期增订条款"或"台湾条款"），共有53人支持；二是主张修改"宪法"原条文，有11人支持；三是主张增补"宪法"相关条文，共有10人支持。民进党中分两类：一是主张订定"民主大宪章"，有14人支持；二是主张订定"中华民国基本法"，有12人支持。⑤

（五）"大陆政策与两岸关系"议题

会议达成的共识有：两岸关系正常化对台湾有重要意义，但要坚持"（功能性）交流从宽，（政治性）谈判从严"的原则，⑥ 教育、文化、学术等交流可以变为双向互动，但"政治性交流"时机还未成熟。同时，还要设立专责的政策机构和授权的中介机构，并建议政策机构的人员应包含无

---

① "国是会议"实录编辑小组编《国是会议实录》上册，第874页。
② "国是会议"实录编辑小组编《国是会议实录》上册，第875页。
③ "国是会议"实录编辑小组编《国是会议实录》上册，第886页。
④ "国是会议"实录编辑小组编《国是会议实录》上册，第895页。
⑤ 陈新民主撰《1990~2000年台湾修宪纪实——十年宪政发展之见证》，台北：学林文化实业有限公司，2002，第7页。
⑥ "国是会议"实录编辑小组编《国是会议实录》上册，第1353页。

党籍人士及在野党人士。

会议存在的分歧有：两岸未来目标设定。虽然围绕该问题发言的人不多，但关于未来"统一"的问题，明显有"统""独"之论争。有的认为"台湾不能自外于十亿中国人，应主导大陆，再建中华，以走向民主自由之统一"；有的建议在"大陆承诺不使用武力、保证台湾国际空间、接受两个对等政府"前提下，成立"代表一个国家的共同机构"；也有的认为随着两岸关系正常化，要"逐步达成台湾与大陆平等的国际地位，有独立的国际人格"，最终目标是要建立"互为两个对等的主权"，① 这就变成了"台独"言论。

四 对"国是会议"的评价与思考

"国是会议"是 1990 年由台湾当局主导召开的一次参加人员广泛、讨论议题明确的会议，在台湾政治发展史上具有里程碑式意义。从组织形式上看，它先期成立筹备委员会，开展会议准备工作，并配合正式会议，分别召开学者咨询座谈会、分区"国是"座谈会、海外"国是"座谈会、青年"国是"座谈会，设立"国是信箱"，开通"国是热线"，还进行了社会调查，撰写社会精英对宪政体制改革之意见调查报告、一般民众对"大陆政策"与台海两岸关系之意见调查报告等，涉及社会各个阶层。从社会影响来看，会议引起了岛内舆论界的持续关注，并就许多问题展开广泛讨论，与会者积极建言献策，进行了多项民意调查。从讨论议题来看，会议讨论的"宪政改革"和"大陆政策"两大类问题，是社会普遍关注的热点、焦点话题。从人员构成来看，这次会议的组织人员和参与人员，许多活跃在 1990 年代的政治舞台上至今。从会议结果来看，它对台湾地区未来政治转型、经济发展及两岸关系的变化调整均有一定影响，时至今日，台湾政坛政党或政治人物仍不时援引"国是会议"召开先例，呼吁再次召开"国是会议"讨论一些重大政治问题。综上所述，至少可以从以下三个方面评价"国是会议"。

首先，"国是会议"得到了台湾地区"执政党"、"在野党"及社会名流、专家学者、普通民众等广泛参与，虽具有政治协商的形式，但带有明

---

① "国是会议"实录编辑小组编《国是会议实录》上册，第 1353 页。

显的政党协商色彩。

会议从筹备到召开历时三个多月，除正式会议外，举办了 12 场分区座谈会，邀请"中央民意代表（国大代表、立法委员、监察委员），台湾省、台北市、高雄市议会议员，台湾省各县市长，各县市议会议长、副议长，具法政、大陆问题专长之学者专家，具声望之社会贤达"等参加座谈；① 还举行 11 场学者咨询座谈会，举办 22 场海外座谈会，其中"在北美地区举办 11 场，欧洲地区 3 场，香港、汉城、东京、曼谷、约翰尼斯堡、马尼拉、巴拿马、圣保罗各举办 1 场"，并规定只有"代表性之侨胞，具法政、大陆问题研究专长之学者专家"才能获邀列席。② 李登辉自诩会议的五项议题，"无一不涉及政府组织的调整与大政方针的厘定"，而且"对如何强化民意机关的代表性、地方自治的法制化以更积极、务实的态度促进海峡两岸关系的良心发展等，多已获致原则性的共识，诚属难得"。③

会议召开前，有媒体曾对国民党、民进党的争论表示担忧，尤其是民进党时常以"退出会议"等方式来进行抗争，且国民、民进两党无论是在筹备委员会还是在正式会议举行中皆有龃龉和斗争，为不影响会议召开的效果，有人建议国、民两党先行协商。"我们赞成执政党主席建议与民进党主席举行协商的做法，我们认为，这样的沟通，应先为国是会议的内涵作明确的规范，以免将来在会议中发生不可挽救的对立，而使会议变为新的宪政危机。"报道还指出："如果执政党此时还耽于既得利益而怯于改革，而民进党若借机由改革之途向台独革命之途偏离，皆将无法达到解决当前政治难题的目的；召开国是会议，便不只无济于时艰，甚至会引起更严重的政治风潮，更严重的社会危机。"④ 会议结束后，从民进党的表态和舆论的反应中，可见民进党对会议较为满意。民进党主席黄信介表示虽然"制宪"的目标没有达到，但可以接受会议的结果。民进党中常委陈永兴较高评价这次会议："反对党有能力结合无党籍人士、学者和海外代表逼迫国民党做重大让步，国民党不得不把反对党当作谈判对象。"⑤ 中央党部秘书长张俊宏表示，"国是会议"是政治改革的起步，促进了新的政治文化的产生，

① "国是会议"实录编辑小组编《国是会议实录》中册，第 2497 页。
② "国是会议"实录编辑小组编《国是会议实录》下册，第 2965 页。
③ "国是会议"实录编辑小组编《国是会议实录》上册，第 1360 页。
④ 社论：《谈召开"国是会议"》，台湾《联合报》1990 年 3 月 20 日。
⑤ 董孟郎：《改革派：对结果不满意但可接受》，台湾《中国时报》1990 年 7 月 5 日。

即"与会人士有的过去因政治主张不同而坐过牢，有些海外人士则是不能返乡的'黑名单'上的人物，这些过去尖锐的对立者，没有发泄仇恨，彼此包容，不断沟通"，而且这次会议还确立了民进党与国民党的"政治对等地位"。①

有部分学者、政界人士和社会评论还是对"国是会议"颇有微词。关中认为"国是会议"并没有达成共识，而是一种"意见的交换、沟通"，是"原则上的一种概念""意见交换"，"彼此不互相排斥"，② 这是会议的最大成就。胡佛、杨国枢、李鸿禧等人拒绝出席"国是会议"并提出自己的理由，吕秀莲参会一天后也退出了会议。胡佛的理由主要分为三个方面：一是认为在两党协商和都有预设的底牌的情况下，知识分子的参与已经没有必要，也起不了多大作用；二是认为国民党主张的"修宪"与民进党"新宪法"道路不同，而且国民党的"修宪"有"老国代"参与；三是认为学者和知识分子"政治化"，他们"不论是站在国民党或民进党一面的，在参加政治运动或作政治主张时，有好些人为了政治目的不惜把学术歪曲了，把宪政改革的真义也歪曲了"。此外，他认为社会舆论也"带着政治预存立场报道，根本分不清楚学术和政治"。③ 张慧英则认为"国是会议"是"在民进党一再扬言退出的张力下进行的"，"基本上是一场国民党和民进党的政治协商会议，民进党对于初取得的政治角色兴致勃勃，根本从未真有退出的打算"。因此，这次会议虽然"场面盛大，讨论热烈"，实际上是"只有少数人在玩的游戏"。④ 这与胡佛等学者的观点相一致。

施启扬在评价这次会议时提到，"国是会议"在团结社会各界人士方面是成功的，有助于"促成台湾内部的和谐和团结，共同研商日后的努力方向，尤其特赦政治异议人士更是迈向民主法治的重要步骤。'昨日阶下囚，今日座上客'，这是当日最好的写照"。⑤但"体制外的改革或是引进体制外的力量，常常是很危险的。借用外力必须付出代价，这是一种常识，一而再、再而三的借用外力，忽略内部的声音，付出的代价更高，2000 年 3 月

① 樊嘉杰：《张俊宏认为展现包容性政治文化》，台湾《中国时报》1990 年 7 月 5 日。
② 李炳南等：《宪政改革与国是会议》，第 380 页。
③ 高惠宇、王震邦：《退出国是会议 胡佛：说不定是最大贡献》，台湾《联合报》1990 年 6 月 27 日。
④ 张慧英：《李登辉：1988～2000 执政十二年》，第 259 页。
⑤ 施启扬：《源：三十年公职回忆》，台北：幼狮文化事业股份有限公司，2004，第 114 页。

18 日终付出'天价'（变天的代价)"。① 这个"代价"实际是指政党轮替。
2000 年，国民党失去"执政党"地位，民进党人陈水扁当选"总统"，对
国民党来说即为"变天"。不仅如此，李登辉及国民党"主流派"在会前就
邀请"台独"代表人物彭明敏、陈唐山、蔡同荣等参会，这也预示李登辉
及台湾当局对"台独"的政策由两蒋时期的"依法制裁"转向"宽容和忍
让"，造成海外"台独"势力酝酿返台组织活动，海内外"台独"势力即将
合流。②

其次，"国是会议"中的五大议题成为 1990 年代乃至当代台湾地区政
治改革的焦点话题，且远未形成"共识"，尤其是围绕"宪政改革""大陆
政策"的争执愈演愈烈，造成了长达数十年的政党斗争与妥协，对台湾政
治格局影响深远，是台湾政坛乱象的渊源之一。

李登辉在接见静坐的学生代表时表达其推行"宪政改革"的决心，他
说："改革，尤其是有关宪政体制的改革，并非是今天说了明天就能改，而
是要有时间。政府改革的决心，决不会改变。"③ "国是会议"召开之前，社
会舆论希望此次会议"了解民心动向，一切以民意为依归"，而民意是希望
进行"宪政改革"，同时"珍惜社会安定与政治秩序"，建议政党为"民主
政治竭尽本分"。④ 从结论上看，与会者虽然在"资深国代退职""终止戡
乱时期""大陆政策与两岸关系""宪政体制改革"等问题上有一致性，但
在具体执行方面存在严重分歧，为岛内政党内部派系纷争和政党之间政争
与妥协埋下种子。由"宪政改革"引发的"总统直选""国民大会存废"
"省虚级化"等问题，在未来的 15 年内基本实现。但是围绕这些问题展开
的争论，却造成台湾政坛持续动荡，而且"公民投票""制宪"等问题一度
成为"台独"势力制造分裂的工具。

"宪政改革"议题是"国是会议"探讨的中心话题，如何落实会议结论
是会议各方关注的焦点。有报道指出："由于宪政改革的议题和焦点与国民
大会密不可分，国是会议的结论是否会在国民大会代表的配合下，完成实
质的改革工作，或许将成为会议结束后各方瞩目的焦点。"⑤ 李登辉在会后

---

① 施启扬：《源：三十年公职回忆》，第 113 ~ 114 页。

② 王建民、刘红、曾润梅：《国民党下台内幕》，新华出版社，2005，第 141 页。

③ 台北"中央社"：《李总统：尽速改革 但要给我时间》，台湾《联合报》1990 年 3 月
22 日。

④ 社论：《要为政党政治开辟大道》，台湾《联合报》1990 年 3 月 24 日。

⑤ 林意玲：《宪政改革如箭在弦》，台湾《中央日报》1990 年 4 月 12 日。

对如何进行改革问题做了解答，即"在不变更'五权宪法'的架构下，依据民意与当前环境的需要，来进行宪政的改革"。[①] 国民党根据李登辉指示，成立"宪政改革策划小组"，成员有李元簇、郝柏村、梁肃戎、林洋港、黄尊秋、林金生、蒋彦士、何仪武、蒋纬国、李焕、邱创焕、宋楚瑜、连战等13人，准备推动"宪改"。这13位成员既有"主流派"也有"非主流派"，体现国民党高层还是想尽量弥合党内出现的意见分歧，通过凝聚共识，推动"修宪工程"。

民进党并不认同李登辉及国民党的"修宪"提议，认为国民党的"修宪"没有民意基础。"国是会议"结束后，民进党积极推动"民主大宪章"的起草，并宣告其"制宪"目标，民进党"宪政改革幕僚小组"还对国民党"宪改策划小组"的"宪改计划"予以驳斥，认为国民党的"修宪"是出于私利。"尽管国民党有关人士，一再强调会开了多少次，又有多少人次在会议上发言，然而会议次数频繁，并不足以说明国民党的修宪是负责任的，诸多结论反而证实国民党研议修宪者，时时刻刻以一党之私利为基础。"[②] 民进党党团召集人苏嘉全还提到，"国是会议后，国民党掠夺宪法改造工程，使台湾人民没有置喙余地，而且准备以宪法增修条文取代临时条款，破坏宪政体制"。[③] "执政党"国民党与最大的"在野党"民进党在"宪政改革"问题上的歧见，造成了双方在"国民大会"中的语言、肢体到议案等的冲突和争执，最后"宪政改革"也朝着政党互相妥协的道路行进。

从政党政治和组织建设角度来看，国民党"主流派"与"非主流派"，民进党"美丽岛系"与"新潮流系"的冲突，在具体议题讨论中时常表现出来，对政党自身的组织建设和凝聚力、团结力等都有一定影响。有媒体也在报道中指出国、民两党内部的论争和风波，在会议召开前就已经开始增多，"它不仅可能使国是会议成为国民党内斗的战场，也将是点燃民进党内争的另一个火种"。[④] 从政党间的博弈来看，国民党作为台湾地区"执政党"推动的"修宪"与民进党提出的"制宪"主张虽有不同，但从实际效

① 李登辉言论集编辑委员会编辑《李登辉先生言论集》(9)，第521页。
② 樊嘉杰：《民进党汇整检讨执政党宪改策划小组作业》，台湾《中国时报》1990年12月30日。
③ 吴南山：《民进党国大党团发表声明 反对资深国代参与修宪提政治勒索》，台湾《中国时报》1991年3月30日。
④ 杨宪村：《国是会议，点燃民进党内争火种》，台湾《中国时报》1990年3月26日。

果来看，国民党"主流派"政治主张在"宪改"过程中与民进党等社会反对力量不断妥协，甚至趋于一致。

最后，"国是会议"研议了新的"大陆政策"，决定终止"戡乱时期"并成立两岸交流的中介机构，讨论成立"国家统一委员会"并颁行"国家统一纲领"，对两岸关系的发展有深远影响。

会议召开前，"终止戡乱"和废除"临时条款"已基本成为社会的共识。有部分学者建议邀请大陆团体代表来台交流，认为"如果要化解两岸危机，增加双方良性互动，现阶段最可以做的是强化两岸的民间交流，尤其是双方应设法允许大陆记者和学术文化界的个人或团体来台访问，促进双方民间在观念层面上的了解和联系"。① 社会舆论也希望会议能在"攸关全民福祉的大陆政策、中国大陆的变局、台湾未来走向"等方面形成共识。② 时任台湾"外交部长"连战也表示，关于台湾"未来大陆政策的走向，及'三不政策'是否会做调整，将在国是会议中做全盘的讨论后决定"。③ 从连战的发言中，可以看出"国是会议"结束后，两岸政策将做出调整。国民党机关报《中央日报》也曾在报道中建议国民党的"大陆政策"首先确认"一个中国"原则，这是"绝对性的大前提"，而且是一个"不容怀疑、不许争议的大前提"，否则不只是"国是会议"的召开将属毫无意义，而且对于此等根本问题在最适当时机不做最适切的解决，将会造成今后无穷危机。此外，在会议上，国民党还要对"台独"问题表达"严正根绝态度"，不能"讳疾忌医""含糊"，不能允许"主张割裂国土的野心分子能再逍遥法外"④。

在"国是会议"召开前举办的专家座谈会上，有学者建议成立"大陆事务协会"或者"统一政策咨询会议"等，⑤ 会议提出"戡乱时期"结束后，为应对已经开启的两岸经贸文化往来和民间要求扩大交流的声音，应重新规划"两岸关系和大陆政策"，建议设立专责的政策机构和授权的中介机构。于是，会后有"国家统一委员会"的设立，并在委员会成立大会上

---

① 李英明：《邀请中共代表参与国是会议平议》，台湾《联合报》1990年3月23日。

② 社论：《要为政党政治开辟大道》，台湾《联合报》1990年3月24日。

③ 尹乃菁：《未来大陆政策走向　将在国是会议全盘检讨》，台湾《中国时报》1990年3月25日。

④ 社论：《"国是会议"应有更明确更积极的大陆政策》，台湾《中央日报》1990年3月25日。

⑤ "国是会议"实录编辑小组编《国是会议实录》中册，第1369页。

讨论制定"国家统一纲领",这之后又有海峡交流基金会成立,扮演两岸交流合作的中介机构角色。1991年2月23日,台湾"国家统一委员会"颁行"国家统一纲领",该纲领将两岸"统一"过程分为三个阶段,即近程——"交流互惠阶段"、中程——"互信合作阶段"、远程——"协商统一阶段","原则"中的第一条提到"大陆与台湾均是中国的领土,促成国家的统一,应是中国人共同的责任"。① 虽经过删改,去掉"不可分割"等内容,但该纲领确立了"一个中国"的原则。"国统纲领"中提到的"中国"概念是文化上、历史上、地理上的中国概念,而并非政治上的"中国"。李登辉曾在第一届"国民大会"第八次会议上提出,两岸人民共同的目标应是"政治民主化,经济自由化,社会多元化,文化中国化",建立一个"自由、民主、均富、统一"的新中国,② 且在接见"资政、国策顾问"致辞时也提到"台湾与大陆是中国不可分割的领土"。③ 但是,这里面的"中国"是"文化上中国和地理上的中国",并不是"政治上的中国"和施行"社会主义制度的中国"。此外,纲领中的"对等承认"等隐晦字眼,也含有"两国论"成分,不利于两岸和平稳定发展。《人民日报》刊登大陆有关方面负责人谈话,其中指出:"这份文件主张只有一个中国,中国应当统一……我们对此表示赞赏",但是文件也有一些"不合情理的条件",仍然"坚持台湾当局在统一问题上的固有主张,这只能延误统一进程;甚至有的人还总是幻想以台湾的模式'转变大陆',这显然太缺乏自知之明了"。有鉴于此,该负责人呼吁台湾当局"少说空话,多做实事,拆除障碍,切切实实地做一些符合两岸人民利益、有利于两岸关系发展和国家统一的事情"。④

民进党从一开始就反对"国统纲领",也拒绝参加"国家统一委员会"。2006年2月,民进党人"总统"陈水扁宣布终止运作"国统会",且终止适用"国统纲领"。"国统纲领"体现了国民党与民进党在"中国"问题上的认知差异,从正式文件中确定了"一个中国"的原则,设定了"统一"的三阶段目标。2008年,国民党人马英九在大选中获胜并顺利"执政",没

---

① 关于"国统纲领"具体内容的评析,参见刘国深《国家统一纲领评析》,引自台湾研究会编《台湾一九九一》,中国友谊出版公司,1992,第247~255页。

② 李登辉言论集编辑委员会编辑《李登辉先生言论集》(9),第74页。

③ 李登辉言论集编辑委员会编辑《李登辉先生言论集》(9),第278页。

④ 新华社北京电:《我有关方面负责人就台湾当局"国家统一纲领"发表谈话 希望拆除障碍共商祖国统一大计》,《人民日报》1991年3月16日。

有恢复"国统纲领",而以"不统、不独、不武"政策作为处理两岸关系的指导原则,值得我们继续思考。

（作者单位：中国人民公安大学马克思主义学院）

21 世纪初日台军事关系动态之管窥

王　键

提　要　21 世纪初陈水扁时期，随着美日安保体制的强化以及美台军事关系的渐趋密切，日台军事关系发展迅猛。在 2008 年 5 月国民党再次执政之后，日台关系虽有短暂跌宕但仍呈稳态发展势头，军事关系虽有所疏远，但仍保持相当层级之密切接触。从深层次看，日台军事关系的长期异常发展是日本积极配合美国亚太战略、牵制中国崛起的战略筹划，亦是冷战后美国通过强化日美同盟、提升日本在亚太地区军事作用的必然结果。由于受到各种因素的牵制，近年来，日台在提升军事关系上较为低调和谨慎，但在可预见的将来，尤其是随着美日军事高度一体化，日台军事关系势必再度"升温"。随着台湾 2016 年初"大选"结束，台湾"政权"再次更迭，包括军事关系等在内的日台关系亦会有不确定的动态。

关键词　日台军事关系　美台军事关系　美日安保

20 世纪末李登辉时期，台湾就设置推进美、日、台军事合作的"明德项目"，以"抵御"大陆的军事威慑。21 世纪初陈水扁"执政"时期，随着美日安保体制的强化以及美台军事关系的渐趋密切，美日台"准军事同盟"以及日台军事关系亦发展迅猛。在 2008 年 5 月国民党再次"执政"之后，日台关系虽有短暂跌宕，但仍呈稳态发展势头，军事互动频率虽有所下降，但仍保持相当层级之接触。从深层次看，日台军事关系的异常升温是日本积极配合美国亚太战略、牵制中国崛起的战略筹划，亦是台湾借助外力"抵御"大陆的图谋，更是冷战后美国通过强化美日同盟、提升日本在亚太地区军事作用的必然结果。本文依据 21 世纪日台军事关系发展轨迹与研究积累，①

---

① 　主要参考：吴寄南《日台军事互动的现状、背景及未来走势》，《现代国际关系》2006 年第 9

对这一问题予以全面解析。

一 21 世纪初民进党 "执政" 时期 (2000.5～2008.5) 日台军事关系之动态

(一) 陈水扁第一任期 (2000.5～2004.5) 日台军事关系的逐步提升

冷战结束后，涉及台海地区的美日安保合作得到加强，同时，长期沉寂的日台军事交流亦开始松动。2000 年 3 月 18 日，陈水扁当选台湾地区领导人，"在建党纲领中明确宣布要建立'台湾共和国'的民进党执掌台湾权力中枢"，[①]台海局势跌宕起伏。

2000 年 5 月民进党 "执政" 后，陈水扁提出所谓的 "对日工作方针"，其要点之一就是确立台日双方在东亚安保的共同利益，同时确立美、日、台三者关系的安全网。[②]陈水扁将《美日安保条约》作为台日加强安全合作、军事交流的基石。[③]而同时之 "小泉纯一郎内阁对华对美及东亚政策对于日台关系给予了直接与间接的影响"。[④]就政治关系与军事关系而言，政治决定军事，军事是为政治服务的。近年来，不论日台政坛结构如何演绎，均推动日台军事关系逐渐融合为日台双方合力抗拒中国大陆的战略关系。

任何一对双边关系的发展，除了双方各自的利益驱动因素外，很大程度上受到各种外部环境的催化与制约。[⑤]日台军事关系的任何动态发展均受美国亚太战略影响，日台欲发展军事关系，势必取得美国的战略支撑，美国亦是 "迄今影响日本与台湾对外关系以及其彼此互动的最关键因素"。[⑥]台

期；肖康康《美日台军事互动关系的新发展》，《国际资料信息》2007 年第 9 期；张晓刚等《日美同盟的军事指向性对台海问题的影响》，《大连大学学报》2011 年第 5 期；戚洪国、张跃东《后冷战时代的日本军事战略》，《日本学论坛》2001 年第 3 期；李鹏《日本对台海安全的战略考虑及其影响》，《台湾研究集刊》2003 年第 4 期；等等。

① 吴寄南：《冷战后的日台关系》，上海人民出版社，2009，第 200～201 页。

② 台湾 "中央社" 2005 年 5 月 30 日电。

③ 史坤杰：《警惕台湾和日本间军事情报交流》，华夏网，http://www.huaxia.com/thpl/mtlj/2013/10/3557176.html，2013 年 10 月 8 日。

④ 川岛真等：《日台关系史 (1945～2008)》，东京：东京大学出版会，2009，第 197 页。

⑤ 吴寄南：《冷战后的日台关系》，序言第 2 页。

⑥ 蔡东杰：《后冷战时期日台特殊关系发展分析——东亚战略环境变迁下的日台特殊关系发展》，http://www.docin.com/p－714013348.html。

湾积极推动所谓的美日台"准军事同盟"以抗衡大陆。2001 年 7 月，陈水扁在接受美国《华盛顿时报》记者采访时提出三点希望：其一，希望美、日、台三方合作，共同对付中国大陆的"导弹威胁"；其二，希望能够加入美国的战区导弹防御系统；其三，希望与美军搞联合军事演习。① 2002 年 8 月 21 日，陈水扁在第一届"美日台三边战略对话"② 开幕式致辞时强调："台湾愿意强化美日台三方的合作基础，发展'亚洲民主同盟'关系。"③ 2003 年 1 月 17 日，李登辉在"国际国会议员安全会议"上演讲时称：台湾应当更积极地加入日美同盟，与日美一起维护亚太地区的民主与安全。④

民进党当局如此意图得到日本的积极奥援。2003 年 1 月 15 日，日本交流协会台北事务所所长内田胜久公开对台湾媒体阐述日本对台"外交"的底线以及目标，称日本应强化"日台安保对话"。内田宣称两岸若是处于军事紧张状态，对日本而言，将有波及冲绳等日本领土的可能性，有关日本安保情报搜集以及台湾关于安保构想的对话，不能不加以促进。⑤

民进党时期日台军事互动频繁，军事安全领域对话层阶亦明显提高。2002 年 11 月，日本前自卫队退役将领多人赴台，与台湾"国防大学"校长陈镇湘等磋商台海地区的安全形势。⑥ 12 月，日本交流协会台北事务所所长内田胜久"公然"进入台湾"国防部"并与"副部长"康宁祥会面。⑦ 2003 年 1 月，曾担任日本情报本部计划部长和日本驻华使馆武官的陆上自卫队少将长野阳一"提前退役"，被"长期借调"到日本交流协会台北事务

① 金一南：《危险的信号——评台湾当局领导人鼓吹美日台军事互动言论》，《解放军报》2001 年 7 月 26 日。
② 第一次"美日台三边战略对话"由台湾智库与日本冈崎研究所、美国范德堡大学（Vanderbilt University）美日中心和美国企业研究所（AEI）在台北共同举办。此次美、日、台三边战略对话研讨建构包括军事安全及政治民主化等新世纪的亚太安全战略架构。参考郭建中《台美日三边战略对话的经济意涵》，台湾智库，http://www.taiwanthinktank.org/chinese/page/4/58/95/357。
③ 王建民：《"美日台战略同盟"的台湾角色》，《理论参考》2005 年第 5 期。
④ 台湾《自由时报》2003 年 1 月 18 日。
⑤ 《透视日本"交流协会"台北事务所》，新浪网，http://news.sina.com.cn/o/2003-12-17/20031366196s.shtml，2003 年 12 月 17 日。
⑥ 冈本智博：《对"台湾海峡紧急事态"的思考》，《问题与研究》2003 年 3 月号。
⑦ 彭维学：《陈水扁欲邀小泉访台的背后》，中国台湾网，http://www.taiwan.cn/plzhx/gjshd/200609/t20060914_299683.htm，2006 年 9 月 14 日。

所负责日台军事情报交流。① 台湾"国安局"现役中将王伟先随后也以"国安局特派员"名义常驻台湾"驻日代表处"。② 2003 年 9 月，台湾"总统府秘书长"邱义仁、"国家安全会议副秘书长"柯承亨等赴东京出席第三届"日台论坛"，与日方进行安保对话。

2001 年 6 月，日本自卫队现役少将应邀赴台观看台军"爱国者"导弹实弹试射，被视为"台日军事交流的一大突破"。③ 2004 年 3 月 31 日至 4 月 14 日，台湾海军举行"康平"水雷作战演习，将台湾自行研制的"万象二号"水雷用于实弹验证，特别邀请曾任扫雷舰舰长的日本海上自卫队退役少将川村纯彦随舰观察。④ 这次演习"堪称台日军事互动中最具指标性，也是唯一落实并具有成效的实例"。⑤

日台通过美国中介实现情报共享。例如在 2005 年 7 月台军"汉光 21号"军事演习中，美日台首次进行电脑联机演习。随着日本、台湾相继引进美制"爱国者"导弹拦截系统，在共享情报和弹道导弹防御系统日常维护方面，美日台将形成事实上的安全网络和准军事同盟。⑥ 据台湾媒体报道称：台湾早在 1998 年"博胜案"发生时就向美国提出购买美国海军最新发展的战术数据信息链——16 号数据链。而与此同时，日本海上自卫队也决定为其四艘"宙斯盾"驱逐舰引进 16 号数据链。⑦ 根据台湾军方单方面的规划，台日军事合作要分两步走：第一步就是要和美军连线，即美日、美台个别连线，并非台日直接连线；第二步就是台湾会进一步寻求撇开美军，单独和日本连线进行军事合作。……种种迹象表明，美、日、台三方的军

① 《日本派退役将领到日本交流协会台北事务所任职》，台湾《联合报》2003 年 1 月 22 日。据媒体报道，长野阳一到任后即大肆开展活动，频繁与台"国防部"、"外交部"官员以及美国、韩国、新加坡等国驻台"武官"接触，经常是马不停蹄地奔波于台岛主要军事基地、港口之间，搜集相关情报。但由于其行事相当低调，加之台当局恪守默契，媒体鲜有他的名字出现。在他的推动下，日台间的情报交流与合作形成了较为成熟、有效的机制。见《日本自卫队将向台湾派遣现役军官出任"武官"》，新浪网，http://mil. news. sina. com. cn/p/2007 - 06 - 20/0801450461. html，2007 年 6 月 20 日。
② 河崎真澄：《台湾将军を日本派遣へ》，日本《产经新闻》2003 年 2 月 13 日。
③ 《台湾试射爱国者导弹 日本少将曾秘密受邀参观》，中国网，http://big5. china. com. cn/gate/big5/www1. china. com. cn/overseas/txt/2001 - 08/21/content_5052418. htm，2001 年 8 月 21 日。
④ 《日将领随舰观察台军操演 台日军事合作日趋紧密》，网易网，http://news. 163. com/2004w04/12537/2004w04_1083223853727. html，2004 年 4 月 29 日。
⑤ 《台日军事交流高峰缓降》，台北《中国时报》2005 年 6 月 26 日。
⑥ 吴寄南：《日台军事互动的现状、背景及未来走势》，《现代国际关系》2006 年第 9 期。
⑦ 《日本美国台湾共享宽带网数据情报》，《国际先驱导报》第 112 期，2004 年 8 月。

事合作不仅领域扩大，而且有走向进行战略协调与合作的"准战略联盟"关系的可能。①

（二）陈水扁第二任期（2004.5～2008.5）日台军事关系的突飞猛进

2004 年 5 月 20 日，陈水扁再次就任台湾地区领导人，② 他将推动实现台日军事同盟确定为其第二任期的战略目标之一。7 月 5 日，陈水扁任命许世楷出任台湾"驻日代表"一职。7 月 18 日，日本"李登辉之友会"与在日台湾同乡会等在东京新高轮饭店联合举办欢迎酒会，会上对许世楷提出包括"缔结台日防卫安全条约"等 11 项内容的"要望书"③。

此后，日台合力营造军事同盟的意图日趋公开化。台湾"驻日代表"许世楷上任后公开称"缔结台日防卫安全条约，加强双方军事交流"是其任内的主要"功课"。④ 为推进日台安保战略对话，7 月下旬，台湾"国安会秘书长"邱义仁率多名台湾"军事外交"高官与学者密访日本。⑤ 9 月上旬，台湾"国安会咨询委员"林成蔚再率台湾多位官员赴日。⑥ 10 月 2 日，台湾"行政院长"游锡堃在第三届"台日论坛"发言称：为确保东北亚和平稳定，台美日有必要加强三方基于"价值同盟"的紧密合作。⑦ 11 月 19

---

① 李莉：《美日台军事合作新动向》，《军事世界画刊》2007 年第 10 期。

② 就在同一天，日本众议院正式通过"有事法制"七项法案，允许日本通过增强军队实力、与美军合作的方式增强国家防卫能力。同日，美国众议院通过 2005 年度的国防开支法案，国防开支金额高达 4220 亿美元。

③ 其内容有：(1) 推动制定日本的"与台湾关系法"；(2) 早日实现李登辉访日；(3) 推动实现 NHK 庶民歌唱大会或红白对抗在台湾公演；(4) 实现日本国技相扑到台湾公演；(5) 举行以"制宪"为目的的台日地区交流会议；(6) 实现台湾地区观光客来日免签证待遇；(7) 推动台湾地区领导人访日与日本高官访台；(8) 缔结台日防卫安全条约，以加强双方军事交流；(9) 实现台日缔结自由贸易区协议（FTA）；(10) 推动台日间缔结姊妹都市；(11) 解决日本政府在外国人登录证上将台湾人的国籍写为中国的问题。引自许世楷《推动日制定日台关系法》，台湾《自由时报》2004 年 7 月 19 日。

④ 《日本"亲潮"级潜艇能否驶入台湾海峡？》，新浪网，http://mil.news.sina.com.cn/，2004 年 8 月 13 日。

⑤ 据台湾媒体报道，7 月 25 日邱义仁一行在箱根与日方学者举行会议，日方出席的许多学者都是与当局关系相当密切的研究两岸、国际政治和军事等问题的知名学者。报道说，虽然会议表面上由台日双方学术界挂名主办，但台湾"国安会"在其中扮演极关键的主导角色。《邱义仁等人密访日本谈论话题涵台海关系等三主题》，新浪网，http://www.sina.com.cn/，2004 年 7 月 27 日。

⑥ 《台湾"国安"官员频频赴日搞台日安保战略对话》，新浪网，http://news.sina.com.cn/，2004 年 9 月 10 日。

⑦ "中央社"2004 年 10 月 3 日台北电。

日，陈水扁在会见日本交流协会会长服部礼次郎时称：非常荣幸能事先由台湾提供中国大陆核潜艇"侵入"日本领海的情报，强调台日在亚太安全与稳定的目标上有共同的利益。①

2005 年 1 月 28 日，陈水扁在接受日本共同社专访时声称，"日美台应建立'安全同盟'"。②2 月 2 日，台湾"行政院长"谢长廷在接受日本《产经新闻》专访时指出，为了强化今后日美台的安全防卫关系，日本也需要一部"与台湾关系法"。③为加强对日联络，10 月 15 日，台湾"外交部"下设"日本事务会"，由"部长"陈唐山担任召集人。④

美日合力干预台海局势逐步加速。2005 年 2 月 19 日，美日安保磋商委员会"2+2 会议"将台海地区问题列为美日"共同战略目标"之一。⑤此举不仅"隐含了日美双方在台海局势紧张时实行联合武装干预的可能"，⑥亦被认为是"21 世纪初日台军事合作整合初步完成的标志"。⑦如此，"一个毫无外在制约、具有无限扩张性的美国霸权，加上一个内心极度不安和不自信的日本，再加上一个想依赖美日的力量在自保的同时推进'独立'运动的台湾，使得美日台同盟的雏形已经跃上纸面"。⑧中国领导人早在 1998 年 11 月就明确指出"日本如果将台湾列入同美国的安全合作范围，这将意味着日本有可能在军事上卷入台湾事务，是一种具有不及大危险的倾向"。⑨

---

① 《中共潜艇侵日 扁：我提供情报》，台湾《中国时报》2004 年 11 月 20 日。但在同年 11 月 26 日，日本外务省副大臣逢泽一郎在日本国会表示，台湾并未提供有关"中国潜艇进入日本领海的情报"。《日 47 名议员公开支持"台独"，日亲台帮又在闹腾》，新华网，http：//news. xinhuanet. com/taiwan/2004 - 12/01/content_2280216. htm。

② 《2005 年台湾对外关系大事记》，中国台湾网，http：//www. taiwan. cn/dsj/dwgx/201004/t20100402_1307196. htm，2010 年 4 月 2 日。

③ 台湾《联合报》2005 年 2 月 3 日。

④ 台湾《联合报》10 月 19 日报道："日本事务会"将整合亚太司、亚东关系协会及台日关系会的业务及人力，专责处理对日事务。亚东关系协会将继续存在，但人员及业务全部纳入日本事务会，以"一套人马，两块招牌"模式运作。《台设"日本事务会"推台日关系》，http：//www. cetin. net. cn/cetin2/servlet/cetin/action/。

⑤ 2005 年 3 月 6 日，中国外交部长李肇星在记者招待会上强调：台湾问题是中国内政，直接或间接把台湾纳入日美的安全合作范畴，都是对中国主权的侵犯和对中国内政的干涉，中国政府和人民坚决反对。《李肇星：坚决反对把台湾纳入日美安全合作范畴》，网易网，http：//news. 163. com/05/0306/10/1E5GVDK20001124T. html，2005 年 3 月 6 日。

⑥ 吴寄南：《冷战后的日台关系》，第 148 页。

⑦ 巴殿君：《冷战后日本对台政策研究》，九州出版社，2010，第 91 页。

⑧ 郑永年：《中国面对美日台联盟》，新加坡《联合早报》2005 年 2 月 22 日。

⑨ 《江泽民文选》第 2 卷，人民出版社，2006，第 246 页。

对台湾而言，"美日同盟"是牵制中国大陆对台湾"威胁"的安全保障。① 2005年3月，美日军事顾问团现场观摩台军"汉光演习"。② 5月，台湾"国防部总政战局局长"胡镇埔上将访问日本，就"地区安保"问题与日方交换意见，胡镇埔是1972年以来第一个访日的台军现役上将。③ 6月，由日本海上自卫队退役军官组成的军事技术顾问小组秘密指导台湾海军水雷演习。④ 7月，美国在与台湾"断交"26年后首次派遣现役上校出任美国在台协会台北办事处军事技术联络组组长。⑤ 8月22日，台湾军方考察团秘访日本。⑥ 8月中旬，"监控中俄军演"的台湾地区军队"天干号"特种电子情报战飞机秘密降落在日本琉球美军基地内。⑦ 2006年4月，台湾海军举行代号为"海鲨"的反潜作战演习，首次与日本控制的海空域实现"无缝连接"。⑧ 8月24日，台湾"陆军总司令"胡镇埔又以"观光"名义赴日观摩日本陆上自卫队实弹军演。⑨

2005年4月4日，李登辉授意"台联党"主席苏进强与日本亲台议员密谋举办"台日安全论坛"。⑩ 12月24日，民进党公布《对日关系论述》

---

① 《美日台实质军事同盟台面化》，凤凰网，http://news.ifeng.com/taiwan/3/detail_2007_02/07/1004567_0.shtml，2007年2月7日。

② 《台军将展开"汉光"演习兵棋推演，美日顾问抵台》，网易网，http://news.163.com/05/0315/10/1ESKT3KK0001124U.html，2005年3月15日。

③ 《台湾"国防部总政战局"局长胡镇埔上将访日》，搜狐网，http://news.sohu.com/20050602/n225800939.shtml，2005年6月2日。

④ 《台媒体称日退役小组秘密指导台湾海军的水雷作战》，搜狐网，http://news.sohu.com/20050628/n226111256.shtml，2005年6月28日。

⑤ 《美暗自升格与台军事关系 将派现役上校武官驻台》，搜狐网，http://news.sohu.com/20050726/n226443213.shtml。

⑥ 据台湾媒体披露，考察团此行目的据称是了解日本国会、日本战略研究机构对中国"武力扩张"及"两岸发生战争日本可能实施的因应对策"。台湾"国防部"和"外交部"以"翔鸣计划"作为代号，把此次出访列为秘密。参见《台军考察团秘密访日本，推动日版与台湾关系法》，《国际先驱导报》2005年8月25日。

⑦ 《台军机秘密降落日本》，新浪网，http://news.sina.com.cn/o/2005-08-31/03156821369s.shtml，2005年8月31日。

⑧ 《台军演习进入日本领海，日方并未提出异议》，新华网，http://news.xinhuanet.com/mil/2006-04/17/content_4433745_2.htm，2006年4月17日。

⑨ 《据称台"陆军总司令"以观光名义赴日观摩演习》，人民网，http://tw.people.com.cn/BIG5/14812/14875/4743788.html。《中国就日本政府允许台湾"陆军司令"访日提出抗议》，《人民日报》2006年8月26日。

⑩ 《台湾欲促成日本的"与台湾关系法"》，《国际先驱导报》，http://military.china.com/，2005年4月18日。

之文件，将日本视为"准战略合作伙伴"。① 2006 年 1 月 13 日，陈水扁在接见日本议员访台团时称："台日虽无正式外交关系，但可透过建立准军事同盟，提升两国实质关系。"② 9 月，陈水扁在接受日本富士电视台采访时宣称，台湾期待和日本缔结"准军事同盟"。10 月 30 日，陈水扁通过卫星视讯和日本政界、学界、媒体人士进行对话时，特别希望日台合作关系有战略的对话，特别是日台安保的对话。③

2007 年 2 月 1 日，台湾"国防部副部长"柯承亨在受加拿大《汉和防务评论》月刊总编辑平可夫专访时表示，未来如果日本管制军事技术输出的政策有所调整，欢迎日本向台湾提供军事技术。④ 2 月 6～7 日，台湾"国防部"在台北复兴岗政战学院举办主题为"前瞻东亚区域安全"的"区域安全国防论坛"，多名美日前外交安全官员应邀与会。会议重点讨论美日台军事合作问题以及大陆军事现代化进程与美日台应对策略等内容。⑤

二 国民党"执政"时期（2008.5～2016.5）日台军事关系之动态

（一）马英九继续推动日台军事关系稳态发展

2008 年 3 月 22 日，马英九当选台湾地区最高领导人，国民党重新"执政"则为日台军事关系引入新的变数。⑥ 6 月 10 日，发生台湾"联合号"渔

---

① 《民进党将日本视为"准战略合作伙伴"》，日本《东京新闻》2005 年 12 月 25 日。
② 《干涉野心令人警惕 日本介入台海之意越来越露骨》，国际在线，http：//gb. cri. cn/8606/2016/01/17/40/@864343_1. htm，2006 年 1 月 17 日。
③ 《陈水扁利用对日视讯会放什么话？》，央视国际，http：//news. cctv. com/taiwan/20061102/100452. shtml，2006 年 11 月 1 日。
④ 《台湾防务部门：欢迎日本提供军事技术合作》，凤凰网，http：//news. ifeng. com/taiwan/2/detail_2007_02/01/973963_0. shtml。
⑤ 《美日关注台海与台湾密谋加紧军事协作》，新浪网，http：//mil. news. sina. com. cn/p/2007 - 02 - 11/1040431006. html，2007 年 2 月 11 日。
⑥ 其实，马英九在当选之前曾两次赴日访问，第一次访日是在 2006 年 7 月 9～13 日；第二次访日是在 2007 年 11 月 21～23 日。民进党候选人谢长廷也曾于 2007 年 12 月 16～19 日访日。马、谢同时在选举之前访日，至少向日本朝野发出一个重要的信号：不管台湾地区将来是国民党当政还是民进党当政，都会一如既往地重视和发展日台关系。参见《马英九谢长廷将先后访问日本》，网易网，http：//news. 163. com/07/1119/08/3TL7TIEF0001124J. html，2007 年 11 月 19 日。《台湾比赛"亲日程度"》，日本《朝日新闻》2007 年 11 月 24 日。

船被日本海保厅舰艇撞沉事件,①6月16日,台湾"海巡署"九艘舰艇护卫"全家福号"海钓船进入钓鱼岛海域宣示"主权",② 事件最终以日本道歉及赔偿而得以平息。③

2009年5月1日,日本交流协会台北事务所所长斋藤正树公开宣扬"台湾地位未定论",引发日台关系紧张,但马英九很快低调处理。④ 马英九还不断显示其"知日派"形象,⑤ 并将2009年定为"台日特别伙伴关系促进年"。⑥ 2009年9月16日,日本民主党鸠山由纪夫内阁成立,"为转型期的台日关系埋下新的变量"。⑦ 2010年9月15日,民主党国会议员中津川博乡等成立"日台交流会"。⑧ 2011年3月11日,日本福岛地区发生大地震。台湾社会随即出现捐赠高潮,共计对日捐赠187.4亿日元(全球首位);台湾还特别派遣28名专业救助人员赴地震现场,合计提供560吨救援物资。⑨而"这一切正反映着日台关系的亲密"。⑩

---

① 《台湾媒体披露日舰在钓鱼岛撞沉台渔船细节》,新浪网,http://news.sina.com.cn/c/2008 - 06 - 11/085615721773.shtml。

② 《日舰撞船事件续、台湾保钓船驶入钓鱼岛千米》,搜狐网,http://news.sohu.com/,2008年6月20日;《尖閣諸島:魚釣島沖に台湾抗議船・政府艇も海保、領海侵入警告》,《每日新聞》2008年6月16日西部夕刊。

③ 《日本今将正式就撞沉台湾渔船事件向台船员道歉》,网易网,http://news.163.com/,2008年6月20日。

④ 参见黄刚《初论斋藤发表台湾地位未定论事件》,http://www.docin.com/p -599476167.html;《日本驻台代表提"台湾地位未定"遭台当局"抵制"》,中新网,http://www.chinanews.com/tw/tw-twyw/news/2009/07 - 07/1763879.shtml。《"台湾地位未定论"发言掀波,日代表斋藤求见苏起》,香港新闻网,http://www.hkcna.hk/content/2009/0724/18938.shtml。

⑤ 参见川岛真等《日台关系史(1945~2008)》,第232页;《马英九声称要做"知日派":"别再叫我反日派"》,网易网,http://news.163.com/07/1122/09/3TT2CTNN0001124J.html,2007年11月22日。黄箐箐:《秀日语——马英九:我是知日派》,台湾《中国时报》2007年11月24日;"日媒建议加强与马英九对话,培养台湾'知日派'",网易网,http://news.163.com/08/0626/13/4FCAP9L4000120GU.html,2008年6月26日。

⑥ 2009年1月20日,台湾"外交部长"欧鸿炼正式对外宣布:台湾方面希望从经贸、文化、青少年、观光及对话等五个面向,全面深化台日关系。台湾"外交部"指出:台日间存在许多共同历史会议及文化情感,"只有台湾人和日本人彼此最懂",尽管双方不具正式"邦交",但日本一直是台湾最重要的经济伙伴,日本文化也是台湾外来文化中最重要的一环,双方早就存在超越正式"外交"关系的"特别伙伴关系",台湾《联合报》2009年1月23日。

⑦ 林泉忠:《民主党时代启航、台日关系何去何从?》,台湾《自由时报》2009年10月12日。

⑧ 《日民主党议员组日台交流会》,台湾《自由时报》2010年9月16日。

⑨ 日本外务省中国蒙古第一课、第二课:《最近の日台関係と臺灣情勢》,http://www.mofa.go.jp/mofaj/area/taiwan/pdfs/kankei.pdf。

⑩ "岸田外务大臣致交流协会成立40周年纪念之贺辞",日本交流协会,http://www.koryu.or.jp/taipei - tw/,2013年1月31日。

简述之，自 2008 年国民党"执政"以后，日台军事关系虽有一定降温但更趋"稳态"发展。日台持续军事互动不仅是日本遏制中国的一张牌，同时也是台湾对大陆的一个重量级筹码。在这一方面，国民党与民进党采取了同样策略。马英九上台后，在承袭保留前期台日军事交流机制的基础上，进一步强化巩固台日军事关系，双方军事交流层级、地位均有较大提升。台日间的情报交流日渐增多，逐步由后台走到前台、由秘密转向公开，朝常态化和机制化的方向发展。① 据台湾《联合晚报》报道：中日钓鱼岛争议尚未落幕，台日军事情报交流仍保持常态，如在 2012 年 10 月中旬台湾海军代表团赴日与日本海上自卫队举行情报交流会议。台日军事情报交流会议每年固定在日本举行，为期五天。②

不过，两岸关系改善，马英九宣布"不统、不独、不武"，以及日本防范和遏制中国的军事部署突显防范两岸统一的战略意图，改变了陈水扁当局为寻求日本支持"台独"加强对日政治、军事合作的态势，日台之间的战略互信水平随之下降。③ 2010 年 5 月，日本单方面强行修改与那国岛"防空识别区"（ADIZ）规则就是实例。④

2012 年 1 月 14 日，马英九再次当选台湾地区领导人。9 月 11 日，日本实施钓鱼岛"国有化"，中国与日本领土争端空前激化。⑤ 马英九亦强调"一寸都不会让步"。⑥ 然而，2013 年 4 月 10 日，"日台渔业协议"签署，日台关系复位；5 月 2 日，马英九高调宣称："现在的台日关系处于 60 年来最好的状态。"⑦

2014 年 2 月 17 日，自民党"促进日本台湾经济文化交流年轻议员之会"决定，将以制定所谓日本版"与台湾关系法"为目标，作为日本与没

---

① 史坤杰：《警惕台湾和日本间军事情报交流》，华夏网，http://www. huaxia. com/thpl/mtlj/，2013 年 10 月 8 日。

② 《台媒称台日军事交流 10 月举行互换解放军机舰情报》，环球网，http://taiwan. huanqiu. com/taiwan_ military/，2012 年 9 月 31 日。

③ 李秀石：《马英九上台后的日本对台政策》，《日本学刊》2010 年第 5 期。

④ 《"与那国岛"台湾防空识别区或将被日本划归管理》，东南网，http://www. fjsen. com/b/，2010 年 5 月 27 日。

⑤ 《台当局派驻日本办事机构负责人向日方严正抗议》，中国新闻网，http://www. chinanews. com/tw/，2012 年 9 月 11 日。

⑥ 《马英九出席"七七事变 75 周年"特展开幕典礼暨记者会》，http://www. president. gov. tw/，2012 年 7 月 7 日。

⑦ 《马英九称"台日关系"处于 60 年来最好时期》，环球网，http://taiwan. huanqiu. com/news/，2013 年 5 月 3 日。

有正式官方关系的台湾加强关系的法律依据。① 7 月 1 日，民进党"立委"萧美琴在第四届"台美日三边安全对话研讨会"上称，日方应拿出政治智慧，仿效美国"与台湾关系法"，借此为台日安全合作创设法律基础。②

2014 年 4 月 1 日，安倍内阁以"防卫装备转移三原则"取代原来的"武器出口三原则"，大幅放宽出口武器的限制。长期徘徊之日本对台出售潜艇问题再次成为焦点。不论陈水扁时期还是马英九时期，台湾军方一直密切秘密与日本联络，探讨日本潜艇技术转让台湾的可能性。7 月，安倍访问澳大利亚，日澳签署协议，日本向澳转让"苍龙"级潜艇技术。同时日本表示愿意把相应的技术循澳大利亚的模式出让给台湾。③ 美国对此予以"默认"。④ 11 月 20 日，日本军事评论家北村淳在日文网络媒体 JBpress 上发表题为"提供潜舰技术，协助台湾脱离困境"的评论，公开倡议日本应对台湾提供潜舰技术，因为台湾的防卫与日本安全"息息相关"。⑤

（二）日台军事关系的特质与未来走向

当下日本政坛推崇的"价值观外交"⑥ 是拉近日台军事关系的强力纽带及"台日价值同盟的新基础"，⑦ 而促使日本形成"价值观外交"和"自由繁荣之弧"设想的主要外部因素是美国的地缘战略。⑧ 近年来，日本反复强调海洋国家必然与大陆国家对抗的所谓"海陆对抗论"，并把台湾定位为日

---

① 《日政客欲推"日本版台湾关系法"》，搜狐网，http://roll.sohu.com/20140219/n395253548. shtml，2014 年 2 月 19 日。

② 《民进党"立委"：日本应仿美国制订"台湾关系法"》，网易网，http://news.163.com/14/0702/11/A057SR3D00014AEE.html，2014 年 7 月 2 日。

③ 《日本已无视大陆军方愤怒，欲售台湾最强潜艇》，凤凰网，http://news.ifeng.com/a/20140710/41103204_0.shtml，2014 年 7 月 10 日。"澳大利亚拟斥资 390 亿美元造潜艇，多国抢订单"，新华网，http://news.xinhuanet.com/2015-02/22/c_127510794.htm，2015 年 2 月 22 日。

④ 《台媒：台湾求购日本亲潮级潜艇 美国已默许》，凤凰网，http://news.ifeng.com/a/20150205/43108704_0.shtml，2015 年 2 月 5 日。

⑤ 《日本专家：台日安全"息息相关"应助造潜舰》，中国台湾网，http://www.taiwan.cn/taiwan/jsxw/201411/t20141121_8091160.htm，2014 年 11 月 21 日。

⑥ 2006 年 11 月 30 日，时任日本外相的麻生太郎发表《创建自由与繁荣之弧》的演讲，提出日本要推动、重视具有自由、人权、民主主义等普遍价值的"价值观外交"。引自麻生太郎《〈自由与繁荣的弧〉をつくる-拡がる日本外交の地平》，日本国际问题研究所セミナー讲演，日本外务省网站，http://www.mofa.go.jp/mofaj/press/enzetsu/18/easo_1130.html。

⑦ 蔡锡勋：《台日关系的本质》，http://s95.tku.edu.tw//，2007 年 6 月 14 日。

⑧ 刘江永：《论日本的"价值观外交"》，《日本学刊》2007 年第 6 期。

本海洋国家战略的重要一环。东京基督教大学西冈力教授（安倍晋三的“价值观外交”智囊之一）强调：台湾的战略价值对日本来说比对美国更重要。因此，要从“价值观外交”出发，制定日本版“与台湾关系法”，像美国那样通过国内法明文确定保护台湾的“民主”。① 此为鼓吹日台军事关系的“制度化”理论之一。

就台湾对于日本的地缘重要性而言，战后乃至后冷战时期，日本石油运输的主要通道均是中东至东亚的海路，即“波斯湾—阿拉伯海—印度洋—马六甲海峡—南中国海—台湾海峡—日本”一线。日本石油进口的90%和各类货物运输的40%都是通过这条航运线。② 因而从现实利益看，日本始终认为，“台湾对日本的安全来说，是最后的生命线”。③ 2000 年 8 月，日本外相河野洋平在中共中央党校演讲时称：“台湾海峡的和平与安定对于日本而言具有生死攸关的重要性。”④ 2011 年以来，随着“日本核电站的停止运转，日本天然气、石油等火力发电燃料的进口量大幅增加”。⑤ 未来日本军事力量深度介入台海局势乃是不容置疑的趋势。

迄今，由于日本宪法规定日本禁止行使集体自卫权，因此一旦台海发生危机，日本只能为美军提供后勤和情报支持。2015 年 4 月 27 日，以“无缝对接”和“覆盖全球”为特征的美日防卫合作指针正式公布;⑥ 5 月 14 日，安倍内阁通过包括解禁集体自卫权等内容的新安保法制相关法案;⑦ 15 日，美国众议院通过决定 2016 财年（2015 年 10 月至 2016 年 9 月）国防预算框架的《国防授权法案》，宣称“支持包括解禁集体自卫权在内的日本防卫政策变动”。⑧ 随着日美军事一体化，日本已完全突破不能直接军事介入台海危机的法律约束。

---

① 西冈力：《北朝鲜の核・拉致は解决ごきる》，PHP 研究所，2006，第 130 页。

② 李政：《日本保障海上生命线安全的研究》，《生产力研究》2010 年第 5 期。

③ 中西辉政：《台湾是日本的生命线》，日本《呼声》月刊 2004 年 4 月号。

④ 《河野外务大臣讲演——真の友好协力パートナーシップを求めて》，日本外务省网站，http://www.mofa.go.jp/mofaj/press/enzetsu/12/ekn_0830.html。

⑤ 橘川武郎：《“威胁”安倍经济学的日本能源问题》，杨雪婷译，《东北亚学刊》2015 年第 1 期。

⑥ 《美日公布新防卫指针，合作范围扩大至全球规模》，新华网，http://news.xinhuanet.com/world/2015-04/29/c_127743540.htm。

⑦ 《日本通过新安保法案解禁集体自卫权，将提交审议》，凤凰网，http://news.ifeng.com/a/20150515/43763526_0.shtml。

⑧ 《美众议院通过方案 支持日本解禁集体自卫权》，中国台湾网，http://www.taiwan.cn/xwzx/gj/201505/t20150517_9820680.htm，2015 年 5 月 17 日。

综上所述，21 世纪日台军事关系的发展，突显日本在台海问题上的战略介入在加深。日本出于与中国争夺东亚地区主导权的地缘政治考虑，最不愿意看到台海两岸和平统一，力图通过密切与台湾的军事联系，维持台海现状并获取最大之战略利益。近年来日台军事合作亦证实日本对台湾海峡的关注始终是国家性战略行为，日本继续在周边重大利益与主观的核心利益之间徘徊。在安倍经济学风险日益凸显的背景下，日本担忧中国"一带一路"战略对其造成巨大冲击，由此，以军事互动来加强日台关系，是其制约中国（亦平衡日美关系）的一个战略考量。

随着台湾 2016 年初"大选"结束，台湾"政权"再次更迭，日台军事关系亦会有新的动态。联系跌宕起伏的东亚及国际局势看，除非台海两岸实现完全的统一，在可以预见的未来，日台军事关系将继续保持稳态发展势头，而且，"在一定程度是一个无法完全遏制的过程"。[①] 所以，我们必须未雨绸缪、安不忘危，做好应对任何危机与风险的全方位准备。

（作者单位：中国社会科学院近代史研究所）

---

① 巴殿君：《冷战后日本对台政策研究》，第 160 页。

海峡两岸中学历史教育之抗战史比较研究

——基于现行课标及教材的观察

薛伟强

提　要　历史教育尤其是中学历史教育在凝聚两岸共同历史记忆中所扮演的重要角色，是其他任何途径无法取代的。有关抗日战争，海峡两岸的课程标准、教材观点、重点史实叙述等诸多方面异多同少，尤其是关涉国共关系时，两岸基于各自立场看法迥异。意识形态差异是凝聚两岸共同历史记忆最大的阻碍。台湾历史教材的内容虽然视野广阔，但抗战史部分并未重点讲抗战，而是刻意淡化国军抗战英勇事迹及日军侵华暴行，对共产党领导的敌后抗战更是避而不谈。这当然与台湾多年的"蓝""绿"恶斗、"台独"势力猖獗的特殊政治生态有关。相较而言，大陆教科书不吝篇幅描述国民党军队正面战场英勇抗战，显然大度有加。海峡两岸应努力克服意识形态束缚，在"共享史料、共写史书"的基础上，共同编写中国历史教科书，以此凝聚两岸共同历史记忆，促进两岸同胞心灵相通。

关键词　海峡两岸　抗战史　中学历史教育　比较研究

长期以来，由于意识形态、学术研究、课程标准及其他因素的影响，祖国大陆和台湾地区在许多两岸共同的历史的教育上大有不同。而历史教育是形塑集体记忆与民族认同的重要手段，从某种程度上讲，现代公民具备什么样的历史观，将会深深影响现代国家的政治走向。因此，历史教育尤其是中学历史教育在凝聚两岸共同历史记忆中所扮演的重要角色，是任何其他学科无法取代的。

随着时代发展与社会变迁，两岸的历史教育都出现了新的变化。2014年底，笔者有幸到台湾访学半载，深入宝岛历史教育一线考察访谈，搜集了大量相关资料。在此，笔者试析两岸中学历史教育之抗战史的异同。本文主要依据大陆现行初高中《历史课程标准》及新课标教材，以及台湾现行《国民中小学九年一贯课程纲要——社会学习领域》、《普通高级中学课程纲要——历史科》及相关初中社会、高中历史教科书。

一 课程标准

课程标准是学科教育的纲领性文件，号称课程"宪法"，它决定了一门课程的根本方向和具体内容。大陆 2001 年版初中历史课程标准有关抗日战争的要求为："知道九一八事变，了解中国局部抗战的开始；知道西安事变，理解和平解决西安事变的意义。简述七七事变的史实，认识国共第二次合作的实现和全民族抗战的意义。以侵华日军南京大屠杀等罪行为例，认识日本军国主义凶恶残暴的侵略本质。列举正面战场和敌后战场的抗日史实，体会中国军民在抗日战争中英勇顽强、不怕牺牲的精神。了解中国共产党第七次全国代表大会的主要内容。"[1] 2011 年版新增"探讨抗日战争胜利的历史意义"。[2] 2003 年高中历史课程标准为"列举侵华日军的罪行，简述中国军民抗日斗争的主要史实，理解全民族团结抗战的重要性，探讨抗日战争胜利在中国反抗外来侵略斗争中的历史地位"。相对初中而言，大陆高中课标似乎更为精简。

台湾地区的历史课程纲要自李登辉、陈水扁"执政"起频繁修订，他们以所谓"同心圆理论"为依据，在 1994 年、2002 年、2004 年分别进行了"去中国化"的大变动，连续压缩中国史、增加"台湾史"，逐渐将中小学历史教科书中有关台湾的历史从中国史中分离独列，"台湾史"作为中小学历史教育的首要内容，与中国史、世界史并列。2008 年国民党马英九胜选执政后，历史教科书在内容方面，又逐次有部分微调。

台湾现行初中历史课标包含于 2008 年《九年一贯公民与社会课纲》中，抗日战争属于中国史中"民国以来的历史变迁"一目，2005 年课纲仅有"说明侵华战争"，2007 年修订为"说明日本侵华战争"。相较而言，高中部分内容显然充实得多。2009 年课标为"民国以来，中、日关系可说是中国国际关系中最重要的一环，攸关中国内部发展。本节可依以下要点探讨：①民国以来日本对于中国的影响，以及侵华行动在其国家战略中的位

---

① 《义务教育历史课程标准（实验稿）》，北京师范大学出版社，2001，第 16 页。
② 《义务教育历史课程标准》，北京师范大学出版社，2012，第 20 页。

置；②中国因中日战争确立的国族主义与传统华夏概念的异同；③中日战争的历史意义与对日后中国社会政治情势发展的影响"。① 目前使用的 2011 年课标要求为："说明日本侵华的经过及暴行；中华民国从独立作战到与同盟国并肩作战的演变。叙述国民政府在外交上的成就，如废除不平等条约、参与联合国的建立；说明抗战时期政府机关、学校、工厂的迁徙与人民生活。"②

可以看出两岸课标有明显区别。首先是表述方式不同。大陆课程标准更加注重细节，明确了九一八事变、西安事变、七七事变和南京大屠杀等具体事件。而台湾课标多使用概括性的表述，尤其是初中课标太过简略，仅有 8 个字。其次是视角不同。大陆课标从中华民族的角度，突出全民族的抗战，强调国民党领导的正面战场和共产党领导的敌后战场这两个战场。台湾地区课标则是从国民党统治集团的角度，强调国民政府和蒋介石在抗日战争中的突出地位和作用，完全忽视共产党的抗日贡献。最后是情感态度价值观不同。虽然两岸课标都要求说明日本侵华的暴行，但大陆明确突出日本侵华的凶恶残暴及中华民族抗日战争的正义性、民族性、英勇性，而台湾更趋向中立的态度。这些分歧和差异在海峡两岸根据各自课标所编写的教材里体现得更为突出。

二 观点与视野

（一）抗日战争断限

关于抗日战争断限，学术界有 8 年抗战说、14 年抗战说以及 50 年抗战说。大陆教材普遍认同九一八事变后中国开始了局部抗战，七七事变后进入全国（全民族）抗战时期。高中人教版和人民版分别通过课后思考题及"世界人民反法西斯战争时间统计表"明确抗战起于 1931 年，止于 1945 年，计 14 年。③ 未明确 14 年或仍明言 8 年抗战的其他教材也都由 1931 年九一八事变开始讲述抗日战争。

台湾教科书无一例外地采用了 8 年抗战说，即将抗战时间确定为1937～

① 《普通高级中学课程纲要——历史科》，2009，第 99 页。
② 《普通高级中学课程纲要——历史科》，2014，第 14 页。
③ 《普通高中课程标准实验教科书·历史必修一》，人民教育出版社，2007，第 77 页；《普通高中课程标准实验教科书·历史必修一》，人民出版社，2009，第 41 页。

1945 年。主要原因当是此前的十年（1927～1937）在台湾被划入"十年建设时期"。其间，国民政府"推动各项建设，但遭逢中国共产党的挑战，以及日本一连串的侵略"。国民政府"面对日本侵略，自知实力不足，极力避免冲突扩大，坚持'攘外必先安内'的原则，全力进行剿共"。① 但国民党"内部无法团结合作，且当时日军也频频发动九一八、一·二八等事件加以阻挠，共军也采取游击战术，导致一直剿共无成"。②

台湾教科书显然仍坚持国民党正统立场，对于不抵抗政策一味肯定，视中共为最大的"内患"，而日本一连串的侵略，似乎主要目的就是阻挠"剿共"，不足以划入战争状态。台湾在战后 70 多年仍坚持敌对思维，且轻描淡写七七事变前日本一系列的侵略，殊为不妥。反观大陆，虽然此前也长期流行 8 年抗战说，把 1927～1937 年列入十年内战时期，然 21 世纪以降，基于中华民族视角的 14 年抗战的观点逐渐得到广泛认同，明显大有进步。

（二）抗日战争的关注重点

大陆教科书主要涉及抗日救亡运动、全民族抗战、日军滔天罪行及抗战胜利四个方面。初中教材多安排 3～5 课时（含一节活动课），而高中至少有一课时。例如，高中人教版分全民族抗战、日军的滔天罪行和抗战的胜利三个子目；高中人民版分侵华日军的罪行、关内关外的抗日救亡运动、全民族的抗日战争和抗日战争的伟大胜利四个子目。在课时上，大陆教科书出现了少有的初中多高中少的倒挂现象，故对某些史实的表述方面，初中教材反而更为详尽。视角、领域方面，初、高中没有明显区别，都是主要基于共产党立场，以国民党、共产党、日本三方为中心，集中在抗日战争政治及军事层面。抗战时期经济建设和社会民生方面，初、高中教材几乎都不涉及，高中虽然另有经济史专题和文化史主题，但涉及抗战时期的内容寥寥无几，连以前统编教材必讲的根据地经济建设也只有华东师大版（初中教材）带过一笔。

台湾初、高中课标与大陆的明显差异决定其教材的大不同，初中一般为 2 页 3 小目，主要包含抗战爆发（卢沟桥事变起）与过程、与盟军合作、日本无条件投降。高中一般 6 页，3～4 大节，详述战争起源及经过、外交

---

① 《国民中学·社会》2（下），台南：南一书局，2013，第 114～115 页。

② 《普通高级中学·历史》第 3 册，台南：翰林出版事业股份有限公司，2013，第 33 页。

成就及社会民生三大方面。高中教材基于初中的螺旋深入非常明显。视角、领域方面，都是完全基于国民党立场，以国民党、日本、反法西斯同盟三方为中心。在军事、政治之外亦注重战时社会民生，包括政府机关、学校及工厂的内迁和战时生活与民生经济。相比之下，大陆教材有缺乏经济民生方面内容的局限，而台湾教科书对抗战具体过程及日军的残暴明显重视不足。

（三）抗日战争的全球视野

中国的抗日战争是世界反法西斯战争的重要组成部分，因此中国战场与世界反法西斯战争其他战场是紧密联系在一起的。大陆教材虽然也有相关认识，但具体的全球视野的表述少而又少，包括理应触及的世界反法西斯战争相关情势，也较少涉及，重心一直放在国民党、共产党、日本三方。相较而言，台湾地区的教材更具世界眼光。

台湾高中教科书讲述抗战背景多由甲午战争始。"近代日本与中国的军事冲突"，始自甲午战争。第一次世界大战，"更给了日本兼并山东的机会"。华盛顿会议后，日本"成为全球第三大海上霸权"。[①] 甲午战后，"日本向外发展，不论是'北进'攻向俄国西伯利亚；或是'南进'指向欧美南洋殖民地，都需要侵入中国，这是远因"。[②] 论及抗战后期，台湾教材都会联系"同盟国合力抗日"和"第二次世界大战"，包含珍珠港事件、同盟国形成、中国战区、中国远征军、开罗会议、雅尔塔会议、美苏助战、外交成就、中国国际地位的提高等，着力阐明中国抗战同世界反法西斯战争的联系。

从台湾教材可以看出，中国不但在本土积极抵抗日本法西斯，也间接配合了其他战场的世界反法西斯战争。在亚洲其他地区，中国也直接参与了世界反法西斯同盟的战争。这些内容很明显有助于更加全面评价中国在世界反法西斯战争中的作用，也是大陆没有触及或者很少提及的，值得借鉴。

但是台湾的全球视野也存在一定局限。矛盾之处在于，一方面，他们重点强调抗战前期"中国独力对日作战"，却对淞沪会战以外的具体的抗日战斗少有着墨，也几乎未对国军抗日英雄的具体事迹进行描述；至于中共

---

① 《普通高级中学·历史》第 3 册，台南：翰林出版事业股份有限公司，2013，第 34 页。
② 《普通高级中学·历史》第 3 册，台北：三民书局，2013，第 39 页。

领导的敌后战场的贡献及其他爱国人士、民主党派的支持，他们更是避而不谈，在客观上无疑贬抑了中国人民在世界反法西斯侵略战争中的作用。另一方面，大肆渲染"盟军合作、友邦援助"对抗战取胜的积极意义，这与此前字里行间欲突出的"蒋介石及国民政府是抗战胜利的决定力量"显然矛盾，难免有"喧宾夺主"之嫌。

（四）抗日战争的领导权和国共功绩

由于众所周知的原因，两岸关于抗日战争最大的分歧莫过于此。台湾现行教材字里行间突出蒋介石及国民政府是抗战胜利的决定力量，无论初高中教科书，凡论及七七事变后八年抗战，通篇几乎连"中共"二字都不会出现。没有平型关大捷、百团大战，没有游击战、反"扫荡"，更没有抗战后期敌后战场的大反攻，共产党敌后抗战被完全抹杀。根据课纲要求，各版本高中教材都会专设一节讲述国民政府在抗战期间取得的外交上的成就，重点是"废除不平等条约、开罗会议、参与联合国建立"，以凸显国民政府及国民党之功绩。但在其后的国共内战，一定言及中共在八年中日战争中"趁机壮大势力"，抗战后又获苏联援助，实力已足以威胁国民党的统治。虽然"共匪""朱毛"等极端敌视词语不再出现，但蒋介石迁台以来的扬国（民党）贬（反）共（产党）基调未有本质改变，许多教师也津津乐道原编译馆统编教材明载的中共采取"七分发展，二分应付，一分抗日"的策略。①

大陆教材认为"中国国民党和中国共产党领导的抗日军队，分别担负着正面战场和敌后战场的作战任务，形成了共同抗击日本侵略者的战略态势"。② 教科书认同"两个战场基本上是相互配合的"，"在抗日战争初、中期，国民党的正面战场发挥了重要作用"；③ "中华民族团结一致，共御外敌，洗雪了鸦片战争以来的民族耻辱"。④ 无论是在抗战初期，还是抗战中后期，国民党军队英勇抗日都有涉及。正面战场上四大会战全覆盖，大象版及市场占有率最高（过半）的人教版还专节论述了中国远征军。大陆教科书也

---

① 一些高中教师备课用书现在仍明载，如《普通高级中学·历史第三册备课用书》（上），台北：三民书局，2013，第163页。

② 胡锦涛：《在纪念中国人民抗日战争暨世界反法西斯战争胜利60周年大会上的讲话》，《人民日报》2005年9月4日。

③ 《普通高中课程标准实验教科书·历史必修一》，岳麓书社，2011，第85页。

④ 《普通高中课程标准实验教科书·历史必修一》，人民出版社，2009，第40页。

普遍强调"敌后战场发展成为抗日战争的主要战场"，①"中国共产党……抗击了半数以上的侵华日军，成为抗日战争的中流砥柱"，② 相较于台湾抗战史完全遮蔽中共力量的重大缺陷，大陆显然大度有加，虽然还有改进余地，但仍值得赞许。

三 重点史实叙述

（一）九一八事变

关于九一八事变，台湾地区高中教材翰林版言：1931 年 9 月 18 日，以"保护铁路和租借地"为名，驻扎在中国东北的日本军，径自出兵攻占沈阳，史称"九一八事变"，东北全境随即沦陷。③ 三民书局、龙腾文化和康熹文化等版本的表述也基本相同。大陆高中教材人教版载：1931 年，日本侵略军制造九一八事变，炮轰中国东北军驻地，攻占沈阳。不到半年，侵占整个东北。④

可以看出，两岸的观点基本一致，即九一八事变由日本蓄意挑起，日军是战争的发起者。此后的相关表述，海峡两岸也基本接近。九一八事变之后，1932 年 1 月，日军以保护日侨为由在上海发动"一·二八"事变。1932 年 3 月，日军扶植溥仪，成立傀儡政权"满洲国"。

（二）西安事变

由于西安事变直接关涉国共两党关系，两岸的看法分歧较大。关于西安事变爆发的原因，台湾方面表述为："张学良受到中共'停止内战、共同抗日'宣传的引诱，于 1936 年 12 月 12 日绑架软禁蒋中正，胁迫蒋中正停止剿共转而抗日。"这是台湾教材普遍的看法。⑤ 言下之意是，中共有预谋、有计划地对张、杨进行策动，从而打乱了国府既定的"攘外必先安内"政策，显然认为共产党是罪魁祸首。大陆教材认为 1935 年华北事变之后，中日矛盾上升为主要矛盾。"民族危机的加深，使国民党政府内部发生了分化。1936 年

---

① 《普通高中课程标准实验教科书·历史必修一》，人民出版社，2009，第 41 页。
② 《普通高中课程标准实验教科书·历史必修一》，人民教育出版社，2007，第 76 页。
③ 《普通高级中学·历史第三册》，翰林出版社，2013，第 34 页。
④ 《普通高中课程标准实验教科书·历史必修一》，人民教育出版社，2007，第 74 页；
⑤ 《普通高级中学·历史第三册》，三民书局，2013，第 40 页。

12 月 12 日，张学良、杨虎城发动西安事变……并通电全国，呼吁停止内战，一致抗日。"① 认为根本原因是民族危机的加深，张、杨是顺势而为。

有关西安事变的解决，台湾康熹版教科书认为，"张学良的兵谏却未在全国引起共鸣，苏联考虑到为避免腹背受敌……于是电会中共必须促使张学良释放蒋中正，否则将舍弃中共，支持国民政府抗日。在周恩来、宋美龄等人的协调下，蒋的态度软化，允诺暂停内战，张学良终于释放了蒋中正"。② 言下之意为：张学良发动兵谏违背了民意；中共并不是真心想放蒋，而是出于苏联的压力才被迫释放。翰林版则大大简化此方面内容，只说"蒋最后同意张学良要求，停止剿共。张学良亲自护送蒋返回南京，蒋遂将政策改为'联共抗日'"。③ 三民版表述大致相同。似乎事变的解决仅仅是蒋、张二人之事，蒋的作用尤为关键。大陆教材强调"中国共产党正确分析了西安事变后的形势和可能出现的前途，从全民族利益出发，提出了和平解决西安事变的正确方针"。④ "在中国共产党的斡旋下，蒋介石被迫接受张、杨的主张。"⑤ 实际上，西安事变得以和平解决是国内张杨、蒋宋、中共，以及国际美英、苏联等多方面诸因素合力作用的结果。忽视任何一方作用的观点都是不符合历史实际的。

对于西安事变和平解决的影响，海峡两岸均认为其促使了国共进行第二次合作。大陆方面对其做出了高度的评价，认为其拉开了国共两党由内战到和平、由分裂对峙到合作抗日的序幕。但台湾方面强调："处于陕北一角的中共因而重获生机，国民政府停止剿共……展开第二次国共合作"；⑥ "中共得到喘息机会，不致被消灭；中共利用国共合作及八年抗战机会，发展扩大。日本认为蒋有抗日的决定，加速侵华步伐……"⑦ 明显仍视张学良为国民党一大罪人，对中共含有敌意，很难说是正面的评价。

（三）全面抗战过程

1937 年 7 月 7 日卢沟桥事变爆发，中国进入全国抗战阶段。在抗日民

① 《普通高中课程标准实验教科书·历史必修一》，岳麓书社，2011，第 84 页。
② 《普通高级中学·历史第二册》，康熹文化事业股份有限公司，2009，第 196 页。
③ 《普通高级中学·历史第三册》，翰林出版社，2013，第 34 页。
④ 《义务教育课程标准实验教科书·中国历史八年级上册》，四川教育出版社，2004，第 84 页。
⑤ 《普通高中课程标准实验教科书·历史必修一》，人民出版社，2009，第 38 页。
⑥ 《国民中学·社会 2 下》，翰林出版社，2012，第 121 页。
⑦ 《普通高级中学·历史第三册备课用书上》，三民书局，2013，第 127 页。

族统一战线的旗帜下，国共两党合作抗日，分别在正面战场和敌后战场与日军进行了长期的战斗，沉重打击了日本侵略军。台湾历史教材一般将抗战划分为三个阶段：第一期皆由七七事变至1938年武汉会战；第二期到太平洋战争爆发或1945年收复桂林；第三期起于太平洋战争或1945年8月，至日本投降。① 这与大陆教材的防御、相持、反攻三阶段基本一致。

关于淞沪会战，两岸的意见较为统一：40余万国民党军队与20多万日军在上海及其周围地区激战三个月。淞沪会战打破了日本三个月灭亡中国的狂妄计划。中国以空间换时间，为日后的持久抗战奠定了物质基础。

但台湾教科书对于淞沪会战以外的具体的抗日战斗少有着墨，大多是一带而过。这使得字里行间欲突出的"蒋介石及国民政府是抗战胜利的决定力量"如无源之水。如翰林版写道："1938年，日军沿长江西进，爆发武汉会战。国军达成'空间换取时间'之目的后，撤出武汉。"② 三民版更为简洁："对于日本的侵略，国民政府以'抗战'为名，号召全体军民共同奋起抵抗。"③ 其后，再也没有提到具体的战役，也几乎见不到抗日英雄的具体事迹，连李宗仁、佟麟阁、张自忠等国民党抗日名将的姓名都很少出现，更不用说提到共产党领导的敌后抗战了。

相比之下，祖国大陆的历史教材对此处理得较为合理。无论初、高中，既有正面战场和敌后战场的数次典型战役，亦有全国各界的抗日英模事迹，初中比高中更为详细，提及国民党将士十余人，如马占山、蔡廷锴、金振中、申仲明、姚子青、谢晋元、冯玉祥、王铭章、池峰城、李宗仁、张自忠等，与台湾教材连国军英模姓名都少见形成鲜明对比。

人民版教材详述《国民政府自卫抗战声明书》、抗日民族统一战线、中共全面抗战路线、淞沪会战、台儿庄大战、百团大战，略载平型关大捷、太原会战、徐州会战、张自忠枣宜会战殉国、蒙古抗日游击队、回民支队。

人教版教材历来都以精简著称，但是对于抗战的叙述却不惜笔墨，不仅简介国军四大会战、抗战进入相持阶段；还详述七七事变、抗日民族统一战线、中共全面抗战路线、姚子青坚守宝山、谢晋元奋战四行仓库、马本斋回民支队、百团大战。更为难得的是，人教版还用近150字专门描述了

① 《普通高级中学·历史第二册》，第196~198页；《普通高级中学·历史第三册备课用书》（上），三民书局，2013，第131页。
② 《普通高级中学·历史第三册》，翰林出版社，2013，第36页。
③ 《普通高级中学·历史第三册》，三民书局，2013，第41页。

中国远征军："除在中国境内作战外，我国军队还开辟国外战场。……中国政府派遣远征军到缅甸，同日军作战。……救出被围英军七千多人。1945年初，在英美军队配合下，中国远征军击败侵缅日军。"① 通过叙述中国远征军入缅作战，可以使学生更加深刻地了解到中国抗战的伟大，同时有利于改变学生对国民党军队的负面看法。

对于中国八年惨烈的全面抗战过程，台湾初高中教材容量差别不大，一般只有 4 小段约 500 字，约为 1/4 课时。大陆高中教科书至少有 1 课时，10 余段约 1500 字。初中教科书至少 2 课时，多则 3 课时，3500 ~ 6000 字。大陆的教材容量是台湾地区的 3 ~ 12 倍。台湾地区历史教材的这种淡化处理显然有失公允，既不能充分体现"中国独力抗战"之艰辛，也不能生动展示国民党抗战的具体功绩，更不能勾画全民族抗战的宏伟和悲壮。

（四）日军的残暴罪行

日军在侵华过程中公然违背国际法，犯下了滔天罪行，可谓空前绝后，罄竹难书，这当然应该是历史教育的重点。除台湾初中课纲外，海峡两岸的课程标准对日本侵华罪行都有明确要求，但二者教材的实际编写情况大相径庭。

日军最惨绝人寰的罪行莫过于南京大屠杀，关于这场人类浩劫，大陆和台湾教材均有提及。台湾地区教材对于南京大屠杀的描写相对简略，多为一句话，少数会再配一张"日军杀人比赛"图。台湾关于遇难人数有三种观点。第一种以龙腾文化版、全华版和康熹文化版为代表：日军于 12 月占领南京，随即展开大屠杀，凌虐杀害约 30 万名军人和百姓，成为现代战争史上令人发指的大暴行；② 第二种则以翰林版为代表："日军攻入南京城后，针对已经解除武装的中国军警、可能参加抗日活动的青壮年，甚至一般贫民，进行大规模的集体屠杀，性侵暴行也频频发生。混乱前后持续 6 个星期，战后经远东国际法庭判定死者高达 20 万人以上。"③ 第三种以三民书局版为代表："首都南京在同年 12 月沦陷后，日军发动惨无人道的暴行，

---

① 《普通高中课程标准实验教科书·历史必修一》，人民教育出版社，2007，第 76 页。
② 《普通高级中学·历史第二册》，龙腾文化事业股份有限公司，2007，第 218 页；《普通高级中学·历史第二册》，全华图书股份有限公司，2007，第 202 页；《普通高级中学·历史第二册》，康熹文化事业股份有限公司，2007，第 197 页。
③ 《普通高级中学·历史第三册》，翰林出版社，2013，第 36 页。

罹难者难以计数，史称'南京大屠杀'。"① 相对于台湾教科书，大陆教科书对于南京大屠杀遇难人数的记载是统一的：1937 年 12 月，南京沦陷，日军对放下武器的中国军人和手无寸铁的中国平民进行了长达六周的杀戮，30 万人被杀害，还有大量的中国妇女惨遭蹂躏。

令人费解的是，在南京大屠杀之外，台湾地区教科书对日军其他一系列令人发指的暴行几乎只字未提。相反，大陆教材严格依照课标，详细列举侵华日军的一系列罪行，用血淋淋的事实来控诉日军反人类行径。例如初中教材多用 1~2 页篇幅从多角度描述南京大屠杀，其中，川教版还详述 1932 年抚顺大屠杀、日军细菌战，课后还有收集阅读日军侵华暴行的课外活动。高中人教版以 4 段文字配 3 张图片的大篇幅详细介绍了南京大屠杀、1941 年潘家峪惨案及日军丧失人性的滥杀。岳麓版安排四段文字两张图详述南京大屠杀、731 部队细菌战、日军毒气战。

其实，日军的罪行何止于此，肆意凌辱妇女的慰安妇制度也不可忽视。中国是日本法西斯慰安妇制度的最大实施地，是日军设立慰安所最多的占领地。中国慰安妇人数最多，遭遇最惨，日军每侵入一地，便掳掠大量当地女子同行，被日军掳掠充当慰安妇的人数总计在 20 万以上。② 而相关内容在两岸中学历史教材（抗战部分）都未见到。

比较可知，有关日军侵华暴行，大陆地区教科书皆作为重点之一，给予大篇幅描述，点面结合，图文相配，能够给学生留下深刻印象。而台湾地区教材对于日军侵略造成的巨大伤害有意淡化，超然物外，似乎与自己无甚关联。

没有对历史的反思与批判，便不会有对现实的超越和创新。日本侵略的罪行绝不容忽视，只有如此，当代中学生才能明白战争的罪恶、和平的可贵。侵略的错误或可原谅，历史的真相不能遗忘。我们不是要挑起仇恨，而是要谴责侵略；不是要炫耀胜利，而是要追求和平；不是要维护一国一族的私利，而是要反思人类共同的命运。

四 结语

通过以上诸多对比可以看出，意识形态差异是凝聚两岸抗战史共同记

---

① 《普通高级中学·历史第三册》，三民书局，2013，第 41 页。
② 苏智良：《侵华日军慰安妇制度略论》，《历史研究》1998 年第 4 期。

忆最大的阻碍。诸多观点与内容异多同少，尤其是关涉国共关系时，两岸基于各自立场看法迥异。

台湾历史教材的内容虽然视野广阔，但抗战史部分并未重点讲抗战，而是刻意淡化国军抗战英勇事迹及日军侵华暴行，对共产党领导的敌后抗战更是避而不谈，既不能充分体现"中国独力抗战"之艰辛，也不能生动展示国民党抗战的具体功绩，更不能勾画全民族抗战的宏伟和悲壮，"抗日战争"主题也就无法突出。比较而言，祖国大陆于国民党方面明显大度有加，进步很大。大陆教科书聚焦于抗战时期的政治和军事领域，通过大量笔墨详述抗战经过及日军的暴行，突出其艰苦卓绝、同仇敌忾，能够使学生在潜移默化中受到爱国主义教育，更加深刻地体会中华民族团结一致的重要性。

台湾地区历史教育的不足当然与台湾多年的"蓝""绿"恶斗、"台独"势力猖獗的特殊政治生态有关。如今的台湾，在连日本有没有"殖民"、台湾有没有人抗战、慰安妇是否被强迫这些常识上都会不断掀起轩然大波，而仇视、丑化祖国大陆的官方教科书及各种荒诞不经的社会言论却一直被视为理所当然。如此氛围下的历史教育，自然导致岛内的年轻人普遍对曾经是殖民侵略者的日本友好，却对血脉相连的祖国大陆漠然甚至敌视。台湾多年来不但根本不重视国民党军队的抗战贡献，甚至否定抗战、否定光复，以致马英九在出席 2015 年全岛优秀教师奖励（师铎奖）大会时都要强调，日本首相已公开为日本的侵略和殖民道歉，"加害人都道歉了，被害人却还在掩饰美化，会让国际觉得我们违反常识，甚至是媚日"。①

一个民族的历史依托历史教育建构和传承，具有官方性、权威性、普及性的历史教科书是其最重要的载体，它将民族记忆深深地植入青少年的精神世界。因此，几乎每一个国家（地区）都颁布了蕴含明确意识形态的中小学历史课程标准及教科书。对于历史教育而言，摒弃狭隘的历史观至关重要。抗日战争是全民族的抗战，70 多年后仍基于党派利益斤斤计较领导权和功绩，已经没有必要。多年来，中国人民的抗战往往被世界忽视。我们必须停止内争内耗，团结一致，向世界充分展示中华民族在世界反法西斯战争中的作用。因此，习近平主席于 2015 年 7 月提出，要推动海峡两岸史学界"共享史料、共写史书"，共同捍卫民族尊严和荣誉。海峡两岸应

① 《马英九谈台湾抗日：加害人都道歉　被害人却还美化》，http://www.chinadaily.com.cn/micro-reading/china/2015-09-25/content_14217673.html。

努力克服意识形态束缚，在"共享史料、共写史书"的基础上，共同编写中国历史教科书，凝聚两岸共同历史记忆，促进两岸同胞心灵相通。

（作者单位：江苏师范大学教师教育学院）

书　讯

《当代中国台湾史研究》

张海鹏、李细珠主编，中国社会科学出版社 2015 年 12 月出版，53.2 万字，108 元

该书对 1949 年以来中国大陆学界的台湾史研究进行系统总结，充分反映了 60 年来大陆学界有关台湾史研究的基本状况。全书分六章：第一章是关于台湾通史撰写及台湾史研究的理论方法等宏观问题的讨论，第二至六章则大致按时段叙述不同时期台湾史研究的状况，其中第二章为明以前台湾史研究，第三章为清代台湾史研究，第四章为日据时期台湾史研究，第五章为台湾光复与重建研究，第六章为 1949 年以后台湾史研究。每章大致包括三方面内容：一是按问题评述重要研究论著的学术贡献，厘清相关问题研究的发展脉络；二是概述重要研究资料的整理与出版情况，提供相关研究资料线索；三是指出既往研究中存在的不足及有待于进一步研究的问题，指明新的研究方向。这是台湾史学科建设的基础工程，对于学习和研究台湾史有重要参考价值。

清代福建台湾"林爽文事件"中的八旗官兵

——战争事迹的重要人物概述

吕柏良

提 要 清代台湾,自康熙帝将其收归版图之后,在行政区划上即隶属于福建,时间长达 200 余年。在地理上,台湾与漳州、泉州三地皆地处福建省南部,为传统的"闽南三府"之一。在族群上,此三者同为汉系闽南族群的活动区域。乾隆朝末,台湾府爆发了自清代以来福建省规模最大的一次动乱——"林爽文事件"。

关键词 "林爽文事件" 八旗官兵 福建台湾

众所周知,清高宗有"十全武功",其中,平定福建台湾的林爽文一事亦名列其一。清朝以八旗武功为重,清高宗的"十全武功",每一役多有大量八旗军政人员参与其中。发生于福建台湾的"林爽文事件"亦不例外,这是其能被清廷列入"十全武功"的重要原因之一。长期以来,学术界对此事件的研究,主要集中于起义的原因、性质、天地会与起义的关系。这些研究,基本围绕林爽文一方展开。至于对清朝一方进行的研究,则集中于乾隆帝的治乱用兵方略。而在军队的征调上,则仅止于福建绿营、四川"屯练降番"的调派等问题。有关八旗官兵在此事件中所扮演的角色,迄今未有人关注。这正是笔者撰写此文的出发点。本文先就清代福建台湾"林爽文事件"做一概述,然后分三部分,即事件发生时在台湾任职的旗籍官员、在幕后办理军机的中央与地方旗籍官员、由中央与各地调派赴台湾在前线冲锋陷阵的旗籍官兵,研究探讨各部分旗籍官兵在"林爽文事件"平乱过程中的参与作为,并进行特别事迹的描述、遗留文物形象的考证等,最后,就八旗官兵的贡献及其影响做一总结。

一 "林爽文事件"概略

乾隆五十一年（1786）十一月，福建省台湾府爆发"林爽文事件"。林爽文，原籍福建省漳州府平和县。他渡海来到台湾后，居住在彰化大里杙庄，垦田治产，家颇富饶。乾隆四十八年，参与天地会。此一变乱之发生，导因于天地会会众杨光勋与其弟杨妈世之不和，两方聚众械斗。事发之后，遭官府查缉，众人为求自保，遂由此而起事。不久，居于凤山之庄大田亦配合起事。适时，众人拥立林爽文为盟主，初建元"天运"，后改为"顺天"。[①] 有关林爽文与天地会的关系，刘平认为"林爽文起义是当时台湾社会暴力发展的产物，是拜把结合裂变的结果，天地会在其中充当了一个不自觉的主要角色"。[②] 当时，在事件爆发前，台湾一地的社会背景，主要为土地集中在官员手中，苛捐杂税众多，以及贪官污吏横行等。这些都是林爽文起兵抗官的根本原因。其中，就吏治而言，上至台湾镇总兵柴大纪，中至台湾知府孙景燧，下至各县知县等，皆是贪渎之辈。在形势的发展上，起义以福建台湾府为主，并旁及福建漳州府与浙江。在福建台湾，林爽文的阵营（以下简称"林营"）以迅雷之势，夺彰化、占淡水、下诸罗、取凤山、逼府城、势如破竹，所向披靡。甚至在高潮时期，除了台湾府城、诸罗县城以及鹿港、鹿耳门等处外，"林营"几乎控制了台湾全岛。其时，在福建漳州漳浦与浙江，亦皆有响应与支援者。[③] 在职业阶层的参与上，比较特殊的群体，有被迫帮助庄大田处理文书的生员，如简添德。[④] 在事件的性质上，学界各有其不同的见解。刘如仲认为"林爽文所建立的顺天政权，不是封建性政权，而是一个产生于农民起义过程中的农民革命政权"。[⑤] 陈碧笙认为"包括林爽文起义在内的清代台湾人民起义，不是反满的民族主义，也不是反对地主阶级的农民起义，而是以农民群众为主体的反对封建

---

① 连横：《台湾通史》卷31，1920~1921年排印本影印。

② 刘平：《天地会与林爽文起义之关系辨正》，《南京大学学报》（哲学·人文科学·社会科学）2000年第4期。

③ 刘如仲编著《台湾林爽文起义》，福建人民出版社，1980，第6~21页；《清高宗纯皇帝（乾隆）实录》卷1300，第14页，台北：华联出版社，1964。

④ 《军机处档·月折包》，台北故宫博物院藏，038813号，以下此档省略馆藏地。

⑤ 刘如仲：《试论林爽文顺天政权的性质及意义》，《中国历史博物馆馆刊》1981年第3期。

压迫的起义"。另外，陈孔立也持相同的见解。① 以上观点，主要是从阶级斗争的角度对"林爽文事件"进行论述。季云飞却认为"林爽文事件"是一场"企图分裂国家的事件"。② 这是从政治统独的角度进行论述。

二 在台湾任职的旗籍官员

在此次事件中，有关台湾在地"旗籍官员"（见表1）依应对态度，可分为以下三种：第一种，玩务失职者，如永福、左渊；第二种，尽忠职守者，如瑚图礼；第三种，力战阵亡者，如长庚、赫生额。

表1 清代"林爽文事件"中在台地的"八旗官员"

文官	永福【满洲正黄旗】、长庚【满洲镶蓝旗】
武官	瑚图礼【满洲镶黄旗】、赫生额【满洲镶白旗】、左渊【汉军正黄旗】、李步云【汉军正白旗】

资料来源：《清史稿》《八旗通志初集》《钦定八旗通志》。

（1）玩务失职者。永福，满洲正黄旗，时任福建省分巡台湾兵备道。变乱之初，他即与福建台湾镇总兵柴大纪调兵遣将，拨游击耿世文带兵，会同北路协副将赫生额、同知长庚、彰化县知县俞峻等官员，前往查拿。乾隆五十二年二月，永福亦曾派拨"义民"随军赴大湖一带，协同剿捕。③可惜的是，到了战事后期，当上层开始追究责任时，他即被福康安奏参，罪名包括海疆有事却不思出力报效、在台遇事颟顸预且毫无整顿、收受属员供应节礼而贪纵殃民，以及不加稽查官吏致放任总兵柴大纪贪赃等。后来，永福被抄没家产，一共抄出他于福建台湾道任上所赏财物至少712种。④

（2）尽忠职守者。瑚图礼，满洲镶黄旗，时任福建台湾镇标南路营参将。乾隆五十一年十二月十三日，"贼匪"攻扰凤山，他迎剿得胜，尽力穷追，不顾后路。另有"贼匪"由北面龟山乘虚扑进，遂致失守。旋于十二月二十二日，瑚图礼带兵收复凤山。十二月二十四日，他被调赴山猪毛，

---

① 陈碧笙：《台湾地方史》，中国社会科学出版社，1982，第119～120页；孔立：《清代台湾林爽文起义的性质问题》，《台湾研究辑刊》1984年第4期。

② 季云飞：《清乾隆年间台湾林爽文事件性质辨析》，《安徽大学学报》（哲学社会科学版）2007年第4期。

③ 《钦定平定台湾纪略》卷1，第5～7页；卷10，第15～19页，海南出版社，2000。

④ 《军机处档·月折包》，038853号；《军机处档·月折包》，038884号。

调派下淡水营兵丁来队防守。此间,瑚图礼四次至硫黄溪,结果皆被拦截,不能前进,凤山复陷。据报,他于"林爽文事件"中,并无"畏葸潜逃"等情事。然而,瑚图礼后来还是因在"柴大纪案"中柴大纪生日礼物,以及对辖下官兵庇赌包差等因素而被革职。①

(3)力战阵亡者。长庚,满洲镶蓝旗,时任福建省台湾府北路理番同知。变乱之初,"贼匪"攻陷大墩,他与台湾府知府孙景燧同守彰化。县城被"贼匪"攻破后,长庚与之力战,手刃二人,遂遇害。② 赫生额,满洲镶白旗人,时任福建台湾镇标北路协副将。乾隆五十一年十一月二十七日,他与镇标游击耿世文、新任彰化县俞峻等,率领兵役500余人,前往大里杙征剿"逆匪"。至夜,"贼目"刘升、王芬等率众攻陷大墩营,赫生额与之力战阵亡。③

三 在幕后办理军机的旗籍官员

事变发生之后,清廷于中央与地方,皆曾动员不少旗籍官员办理军机。就动员的层级来说,在中央者包含大学士、尚书等大臣,而在地方者亦包含西南与沿海各地区与省份之总督、巡抚,以及各地八旗驻防将军等(见表2)。

表2 清代"林爽文事件"时中央与地方办理军机的八旗官员

中央	大学士阿桂【初隶满洲正蓝旗,后改满洲正白旗】、大学士和珅【满洲正红旗】、工部尚书福长安【满洲镶黄旗】
四川	保宁【待查】、舒常【待查】、浦霖【待查】、维州协副将那苏图
浙江	浙江巡抚觉罗琅玕【待查】、杭州将军宝琳【满洲正黄旗】、长麟【待查】
广东	广东巡抚图萨布【满洲正红旗】、广州将军存泰【满洲镶黄旗】、肇罗道阿章阿【待查】、惠潮嘉道图毕赫【待查】
福建	闽浙总督李侍尧【汉军镶黄旗】

(一)中央官员

"中央官员"部分,比较值得一提的,主要为大学士阿桂。乾隆五十二

---

① 台北"故宫博物院"编《宫中档乾隆朝奏折》第67辑,1987,第859、864页。

② (清)陈寿祺等撰《福建通志》卷144,同治年间刊本,第13页。

③ (清)周玺总纂《彰化县志》,兵防,道光年间刊本;铁保等纂修《钦定八旗通志》卷223,嘉庆四年刊本。

年七月，阿桂向乾隆帝奏报，认为"若徒拨兵堵御，则官兵不敷分派，惟有将紧要地方，如郡城、诸罗、鹿仔港等处，先为驻兵防守，再选可战之兵二三万，捣其巢穴"方可获胜。① 简言之，在出兵作战上，阿桂主要是依据各路人马的汇报，首先策划清军夺回鹿仔港、盐水港等处，并进一步攻下诸罗县城，打通道路。随后，再令清军由大甲溪进攻。当时，对于他的看法，乾隆帝不但谕曰"与朕所见略同"，还令在前线打仗的将军福康安照此办理。② 待乱事将平之际，乾隆帝以阿桂自"逆匪"滋事以来，留京办事，续又负责河工及江南勘河有功，且与大学士王杰、尚书福长安、董诰等人，皆"夙兴夜寐"，所以"一体宣勤"，论功行赏，将他们俱交部议叙。③

（二）地方官员

福建省台湾府于乾隆朝末爆发"林爽文事件"期间，众多留在内地的旗籍地方官员，他们最重要的工作，乃在调度兵马、接运军饷。其中，功勋甚大、比较值得一提的主要有两人：一是广东巡抚图萨布，一是闽浙总督李侍尧。

图萨布，在清廷平台之际，于闽、粤两省之兵米到境时，皆给予适当照料，且配渡甚为妥协。事后，清廷将其功绩交由吏部议叙。④ 李侍尧，乾隆五十二年春夏两季，曾奏请添调粤兵4000名，一由厦门赴鹿耳门，一由蚶江赴鹿仔港。李侍尧所请后经乾隆帝批准。该年六月，他乃积极办理在泉厦驻扎以及粤省调来之兵等配渡放洋事宜，令其登陆台湾后，即先驱剿东港等处之"贼匪"。⑤

四　在前线冲锋陷阵的旗籍官兵

（一）旗籍将领

当时，清廷从大陆调派至福建台湾平乱的旗籍官员，包括中央官员与

---

① 《清高宗实录》卷1285。
② 《宫中档乾隆朝奏折》第65辑，1987，第688页。
③ （清）蒋良骐等纂《东华录》（乾隆朝）卷107，台北：文海出版社，1963。
④ 《国史馆档·传稿》，台北故宫博物院藏，701005841号，以下此档省略馆藏地。
⑤ 《东华录》（乾隆朝）卷104；《清高宗实录》卷1284。

地方官员两类。

1. 从中央调派来台湾的旗籍官员

从中央调派而来的旗籍官员,以各处侍卫和健锐营的官员为主(见表3)。

表3 清代"林爽文事件"中由中央调派至台湾的八旗官员

将军	协办大学士吏部尚书福康安【满洲镶黄旗】
参赞大臣	领侍卫内大臣海兰察【满洲镶黄旗】
领队大臣	领侍卫内大臣海兰察【满洲镶黄旗】、正黄旗护军统领舒亮【满洲正白旗】、正白旗护军统领普尔普【蒙古正黄旗】
其他	头等侍卫虎枪营营长新授健锐营翼长吉林副都统乌什哈达【满洲正黄旗】、护军参领新授署正白旗蒙古副都统岱森保【满洲正红旗】、原副都统衔总管特尔登彻【待查】、二等侍卫新授副都统衔头等侍卫博宾【满洲镶黄旗】、头等侍卫额勒登保/额尔登保【满洲正黄旗】、二等侍卫新授头等侍卫春宁【满洲正黄旗】、头等侍卫佐领阿穆尔塔【待查】、健锐营前锋参领赛冲阿【满洲正黄旗】、护军参领硕云保【满洲镶白旗】、护军参领万廷【待查】、副前锋参领锡津泰【待查】、前锋侍卫新授副前锋参领彦吉保【满洲正蓝旗、满洲正黄旗】、新授吉林协领五德【待查】、三等侍卫三音库【待查】、三等侍卫屯保【待查】、三等侍卫哲克【待查】、三等侍卫萨宁阿【待查】、三等侍卫阿克星额/克升额【待查】、蓝翎侍卫新授三等侍卫萨克丹布【满洲正白旗】、三等侍卫博绰诺克【待查】、三等侍卫克德额登额/特勒登额【待查】、三等侍卫巴彦泰【待查】、三等侍卫定锡鼐【待查】、三等侍卫阿哈保【待查】、屯练二等侍卫丹拜锡拉布【待查】、鸟枪护军校新授健锐营前锋参领德成额【蒙古正黄旗】、副护军参领果勒敏色【满洲正白旗】、三等侍卫福克精额【满洲镶黄旗】、札那芬【待查】、博绰诺翁【待查】、鄂尔海【待查】、寮汉【待查】、德楞泰【待查】、旗营翼长侍卫六十七【待查】、索伦阿【待查】、木勒塔【待查】、札尔杭阿【待查】、侍卫富克旌额【待查】、健锐营章京侍卫官保【待查】、章京宫宝、章京他思哈【待查】、刑部笔帖式赏给三等侍卫希明【满洲正蓝旗】、协领丰伸布【待查】、协领伊清阿【待查】、领队侍卫郭尔敏色【待查】、委署骁骑校哈朗阿【待查】

资料来源:清代各类档案、史料与地方志书。

福康安,之所以会被调往福建台湾,主要原因有三:第一,闽浙总督常青奏报请派一位大员到台湾督办军务;第二,阿桂年逾七十,无法远洋,而和珅则旧疾复发,难以分身,至于海兰察,亦非常青、李侍尧等所能驾驭;第三,乾隆帝"因思福康安年力富强,于军务素为谙练,又能驾驭海兰察等,若以之前往督办,足资倚任"。① 当他抵达泉州时,即先向进士郑光策、举人增大源二人询问有关台湾乱事之缘故。抵台湾后,福康安的主要任务有二:一为领兵作战,亲自率领官兵收复诸罗;二为调兵遣将,如

---

① 《东华录》(乾隆朝)卷105。

派海兰察攻彰化之八卦山、派舒亮攻大里杙等。^① 当年，福康安赴台平乱而留下的文物形象，今日仍可在台湾各地找到遗痕，其中他在今恒春半岛剿捕林爽文、庄大田时，为了表示对现今车城福安宫内之神佑清军的感念，呈奏乾隆帝授准勒石以谢神恩，石碑现存福安宫中。另外，福康安在闽台海疆期间，亦深受当地民间信仰的影响。当时，他因征台和渡海的需要而推崇和传播妈祖信仰，不但于台湾一地倡建妈祖庙，还曾留有匾额、碑记等。待福康安回到北京后，他为了感谢妈祖神明在其征讨台湾期间的一路护佑，乃在北京创建"天后庙"。至民国北洋政府时期，该庙位在内城东四牌楼马大人胡同内，并有庙产纠纷。新中国成立后，天后庙已成为纯粹的居民大院。1980年代，该庙被政府拆除。^②

当然，征讨台湾的重要旗籍官员，还包括海兰察、普尔普、德成额、果勒敏色、舒亮、赛冲阿与彦吉保等人。海兰察，在军事作战上，初抵台湾，即于牛稠山一役，带同巴图鲁、侍卫等官兵，收复诸罗县城，并且率先入城。至战争末期，海兰察则奉命与成都将军鄂辉等，带领清军由山路进入琅峤，直接参与了生擒"贼目"庄大田的重大事件。在军机办理上，他曾奖赏在盐水港一带招抚村庄、奋勇杀敌的义民庄廷元等人，并抚恤阵亡义民郑其仁。在亲情天伦上，海兰察则于战争期间，经历了自己的女婿上驷院三等侍卫福克精额在台湾打仗阵亡的伤痛。^③ 普尔普，乾隆五十二年八月，被授领队大臣，并随将军福康安前往台湾。同年十一月，他首先带队由茅港尾进兵，攻剿屯聚在诸罗至郡城一带的"贼匪"，由此打通了至郡城的大路。同年十二月，他偕总兵普吉保攻克草岭，又率所领广东兵及屯练"降番"，入小半天山，追击"贼匪"。不久，他奉命带队转战至台湾南部。乾隆五十三年正月，他于大武垄隘口带兵冲杀。^④ 德成额，当诸罗为"贼匪"围攻时，他即奉总督常青之令，由水道至鹿仔草驰剿。乾隆五十二年九月，"贼匪"转攻四门营盘，他乃随总兵柴大纪奋勇力战。其后，"贼

① 《台湾县志》，军志，嘉庆刻本。

② 屏东车城福安宫管理委员会编《屏东县车城福安宫沿革志》，屏东车城福安宫管理委员会，2011；刘福铸：《福康安征台与妈祖信仰传播》，《广东海洋大学学报》2008年第5期；汪桂平：《北京天后宫考述》，《世界宗教研究》2010年第3期。

③ 中国第一历史档案馆、鄂温克族自治旗民族古籍整理办公室编《清宫珍藏海兰察满汉文奏折汇编》，辽宁民族出版社，2008，第435~444、446、450、453~455页。

④ 《国史馆档·传稿》，701005852号。

匪"复扑营数次,他便决定用炮轰击。① 果勒敏色,乾隆五十二年四月,随闽浙总督常青前往台湾。同年八月,偕翼长乌什哈达等人,击"贼匪"于台湾城北之三坎店,夺获炮械 20 余件、粮米无算,并毁其寮 200 余间。同年九月,再随江宁将军永庆,由梁山卡向"贼匪"进击,毙敌百余。这期间,他又负责马匹解送的事务。② 舒亮,乾隆五十二年十二月,先击破盘踞北大肚山的"贼匪",并连克南大肚、王田庄、濑湄庄、半山庄与坑子庄等,遂达乌日庄,乃由此夹攻"贼匪"。至追捕林爽文时,舒亮所部直取东势角,督军急进老衢崎地方,最终抓住林爽文等。事后,他又亲自押解于途中已患重病的"匪犯"林绕、赖达两人。③ 赛冲阿,乾隆五十二年十二月,带兵攻克大埔尾庄、大埔林庄等,又连夜进攻斗六门。④ 彦吉保,当官兵将进攻斗六门时,他随海兰察专攻中林,其后追敌至薝古坑,策兵攻破蔡福巢寨,又星夜进击,收复斗六门。在此期间,他杀贼 3 名。⑤

2. 从地方调派来台湾的旗籍官员

此类官员多来自陕甘、四川、贵州、江南、浙江、广东与福建本省等处(见表 4)。

表 4　清代"林爽文事件"中由地方调派至台湾的八旗官员

陕甘	将军	陕甘总督福康安【满洲镶黄旗】
	其他	甘肃兰州道苏凌阿【待查】
四川	参赞	四川总督兼成都将军鄂辉【满洲正白旗】
	其他	松潘镇总兵穆克登阿【满洲镶红旗】、尹常【待查】、阿札克塔尔【待查】、骁骑校伯哆里尔【待查】、千总塞莫里【待查】、都司尔亨额【待查】、土守备色穆里雍中【待查】
贵州	其他	抚标右营副将岱德【待查】、长寨营参将札朗阿【待查】
江南	其他	江宁将军永庆【满洲正白旗】
浙江	其他	纳海【待查】、副将琢灵阿【待查】
广东	其他	副都统博清额【待查】、肇庆协副将官福【待查】、罗定协副将贵林【满洲镶蓝旗】

① 《国史馆档·传稿》,701001050 号;《国史馆档·传包》,702001874 号。
② 《国史馆档·传稿》,701001050 号;《国史馆档·传包》,702001468 号。
③ 《国史馆档·传稿》,701001106 号;台北故宫博物院编《宫中档乾隆朝奏折》第 67 辑,第 232、266 页。
④ 《国史馆档·传稿》,701001155 号。
⑤ 《国史馆档·传稿》,701001050 号;《国史馆档·传包》,702001196 号。

续表

福建	其他	闽浙总督常青【满洲正蓝旗】、汀州镇总兵普吉保【满洲正黄旗】、兴化城守营副将格绷额【蒙古镶黄旗】、泉州城守营参将特克什布【满洲正黄旗】、漳州镇标同安营参将福兰泰【满洲镶蓝旗】、长福营参将那穆素里【待查】、泉州游击海亮【待查】、陆路提标游击穆腾额【待查】、福宁镇标右营游击延山【蒙古正黄旗】、陆路提标福州城守协左营都司敏禄【满洲镶红旗】、福州将军恒瑞【正白旗】、新任福州将军魁伦/魁麟【满洲正黄旗】、前锋校都明【满洲镶白旗】、前锋喀勒崇阿【满洲镶红旗】、正白旗协领海兴阿【满洲镶黄旗】、骁骑校常春【满洲正黄旗】、水师旗营左翼左领黄紫垣【待查】、水师旗营防御周朝标【待查】、水师旗营骁骑校黄和珍【待查】、水师旗营骁骑刘永溥【待查】、水师旗营骁骑校宋世雄【待查】
备注		副将伍达色【待查】、候补知府德明额【待查】、翁果尔海【待查】

注：本表中的"福康安"与表3中的福康安为同一人。当时，他兼任中央地方两个职务，在两表中分按不同职务列出。

　　（1）四川。鄂辉，渡海来台后，按战略先援诸罗，屯军于东庄溪桥，攻克牛稠山竹栅，遂解除诸罗之围。接着，又追逐"贼匪"至大排竹。不久，清军攻斗六门，他督兵冲战攻克大埔林、大埔尾二庄。至林爽文逃入内山，鄂辉追逐其至集集埔，乾隆五十三年春季，鄂辉奉命自扑仔离东山一路前进，遂俘获林爽文。[1]穆克登阿，乾隆五十二年八月，四川总督鄂辉以其"熟谙军旅"为由，推荐他赴台平乱。穆克登阿遂由此奉旨统领屯练降番2000名，前往台湾。抵达以后，同年十一月，所部行至元长庄，他先随将军福康安分队进发，击败盘踞于牛稠山的"贼匪"，后由斗六门进攻大里杙，并偕参赞大臣海兰察等人，专攻盘踞于中林的"贼匪"，收复斗六门。同年十二月，他又带队攻克草岭。乾隆五十三年正月，他协助擒获"贼目"林爽文、庄大田等人。[2]

　　（2）江南。永庆，乾隆五十二年六月，带领浙江驻防八旗兵丁前往台湾平乱。同年九月，"贼匪"从南潭、茑松云集而来，他乃偕广东副都统博清额等，率兵奋击。乾隆五十三年六月，永庆与浙江驻防八旗兵丁一同内渡。当他们经过福建时，永庆私自坐船，结果遭风船坏，淹毙人口。事后，因不能管束兵丁与凯旋违例乘船等事，虽允其暂行从宽留任，但罚其将军养廉一年。[3]

　　（3）广东。征讨台湾的重要旗籍官员有博清额与贵林等。博清额，在

① 《清史稿》卷335。
② 《国史馆档·传稿》，701001051号。
③ 《国史馆档·传稿》，701001106号。

领兵带队上，曾亲自统领广东驻防第四梯次的八旗官兵，由水路昼夜兼行，至惠州府龙川县起岸过山，仍由水路至潮州府，从黄冈进入福建，预备搭船前往台湾。① 贵林，带领粤兵赴台湾随常青守御府城。乾隆五十二年八月，"贼匪"围攻诸罗县城。此时，常青先令副将刘大斌往援失利，复遣贵林与总兵蔡攀龙等人同往，不久再与"贼匪"转战至正音庄，结果他不幸和游击杨起麟、都司杭富等人，一起战殁。②

（4）福建。由于"林爽文事件"爆发于该省所属之台湾府境内，所以该项事件不仅是台湾一地的大事，也是福建一省的大事。因之，本省所调派之八旗官兵，不仅数量最多，而且层级最为完整。总体而言，若是依照职能划分，则大致又可分为地方政府、绿营驻防与八旗驻防三种。首先，地方政府部分，征讨台湾的重要旗籍官员有常青等。常青，于闻变之后，先在福建调兵遣将，续则亲赴台湾督战。在调兵遣将上，他一面令福建水师提督黄仕简统率提标兵丁及金门、南澳两镇兵丁，登鹿耳门前进；一面令副将丁朝雄与参将那穆素里统率督标兵丁与海坛镇兵，由福州闽安出口至台湾淡水，两路围剿。在赴台督战上，他于乾隆五十二年四月抵台，参劾水师提督黄仕简等人迁延观望，拥兵自卫。随后，"贼匪"攻打桶盘栈要冲地方，他又相机堵剿，俱合机宜。不久，他兵围南潭，使林爽文部众庄锡舍投诚，又擒"林营"知名军师"番妇"金娘。其后，他更参与大、小战役，如与江宁将军永庆在竹篙厝歼贼甚众等。事平之后，他奉旨留办善后事宜。当福康安在奏参"柴大纪案"时，虽常青虽自认有"徇隐"之过，但乾隆帝则认为他功过尚可相抵，免治其罪。③

绿营驻防部分，征讨台湾的重要旗籍官员包括普吉保、格绷额与特克什布等人。普吉保，乾隆五十二年正月，统领水师兵 600 名，由厦门渡台，连败"贼匪"于鹿仔港、八卦山等处。不久，他虽以"迟误"而失凤山被参劾，但仍留军营督兵。随后，堵剿"贼匪"于淡水、彰化诸城。同年九月，由西螺进攻斗六门，适闻"贼匪"正攻诸罗县城，乃带兵赴援，并率游击海亮奋勇力战，不但歼敌数百，而且夺获器械。随后，他又先后参与进攻大埔林、收复斗六门诸役，以及协助擒获林爽文、庄大田等人。不久，

---

① 台北故宫博物院编《宫中档乾隆朝奏折》第 64 辑，1987，第 848 页。

② 《国朝耆献类征初编》卷 355。

③ 台北故宫博物院编《宫中档乾隆朝奏折》第 62 辑，1987，第 602 页；《国史馆档·传稿》，701006458 号。

乾隆帝以其在台湾打仗的功绩，特授福建台湾镇总兵一职。① 格绷额，随汀州镇总兵普吉保前往台湾。初驻北路马鸣山，乾隆五十二年三月，率领延平、建宁等绿营官兵赴诸罗、彰化一带，会同柴大纪剿捕。同年五月，堵御埔心庄。同年九月，击败虎仔坑贼众陈泮等人。此时，他因功被归入出力副将名单之内，随时可以补用当时已经出缺了一段时日的浙江温州镇总兵。不久，又督剿大武陇、南仔港等处。当他在参与拿获林爽文、庄大田等人之后，乾隆五十三年四月，又由大武陇至冈山，查逮逸匪，并抚慰各庄义民，以及谕示归农耕作。② 特克什布，乾隆五十二年三月，"贼匪"进犯台湾城，他偕游击蔡攀龙督兵力战。同年六月，"贼匪"又进犯清军大营，他随总兵梁朝桂等人，一同将之击败。随后，乃与参将瑚图礼等人进攻南潭。同年九月，"贼匪"趁雾攻诸罗，他于十五日与之奋勇鏖战，相持一昼夜，殪敌千余名，并夺获伪旗与军械等物件。③

八旗驻防部分，征讨台湾的重要旗籍官员包括恒瑞、都明、喀勒崇阿、常春与海兴阿等人，以及水师旗营官员。恒瑞，至台湾以后，初驻盐水港。原本，清廷指出恒瑞应由陆路进兵，望他能因此解诸罗之围。结果，他却绕道前往，以致错失作战机宜。后来，等到大学士福康安来到台湾，乃亲自诘询恒瑞及其同僚。福康安认为恒瑞"不得已才由海道行走，并非畏葸"，并上奏折请留其于军营效力。虽然福康安为其辩护，但乾隆帝仍认为恒瑞不可倚赖，于是传旨将他福州将军一职革去。④ 变乱期间，恒瑞一直领兵固守在盐水港，他既不能前抵诸罗，又不能回至府城，致使清军终日皆以抵御为事，让官兵只办接应，着着落后，而"贼匪"则转得占先。这种客主之势前后倒置的局面，无形中助长了"林营"的声势。对于恒瑞这种少不更事、身系宗室却稍存衿贵习气的状态，乾隆帝是清楚知道的，为了避免贻误军机，不久即更换主帅，改以常青督办军务。战争末期，恒瑞以"自台湾带兵赴援，观望迁延，种种玩误，又妄行奏请添兵，张大贼势"而获罪。⑤ 都

---

① 《国史馆档·传稿》，701001051 号。
② 《国史馆档·传稿》，701001056 号。
③ 《国史馆档·传稿》，701001058 号。
④ 《军机处档·月折包》，038746 号；台北故宫博物院编《宫中档乾隆朝奏折》第66辑，1987，第291、590页；台北故宫博物院编《宫中档乾隆朝奏折》第67辑，1987，第365、766页；《国史馆档·传稿》，701007704 号。
⑤ 《清高宗纯皇帝（乾隆）实录》卷1289；《钦定平定台湾纪略》卷26，第22~26页，卷51，第1~6页。

明，生平第一次出兵打仗，即是来台湾平乱。乾隆五十二年五月，都明由凤山南路进击敌军，同年六月，连克茑松、麻荳庄等处。后来，他又领兵驰往诸罗，协助清军攻城，并击败 "贼匪" 于兴化店，然后乘胜恢复斗六门。同年十二月，领兵攻克大里杙。乾隆五十三年正月，他亦协助擒获林爽文、庄大田等人。都明在台湾期间，作战 40 次、杀贼 3 名、抢贼枪 3 杆。① 喀勒崇阿，初在凤山与诸罗剿贼，后又击 "贼匪" 于新店、鹿仔草等处。另外，亦参与收复斗六门、进攻大里杙诸役。乾隆五十三年初，由牛庄进发，击败 "贼匪" 于南潭、大穆降等处，并进一步擒拿庄大田于琅峤。据报，他此时已身受枪伤。同年三月，清廷下部优叙，决定让他先凯旋回旗。② 常春，初与都明一道在凤山南路进击敌军，并克茑松、麻荳庄等处。其后，又渡水进击 "贼匪" 于南潭中洲，侦剿于三坎店，攻击 "贼匪" 于盐水港和新店等处，解诸罗之围，击败 "贼匪" 于兴化店，征剿水沙连山口之 "贼匪"，以及参与攻克斗六门之役。乾隆五十三年正月，因追林爽文而攻克急集埔，复剿南路 "贼匪"，甚至生擒庄大田于阵。③ 海兴阿，乾隆五十二年七月，赴台打仗。他与侍卫乌什哈达等人专攻南路敌军。此时，他们由沙岗嵌脚北势三路，先进抵南潭，再追敌至车路。海兴阿于沿途悉除道路竹箐，运用排枪迫敌前队，擒获高深、杨老等人。后奉闽浙总督常青令，随总兵梁朝桂巡哨十三里庄，毙敌甚众。④ 至于水师旗营中征讨台湾的重要旗籍官员，包括出任统带的黄紫垣，以及出任哨官的周朝标、黄和珍、刘永溥与宋世雄等人。其中，比较值得一提的，当为黄紫垣与黄和珍这一对父子。黄紫垣，先是奉福州将军恒瑞之命，驻防在闽江口五虎要隘。至台湾于乾隆五十一年爆发变乱之后，在成都将军鄂辉的题保下，奉命出任统带，并统率福州三江口水师旗营士兵，以及领催、号外郎等，搭乘 "为" 字赶缯船，前往台湾。黄和珍，为黄紫垣之长子，随父赴台，后以军功升二佐领。100 余年后，黄紫垣的第五世孙黄曾成于民国初年撰著《琴江志》一书时，特别将当年台湾 "林爽文事件" 爆发之际，黄紫垣父子一起渡海来台平乱之事迹写入书中。文中描述了祖先于台湾作战之情形，称

---

① 《国史馆档·传稿》，701001050 号；《国史馆档·传包》，702001714 号。
② 《国史馆档·传稿》，701001050 号。
③ 《国史馆档·传稿》，701001050 号；《国史馆档·传稿》，701001390 号；《国史馆档·传包》，702002509 号。
④ 《国史馆档·传稿》，701001050 号。

"前有劲敌，后无援兵，滨死者数。而大将军福康安履促进兵，遂贾勇直前，士皆奋斗，大墩就戮。至五十六年凯旋"。① 综上所述，可见福州八旗驻防之官兵，对维系地方治安和保卫祖国领土之决心与贡献。

（二）旗籍士兵

"林爽文事件"发生之后，清廷即刻调拨福建本省与邻近各省之绿营、旗营等军队赴台平乱。其中，在旗营军队方面，主要调派本省福建福州驻防军、浙江杭州与乍浦两处驻防军，以及广东广州驻防军等。

1. 从福建本省调派的八旗士兵

就整体而言，清廷在"林爽文事件"期间从福州驻防调派的军队，主要有两个部分：一为驻防营兵；二为三江口水师旗营。首先，就驻防营兵部分而言，乾隆五十二年春季，乾隆帝即令恒瑞于驻防满营内，挑选士兵1000名，派赴台湾。有关福州驻防满兵的评价，乾隆帝明确点出："闽省驻防满兵，自较绿营为优"，"浙兵向来柔懦，不若福建驻防兵，较为得力"，"至福建驻防满兵，本非健锐、火器营劲旅可比"。② 在乾隆帝眼里，当时的绿营已不如地方八旗驻防，而地方八旗驻防又不如京旗中之健锐、火器等特种部队。其次，就三江口水师旗营部分而言，当时担任左翼佐领的黄紫垣即奉命带领该营铳兵160名，以及炮兵和执纛兵各4名，前往台湾作战。③

2. 从浙江省调派的八旗士兵

"林爽文事件"爆发之后，浙江方面专门负责八旗军队调遣事务的大员，主要有二：一为杭州将军宝琳；二为浙江巡抚觉罗琅玕。乾隆五十二年夏季，他们两人奉旨做了两件事情：第一，挑选杭州与乍浦两处驻防满兵共1500名。其中，在乍浦驻防者，有前锋兵100名、鸟枪兵400名。第二，一面飞咨江宁将军永庆，令其迅速来浙江，并带领军队赶往福建，再按时分批渡海登陆台湾作战，一面咨文给乍浦署副都统数楞额，令其按数挑选满兵，并派员带领，尽速来省城杭州，以便接续前进。六月，各驻防

---

① 黄曾成：《琴江志》卷2；陈贞寿：《福州三江口水师旗营》，中国大百科全书出版社，2007，第73~80页。

② 《钦定平定台湾纪略》卷13，第5~7页，卷15，第13~22页；台北故宫博物院编《宫中档乾隆朝奏折》第63辑，第188页。

③ 陈贞寿：《福州三江口水师旗营》，第73~80页。

八旗军队即会师于杭州。随后,即进行分组编队,以250名为一组,共分六个梯次,间日行走,东渡台湾。同年,杭州驻防满兵中之头起、第二、第三与第四梯次,分别于六月二十六日、六月二十八日、七月初一日、七月初三日,先后起程。不久,乍浦驻防满兵与领兵协领等官10员,亦于七月初四日和初六日先后到齐。江宁将军永庆亦于七月初四日抵达省城,公同验看。乍浦驻防满兵后来被分为第五、第六两个梯次,备齐军装、器械、火药与铅弹等,于七月初五日和初七日,接续起程,赴台湾作战。①其中,比较值得一提的是,在浙江的八旗驻防军内,发生了准备出征台湾的旗营士兵福常因为患病而私自脱队,辗转逗留半个月并准备偷偷回家的事件。②后经近两个月的审讯,清廷做出了判决,依血缘亲疏的远近,对其自身及亲属进行了各种不同程度的处置:首先,对于福常的父亲伊森泰,其父原充马甲,但此刻早已病故,暂不追究责任,如系在职弁员,仍应斥革;对于福常本人,清廷决定将其"正法";对于福常的两个儿子——长子庆禄与次子经福,由于俱挑食钱粮,所以应维持现状,待子孙一、二代后,再行挑食钱粮。③若是以此项个案来看乾隆朝后期的八旗军纪问题,我们可得出两点结论:第一,就福常个人来说,他虽未真正到过台湾,却因台湾之事而遭难,这一点实在令人不胜唏嘘;第二,就驻防旗营来说,则可看出浙省旗营驻防军败坏的军纪,以及八旗子弟欠缺"武德"的打混心态。

3. 从广东省调派的八旗士兵

最初,福州将军常青于台湾统兵连续作战时,即奏请添派官兵。此事后经清廷同意,大学士和珅乃令广州将军存泰与广东巡抚图萨布两人专门负责广东有关八旗军队调遣的事务。乾隆五十二年七月初四日和初五日,会同副都统博清额、栢廷翰等人,挑选广州驻防内各军种满兵1500名,包括满洲甲兵与汉军甲兵各650名,以及水师旗营兵200名等。在分组编队上,以375名为一组,共分四个梯次,自七月初七日起,陆续启程出发,按日接连前进。其中,第四梯次官兵由副都统博清额亲自统领。当时,广东一省动员了不少地方官沿途照料欲渡海平台之官兵起居等事。④

---

① 台北故宫博物院编《宫中档乾隆朝奏折》第64辑,第850页。
② 台北故宫博物院编《宫中档乾隆朝奏折》第65辑,第369页。
③ 台北故宫博物院编《宫中档乾隆朝奏折》第65辑,第593页。
④ 台北故宫博物院编《宫中档乾隆朝奏折》第64辑,第848页。

五　结论

　　清政府统治台湾地区期间，各种政治、经济、社会等因素造成这复杂的移垦社会有许多大小民变发生。本文讨论的"林爽文事件"是清代福建闽南族群所发动规模最大之民变。当然，若单就台湾一地来说，它也是台湾三大民变之一。此事件自发生到平息虽不到一年半，但乱事遍及台湾全岛，几乎所有官署都沦陷，整个台湾，形同完全脱离清朝统治。如本文所述，从其事态严重性与朝廷由全国各地调派支持之军力来看，此次乃是清初朝廷在东南海疆击败郑成功势力收复台湾后，百年来首次大规模调派八旗军政人员进入福建与闽南族群进行战斗。其时，若非乾隆帝高瞻远瞩，中央与地方八旗官员运筹帷幄，以及众多八旗将士戮力同心，使社会动乱迅速平息，社会秩序归于稳定，则台湾有可能在当时从中国分裂出去。本次战役后被乾隆帝列入"十全武功"之一，由此可见其重要意义。而后世学者对此役之意义懵然无知，尤其台湾地区文史研究者，经常从扭曲的"地方民族主义"角度抨击清朝，批评其平叛之"野蛮"，同时塑造台湾"悲情"意识。其"研究"未免偏颇，有失公允。历史必须铭记，清朝此次平定台湾，所调动军事力量中八旗军队为数颇多，乃是最多"旗籍官员"参与其中的一次平乱事件。事后，乾隆帝钦点的"定台湾二十人"中，隶属旗籍的军政人员就占了12人，已超过一半之数。八旗官兵作战英勇，并且在战后尽快恢复地方秩序，其所作所为，绝不输给汉人的绿营官兵。由此可见，八旗官兵基本稳定了东南海疆的局势，让清朝政府得以在台湾一地获得近百年长治久安的统治，直至光绪二十一年乙未割台为止。

（作者单位：中国社会科学院研究生院）

210

难以应用的日本殖民地统计

——以台湾农业经济为中心

冈崎滋树

提　要　本文以殖民地台湾农业统计为例，针对其生产数值和实际生产情况之间的差距进行初步性的考察。在当时台湾最主要的产业农业的统计问题上，到现在，中国台湾和日本学者仍在审视相关统计数据，但这些研究都集中在修改生产总值而似乎忽略了生产总量，研究利用上二者的背离所引起的论证问题未被重视。本文通过对双方数值的比较，来分析农业统计的内在问题，也明确表示在把握生产规模之际，要注意产量的重要性和产值的局限性。

关键词　台湾　农业　统计　产值　产量

一　前言

众所周知，关于日本殖民地研究，到现在已经累积了丰富的研究成果。而且这些研究，特别是在经济史方面，一般引用了当时相关殖民地统计来论证各种问题。至于日本殖民地统治的台湾，当地行政机关台湾总督府为了把握统治状况而完善各行各业统计，其统计既有全体人口等宏观指标，亦有台湾就学儿童人数等微观数据，覆盖了社会末端项目。国民政府接收台湾后，负责整理殖民地时期统计数据的台湾省政府统计处统计长李植泉（前台湾省行政长官公署统计室主任）针对台湾总督府统计事业指出，"统计机构之健全，规模之宏伟，设备之完善，出版之丰富"令人赞叹，[①]　于是

---

①　李植泉：《光复前台湾原有统计事业》，《台湾统计通讯》(1)，1947，第2页。

将留下来的大量统计作为新政府施政上的参考资料。毕竟，这些殖民地台湾统计一般被认为是"资料不仅丰富，而且品质甚佳"的可靠之文献史料，[①] 在如此既成观念之下，很多学者也积极将其引用到自己研究中。

在经济史研究上可以说统计数值是最重要的论证根据，学界对有关殖民地台湾统计有"过高评价"，目前好像形成了丰富又精致的"印象"，这让很多研究者抱着这样的心态，不加批判地引用其数据。但在日据时期已有人指出，其实部分台湾总督府官方统计数据存在着很多的计算错误，[②] 其数据的真假引起了许多怀疑。因此，即使台湾总督府着力编辑了许多官方统计，这些数据也不一定像研究者印象中那么精致而没有瑕疵。另外，或许也有可能在要向中央政府报告的前提下，台湾总督府也存在故意多算浮报等问题。于是，今天对总督府官方统计虽然有丰富而又精致的过高评价，然而也应看到其数值的正确处理以及适当应用还是有问题的。

关于台湾总督府官方统计数据，以农业而言，从 1950 年代起，日本和台湾两地学者陆续进行了修正（见表 1）。农业是当时台湾最主要的产业，其中稻米和甘蔗作为是有代表性的两大农产品，推进了台湾经济的增长。后来到 1930 年代，台湾总督府着力推进工业化，但还是不太影响到以农业为中心的台湾产业结构。[③] 因为农业是推进当时台湾经济增长的最大动力，又是台湾第一产业，其统计数据受到许多后代研究者的关注，农业统计所显示的经济发展历程已成为台湾史研究的首要参考。但是，由于农业被视为最重要的产业，所以其相关统计数据也需要特别注意，并且笔者认为在总督府出版的各业统计里最难应用的也是农业统计。

日本和台湾两地学者在对台湾总督府所做农业统计加以检讨之际，其主要方法是注重修正农业整体或各农产品的"产值"，以反映出台湾产业结构中农业发展情况和其重要地位。但是，这些研究往往过于关注生产价格，

---

① 吴聪敏、叶淑贞等：《日本时代台湾经济统计文献目录·序言》，台湾大学经济学系，1995。

② 例如就农业而言，当时的台湾总督府官员今吉滋雄（台南州内务部劝业课职员）批判畜产统计有着较多的计算错误，透露总督府统计事业不够正确的一面。今吉滋雄：《畜产统计の正鵠を希ふ》，《台湾之畜产》(2)，1934，第 26~31 页。此外，在日本战败后，前台湾总督府农商局农务课技手石桥俊治也对官方农业统计数值回顾说，因为总督府下级官员们到了接近报告提交期限就开始匆匆忙忙地做出推算报告，所以并不能保证它数值的正确性。石桥俊治：《農業に関する諸調查》，《台湾農業関係文献目録》，南方农业协会，1958，第 6 页。

③ 小林英夫：《1930 年代後半期以降の台湾"工業化"政策について》，《土地制度史学》(61)，1973，第 21~42 页。

而似乎忽略了它的"产量"。① 问题是，一般农业统计项目有"金额"和"量"这两个不一样的指标，即所谓"产值"与"产量"，特别是产值，在较大程度上会受当时通货或物价膨胀及紧缩的影响，因此产值这个指标并不能正确地反映出实际生产状况。此外，有的相关研究在修正数据时，考虑当时统计技术的落后性，还把当代经济学或统计学理论套用在当时统计中来整理数值，所以很有可能让数据更加混乱又缺乏可靠性，甚至是越来越脱离当时实际情况。

表1　主要相关统计研究一览

序号 *	年份	编者/著者	文献名称	研究方法
①	1958	S. C. Hsieh T. H. Lee	*An Analytical Review of Agricultural Development in Taiwan—An Input-Output and Productivity Approach-*	分析与台湾农业发展相关的劳动力与土地等中间投入因素
②	1966	Yhi-Min Ho	*Agricultural Development of Taiwan 1903 - 1960*	用计量分析来推算台湾农业生产以及各投入因素的增长率
③	1972	石川滋	《日本领時期の台湾專業の变化》	用 1934～1936 年价格和 1955～1957 年价格来推算台湾农业实质生产价值
④	1975	Teng-Hui Lee	*Growth Rates of Taiwan Agriculture 1911 - 1972*	考量中间投入因素来推算农业实质生产价值
⑤	1988	沟口敏行 梅村又次	《旧日本植民地经济统计》	比较台日双方修正统计来整理出农业成长率与投入因素增长率等
⑥	1997	郭逢耀等	《民国二十六年至三十九年台湾地区国内生产毛额之推估》	用 1951 年价格来重新推算 1937～1951 年的农业实质生产价值
⑦	2001	吴聪敏	《台湾农畜业之生产额：1902～1952》	检讨农业生产统计里面的投入因素和战时物价变化来推算农业实质生产价值
⑧	2008	沟口敏行	《アジア长期经济统计1：台湾》	评论台日各修正统计及方法论

注：以下图表及正文表述中将使用此序号代指相应的文献。

在修正台湾农业统计的各研究中，产值或产量到底要用哪个数据才能比较准确地把握当时情况，对于这个课题，学界一直以来并不重视，而且分别

---

① 虽然有的研究推算出产量，但一般比较倾向限定于稻米或甘蔗等农作物。

不一样性质的数值之应用也与其研究本身的正确性有关。以下，笔者通过对
这个课题做初步性的分析，来明确区分统计上两者的关系，以提示修正统计
的潜在问题和日本殖民地统计数据的局限性。笔者认为，这个考察不仅对台
湾农业，也对整个日本殖民地研究的方法论的发展，有着极为重要的意义。

二　相关研究回顾

日本投降后，台湾省行政长官公署秘书处统计室接收前台湾总督府官
房统计课，该室为了确立施政新方向，先利用相关留台日人整理了总督府
留下来的大量统计，[①] 接收台湾一年多后的 1946 年 12 月，则发行了《台湾
省五十一年来统计提要》，以重新表列出日本统治期间的各领域统计数据。
这本统计资料参考前总督府统计项目，涵盖了人口与财政情况，以及各产
业生产数值等，是约 1400 页的经典著作。接收台湾后只过一年多就能完成
这么庞大的统计书，是让人惊讶的业绩。但这本统计资料原来主要是引用
前总督府各种统计而成的，所以统计内容也并不算是很特别，几乎和当时
的数值一样。在研究利用上该资料的意义在于以下两点：第一，它把殖民
地时期的日文统计翻译成中文，[②] 以为中文圈相关研究者提供方便；第二，
也即更重要的一点是，它融汇了台湾长达 50 年的日本统治期间各领域的统
计，可以说已经成为台湾史研究上不可欠缺的工具书之一。

如此，对于后代研究者来说，该资料在学术研究利用上非常方便，也很
容易查询到相关资讯，但其实它的农业统计数值需要注意。例如，在农业项
目里漏掉畜产部门，因此如果只用农业项目来论证农业生产总值的话，因为
不包含畜产的关系，农业生产总值会被过少估算。[③] 其他问题是，其产值直接
引用当时日元价格，金额却采用台币元表示，货币单位不一样的记载方式很
容易造成混乱。所以考虑到这些负面因素，对它加以批判还是极为重要的。

日本投降后不久，国民政府就开始整理总督府统计，经过上述 1940 年代
的翻译期，到了 1950 年代，日本和台湾学者则陆续开始检讨以及修正当时官

---

① 参见台湾省行政长官公署统计室编《台湾省五十一年来统计提要·序二》，台湾省行政长
　官公署统计室，1946。
② 沟口敏行编著《アジア長期経済統計·台湾》，东洋经济新报社，2008，第 35 页。
③ 该统计资料中畜产与农业项目是被分开记载的，因此只靠以农作物为中心的农业项目来估
　算农业生产总值，则会与当时台湾总督府官方统计数值有所出入。《台湾省五十一年来统计
　提要》，第 685～718 页。

方农业统计数值，以弄清台湾最主要产业的发展背景。表 1 为截至目前的相关研究，从这个表我们可以知道，统计研究不是在某一个特定年代流行的，而是各年代都有在进行。也可以说，双方学者在修正统计之际，主要问题是如何能把原统计的"名目生产总值"加工为"实质生产总值"，以得到更为准确的数据。具体做法是，通过调整每年不统一的农产品项目、从生产总值减去劳动力或肥料费用等中间投入指数、平衡货币价格的变动等，来进行修正。①台湾学者利用当代经济学或统计学理论来更正数值，日本学者倾向于比较台湾学者的相关研究与台湾总督府原官方统计，以整理出农业部门的发展动态。

然而，这些各种修正方法还是存在着许多问题。首先，在并没有统一基准的情况下，各学者的方法论和做法都不同，因此出现了不一样的数值。例如，李登辉通过核查名目产值里的中间投入指数来估算实质产值，②吴聪敏强调战时经济统制下的价格变动因素，沟口敏行则考虑是否应该把渔业和林业并入农业一起计算等，到目前为止似乎还没有确立修正的标准。其次，作为各统计的比较材料，表 2 整理出特殊经济期（1937~1945 年）的农业生产总值数据。这里台湾总督府所出版的《台湾农业年报》与上述提到的《台湾省五十一年来统计提要》都算出很具体的数值，但其他主要修正统计（对照表 1 的②④⑥⑧）每个都是位数不同的估算，以至于很难进行数据的互相比较和实际引用。还有，进一步详细地分析各统计的数据，如图 1 表示采用新台币价格的②和⑥，这期间与其他统计不同而呈负增长。虽然④跟⑧的增幅偏差与官方农业统计和《台湾省五十一年来统计提要》相近，但其中位数最特殊的⑧，其修正数值的处理很需要注意。

表 2　各统计中农业生产总值比较（1937~1945 年）

年份	《台湾农业年报》当时日元价格	《台湾省五十一年来统计提要》当时日元价格	②1952~1956 年平均价格	④当时价格	⑥1951 年价格	⑧当时价格
1937	402995815	350638906	6199500000	385700000	4194000000	11849

① 沟口敏行、梅村又次编《旧日本植民地経済統計——推計と分析》，东洋经济新报社，1988，第 166~167 页。

② 参见 Yujiro Hayami, Vernon W. Ruttan, and Herman M. Southworth, eds., *Agricultural Growth in Japan, Taiwan, Korea, and the Philippines*, Honolulu：The University Press of Hawaii, 1979, pp. 286 - 289。

续表

年份	《台湾农业年报》当时日元价格	《台湾省五十一年来统计提要》当时日元价格	②1952~1956年平均价格	④当时价格	⑥1951年价格	⑧当时价格
1938	460212557	401921482	6489200000	440800000	4346000000	13545
1939	551826343	472015325	6553700000	524100000	4531000000	16458
1940	541446672	451314241	5641400000	521900000	3995000000	16087
1941	573689069	474841434	5563800000	570600000	3781000000	17098
1942	631556566	524249492	5639500000	629800000	4028000000	18938
1943	614733566	506532860	5385900000	614200000	3905000000	18520
1944	782323528	638491850	4540900000	673100000	3271000000	21010
1945	831794148	705676970	2721800000	795600000	2250000000	25907

注：（1）《台湾农业年报》中1937年至1942年数据来源为台湾总督府殖产局（后为农商局）《台湾农业年报》（各年），1943年至1945年数据则主要台湾省行政长官公署农林处农务科《民国卅五年版·台湾农业年报》（1947年）。

（2）《台湾省五十一年来统计提要》是"农业"项目的数值。

（3）②~④都为换成台币估算（②＝新台币：第24页，④＝旧台币：第60页，⑥＝新台币：第260页，⑧＝新台币：第278页）。

（4）⑧是经过币制调整的总值。

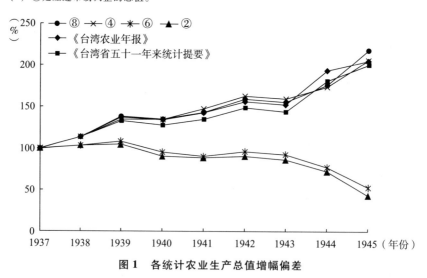

图1　各统计农业生产总值增幅偏差

笔者认为，在这些修正统计中最大的弱点还是货币价格问题，除了上述吴聪敏考量战时价格变动之外，其他研究几乎都未深入探讨日据时期每一年的价格变动，至于通货膨胀问题，研究者们都好像比较关注国民政府刚接收台湾后的混乱时期。并且，表 2 中有的修正统计用接收后的某年新台币价格来重新估算当时的农业生产总值，在新旧台币转换时很容易发生数值和位数的混乱。

总之，修正统计研究目前已经有了比较多的成果，但这些研究各自有其方法论，其中新的经济学或统计学的方法用在殖民地统计上的妥当性，也应该加以检讨。此外，以战后基本新台币的价格来完全加工殖民地时期日元数值也不一定是适当的。这些问题往往让原统计数值越来越偏差，引用到实际研究中产生了许多困难。除了台湾总督府原来的官方统计之外，目前还有翻译统计和修正统计这些能够参考的文献史料，但鉴于上述翻译统计的局限性和修正统计的各种问题，最好要在理解当时历史背景和脉络之下，批判地利用台湾总督府所做的官方统计。

三　统计上金额的膨胀与紧缩问题

上文已指出到现在有关台湾农业统计的种种缺点，也同时提示了以统计上产值加工数值的问题。那么，实际上如果去分析当时台湾总督府所发行的农业统计的话，用产值论证的困难就更加明显，就算当时的官方统计数据看起来很完整，但它其实并不容易应用。

举例来说，当时农业方面的基本统计史料是《台湾农业年报》（1921 ~ 1944 年），该史料是承接之前产业相关统计《台湾产业年报》（1914 ~ 1920 年）而独立出版的，[1] 并且它是《台湾总督府统计书》农业部分的主要引用来源，因此可以说是分析台湾殖民地农业最重要的统计数据。但是，仔细去看这本《台湾农业年报》的记载方式，就会发现其农业统计的最大问题，即虽然每年都有反映农业整体状况的生产总值，但并没有计算出包括所有农产品的生产总量。理由其实很简单，即金额本来就是各农产品通用的计算单位，也就是说稻米和甘蔗等农作物，以及畜牧领域都要以共同的货币价格来估算其生产价值。但问题是如何计算生产总量，譬如当时稻米是以"石"为计算标准，甘蔗则用"斤"，畜产动物的单位是家畜的"头"或家禽的"羽"等，由于各个部门都有不同的计算单位，无法算出生产总量。因此，要是把握农业整体情况的话，只能像前述修正统计那样用生产总值

---

① 台湾总督府殖产局：《台湾农业年报·凡例》（大正 8 年），1921。

来推算。

于是，主要问题还是在于用产值论证存在缺点。一般来说，金额本来就会受通货或物价变动的影响，为了确认应用金额的困难度，笔者先以当时台北市物价指数来表示其复杂又频繁的变动。日据末期出版的商业统计——台湾总督府农商局《第 22 次台湾商业统计》（1944 年），显示了台北市 1914 年至 1942 年之间的物价指数变动。① 依据该资料，从图 2 可以很容易了解日据时期物价变动的一面，它一直不稳定且变化很大，这应该与国际经济情况和日本货币或物价变动有着很密切的关系。实际物价指数在 1920 年代出现了逐渐下降的趋向，1910 年代和 1930 年代却急速上涨，其中 1942 年的物价指数（304.2）为 1914 年的 3 倍多，可明显地看出战时物价膨胀。即使把中日战争爆发前夕的 1936 年指数（162.9）设为基准，这期间每年的物价指数也都和 1936 年有差距，因此还是要考虑每年变化才能把握详细的动态和特征。

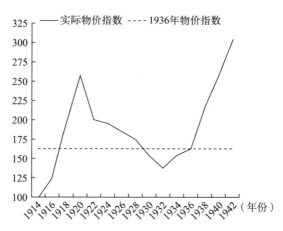

图 2　1914～1942 年台北市物价指数

换句话说，虽然以上只列举了当时台北物价指数，但稍微证明了应用统计数据上价格指数的性质，因为它每年变动而不是很稳定的，所以平均化长期价格变动非常困难。并且，这里要特别提到，农业生产是很容易被自然环境或自然灾害等非人为因素影响的，但也不会突然发生急速增长的领域。因此，可以想象台湾总督府所公布的农业统计里，有着产值的频繁变动和产量不频繁的变动这个差距问题。

---

① 台湾总督府农商局：《第 22 次台湾商业统计》，1944，第 66～67 页。

四　农业统计上生产价值与实际生产量的差距

表 3 指出台湾当时主要农产品稻米和甘蔗在《台湾产业年报》（后为《台湾农业年报》）出版时期的 1912 年至 1942 年这 30 年的价格状况。先就稻米而言，在这期间每一石最低价格为 7.78 日元（1915 年），最高价格竟然高达 30.26 日元（1942 年），后者约是前者的 3.9 倍。甘蔗最低价格为 2.52 日元（1912 年），最高价格却达到 7.88 日元（1921 年），后者约为前者的 3.1 倍。这些例子说明，相同分量的稻米，价格依不同年代可以理解为增长了约 2.9 倍，也可以解释为紧缩了约 1/4。同样，甘蔗价格则约增长了 2 倍。因此能够推测，统计中产值其实潜藏着架空性的增长，完全不能正确地反映出实际生产规模。针对以上金额与量的差距问题，以下笔者就以主要农产品中价格变动特别大的稻米为例，更进一步分析产值与产量的关系。

表 3　主要农产品价格差距（1912～1942 年）

单位：日元

项目	稻米（每一石）	甘蔗（每千斤）
最低	7.78	2.52
最高	30.26	7.88

同样在 1912～1942 年，关于稻米的生产总值与生产总量之间的差距，图 3 则以 1912 年为基准指数（100%），整理出之后双方的变动情况。由图 3 可知，生产总值的变动很明显大于生产总量的，也就是说如果每一石单位的金额固定不动的话，随着生产总量的变化，其生产总值也一定会以同样的比率去上升或下降，但该图中双方数据并没有一致浮动。更详细地说，生产总量从当初 100% 最高增加到 243%（1938 年），增长了 1 倍多，但是生产总值则从当初 100% 最高激增至 1942 年的约 438%，增长了 3 倍多，远远超过生产总量的增长。有时候甚至发生了生产总量的增加，生产总值却相对下降的情况，当然也有互相逆转的年份。[1] 另外，1933 年以后双方差距

---

[1]　就稻米而言，1922 年发生了产量比前一年增加，产值却比前一年下降的情况。该年虽然被记录为丰收年，但外销停滞等引起的库存增加问题，导致米价下降。《米価は生产費を割り台湾の農家は大打擊—甘蔗の植附は增加する—》，《台湾日日新報》第 8042 号，1922 年 10 月 16 日，第 2 页。

极度扩大，很明显可以看出生产总值的"独走"趋向。① 因此可以认为，跟前述物价一样，稻米生产价格也通常会受到通货或物价膨胀的影响以促进架空式增长，但稻米实际生产量并没有达到同样比例的增长。在分析农业统计时，一定要注意产量增长的局限性和突发性的产值变动。

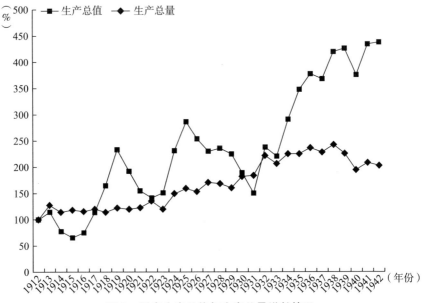

图 3　稻米生产总值与生产总量增长情况

资料来源：各年《台湾产业年报》及《台湾农业年报》。

五　殖民地台湾农业统计上最大的缺陷

笔者在前一章用稻米之例来分析农业统计上产值的相关问题，除了稻米的案例之外，这里再举个畜产的例子来进行同一问题的探讨。畜产部门在翻译统计和修正统计上存在到底是否可以被纳入农业统计的问题，但是台湾总督府当时确实把畜产也算在农业统计里面，因此还是不能忽略它。此外，其实农业统计里畜产是最不便于引用的领域，因为各种动物各有不同的产值计算方法，例如猪是以屠杀量计算生产价格，牛或山羊等家畜则

---

① 关于稻米产量和产值的情况，黄登忠、朝元照雄：《植民地時代台湾の農業統計》(《エコノミクス》第 6 卷第 4 号，2002 年) 也有提到，但并未在统计上就双方数值问题做深入的检讨。

依据生产头数来计算，[①] 因此畜产在农业统计里是根本没有统一计算方法的灰色领域。尤其是牛或山羊等家畜动物，它的生产价格计算，比其他农作物更为复杂，原因是在于该部门的统计申报方式。家畜的话，总督府下级行政单位的各州厅向自己管辖内的群或市等地方单位要求提出每年的生产记录，以作为编辑总督府统计数据的基本资料。但问题是，这时候好像地方单位在总督府所指定的报告表格里可以各自明记每一头家畜生产价格的计算方法，[②] 也就是说如果没有计算标准的话，生产价格多寡的确定完全在于每个地方行政机关或饲养农家的裁量。因此，畜产部门整体的生产总值统计可能会产生较其他农产品更不确定的变动，其数值的可靠性也很难判断。

那么，作为当时台湾主要家畜的水牛，图 4 反映了其生产总值和生产头数之间的差距，这里很容易发现双方分离倾向比前述稻米更为明显。同样在 1912～1942 年，以 1912 年为基准指数（100%），水牛生产总值总体上呈

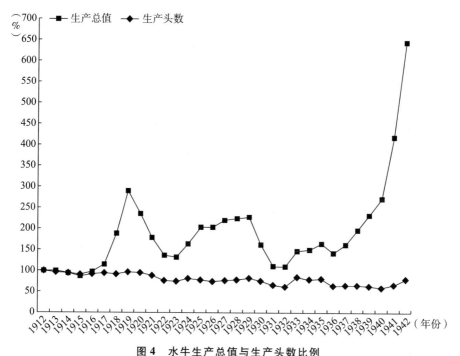

图 4　水牛生产总值与生产头数比例

①　关于畜产动物统计的计算方法，参见沟口敏行《アジア長期経済統計・台湾》，第 74 页。
②　台湾总督府殖产局：《台湾现行农业统计解说》，台湾总督府殖产局，1924，第 66～70 页。

增长趋势，特别是到 1936 年以后开始出现惊人的膨胀，1942 年竟然增长至 646%。至于每一头平均生产价值，最低为 1912 年的 30.4 日元，最高是 1942 年的 247.3 日元，增长了 7 倍以上。与此相反，生产头数却出现了负增长，这 30 年都没有达到基准指数的 100%，1932 年则最低，只有基准年 1912 年的 62%。和稻米一样，水牛生产发生了产值相对增长，产量却相对下降的情况。

如此，水牛统计的生产总值和生产总量存在着甚大的差距，在分析农业统计时如果只看生产总值，就会忽略掉实际上相对负增长的生产总量，甚至误解生产层面的相关问题。在畜产统计上出现了这么异常的生产价值膨胀，除了物价或通货膨胀等外在原因之外，应该还有官方集计方式的内在缺点方面的原因。如果每个地方的计算方式不统一，可以考虑有的地方或饲养农家为了向总督府提出漂亮成绩，会故意推算出好的产值数据，这些浮报问题当然使生产总值更难以反映出实际生产状况，同时也失去了可信度。

结　语

本文以殖民地台湾主要产业农业为例，针对统计数据的潜在问题进行了初步性考察。本文通过考察，主要强调以下两点结论。

第一点是，如同稻米跟水牛的案例，农业统计上生产总值和生产总量之间存在着很大的差异。有时候，生产总量并没有急速增加，生产总值则受到通货或物价膨胀等影响实现了独自增加。因此，两个指数不一致的状况很容易让引用者误读实际生产情况和规模，如果只关注生产总值就会曲解历史实态，因为生产总值的数据存在着架空性膨胀，也缺乏与生产总量的可靠性的关联，学术利用上最好用生产量来衡量实际规模。另外要考虑的是，由于各农产品有不同的计算单位，我们还是很难从整体上把握农业生产总量的增长或减少。利用农业统计之际，为了避免贸然给予其过高评价，只能使用某个农产品的生产量，在如此限定范围内，有必要对其数值进行批判性的审视。

第二点是，至于各种修正统计研究，几乎都专门关注生产总值的修正，其方法论以及基准货币价格的不同，可能把本来不太可靠的生产总值数据变得更混乱，甚至有可能使其脱离原来统计数据。因此，引用这些修正统计之际，一定要比较原来官方统计数据，注意货币单位的转换等问题。总之，可以说在分析殖民地台湾农业时，批判性地引用台湾总督府官方统计的产量统计是较为安全的，这个方法不仅在台湾农业研究上，在一般经济史研究上也非常重要。

（作者：日本立命馆大学经济学研究所）

书 讯

《中国大陆台湾史书目提要》

李细珠主编，中国社会科学出版社 2015 年 12 月出版，53.6 万字，98 元

该书介绍了 1949 年以来中国大陆学界有关台湾史研究的著作与资料，包括大陆学者在台湾及海外出版的著作与资料（不包括台湾及海外学者在大陆出版的著作与资料）。全书分 12 篇，包括 12 个专题：（一）台湾通史、断代史与综论；（二）台湾政治、法律与军事史；（三）台湾经济史；（四）台湾族群、移民与社会史；（五）台湾涉外关系史；（六）台海两岸关系史；（七）台湾宗教、思想与文化史；（八）台湾教育与学术史；（九）台湾历史人物；（十）台湾史论文集；（十一）台湾史研究资料；（十二）台湾研究工具书。另外，以"台湾研究期刊与集刊"为附录，共收录条目 967 条，包括研究著作 665 条，论文集 150 条，资料与工具书 136 条，期刊与集刊 16 条。每个条目大致包括三方面内容：（一）初版信息：编著者、出版社、出版时间、册数、页数；（二）体系结构与基本内容；（三）社会反响或再版信息。这是台湾史学科建设的基础工程，有助于系统了解 60 年来大陆学界有关台湾史研究的基本状况，是一本学习和研究台湾史的入门书。

钓鱼岛历史研究现状与争议

褚静涛

钓鱼岛及其附属岛屿（简称钓鱼岛）是中国的固有领土。1970 年 9 月至 2012 年 8 月，中国大陆和台湾、日本学界针对钓鱼岛历史问题，进行了长期研究，取得了重要学术成果。关于中国大陆的研究综述，主要有李国强《近 10 年来钓鱼岛问题研究之状况》（《中国边疆史地研究》2002 年第 1 期），刘中民、刘文科《近十年来国内钓鱼岛问题研究综述》[《中国海洋大学学报》（社会科学版）2006 年第 1 期]，张彩霞《2000 年以来大陆学界对钓鱼岛问题的研究现状分析》（《台湾研究集刊》2012 年第 3 期）。关于日本方面的研究综述，主要有张植荣《日本有关钓鱼列屿问题研究评述》（《中国边疆史地研究》2002 年第 1 期）。回顾钓鱼岛历史问题的研究状况，分析中日学者争论的焦点，是一项重要的学术工作。为此，笔者不揣浅陋，对近 40 多年来钓鱼岛历史问题研究状况展开深入探讨。不当之处，尚祈海内外方家批评指正。

一 台湾地区的钓鱼岛历史问题研究

日本通过窃取的方式侵占钓鱼岛，中国多数民众长期不知晓此事。1970 年 8 月，中日钓鱼岛争端爆发。为了论证钓鱼岛是中国的固有领土，驳斥日本政府的谬论，台湾多位进步学者就钓鱼岛历史问题展开研讨。

1970 年 10 月，台湾《文艺复兴》月刊刊出私立中国文化学院琉球研究所所长杨仲揆的文章《从史地背景看钓鱼台列屿》，内容包括"尖阁群岛正名""钓鱼台列屿的现状""中琉史籍记载""日方资料记载""日本人的图谋""擅设标柱"，约 5000 字。他使用了多部《使琉球录》、林子平所绘地图等古籍，指出："1. 所谓尖阁群岛（应称钓鱼台列岛），自古即为中琉海上航路指标，最早见诸中国史籍。2. 中国天使记载及清初琉球学术著作（如《指南广义》）均先后指出，或侧面说明钓鱼岛等岛群，原先为我国所有，或至少亦不属琉球。因诸家均说明姑米山为琉球界。3. 所谓尖阁群岛，乃与我台湾北部沿海区，同处一个季风走廊和黑潮走廊，同在一个大陆礁层上，自然成为我渔民谋生之重要领域，至琉球人欲来是岛，必须远道逆风逆流而行，无怪乎积数十年之经营均无成效也。"日本侵占钓鱼岛，"这种状态，纯粹是偷窃占据的状态，绝非主权所有状态，我们必须彻底明了"。其结论是："从以上地理形势及历史渊源的概述与分析，我们知道钓鱼台岛与我有极为密切的关系。该群岛确在我大陆礁层尖端上，而水深又确在五百公尺以内，依据《大陆礁层公约》，我对钓鱼台列岛附近海域资源探测开发，具有确切的权利。"①

1972 年，杨仲揆教授将研究钓鱼岛的多篇文章整理成书，取名《中国·琉球·钓鱼台》，交由香港友联出版社出版。该书包括 3 个部分："中琉关系史""现代琉球""钓鱼台问题"。

1971 年 1 月，台北《大学杂志》刊登了政治大学法律系教授丘宏达的文章《从国际法观点论钓鱼台列屿问题》，内容包括"钓鱼台列屿地理情况概述""钓鱼台列屿问题纠纷的由来""中日双方对钓鱼台列屿的权利根据之分析""我国对钓鱼台列屿附近海底油矿的合法权益问题"，约 6000 字。文章分析了日方的依据与台方的依据，结论是："日本想透过琉球对钓鱼台列屿主张主权，并没有有力的根据，我国对该列屿的主权根据，至少与日本相当。"②

1971 年底，丘宏达教授完成了研究报告《日本对于钓鱼台列屿主权问题的论据分析》，内容包括"导论""1895 年以前日琉史籍及地图有关钓鱼台列屿归属的记载""日本窃据钓鱼台列屿的经过""日本图谋再度窃据钓鱼台列屿的根据""结论"，全文约 2 万字。作者引用了大量中国古籍和日本古籍，分析了日方的依据和中方的依据，"由上述日琉史籍及地图等资料分析判断，我们可知 1895 年日本窃据台湾以前，钓鱼台列屿根本不属于琉球的一部分，这点我们再参照日本学者的见解，更可证明上述论点的正确"。"钓鱼台列屿虽是日本签订《马关条约》前开始窃占去的，但此种行

---

① 《从史地背景看钓鱼台列屿》，国民党中央委员会第四组编《钓鱼台列屿问题资料汇编》，台北：海峡学术出版社，2011，第 91～99 页。

② 《从国际法观点论钓鱼台列屿问题》，台北《大学杂志》1971 年第 1 期，第 22～23 页。

为在某种程度上可认为系因《马关条约》中的割让条款而确定其法律根据。换句话说，日本学者认为其取得该列屿主权依据对无主土地的先占，但我们却有相当理由可以认为其取得主权至少部分是根据《马关条约》的割让。"其结论是："1. 钓鱼台列屿在 1895 年以前从来未成为琉球群岛的一部分。2. 日本在 1895 年窃占钓鱼台列屿的行为与窃占台湾的《马关条约》有密切关系，虽然作者所搜集到的这方面资料还不够充分。3. 日本所谓依据国际法上'先占'原则取得钓鱼台列屿主权一点，不论在事实上与法律上都有相当大的漏洞。4. 至少有些日本资料显示钓鱼台列屿在 1895 年以前是属中国管辖。"①

1971 年 10 月，方豪教授在《东方杂志》上刊文《〈日本一鉴〉和所记的钓鱼屿》，指出该书所记"澎湖岛在泉海中，相去回头百六十里。钓鱼屿，小东小屿也。尽屿，南风用正卯针；东南风卯乙缝针，至四更，取黄麻屿"。他认为，根据"小东小屿"，"钓鱼屿是小东（即台湾）的一个小屿"。② 这个解释有一定的历史依据。

1971 年，地理学家沙学浚撰写《钓鱼台属中国不属琉球之史地根据》一文，刊于 1972 年 2 月台湾《学粹杂志》上。该文内容包括"钓鱼台列屿地形简述""六百年前钓鱼台被中国人发现命名当然是中国领土""日人发现钓鱼台说被中国史实、日本文献否定""钓鱼台被中国人不被琉球人发现之原因""钓鱼台属华不属琉有中国文献为证""钓鱼台属华不属琉有琉球官方文献为证""钓鱼台属华不属琉有日本官方文献为证""日本如占有钓鱼台列屿对中国非常不利"，约 2 万字。作者根据大量的历史文献，阐述钓鱼岛是中国的固有领土，指出"六百年前钓鱼台被中国人发现命名，当然是中国领土"，"日人发现钓鱼台说被中国史实、日本文献否定"，分析了"钓鱼台被中国人不被琉球人发现之原因"，并绘制了《钓鱼台列屿图》，对钓鱼岛及其附属岛屿做了进一步的地质研究。③

杨仲揆、丘宏达等人使用了多部《使琉球录》，根据中国古代的历史文献，来论证钓鱼岛是中国人民最早发现、最早命名、最早使用，是中国的

---

① 《日本对于钓鱼台列屿主权问题的论据分析》，台北《大学杂志》，1972 年 2 月，第 25 ~ 29 页。

② 方豪：《〈日本一鉴〉和所记的钓鱼屿》，国民党中央委员会第四组编《钓鱼台列屿问题资料汇编》，第 327 ~ 328 页。

③ 沙学浚：《钓鱼台属中国不属琉球之史地根据》，国民党中央委员会第四组编《钓鱼台列屿问题资料汇编》，第 271 ~ 306 页。

固有领土，直指日本学者的软肋，日本政府拿不出关于钓鱼岛属于日本的古籍文献。他们根据近代国际法和现代国际法的差异，指出在大航海时代，"发现即领有"为西方世界所主张和认可，根据近代国际法，中国拥有对钓鱼岛的主权。

杨仲揆等人关于钓鱼岛历史研究的主要观点、引用史料、论证方法为之后 40 年多部研究钓鱼岛历史的文章、著作所引用或效仿。由于针对性极强，时间紧迫，杨仲揆等人的研究成果仍有需要深化、完善的地方。

之后，随着保钓运动的沉寂，台湾的相关研究工作趋于冷清。一些学者坚持不懈，继续搜集资料，研究钓鱼岛问题，坚持钓鱼岛是中国的固有领土，寻找解决冲突的路径。

青年马英九搜集大量资料，撰写了《从新海洋法论钓鱼台列屿与东海划界问题》，并于 1986 年由台北正中书局出版。该书共 4 章，另有导论、结论、附表等，约 20 万字，论述了"钓鱼台列屿的自然环境与石油蕴藏""钓鱼台列屿在中日东海划界主张中的地位""就国际法（新海洋法）泛论岛屿在海床划界中的效力""从国际法（新海洋法）论钓鱼台列屿在东海海床划界中的地位"。作者主张："就国际法（新海洋法）的各主要法源以观，不赋予钓鱼台列屿划界效力的理由显然较为牵强。从以上的分析可以理解，著者的理论可在新海洋法的各主要法源中找到充分的支持。钓鱼台列屿除了任何岛屿均应享有的 12 海里领海及 12 海里邻接区之外，不应再享有大陆礁层及专属经济区。"[1] 马英九深知钓鱼岛历史问题的复杂性，所以他避谈历史争端，主要探讨东海划界。

台湾中研院近代史研究所的张启雄研究员长期关注钓鱼岛问题。1993 年 6 月，他撰写的《钓鱼台列屿的主权归属问题——日本领有主张的国际法验证》一文刊登在《中央研究院近代史研究所集刊》第 22 期。他指出，从国际法的先占原则来看，占领一块无主地必须合乎五项标准，才能成立，即：表明领有的企图、无主地的确认、占领的宣告、有占领的行动、实效管辖。以此验证日本所持的先占法理，是最客观也是最有效的方法。（1）表明领有的企图。1879 年，明治日本不管钓鱼台列屿是否为有主地，即片面将之载入日本地图，表示其对钓鱼台列屿的"领有企图"，此种表现方式并不合乎国际法的"有效先占"法理。（2）无主地的确认。1885 年，冲绳县发

---

[1] 马英九：《从新海洋法论钓鱼台列屿与东海划界问题》，台北：正中书局，1986，第 160 ~ 162 页。

现所谓"尖阁列岛"与中国史籍所载的钓鱼台列屿是"同一之物",日本内务省和外务省也获知钓鱼台列屿与中国有领土隶属上的关系。(3)占领的宣告。日本对中国采用"秘而不宣"的策略,伺机加以"侵占"或加以"窃占",日本不做占领宣告。(4)有占领的行动。1895年1月,中日甲午战争期间,日本以文书作业的方式,乘胜将钓鱼台列屿编入日本版图,划归冲绳县管辖,不做占领宣告、不通知对方、不列入条约。因此,日本所行的并非国际法的先占法理,而是不法"侵占"、秘密"窃占"。(5)实效管辖。日本方面迄今提不出将钓鱼台列屿编入日本版图的权威性原始文书,中国至今对其所谓的实效管辖权保持抗议,不予承认。总之,从国际法"无主地先占"的法理来看,日本的主张并不符合"有效先占"的要求。如果"从日本的领有主张与占领过程来判断的话,日本的占领行为,根本不能适用国际法的'无主地先占'法理,所以,与其说是国际法的先占,不如说是胜者的非法'侵窃占'"。① 这篇文章的学术价值在于作者根据国际法和大量的历史档案,论证了日本非法"侵窃占"钓鱼岛,不同于之前一些学者主要论证日本依据《马关条约》侵占了钓鱼岛。

1999年,台湾学者林田富出版了学术专著《钓鱼台列屿主权归属之研究》。随后,他又搜集资料,加以充实。2002年,他的学术专著《再论钓鱼台列屿主权争议》刊行。该书共6篇,包括"绪论""先决问题——台湾国际法律地位""中国与钓鱼台列屿法律关系之历史与国际法检视""日本与钓鱼台列屿之法律关系""战后美国对琉球管辖所生影响与关系国主权主张""结论与建议",约20万字。作者认为:"钓鱼台列屿在1895年以前,从来不是琉球王国或日本冲绳县的一部分。1895年时,钓鱼台列屿虽是无人岛,但并非无主地,不可能成为先占的标的。1895年以后,日本虽然将钓鱼台列屿划归冲绳县管辖,但并不能改变钓鱼台列屿在此之前为台湾附属岛屿的事实","建议钓鱼台列屿宜规划为国际海洋生态保育区"。②

这些研究成果的史料搜集、国际法运用、论证的严密性、解决冲突的方法,较之前的研究成果有一定程度的拓展,丰富与深化了钓鱼岛问题研究,其学术价值有目共睹。

---

① 张启雄:《钓鱼台列屿的主权归属问题——日本领有主张的国际法验证》,《中央研究院近代史研究所集刊》第22期,第107~108页。

② 林田富:《再论钓鱼台列屿主权争议》,台北:五南图书出版股份有限公司,2002,第263~267页。

二 中国大陆的钓鱼岛历史问题研究

(一) 学术专著

1970 年，台湾与海外的保钓运动兴起后，当时中国大陆无专职研究钓鱼岛问题的人员，又不宜公开刊发台湾学者的研究文章。为此，1972 年 5 月 4 日，《光明日报》用两个版面，全文刊发了日本学者井上清的文章《钓鱼列岛（"尖阁列岛"等）的历史和归属问题》，内容包括"琉球的西南界本为久米岛""钓鱼列岛本为中国领土""关于'中外之界'和'沟'""琉球人、日本人和钓鱼列岛""日清战争中夺取钓鱼列岛""结语"。[1]

大陆有关部门还组织专人，翻译了井上清的《关于钓鱼岛等岛屿的历史和归属问题》一书，由三联书店于 1973 年 12 月出版。大陆的主流报纸、广播对该书的主要内容做了宣传报道。该书有助于中国大陆学者了解钓鱼岛历史问题，为他们从事学术研究提供了思路。

吴天颖教授克服困难，在吸收杨仲揆、丘宏达、沙学浚、方豪、井上清等人研究成果的基础上，继续进行探讨。针对日本学者奥原敏雄等人关于钓鱼岛归属的错误言论，吴天颖本着一个学者的良知和责任，撰写文章，予以反驳。受限于多种因素，他的研究成果很难公开发表。面对困难，他勇往直前，经过近 20 年的努力，完成了研究著作《甲午战前钓鱼列屿归属考——兼质日本奥原敏雄诸教授》。1994 年 8 月，该书由社会科学文献出版社出版。这是中国大陆学者撰写的关于钓鱼岛问题的第一部学术专著，引起了海内外学术界的关注。该书共 5 章，包括"绪言""中国人民原始发现并命名了钓鱼列屿""位于赤尾屿、古米山间的琉球海沟系'中外之界'""钓鱼列屿与明清两朝巩固海防休戚相关""1885～1895 年日本觊觎、侵占我钓鱼列屿始末"，另有"附录"，约 15 万字。作者引用了大量珍贵的历史资料，并发现了一些新史料，如 1885 年上海《申报》关于中国东海岛屿的资料。作者对一些史籍做了考证，提出了自己的看法，来论证钓鱼岛自古是中国的固有领土。作者认为："钓鱼岛等岛屿是在中日甲午之战签订《马关条约》后被日方侵占的中国领土。"[2] 无疑，

---

[1] 《钓鱼列岛（"尖阁列岛"）的历史和归属问题》，《光明日报》1972 年 5 月 4 日。
[2] 吴天颖：《甲午战前钓鱼列屿归属考——兼质日本奥原敏雄诸教授》，社会科学文献出版社，1994，第 121 页。

这部著作推动了中国大陆的钓鱼岛历史的研究工作。

鞠德源研究员长期从事钓鱼岛历史文献的搜集工作，撰写了学术专著《日本国窃土源流·钓鱼列屿主权辨》，于2001年5月由首都师范大学出版社出版，约100万字，分三篇，包括"日本国窃土源流""钓鱼列屿主权辨""铁案如山证据说"，运用了126幅地图，回顾了日本吞并琉球的经过，论证钓鱼岛是中国的固有领土，驳斥了日本学者的错误观点。他又对研究成果加以充实，推出了学术专著《钓鱼岛正名——钓鱼岛列屿的历史主权及国际法渊源》，2006年1月由北京昆仑出版社出版。该书共有4部分，包括"钓鱼岛列屿序说""日本外务省的所谓'基本见解'""钓鱼岛列屿历史主权图证""附录"，约30万字。作者搜集了中国、日本等国的大量地图，用确凿的历史地图来论证钓鱼岛是中国的固有领土，被日本窃占。这是该书的一大学术价值。作者认为："中国人民拥有随时行使钓鱼岛列屿主权的所有权力根据，同时也拥有国际法法理法权，向海牙国际法庭揭露日本'侵华窃土'的各种证据。"① 这两部著作的出版，推动了中国大陆钓鱼岛历史的研究工作。

郑海麟教授游学海外，完成《钓鱼岛列屿之历史与法理研究》一书，1998年由香港明报出版社出版。随后，他又对文稿加以充实，补充史料。2007年，中华书局出版了郑海麟著《钓鱼岛列屿之历史与法理研究》（增订本）。该书对钓鱼岛属于中国的历史做了较为深入的研究，引用的一些史料、地图颇为珍贵。该书共3编，上编为"从中日史籍看钓鱼岛列屿的主权归属"，中编为"中日钓鱼岛列屿之争的法理研究"，下编为"钓鱼岛列屿相关地图考释"，最后是结论及附录，约30万字。作者认为："中琉两国边境早有地方分界。从中国方面看，地界是赤尾屿；从琉球方面看，地界是姑米山。位于赤尾屿和古米山之间，水深达2700米的东海海槽即是中琉两国自然形成的边境分界。"作者还提出解决钓鱼岛问题的建议，第一步是"收回原始的权利"，"中国应循外交途径收回钓鱼岛列屿的原始的权利，恢复中国人民五百多年间往来钓鱼岛列屿的自由，禁止日本海上自卫队在钓鱼岛列屿周围十二海里范围内的活动"。第二步是"中国作为对钓鱼岛列屿拥有主权的国家，应积极行使主权权利"。第三步是"解决领土主权纷争"，"中国应该积极运用调查研究获得的历史文献、地理及地质构造的实据、国

---

① 鞠德源：《钓鱼岛正名——钓鱼岛列屿的历史主权及国际法渊源》，昆仑出版社，2006，第20页。

际法理，循外交途径与日本政府谈判，然后交国际法庭仲裁，使钓鱼岛列屿领土主权纷争获得最终的司法解决"。① 上述见解具有积极意义。

北京大学的张植荣教授长期关注钓鱼岛问题。1996 年，他完成了研究报告《钓鱼岛事件真相》。2011 年，张植荣教授与王俊峰合作，撰写的《东海油争——钓鱼岛争端的历史、法理与未来》一书出版。该书回顾了中日钓鱼岛争端的历史，分析了台湾在保钓中的角色，指出近年来日本在钓鱼岛问题上的动作有升级的趋势，分析了共同开发的可行性。作者认为："通过两国首脑外交以及其他多方面的努力，一定能够增进互信，建设起一种适宜的东海合作机制，最终解决包括钓鱼岛在内的全部东海领土争端，使东海真正成为友谊与合作之海、希望之海。"② 这些建议颇具合理性。

大陆学者吴天颖、鞠德源、郑海麟、张植荣等人在论著中，都提及了中国与琉球的宗藩关系及日本侵吞琉球，因著作体例等方面的原因，没有深究 1895 年以后中国人民对琉球命运的关切。

（二）学术论文

1979 年后，中国大陆一些学者关注钓鱼岛历史问题，发表了多篇文章。

1978 年，大陆学者周兆锐撰写了《钓鱼岛等岛屿问题的来龙去脉——钓鱼岛等岛屿是中国的领土》一文，刊于《武汉师范学院学报》（哲学社会科学版）1978 年第 Z1 期，简要叙述了钓鱼岛等岛屿的地理概貌、其自古就是中国领土、日美帝国主义的非法转让。

1987 年，大陆学者于福顺、刘耀祖摘录了中外文献关于钓鱼岛的资料 63 种，包括地理形势、主权归属、中日交涉等，加了按语和说明，以《钓鱼列岛历史资料》为题，刊于《中国边疆史地研究报告》第 1 辑。这是一部资料汇编，有助于大陆钓鱼岛历史研究的开展。

1990 年，大陆学者杜继东撰写了《钓鱼岛等岛的历史和现状》一文，刊于《中国边疆史地研究报告》第 5 辑。作者又对文章做了增补，收于吕一燃教授主编的《中国海疆历史与现状研究》一书。该文对钓鱼岛历史、主权归属、保钓运动、中日争端及前景等做了概述。作者认为："钓鱼岛争端公正而彻底的解决有待于中日两国的共同努力，也有待于国际关系的新

---

① 郑海麟：《钓鱼岛列屿之历史与法理研究》（增订本），中华书局，2007，第 229~232 页。

② 张植荣、王俊峰：《东海油争——钓鱼岛争端的历史、法理与未来》，黑龙江人民出版社，2011，第 221 页。

变化。解决这一争端的基础是尊重历史事实、尊重国际公法。"① 作者的观点颇具启发性。

1995 年，中日钓鱼岛争端再次趋热，引起大陆相关学术机构的关注。吉林大学日本研究所组织学者撰写了几篇论文，刊于该所主办的《现代日本经济》1995 年第 2～3 期上。

陈本善发表文章《关于钓鱼岛归属问题的初步意见》。他认为，钓鱼岛是中国台湾的附属岛屿，由中国最早发现命名和利用，日本政府在甲午战争之际，窃取了中国领土钓鱼岛，1945 年日本接受了《波茨坦公告》，理应把钓鱼岛归还中国。

苏崇民发表文章《关于钓鱼岛问题的思考》。他认为，钓鱼岛之争在于争夺海底石油，对于贫油的日本更是如此。中国要想恢复对钓鱼岛的主权，仅靠说理是很难办到的。中日绝对不能为了弹丸之地大动干戈，搁置争议、共同开发应是明智之举。

邹晓翔发表文章《钓鱼岛主权与划界分离论》，对马英九《从新海洋法论钓鱼台列屿与东海划界问题》一书予以评介，肯定了马英九的学术贡献，认为如果把钓鱼岛的主权归属与大陆架划界问题分离开来，有助于问题的解决。

这 3 篇文章相互独立，各有侧重，又形成一个整体，探讨了钓鱼岛历史问题，在当时中日关系的研究中可谓一个亮点。

1996 年，面对日本右翼在钓鱼岛的挑衅行为，大陆几家报刊刊登了关于钓鱼岛历史问题的学术论文。王乃昂等人发表论文《略论中日钓鱼诸岛之争》，刊于《中国边疆史地研究》1996 年第 4 期。作者认为，钓鱼岛争端涉及原始发现问题、行政管辖问题、经济活动问题、资源开发问题，论述钓鱼岛主权属于中国，日本占领钓鱼岛，企图以钓鱼岛为领海基线，图占200 海里经济专属区，开采东海大陆架石油。作者指出："现在看来，理想的解决办法是双方通过谈判提出某种方案，暂时搁置主权争议，共同开发钓鱼诸岛周围海域的矿产、鱼类和其他资源。当然，从长远看，日本应承认钓鱼岛主权属于中国。"②

---

① 杜继东：《钓鱼岛等岛的历史和现状》，吕一燃主编《中国海疆历史与现状研究》，黑龙江教育出版社，1995，第 84 页。

② 王乃昂、杨淑华、蔡为民：《略论中日钓鱼诸岛之争》，《中国边疆史地研究》1996 年第 4 期，第 9 页。

　　吕一燃发表文章《历史资料证明：钓鱼岛列岛的主权属于中国》，刊于《抗日战争研究》1996 年第 4 期。他引用了一些明清古籍，指出"钓鱼岛列岛主权属于中国，这是无可争辩的"。①

　　1996 年，刘江永教授在《日本学刊》上发表论文《论钓鱼岛的主权归属问题》，指出"日本一些人认为只要这样再搞下去，日本能对钓鱼岛实际控制 50 年，国际上按'时效取得'之说承认其对该岛拥有主权。但是，若完全按时效统治决定领土归属"，日本"等于从法律上承认'北方四岛'和'独岛'（日方称竹岛）归俄韩。结果不仅将恶化中日关系，还将彻底丢掉'北方四岛'和'独岛'"。他建议："既然如此，日本何不与中国共同探讨一个中日两国特有的、创造性的方式来解决彼此之间的领土争议呢？"②

　　上述论文配合了中国政府反对日本右翼在钓鱼岛问题上的挑衅行为，从学术角度论证钓鱼岛是中国的固有领土，回应了日本学界的若干质疑，提出了建设性的思路，具有重要的现实意义。

　　《中国边疆史地研究》杂志深感钓鱼岛历史研究的重要性，排除困难，刊发了多篇研究钓鱼岛历史问题的文章。

　　林琳教授发表了《从国际法论中国对钓鱼岛群岛无可争辩的主权》，刊于《中国边疆史地研究》1999 年第 4 期。该文回顾了日本侵占钓鱼岛的经过及现状，根据国际法，论证了钓鱼岛是中国的固有领土。

　　《中国边疆史地研究》2002 年第 1 期刊发了一组关于钓鱼岛问题的文章，集中多方面的力量，共同探讨钓鱼岛问题，引起了学术界的关注。

　　张植荣、蒋苏晋发表了《美国与中日钓鱼台列屿争端》，刊于《中国边疆史地研究》2002 年第 3 期。张植荣、张启雄两位教授合作，共同发表了《明治时期日本官书对"尖阁列岛"地位的认识》，刊于《中国边疆史地研究》2008 年第 1 期。

　　米庆余教授发表论文《钓鱼岛及其附属岛屿归属考——从明代陈侃〈使琉球录〉谈起》，刊于《历史研究》2002 年第 3 期。他根据一些明清古籍，指出"古米山是中琉疆界"，并引用一些日本史料、地图及日本学者的研究成果，认为"只要不是别有用心，任何一位琉球问题的研究者，都不能不承认钓鱼岛及其附近小岛屿（统称钓鱼岛群岛）自古便是中国领土"，

---

① 吕一燃：《历史资料证明：钓鱼岛列岛的主权属于中国》，《抗日战争研究》1996 年第 4 期，第 6 页。
② 刘江永：《论钓鱼岛的主权归属问题》，《日本学刊》1996 年第 6 期，第 27~28 页。

并指出个别日本学者为将钓鱼岛划入日本版图，故意删改《使琉球录》中的关键文字。①

2005 年，大陆学者郭永虎发表了《关于中日钓鱼岛争端中"美国因素"的历史考察》一文，分析了中日钓鱼岛争端的产生、变化、未来发展趋势，认为其始终与"美国因素"密切相关，"美国是中日钓鱼岛争端的始作俑者之一"。"在 20 世纪 70 年代初美日归还冲绳的协议中，美国又单方面将包括钓鱼岛在内的冲绳的所谓'施政权'授予日本，更成为引发中日钓鱼岛争端的直接原因之一"。②

从侵略琉球开始，日本逐步走上了危险道路。中日甲午战争中，台湾等领土的丧失源于球案。探讨日本侵占钓鱼岛，就必须与日本吞并琉球联结起来，而不是一味回避。

2010 年 1 月，戚其章教授发表学术论文《钓鱼岛主权归属之争及相关问题——日本明治政府的南扩战略与战后处置》，分析了日本南侵的三步骤，即吞并琉球、窃取钓鱼岛、割让台湾。关于二战后对日本南侵土地的处置，作者指出，"真正'地位未定'者并非台湾，而是琉球"；"钓鱼岛尚未归还中国"，"1945 年 8 月 15 日，日本宣布无条件投降，接受《波茨坦公告》之条件，即承诺归还所侵略的所有中国领土，钓鱼岛理应包括在内"。作者注意到钓鱼岛是否属于台湾岛附属岛屿的争议。他认为："无论从历史还是从法理上说，钓鱼台列屿的主权归属十分清楚：或作为台湾的附属岛屿归还中国；或作为日本'以暴力或贪欲所攫取'之土地归还中国。两者必居其一，别无选择"，"1971 年，美国背离其所签署的《开罗宣言》和《波茨坦公告》，将琉球和钓鱼列屿一起交与日本"。③ 该文观点颇具真知灼见，反映了作者深厚的学术功力。

2011 年，郑海麟教授发表了《钓鱼岛主权归属的历史与国际法分析》一文，指出"从历史上看来，钓鱼岛与日本吞并琉球和侵占台湾有关"，"1895 年中、日签订《马关条约》，清廷割让台湾全岛及其所有附属岛屿，琉球南部诸岛以及钓鱼岛列屿自然成了日本的囊中物。日本重新勘查琉球

---

① 米庆余：《钓鱼岛及其附属岛屿归属考——从明代陈侃〈使琉球录〉谈起》，《历史研究》2002 年第 3 期，第 189 页。
② 郭永虎：《关于中日钓鱼岛争端中"美国因素"的历史考察》，《中国边疆史地研究》2005 年第 4 期，第 116 页。
③ 戚其章：《钓鱼岛主权归属之争及相关问题——日本明治政府的南扩战略与战后处置》，《学术月刊》2010 年第 1 期，第 147～148 页。

与台湾之间的沿海各岛屿，将这些用武力吞占的岛屿归为冲绳县管辖。尽管如此，自 1880 年以后的历届中国政府，都没有表示过放弃对这些岛屿的领土主权。琉球问题于是成为中日之间的一大悬案"。"二战后，日本无条件将台湾群岛及其附属岛屿的主权归还中国。如按《开罗宣言》所说'日本亦将被逐出于其以武力或贪欲所攫取之所有土地'的规定，日本应恢复琉球的独立王国地位，或者按 1880 年 10 月中日双方就'分岛改约'达成协议的条约，将琉球南部诸岛以及钓鱼岛列屿与台湾群岛一并交还中国。"①作者深化了对钓鱼岛与琉球归属问题的思考与认识。

大陆学者孙传香发表《论领土主权的定局性——中国钓鱼岛群岛主权之国际法再思辨》，刊于《海洋开发与管理》2010 年第 1 期。作者根据国际法来分析中日钓鱼岛争端，指出："中国对钓鱼岛群岛的主权具有定局性。日本对钓鱼岛群岛的领土主权主张违背了国际法'发现—占领'原则，无法通过早已被国际法废弃的时效制度来获取钓鱼岛群岛的主权。在中国不放弃，始终抗议，适时宣示主权的前提下，任何第三方所作出的行为甚或事实上的占有都不能改变钓鱼岛群岛主权归属中国的法律属性。"②

金永明教授发表《批驳日本关于钓鱼岛列屿领有权基本见解的错误性》一文，刊于《云南大学学报法学版》2011 年第 2 期。该文针对 1972 年日本发表的《日本关于钓鱼岛列屿领有权的基本见解》，根据大量的史料和国际法，逐条予以驳斥，"希望日本尊重历史事实和国际法，与我国就钓鱼岛列屿展开谈判，探寻利用和平方式合作解决钓鱼岛列屿领土问题的新模式"。③作者认识到钓鱼岛是否属于台湾岛的争议。

还有多篇学术论文，因篇幅关系，不能一一列举。一些高校学生围绕中日钓鱼岛争端，撰写博士论文、硕士论文，多数未公开出版。这些努力有助于钓鱼岛历史问题研究的开展。

1972 年中日建交后，中国政府逐渐形成了"主权属我、搁置争议、共同开发"的处理钓鱼岛争端方针，来维护中日关系的大局，尽量搁置钓鱼岛争议，不使其冲击中日两国的良性互动。中国大陆有关部门对于钓鱼岛

---

① 郑海麟：《钓鱼岛主权归属的历史与国际法分析》，《中国边疆史地研究》2011 年第 4 期，第 60～63 页。

② 孙传香：《论领土主权的定局性——中国钓鱼岛群岛主权之国际法再思辨》，《海洋开发与管理》2010 年第 1 期，第 21 页。

③ 金永明：《批驳日本关于钓鱼岛列屿领有权基本见解的错误性》，《云南大学学报》（法学版）2011 年第 2 期，第 138 页。

历史问题的研究，基本上持不鼓励的态度，以免造成学术争论，引起大众的关注。关于钓鱼岛历史问题的文章、著作很难公开出版刊行。尽管一些学者颇想从事这个问题的研究，最终也只能知难而退。少数富于使命感的学者不畏艰险，迎难而上，努力搜集资料，撰写研究报告，驳斥日本一些学者的错误观点，做出了重要学术贡献。

三　日本的钓鱼岛历史问题研究

自钓鱼岛争端发生后，日本官方和学者组织了多个研究会，如外务省设置的"尖阁列岛领有纷争检讨研究机关"，南方同胞援护会设立的"尖阁列岛研究会"，规模大的有 60 多位教授。他们研究的工作重点是收集有利于日本的证据，分析中国大陆、台湾有关钓鱼岛研究的著作及文章，提出对策。

日本多位学者撰写文章，编写研究报告，论证钓鱼岛属于琉球群岛，而不属于中国，来回应台湾一些学者的质疑。"尖阁列岛研究会"成员有奥原敏雄、林司宣、入江启四郎等人。1971 年 3 月，"尖阁列岛研究会"发表《尖阁列岛与日本的领有权》一文，载于《季刊·冲绳》第 56 号。该报告包括"引言""尖阁列岛编入日本领土的过程""日本对尖阁列岛领有权的确定及其历史""二战后尖阁列岛的法律地位""和约第三款的有效控制""结论"，约 8000 字，论证了日本对尖阁列岛的领有权。这份报告较为系统地说明了日本占有钓鱼岛的历史、法律、现实依据，具有代表性。

井上清教授反对日本抢占钓鱼岛。1972 年 10 月，日本现代评论社出版了他的著作《尖阁列岛——钓鱼群岛的历史解析》的第一部分"钓鱼岛：历史与主权"的全文。不久，全书出版。该书共 15 章，约 6 万字。作者根据大量的历史资料，认为"钓鱼群岛自明朝以来就是中国的领土"，"清代的记录也证实钓鱼岛是中国领土"，"日本的先知者也明确记载了钓鱼群岛是中国领土"，驳斥"无主地先占为主的法则"，指出"琉球人和钓鱼群岛的关系淡漠""所谓的尖阁列岛岛名与区域都不固定"，分析了"天皇军国主义的琉球处置与钓鱼群岛"，论证了"甲午战争中日本确立对琉球列岛的独占""日本在甲午战争中明夺台湾暗取钓鱼群岛""日本领有尖阁列岛在国际法上亦为无效"，指出"日本帝国主义仍不顾一切历史事实和国际道义，把钓鱼群岛冠以'尖阁列岛'之名，想再次掠夺中国的领土"。① 井上清教授不顾日本社会一些人士的谬论，仗义执言，道出钓鱼岛历史的真相。

奥原敏雄教授是日本国士馆大学教授，国际法学家。1971 年 3 月，他发表《尖阁列岛的领有权问题》一文。1975 年，他发表《编入尖阁列岛领土的经过》一文，刊于《政经学会志》（国士馆大学政经学部）第 4 号。作者认为，"尖阁列岛"争端是应根据国际法解决的法律纠纷问题。日本按照先占法理，在履行了确认领有意图的手续后，于 1895 年并入了这一领土。于是，日本做出政治判断，认为丧失台湾的清国不关心该无主地。虽然台湾于 1683 年成为中国的领土，但中国对台湾附属岛屿未采取充分的措施，因此"尖阁列岛"为台湾附属岛屿的主张不成立。②

1973 年，日本学者胜沼智一发表《尖阁列岛领土问题的历史和法理》一文，刊于《法学志林》（法政大学法学部刊）第 71 卷第 2 号。他引用史料，分析"尖阁列岛"问题产生的历史经过，指出包括《马关条约》在内，中国对"尖阁列岛"领土缺乏认识，该岛不包括在该条约所说的"台湾附属岛屿"内，当时日本已经对"尖阁列岛"行使实际支配权，日本通过"先占"而取得领土的合法性成立。③

1979 年，日本学者高桥庄五郎撰写《尖阁列岛笔记》，由东京青年出版社出版。该书引用了日本官方文书、中国古籍等资料，分析了中国政府对钓鱼岛的领有权主张、日本政府对钓鱼岛的领有权主张，论述了"尖阁列岛"究竟是不是无主地，根据对地名的验证，提出日本对"尖阁列岛"的领有权。由于组成列岛的各岛屿名不确定，而且日本对无人岛、环礁的实效控制也存在问题，故日本只是因统治台湾而把该列岛并入了日本版图，这不能说是对无主地的实效支配，也不是先占。由于"尖阁列岛"是台湾的附属岛屿，所以在日清战争中通过中国的割让成为日本领土。作者对奥原敏雄、井上清等人的文章做了回应，提出了自己的看法。④

---

① 井上清：《钓鱼岛：历史与主权》，贾俊琪、于伟译，中国社会科学出版社，1997，第 133 ~ 136 页。

② 《尖阁列岛的领有权问题》，浦野起央等编《钓鱼台群岛（尖阁诸岛）问题研究资料汇编》，香港：励志出版社，东京：刀水书房，2001，第 353 页。

③ 《尖阁列岛领土问题的历史和法理》，浦野起央等编《钓鱼台群岛（尖阁诸岛）问题研究资料汇编》，第 355 页。

④ 高桥庄五郎：《尖阁列岛笔记》，浦野起央等编《钓鱼台群岛（尖阁诸岛）问题研究资料汇编》，第 355 页。

1984 年，日本学者绿间荣撰写《尖阁列岛》，由那霸红树社出版。针对井上清的论文，作者提出，国际法上的领土归属属于国家间的争端，而不是古文书籍解说，因此"尖阁列岛"的领有问题需从国际法上加以法律论证，应该依据先占法理。有人以地图为依据主张是中国领土，但是航标和岛名不能成为法律依据。"尖阁列岛"不能视为台湾的附属岛屿，否则日清谈判时应该提出这一要求，然而事实上却没有提出。"尖阁列岛"不是大陆架的一部分，而是国际法所说的岛屿。日本根据先占法理进行实效支配，符合国际法上获取领土的条件。①

1997 年，台湾东吴大学举办了关于钓鱼岛问题的学术研讨会。1998 年，与会学者的论文由程家瑞编成《钓鱼台列屿之法律地位》论文集，出版刊行。这部论文集收录了几篇日本学者的论文。

日本早稻田大学教授大畑笃四郎发表《钓鱼台列岛问题的省思》一文，指出："中国方面对于日本领有尖阁诸岛一事，一直到 1970 年纷争发生为止的 75 年间，不仅未曾提出过异议，而且北京、台湾双方至今也一直接受此事实。"他认为："钓鱼台群岛问题的根本，如前所述，系在于'华夷秩序'底下的中国对外意识、立场与近代国际法、国际关系的存在方式之间的冲突和矛盾，再者，和各当事国现代的对外政策、态度也有关联。因此，这个问题想要得到最终的解决将非易事。"② 他指出了钓鱼岛历史的深层次症结。

1972 年 5 月至今，日本重新占据了钓鱼岛。日本政府坚持钓鱼岛属于日本，与中国不存在什么争议，拒不与中国政府谈判。日本一部分学者为日本政府的钓鱼岛政策辩护，代表人物有奥原敏雄、绿间荣等人。他们论证钓鱼岛是"无主地"，日本依据"无主地先占"原则，获得钓鱼岛，抓住台湾、中国大陆一些出版物、文章的疏忽，反驳中方学者的论断。这些研究成果看上去言之凿凿、逻辑严密，实际上回顾日本侵占琉球、钓鱼岛、台湾岛的历史，以及二战中的国际文件和盟国战后对琉球的托管，可见一些日本学者强词夺理，肢解史料，误导民众，禁不住历史文献的验证与学术研究的诘问。但是，一些日本民众却容易被这些研究报告迷惑。

以井上清为代表的一些日本学者，挖掘史料，还原历史真相，论证钓鱼岛是中国的固有领土，被日本窃取，驳斥了奥原敏雄等人的错误观点。

---

① 《尖阁列岛》，浦野起央等编《钓鱼台群岛（尖阁诸岛）问题研究资料汇编》，第 355 页。
② 《钓鱼台列岛问题的省思》，程家瑞编《钓鱼台列屿之法律地位》，台北：东吴大学法学院，1998，第 195～202 页。

然而，他们的研究成果却被冷落，长期遭到不公正的对待。

还有一些日本学者，如大畑笃四郎、宇佐美滋，一方面为日本占有钓鱼岛做出辩护，另一方面认识到钓鱼岛历史问题的复杂性，指出日本、中国台湾和大陆应通过适当的方式对钓鱼岛问题加以妥善解决，间接承认日本占有钓鱼岛的证据存在瑕疵。

综合中国大陆、台湾以及日本学者的研究成果，关于钓鱼岛的主权归属，中国大陆、台湾的学者侧重于从历史和地理角度来论证钓鱼岛是中国的固有领土，摆事实，讲道理。主要理由有：（1）在地理、地质上，钓鱼岛位于中国大陆东海大陆架上，是台湾岛的附属岛屿。（2）在历史上，中国人最早发现、命名了钓鱼岛。（3）在使用上，闽台渔民长期在钓鱼岛海域捕鱼，上岛避风，以这些岛屿作为标识，航行在该海域。（4）在国际法上，日本通过《马关条约》侵占了钓鱼岛，根据《开罗宣言》《波茨坦公告》，日本应将钓鱼岛还给中国。《旧金山和约》《美日返还冲绳协定》不能限制中国对钓鱼岛的固有主权。

日本学者则侧重于从国际法角度来论证钓鱼岛是日本的领土。主要理由有：（1）日本是依据国际法的"无主地先占原则"，占据了钓鱼岛。（2）钓鱼岛不包括在《马关条约》的中国割让领土之列。（3）美国托管琉球群岛等岛屿，根据《旧金山和约》《美日返还冲绳协定》，日本重新得到"管辖"钓鱼岛的权利。一些日本学者认为，中国大陆、台湾学者关于钓鱼岛的主权论述，从地理、历史、国际法上讲都是没有法律效力的，日本对钓鱼岛的"无主地先占"才更具说服力。

（作者单位：中国社会科学院近代史研究所）

两岸学界对台湾土地改革
研究的学术综述

汪小平

一 前言

　　国民党败退台湾之初，由其主导的台湾土地改革曾经对台湾社会产生深远影响。所谓土地改革包含"市地改革"和"农地改革"两个方面。国民党当时的土地政策为："对于城市用地，应抑制土地投机，取缔不劳而获，力行照价征税与涨价归公的办法，实现市地的地权平均。对于农村耕地，……以达到实施耕者有其田的目的。"[①] 一般来说，土地改革指的是实现"耕者有其田"的农地改革。它包含两方面内容：一是指农业地权制度的改革，包括"三七五减租"、"公地放领"与"耕者有其田"；二是指农业土地利用的改革，地权制度改革在20世纪50年代一次完成后，相关农业土地利用的改革曾经多次进行，因此也有学者将台湾土地改革进行分期讨论。国民党甚至在2007年还提出了推动"第三次农地改革"的政见，声称以"小地主、大佃农"的方式，让有土地的农民把土地租给有耕作能力、年轻专业的农民，进行大面积的经营。[②] 由此可见，土地改革在台湾社会有很深的历史影响。本文主要讨论"第一次土地改革"（1949～1953）的研究文献，此次土地改革研究者众多，也是最广为人知的一次台湾土改。

[①] 潘廉方：《台湾省实施都市平均地权之回顾与前瞻》，"行政院经济建设委员会"健全经社法规工作小组编《平均地权条例立法沿革及理由》，台北："行政院经济建设委员会"，1988。

[②] 任晓娜、张瑞娟、李超：《台湾省第三次农地改革"小地主大佃农"政策研究》，《世界农业》2015年第12期，第211～216页。

二　大陆学界对台湾土地改革的研究

大陆学界很早就注意到台湾土地改革问题，在有关台湾通史、台湾经济史、台湾政治史，以及其他相关台湾研究中大量涉及土地改革的内容。自 1980 年代以来，大致有三方面的研究倾向。

第一，从台湾现代化角度来探讨台湾土地改革。如 1980 年代周任的《台湾经济》、茅家琦主编的《台湾三十年》中都叙述和评价了台湾土改的过程。[①] 刘明的《彼岸的起飞——台湾战后四十年发展历程》中提到的土改内容较为详细，描绘了土改政策三个阶段，即"三七五减租""公地放领""耕者有其田"的具体内容，以及土地改革实施的后果。[②] 这些早期的著作大多对土地改革持肯定评价，认为台湾土地改革是国民党在台湾站稳脚跟的最重要的举措之一，也是台湾经济起飞的必要条件。之后，台湾土地改革日益为现代化学者、经济学家、三农问题专家所关注，被当作中国现代化、农村问题研究的一个重要参照。2004 年，台湾经济研究专家李非在《台湾经济发展通论》中专列"台湾土地改革与农业发展"一章，探讨土地改革与台湾经济发展的关系。[③] 才家瑞的论文《国民党在台湾土改评析》一文，对国民党在台湾进行的土地改革进行了详细的描述和分析。在台湾土改成功原因方面，论文不仅分析了台湾土改的迫切性和农民对土改的支持，更强调了台湾"和平土改"之中的武力后盾，台湾地主对共产党占领台湾的恐惧，以及美国的帮助和"中国农村复兴联合委员会"在土改中起的作用。才家瑞认为国民党在台湾的"和平土改"不仅解决了争取无地、少地贫苦农民的支持，解决了迫在眉睫的粮食供应问题，而且成为台湾从农业社会发展成工商业社会的起点和基础。他认为"战后台湾的变迁最重要的事件之一，就是光复初期的土地改革"。[④] 陈海秋的《台湾 50 余年来土地政策三次重大变革刍议》一文，比较完整地论述了台湾自 1950 年以来三次土地改革的状况，认为对于"台湾模式"而言，第一阶段土地改革尤为重要。

---

① 参见周任等《台湾经济》，中国财政经济出版社，1980；茅家琦主编《台湾三十年》，河南人民出版社，1988。

② 参见刘明等《彼岸的起飞——台湾战后四十年发展历程》，黑龙江人民出版社，1992。

③ 参见李非等《台湾经济发展通论》，九州出版社，2004。

④ 才家瑞：《国民党在台湾土改评析》，《台湾研究》2002 年第 4 期，第 67～73 页。

当时台湾土地问题的核心是租佃制度，这次土改建立了自耕农为主、小规模经营的农业结构，使得台湾农业更适应市场变化。①

第二，海峡两岸土地改革的对比研究是大陆学者关注的热点。不过该问题过于宏大复杂，大陆学者主要针对国共两党的土改政策进行一般性对比。国民党在大陆时期也从事过相关的土改工作，但是并没有多大成效，而到了台湾之后，进行的所谓和平土改却取得成功。论者大多从此点立论，认为国民党吸取了大陆失败的经验。娄和瑞的论文《台湾和大陆两种土地改革差异简析》较早关注到这个问题。② 栾雪飞和刘颖的论文《20 世纪 50年代初大陆与台湾土地改革比较》和陈锋的论文《大陆建国后土地改革和台湾土地改革之比较》等也都专门进行政策对比。③ 王荣全的《20 世纪 50年代初大陆与台湾土地改革比较研究》为该领域研究的学位论文，系统地总结了大陆这方面的研究成果，从背景、政策、影响三个方面比较研究两岸的土地改革。④

第三，从农业经济角度研究台湾土改。在以农业经济学为研究方法的成果中，比较值得注意的是董正华 1993 年的博士论文《当代台湾与韩国的小农制》。该文分析了台湾土地改革以及台湾小农制的特点，认为从土改的结果看，台湾由传统租佃制下的小农制转变为现代自耕小农制。土改不仅反映了农村内部人际关系和人与土地关系的变化，还影响着农业、农民和农村与国民经济发展大环境的关系。统治集团虽刚遭农民革命打击，但仍保存了相当的统治力量，且与台湾当地地主阶级无直接利益牵涉，使得统治集团具有推行政策的决心和能力。在土改过程中，政府通过自身权力以及附属机构进行沟通和控制，对地权多方限制，组织由农民自己管理的农会，并结合储蓄、信贷、技术推广等服务，使改革获得成功。⑤ 展敏的硕士论文《台湾两次农地改革之比较研究》较早关注台湾农地改革的农业经济

---

① 陈海秋：《台湾 50 余年来土地政策三次重大变革刍议》，《台湾研究》2002 年第 3 期，第58 ~ 63 页。

② 娄和瑞：《台湾和大陆两种土地改革差异简析》，《中共党史研究》1996 年第 4 期，第 66 ~69 页。

③ 栾雪飞、刘颖：《20 世纪 50 年代初大陆与台湾土地改革比较》，《东北师大学报》（哲学社会科学版）2001 年第 6 期，第 34 ~ 40 页；陈锋：《大陆建国后土地改革和台湾土地改革之比较》，《广西教育学院学报》2001 年第 1 期，第 123 ~ 125 页。

④ 王荣全：《20 世纪 50 年代初大陆与台湾土地改革比较研究》，南京师范大学硕士学位论文，2012。

⑤ 董正华：《当代台湾与韩国的小农制：1949 ~ 1979》，北京大学博士学位论文，1993。

议题，认为第一次土地改革一方面提高了农业生产力，建立了合乎公平正义的社会经济发展方式，另一方面消除了农业经济特征，促使消耗型土地资本转移为建设型工业资本。[1] 黄金辉与徐义雄的论文《台湾农业现代化评析》分析台湾农业现代化的特点，认为土地产权私有化确立了农民在农业生产与农产品销售中的市场主体地位，土地租佃制度的改善和地租下降减轻了农民负担，农民在利益最大化动机驱使下，努力根据市场需求供给农产品，市场导向型的农业制度和农业政策，推动了台湾农业现代化的顺利实现。[2] 冯永琦的论文《土地改革对经济持续增长的影响——基于台湾省土地改革的研究》，分析了台湾省土地改革推动台湾经济持续增长的机制和途径，认为在以提高全要素生产率为核心的作用机制下，台湾省的土地改革通过激励机制、效率机制、供求机制等途径推动了经济的持续增长。[3]

三　台湾学界对台湾土地改革的研究

在台湾，土地改革的研究可谓丰富，相关研究从土改发生至今就从未中断。国民党早期的官方论述是把土改当作践行孙中山三民主义中的"平均地权"和"耕者有其田"的遗教。一些技术官僚和学者（主要是早期农复会成员和美援机构雇员等一些亦官亦学的大陆籍精英），其中如蒋梦麟、沈宗瀚等人，最早对土改展开研究。与当局拘泥于"三民主义"不同，1954年出版的《台湾之土地改革》一书中，对为何实施土地改革提出诸多说法，主要是从租佃关系的不平等上入手，强调土改对发展经济和社会改造的必要性。[4] 土改成功后，国民党的这项政策颇受当时西方社会的好评，被当作重要的农业改革经验进行推广。[5] 1961年，陈诚署名出版的《台湾土地改革纪要》，为较早可资利用的官方文献。在书中，陈诚总结了台湾土地改革的经验，从政治和经济角度考虑，认为土改不仅解决台湾民生问题，

---

① 展敏：《台湾两次农地改革之比较研究》，北京大学硕士学位论文，1994。

② 黄金辉、徐义雄：《台湾农业现代化评析》，《当代亚太》2003年第7期，第59～64页。

③ 冯永琦：《土地改革对经济持续增长的影响——基于台湾省土地改革的研究》，《农业经济问题》2014年第7期，第43～51页。

④ 参见汤惠荪《台湾之土地改革》，台北："中国农村复兴联合委员会"，1954。

⑤ L. J. Walinsky, ed., *Agrarian Reform as Unfinished Business: The Selected Papers of Wolf Ladejinsky*, New York: Oxford University Press, 1977.

安定了台湾社会，而且促进了经济发展和推进了工业化。① 这两本书对台湾土改的种种论述，很长时间内都是国民党官方论述的主要内容。

1970 年代的毛育刚、蔡宏进、刘进庆等专业学者的著作②现已为学界所熟悉，成了研究台湾经济、社会研究的早期著作。同期的技术官员如李登辉、江丙坤等对台湾土地改革也有专论。③ 晚近则有廖正宏、黄俊杰、张宪炎、刘志伟、柯志明、徐世荣、萧新煌、瞿宛文等研究著作问世。④ 在研究利用文献上，1980 年，长期在国民党内从事土改工作的萧铮出版《土地改革五十年：萧铮回忆录》，对国民党在大陆和台湾进行土地改革的来龙去脉记载十分详细。⑤ 学者侯坤宏编的《土地改革史料：民国十六年至四十九年》汇编了丰富的官方土地改革史料。⑥ 黄俊杰编的《中国农村复兴联合委员会史料汇编》则收集了农复会的相关史料。⑦ 这些史料的编辑出版，方便了学者的研究工作。自土地改革发生以来，台湾学界对此问题研究，大致有三个特点。

第一，1980 年代之前，支持官方论述的学术研究占主流地位，立论多从经济出发。1980 年代之后，质疑官方论述的学术研究逐渐显现，立论也是先从经济角度出发。

从经济角度研究土改，台湾学界起步较早，多以现代化的视角进行研究。早在 1970 年代，毛育刚就关注到土地改革的理论问题。他认为："台

---

① 陈诚：《台湾土地改革纪要》，台北：中华书局，1961，第 4 页。
② 毛育刚：《台湾农村地主与佃农经济调查研究》，台北："中国农村复兴联合委员会"，1975；蔡宏进：《台湾农地改革对社会经济的影响》，台湾大学硕士学位论文，1967；刘进庆：《台湾战后经济分析》，王宏仁、林继文、李明俊译，台北：人间出版社，1995。
③ 李登辉：《台湾农业发展的经济分析》，台北：联经出版事业股份有限公司，1980；江丙坤：《台湾田赋改革事业之研究》，台北：台湾银行，1972。
④ 廖正宏、黄俊杰等：《光复后台湾农业政策的演变》，台北：中研院民族学研究所，1986；张炎宪、高淑媛：《冲击年代的经验：台北县地主与土地改革》，台北县立文化中心，1996；刘志伟、柯志明：《战后粮政体制的建立与土地制度转型过程中的国家、地主与农民（1945~1953）》，台北《台湾史研究》第 9 卷第 1 期，2002 年，第 107~180 页；徐世荣、萧新煌：《战后初期台湾业佃关系之探讨——兼论耕者有其田政策》，台北《台湾史研究》第 10 卷第 2 期，2003 年，第 35~66 页；萧新煌、徐世荣：《台湾土地改革再审视：一个"内在说"的尝试》，台北《台湾史研究》第 8 卷第 1 期，2001 年，第 89~124 页；瞿宛文：《台湾战后农村土地改革的前因后果》，台北《台湾社会研究季刊》第 98 期，2015 年，第 11~67 页。
⑤ 萧铮：《土地改革五十年：萧铮回忆录》，台北："中国地政研究所"，1980。
⑥ 侯坤宏编《土地改革史料：民国十六年至四十九年》，台北："国史馆"，1988。
⑦ 黄俊杰：《中国农村复兴联合委员会史料汇编》，台北：三民书局，1991。

湾土地改革以来，已历二十年，其成果可称辉煌，颇受国际重视。各种有关土地改革之研究报告或论文，散见于国内外之报刊，数量众多，但能从经济上分析绝无仅有。"的确，毛育刚的研究在 1970 年代尚属先锋。他指出要从经济学的角度，而不是仅仅从孙中山的学说，提出一般土地改革的经济理论基础；提出要对土地改革各种经济效果进行估算。毛育刚所得出的结论是：台湾土地改革为农业发展奠定良好基础，这不但有利于提高佃农收益、安定农村环境、增加农业产量，而且间接上将国民所得分配改变投资方向，从而引起国民所得的总体增加。[①] 李登辉的研究则认为，台湾的人多地少，地权制度又极其不合理，已经成为工农业发展的障碍。他也以经济学方法研究了土地改革的各个环节，认为土地改革使得自耕农更加集约利用土地，土地改革带来农业增产是自耕农单位土地投入更多劳动力的结果。[②]

台湾土改的效率到底如何，至今也有争议。不同经济学派之间的争议使台湾土改研究陷入所谓现代化模式的思考范畴当中去，许多学者以台湾为例，比较研究不同的后进国家和地区现代化之路。香港学者张五常的"佃农理论"，即以台湾土地改革为其经济学模型来讨论经济问题，认为租佃制改为以自耕农为主的农业制度，并不会导致农业生产更有效率。[③] 张五常主要针对的是一般经济模型研究，台湾土地改革本身并非他关注的重点，但他的结论引起了一些学者对台湾土地改革的兴趣。亲历台湾土改全过程的王作荣曾经于 1990 年代末总结国民党主导的土改之得失，对土地改革在台湾经济发展上的贡献有所思考。他对土地改革的表述很能反映早期研究者强调的方向，即对发展中地区，如何走上经济发达之路进行思考，特别强调政府政策的重要性。他认为："这种土地改革，本质上是一种社会财富的重新分配，与农业发展并无必然的关系。所谓刺激农业生产，完全是推测之词。在中国租佃制度之下，即使耕者不能有其田，仍然会努力生产。至于农地改良投资，地主的能力反而大于佃农。"他认为真正促使农业发展，使农业生产力大幅提高，农民生活显著改善的，为下面两项改革：

---

① 毛育刚：《台湾土地改革之经济研究》，余玉贤主编《台湾农业发展论文集》，台北：联经出版事业股份有限公司，1975。

② 李登辉：《台湾农业发展的经济分析》，台北：联经出版事业股份有限公司，1980。

③ 张五常：《佃农理论：应用于亚洲的农业和台湾的土地改革》，易宪容译，商务印书馆，2000。

"一、农业技术改进。包括耕作方法、品种的改良、施肥、灌溉、病虫害防治、引进新品种及新产品等农业多元化。……二、农民组织及农村社会环境的改进。这包括前述的农业研究及推广系统,农、渔、水利会的组织,农情信息的传播,产品运销,农业信用,农村生活环境改善等等,这些都有助于农业生产力的提高。"他还认为实施"耕者有其田"引发了两个非常严重的后遗症:一个是佃农在几乎无偿的情形下,取得农地后,由于在都市化的过程中,邻近当时都市的耕地或以后新辟都市中的耕地,都是价格飞涨,佃农成了以千万计的富户,造成另一种财富分配不平均;另一个是"耕者有其田"严格限制了农地所有权的转移,在平均继承制下,单位耕作面积越变越小,成了农业现代化的一个阻碍。① 叶淑贞在《日治时代台湾的租佃与农业经营效率:战后初期土地改革的省思之一》一文中认为,佃农转换为自耕农,生产效率并没有提高,自耕农在生产经营决策、农业技术应用和生产效率上与佃农并无多大区别。② 黄树仁的《台湾农村土地改革再省思》一文也认为,土地改革后,稻作产量增加的原因是稻种改良和肥料运用,而非地权转移。③

第二,1980 年代之后,在质疑国民党官方论述的学术风向中,台湾学界主动引入一些西方流行的社会科学理论,并结合田野调查的方法,从政治、社会、历史人物等多角度研究土改,而不拘泥于经济学上讨论。

作为战后台湾经济研究"马克思主义学派"的代表,刘进庆虽然研究台湾经济,但在土地改革研究上更关注政治动因。《战后台湾经济分析》是刘进庆于 1970 年代在日本东京大学攻读经济学博士学位的论文,后得以出版,在当时有很大影响。刘认为土地改革是国民党政府基于存亡利害所做的改革,其目的在于缓和当时与农民的阶级紧张关系,确保台湾的安全。当局所面临的课题是安定重于改革,进行在当局、地主、农民三者的妥协基础上的推进。"安定与妥协正是贯彻台湾土改的逻辑。"刘认为土地改革没有减弱地主的势力,地主改头换面与国民党政权结合,国民党政权并没有改变"半封建性"现状。他认为地价补偿和四大公司民营化为台湾资本

---

① 王作荣:《壮志未酬——王作荣自传》,台北:天下文化出版股份有限公司,1999,第 88 ~ 90 页。

② 叶淑贞:《日治时代台湾的租佃与农业经营效率:战后初期土地改革的省思之一》,台北《国家社会科学委员会研究汇刊:人文及社会科学》第 7 卷第 4 期,1997 年。

③ 黄树仁:《台湾农村土地改革再省思》,台北《台湾社会研究季刊》第 47 期,2002 年,第 195 ~ 248 页。

主义生产提供了机会。①

1989 年，王振寰的论文《台湾的政治转型与反对运动》对土改与政治关系的研究具有代表性。他认为："政治上，国民党政府的土地改革不只拔除了台湾社会能与之抗衡的阶级，也为它赢得了农民的支持。这可由国民党历年县市长选举的得票比例上，土地改革之后的乡村得票率大幅上涨得到部分的印证。在经济上，土地改革的结果是小农收入增加，而间接地有利于国民党政府的税收。……在 1950 年代的台湾，乡村的支持是国民党政权一个很重要的政治和经济上的安全瓣。"② 张景森在《虚构的革命：国民党土地改革政策的形成与转化（1905 ~ 1989）》一文中，认为孙中山主观的社会主义并没有找到客观的政治及社会基础，而后国民党在与共产党斗争的过程中，虽然逐渐形成貌似激进的土地政策，但由于该政策与其政治基础相冲突，已超出其所能推动的范围，因此，平均地权变成一个纯粹虚构的革命。③ 黄树仁在《台湾农村土地改革再省思》一文中，以国民党实施土地改革的动机与能力为切入点，认为土地改革的原因，并非所谓国民党外来政权牺牲台湾地主，而是大陆"变色"之际，与土地改革无关的原因正巧使土地改革阵营在国民党内抬头，并促使国民党让步。许多国民党人并不支持台湾土地改革，即使最后被迫妥协，也在立法过程中努力降低地主损失。事实上，国民党政府不仅缺乏土地改革的意志，也完全缺乏实施土地改革所需的户政、地政、执法等基础行政能力，土地被征收而心怀不满的地主人数远多于获得土地的原佃农，土地改革促进政治稳定的效果很值得怀疑。④

陈兆勇的博士学位论文《土地改革与政权巩固：战后台湾土地变革过程中的国家、地主与农民（1945 ~ 1953）》，直接讨论土改的政治影响。作者从国家、地主与农民三个集体行动者的互动过程，解释战后初期台湾的土地改革，认为此三个集体行动者中具有最大权力者为"国家"，其对土地改革政策的发展影响最大，国民党中央透过"耕者有其田"，达到三目标——

① 参见刘进庆《台湾战后经济分析》，雷慧英译，厦门大学出版社，1990。
② 王振寰：《台湾的政治转型与反对运动》，台北《台湾社会研究季刊》第 2 卷第 1 期，1989 年，第 82 ~ 83 页。
③ 张景森：《虚构的革命：国民党土地改革政策的形成与转化（1905 ~ 1989）》，台北《台湾社会研究季刊》第 13 期，1992 年，第 161 ~ 194 页。
④ 黄树仁：《台湾农村土地改革再省思》，台北《台湾社会研究季刊》第 47 期，2002 年，第 195 ~ 248 页。

整编台湾本土旧精英、扶植地方新势力与中立化小地主。同时，国民党还拉拢自耕农，使其成为地方基层的新势力，如此一来，在选举时便可稳固国民党在台湾的政权。[①]

在社会学研究方面，蔡宏进是最早进行土改社会学研究的学者之一，早在 1960 年代就尝试进行社会学意义上的研究。在《台湾农地改革对社会经济的影响》的学位论文中，他认为土改属于国民党吸取大陆教训，以免被"共党分子"趁机利用的一项政策。该论文写于 1967 年，此时农地改革刚结束不久，土改的实际操作者的言论，特别是陈诚的说法和实践为其论文提供了佐证。蔡宏进又从社会学的角度探讨土地改革对社会经济的影响。他提出自己的研究目的：一是希望有客观的态度，针对台湾土地改革对于原地主、原佃农，以及社会经济方面的影响，做深入研究；二是强调从社会学立场研究，为获得可靠资料，以调查访问为主。[②] 蔡的论文回应了外界对土改成效的质疑，也为后来的研究开创了诸多细化的研究领域，其集合已有文献以及亲自田野调查的研究方法为以后的土改研究提供了一个范例。

社会学研究方法的运用主要是出于对国民党官方论述过于理论化的反思。比如针对国民党何以取得土改成功的原因，黄俊杰在 1980 年代认为："基于政策制定者与土地资源的拥有者在关系上并没有重叠性，所以执行上没有太大的阻碍，这是土改得以开展和成功的重要原因。"[③] 这种看法似乎一直为关注土改动因的学者所认同。萧新煌在 1980 年代初期就开始台湾土地改革的研究，2001 年萧新煌发表《台湾土地改革再审视：一个"内在说"的尝试》对自己先前的研究做了总结。他把土改分成三个部分看待，认为"三七五减租"还是用习惯的"外因说"来理解即可，即国民党用威权手段强迫土改，以因应当时外在的农民革命氛围。至于"公地放领"，则和国民党迁台前，资委会主管的台糖只顾自身利益撤佃导致佃农陷入困境有关，佃农困境加上 1945 年后农村内的佃农、地主之间冲突关系，迫使政府面以"公地放领（放租）"响应，因此"内因说"可发挥解释的效力。[④] 2003 年，徐世荣和萧新煌又在《战后初期台湾业佃关系之探讨——兼论耕者有其田

---

① 陈兆勇：《土地改革与政权巩固：战后台湾土地变革过程中的国家、地主与农民（1945～1953）》，台湾大学社会科学院社会学系博士学位论文，2011。

② 蔡宏进：《台湾农地改革对社会经济的影响》，台湾大学硕士学位论文，1967。

③ 参见黄俊杰等《光复后台湾农业政策的演变》，台北：中研院民族学研究所，1986。

④ 萧新煌、徐世荣：《台湾土地改革再审视：一个"内在说"的尝试》，台北《台湾史研究》第 8 卷第 1 期，2001 年，第 89～124 页。

政策》一文中，继续以社会学的方法讨论租佃关系。论文透过权力关系之相关理论来描述这种现象，认为业佃关系的和谐并不表示佃农没有受到地主的剥削，佃农及其家人仍然生活于饥饿的边缘，土地改革的实施，确实给佃农的生活带来了帮助，但对共有出租耕地的征收，及政府对于地主定义的大幅度扩张，使得一些中小地主或土地所有权人的生活陷入困境。①

张宪炎、高淑媛是早期试图用田野调查和口述历史方法来还原历史景象的土改研究学者。他们访问了台北县的地主后代，以口述的方式回顾土改年代，了解这些后代的经济状况。接受访问的 17 户地主后代，大部分表达了对土改的不满，就土改对他们的生活冲击而言，绝大多数人认为其经济生活受到了很大的打击，仅有两户表示没有受到影响。至于社会地位的变动，有人之后当上了县、市长，有人则地位不如原来佃农。②

刘志伟与柯志明的论文《战后粮政体制的建立与土地制度转型过程中的国家、地主与农民（1945～1953）》，则从较长的时间范围和更为宽广的历史背景来看土地改革，使得土改与政治、经济、社会之间关系的研究更为深入。论文回顾战后初期台湾场景，指出台湾所面临的经济困境包括土地的毁损、米粮价格的低落、生产量与供需（军用）的不平衡、城市工商业发展的萧条、米租的恶性提高、农民囤积、台糖与省政府的地权之争等种种问题。论文认为，土地改革政策的施行从来就非国民政府一方单一的制定与推行，这与战后整个农村与国家经济的变迁与重整有很大的关系。论文除了在静态面上探究什么样的社会经济结构条件带来土地改革的契机与限制外，并试图借由厘清与比较不同时期国家、地主与农民三者间的动态互动关系，以说明这个互动过程中行动者的抉择如何导引出"三七五减租"，终至"耕者有其田的结果"。该文详细地描述了国民党政府、地主、农民之间彼此变动的关系及其原因，为新的研究方向提供了可能的思路。③

在历史人物研究方面，陈诚的角色备受关注。张慧安论文《陈诚与台湾土地改革》归纳出陈诚和土地改革对台湾的贡献——增进台湾土地利用及农业生产、助长台湾现代化工业的起步与经济发展、扩大农民的社会参

---

① 徐世荣、萧新煌：《战后初期台湾业佃关系之探讨——兼论耕者有其田政策》，台北《台湾史研究》第 10 卷第 2 期，2003 年，第 35～66 页。

② 张炎宪、高淑媛：《冲击年代的经验：台北县地主与土地改革》，台北县立文化中心，1996。

③ 刘志伟、柯志明：《战后粮政体制的建立与土地制度转型过程中的国家、地主与农民（1945～1953）》，台北《台湾史研究》第 9 卷 1 期，2002 年，第 107～180 页。

与和政治参与、逐步实现平均地权与均富的理想等，肯定陈诚与土地改革对台湾的正面效果。① 其他人物研究，如黄富三撰《林献堂传》专书，在"三七五减租的实施：压断牛背的最后一根稻草"一小节中，描述林献堂在政府实施"三七五减租"后的生活情形。作者从《灌园先生日记》与《新生报》中，分析出林献堂对"三七五减租"的看法，以及陈诚是采用何种手法使地主主动参与土地改革的。② 黄天才的《辜振甫与台湾土地改革》一文则研究台湾大地主辜振甫与土改的关系。③

第三，研究成果中多有对质疑国民党官方论述的再反思。1980 年代之后，台湾的主流学界逐渐倾向解构国民党的官方论述。瞿宛文在《台湾战后农村土地改革的前因后果》一文中写道："近年来有不少企图否定当年土改的翻案文章，不过论者多从当初革命论述之不合理之角度着眼，且多停留在政治性论述层次。此等翻案文章，就如当初的革命论述一般，因采取'去历史'角度，实无法响应'中国如何自救与现代化'这关键的历史问题。"瞿宛文的文章呼吁回到"现代化"这一主题讨论中研究这个问题，不过与过去流行的经济学讨论不同，她主张回到历史语境中进行再研究。她认为，应将土改放在后进国家与地区如何进行现代化的角度分析，将土改视为一种"强制现代化"的过程，而不是以"去历史化"的方式看待。瞿文认为："台湾现今社会支配性论述对土地改革的翻案说法，主要是批驳原先革命论述表面上追求公平，据而否定土地改革的必要性，但并未曾正视土地改革在'后进国家推动现代化'过程中扮演关键角色的现实。"④

何欣洁的《由乡庄社会到现代社会》一文则对土地产权进行了历史性分析，作者引用戴炎辉以"乡庄社会"描述台湾开垦型农业社会的内容，指出产权其实是一种社会关系，在既有乡庄社会中未曾清楚界定的产权关系，反映了当时乡庄社会自治的面貌。日本殖民政府为了将台湾改造为日本资本可以进入的场域，取消大租户，确立了小租户土地的产权，但他们并无全面改革社会的意图，故并未介入租佃关系。而退守台湾的国民党政府为了施行土地改革并推行现代化，介入了租佃关系，且收回了大部分共

---

① 张慧安：《陈诚与台湾土地改革》，台北：中国文化大学史学研究所硕士学位论文，1982。
② 黄富三：《林献堂传》，南投："国史馆"台湾文献馆，2004。
③ 黄天才：《辜振甫与台湾土地改革》，台北《台湾文献》第 62 卷第 4 期，2012 年。
④ 瞿宛文：《台湾战后农村土地改革的前因后果》，台北《台湾社会研究季刊》第 98 期，2015 年，第 11～67 页。

有土地。如此由国家高度介入,将土地产权界定为排他的、以个人为权利主体的现代化所有权,推进了台湾社会现代化的进程。论文主张将历史性视野问题放回"后进地区从传统转型为现代社会"的脉络中来理解。该文清楚地显现今日被视为理所当然的"现代个人私有产权",其实正是当年土地改革的结果。①

廖彦豪和瞿宛文的《兼顾地主的土地改革》一文,借由还原当初《实施耕者有其田条例》的立法过程而反驳地主受害说。该文叙述本省政治精英代表地主阶层与国民党政府高层土改派进行博弈的历程,认为当时本省政治精英主导省县市议会,在省府及"中央"也有其代表,他们共同对国民党政府高层土改派施压,而保守的国民党政府则采取由上而下的改革,主要是在租佃委员会等基层机构确保佃农能具有足够的代表性,而不曾动员农民参与上层政治,因此佃农并未能在政治上集结出声。在此情势下,陈诚主持的"行政院"层级,决议对中大地主做出让步,实行了"兼顾地主"的温和改革。论文认为此次土改及其推动的"现代化",对既有乡土社会做出了相当的妥协,西方现代化的理性原则并未完全实现。更重要的是,妥协是以牺牲未来都市平均地权的基础为代价,种下了日后都市土地政策失灵的种子。②

四 结语

本文主要总结了大陆地区和台湾地区出版的有关台湾土地改革的部分文献。从总体上看,1990 年代之前,大陆学界对台湾土地改革研究得并不充分,一些研究还停留在介绍的层面,一些结论受台湾国民党官方论述影响较大。1990 年代以后,大陆学界吸收了不少台湾学界的研究成果,对台湾文献的引用率逐年提高。但是,大陆学界对 1990 年代之后岛内学界一些新的动向缺少回应。比如大陆学界对台湾土地改革的反面评价问题关注很少,对越来越多与土改相关的社会科学研究,以及土改与台湾政治发展的研究也缺少相应的讨论,盖因两岸的学术语境不同,关注点也有所差异。

---

① 何欣洁:《由乡庄社会到现代社会》,台北《台湾社会研究季刊》第 98 期,2015 年,第 147~193 页。

② 廖彦豪、瞿宛文:《兼顾地主的土地改革》,台北《台湾社会研究季刊》第 98 期,2015 年,第 69~145 页。

台湾土地改革是国民党主导的改革，国民党官方对此问题的论述主要基于
"现代化"模式思考。台湾学界的研究自始至终对官方论述态度各异，随着
学术风向的转变，不乏大相径庭之立论。1980 年代之前，土改研究主要集
中在经济学领域，利用经济学方法讨论土改得失。1980 年代之后，综合运
用社会科学方法的研究逐渐成为研究的主流，主要质疑国民党的官方论述。
近年来，对质疑官方论述的再反思的学术风向也有一席之地，主张重新回
到"现代化"讨论的理路上去，反对割裂历史。

（作者单位：中国社会科学院近代史研究所）

1990 年代以来台湾学者对台湾史研究的回顾与反思[*]

李天星

1980 年代以降，随着本土化思潮的兴起，在"重构台湾"的过程中，台湾史研究亦呈雨后春笋之势，随之风起，时至今日，已然成为台湾史学界的"显学"。1990 年代以来，台湾学术界对台湾史研究的发展过程有不同角度和程度的回顾与反思。这些回顾与反思，既是学术史研究的成果，亦是学术史研究的对象。目前对于本课题及相关问题，笔者所见仅刘翠溶有过一定的讨论。[①] 本文针对其中的部分回顾与反思，择其要者，从台湾学者所关注的台湾史研究之总体考察、学者、刊物、成果及困境等方面做一概述，以窥近二十余年来台湾学界对台湾史研究的回顾与反思之概貌。此研究有助于更为全面地认识台湾史研究在战后尤其是 1980 年代以降的发展情况，而且了解当代台湾学界对台湾史研究的回顾和反思，对大陆学界台湾史研究的推进，亦有一定的借鉴意义。

一　台湾史研究之总体考察

对于战后台湾史研究，部分学者从总体发展角度做了长时段的宏观考察。为了便于研究的开展，研究者往往对历史进行分期。学术史的研究亦是如此。台湾学者在回顾战后台湾史的研究时，往往根据其在不同阶段和历史时期的特征对其进行分类。大体而言，有以下三种分类观点。

首先，张隆志将整个台湾史的研究分为三个时期：（1）日本殖民统治

---

* 本文为国家社科基金项目"六十年来台湾的社会思潮与人文学术研究（1950~2010）"（编号：14BZS125）的阶段性成果。

① 刘翠溶：《我们要如何研究台湾的历史》，《台湾文献》第 50 卷第 2 期，1999 年。

时期的台湾研究；（2）中国地方史时期的台湾研究；（3）台湾本土期的台湾研究。第一、二阶段以战后台湾光复为分界点，第二、三阶段的演变，则是在1980年代以后。① 张氏认为，"欲理解当代台湾史研究的内涵及特征，固需重视1980年代解严前后台湾政治社会的外在动因，然亦不容忽视台湾近代以来，各种不同研究传统汇聚互动的长期学术脉络"。② 他从史料发掘整理、研究课题开发、学科制度建置以及国际学术交流等方面对1980年代后期以来的台湾史研究进行了细致考察，认为台湾史研究已经成为一个崭新的史学领域，相比较于过去中国地方史、日本殖民地史以及西方区域研究等主流典范，1980年代以来的台湾史研究有两项重要特征：一是台湾中心观点的提倡，亦即以台湾岛屿及人民历史为中心的研究取径；二是历史知识的民主化，亦即历史书写主体和流通传播管道的多元化及普及化。1990年代以来，面对国族建构、后殖民差异、转型正义及全球化等课题，台湾学界更出现了跨领域研究的风潮、台湾史论述的分化、国族认同的政治冲突等趋势。③

其次，张炎宪将战后台湾史研究分为三个阶段：（1）1950年到1960年代中期，为民间研究阶段；（2）1960年代中期至1970年代中期，为学院研究与民间研究结合阶段；（3）1970年代末期以来，为蓬勃发展阶段。而从对台湾历史的解释来看，其主要经历了"中国地方史的台湾史研究"、"中国研究的代用品"和"台湾史主体观点"三个不同阶段。④ 这种分期方法基本为台湾学界尤其是台湾本土论者所认同。台湾史研究的兴起深受本土化思潮的影响，而在台湾史研究过程中，对台湾主体史观的建构亦是台湾本土论者所重视的课题。如吴密察认为，台湾史研究已经兴起，而认识台湾的方法，便是克服外来政权中心史观与汉人中心史观。⑤ 张炎宪一直致力于推动台湾史研究，并且极力构建所谓"台湾主体史观"，认为台湾一直没有属于自己的主体性，这不仅与日本殖民和国民党统治时期的政策有关，亦由于台湾社会内在缺乏主体性。"台湾的学术界本来就是比较保守的一群。在政治和文化界的冲击下，学术界才渐渐注重台湾，台湾史主体观点也逐

---

① 张隆志：《族群关系与乡村台湾：一个清代台湾平埔族群史的重建和理解》，台湾大学出版委员会，1991，第2~19页。

② 张隆志：《当代台湾史学史论纲》，《台湾史研究》第16卷第4期，2009年。

③ 张隆志：《当代台湾史学史论纲》，《台湾史研究》第16卷第4期，2009年。

④ 张炎宪：《台湾史研究的新精神》，《台湾史料研究》第1期，1993年。

⑤ 吴密察：《台湾史的成立及其课题》，《当代》第100期，1994年。

渐涌现。"① 张氏认为,台湾史研究应该突破以往官方说法,以台湾民众的观点,重新诠释台湾人民的奋斗历史;要打破统一的神话观,进而探讨台湾的多元性、自主性和独特性;台湾史研究是奠立台湾新文化的基础工程;"台湾史研究者要脱离中国史学的传统,不仅要排除超越中国史的框框,更要建立台湾历史的精神"。②

最后,林玉茹将战后台湾史研究分为三个阶段,即:第一阶段的空洞期(1945 年至 1970 年代初);第二阶段的萌发期(1970 年代末期至 1980 年代);第三阶段的茁壮期(1990 年代至 2000 年)。在林氏看来,第一阶段,在特殊的政治环境下,以史迹调查和耆旧口述记录为中心,部分作品只是抄传、剪贴或翻译日治时期学者的研究成果。第二阶段虽仍以清代台湾史研究为重点,但日据台湾史的研究已经越来越多。随着本土化意识的日益升高,过去以大中国本位主义、汉人开发史为取向的研究方式受到挑战,社会科学的参与使其研究方法更加多元。③ 1990 年代之后的第三阶段更加强调各地乡土史或是地域史研究,并且台湾史研究逐渐由汉人中心本位主义转向多族群社会观点,平埔族史、族群关系史以及客家研究日益增多。④

2010 年,在联经出版事业股份有限公司编辑出版的《思想》第 16 期《台湾史:焦虑与自信》专号中,刊发了许雪姬、张隆志、杨照、莫明达等学者对战后台湾史研究进行整体思考的文章。这些文章虽然没有对战后的台湾史研究进行学术分期,但从宏观层面,以时间为主轴,对战后台湾史研究的成果、发展等都有较为细致的分析。如张隆志从历史与当代、典范与系谱、世代与传承、史料与史学、课题与方法、书写与阅读、论争与实践、远景与挑战等方面探讨了战后的台湾史研究。而许雪姬在介绍杨云萍对战后初期台湾史研究贡献的同时,对台湾省文献会的角色、《台湾风土》与《台湾风物》、中国地方史下的台湾通史、海外"台独"运动下的台湾史、台湾史料的搜集与整理、林本源基金会对台湾史研究的赞助、台湾史

① 张炎宪:《台湾史研究与台湾主体性》,张炎宪等编《台湾近百年史论文集》,台北:吴三连史料基金会,1996,第 448 页。
② 张炎宪:《台湾史研究的新精神》,《台湾史料研究》第 1 期,1993 年。
③ 林玉茹、李毓中编著《战后台湾的历史学研究(1945~2000):台湾史》,台北:"国家科学委员会",2004,第 379~381 页。
④ 林玉茹:《1945 年以来台湾学者台湾史研究的回顾——课题与研究趋势的讨论(1945~2000)》,《台湾史料研究》第 21 期,2003 年。

迹源流研究会、学院中的台湾史课程、中研院台史所的成立、史料的发掘编辑与数位化,以及当前台湾史研究存在的问题等都有所探讨。许雪姬还从战后初期纂修台湾史之议、光复史观的形成、受官方意识形态左右的台湾史书纂修、民间与学界对台湾史研究的推动等方面对战后史观与台湾史研究之关系做了探讨,认为学界有从中国的地方史观看台湾和以台湾为主看中国这两个不同的史观,"到解严后的今天,仍然有两派互争的现象,不能不说政治影响了台湾,史观影响了台湾史的书写"。①

其他还有一些综合性研究,如戚嘉林对战后早期台湾史研究的禁忌,以及官方所主导的台湾史研究情况做了分析。② 黄英哲以许寿裳为切入点,以台湾省编译馆台湾研究组的活动和人员为线索,对战后初期台湾史研究情况进行了讨论,认为从台湾研究组的工作内容与成果来看,他们除了做史前史迹发掘,也进行田野调查、文献资料抄录、复刻、编译,其研究范围囊括今天所称的"台湾学""台湾研究",它同时也是战后台湾,作为政府机构的台湾研究——"台湾学"之出发点。③ 陈木彬对两岸的台湾史研究做了比较分析,认为1990年代的台湾史研究主要有两个重点:一是日据台湾史研究;一是原住民历史(包括平埔族)研究。近年来台湾进行的重建历史记忆与失忆风潮,其主要倾向便是以"日据时代的经验"与"南岛民族的本质",来诠释"台湾人"与"台湾文化"的特质,并借此脱离中国。④ 此外,中研院台史所《台湾史研究》创刊号上还发表了张光直、王世庆、许倬云、庄英章、赖泽涵等人对台湾史研究进行回顾与展望的相关文章。⑤

需要指出的是,部分学者还从当代台湾社会思想发展史的角度对台湾史研究做了讨论。如萧阿勤从"台湾民族主义"建构的角度,分析了战后台湾史研究在不同时期的史观发展问题等。⑥

---

① 许雪姬:《战后史观与台湾史研究(1945年8月~1987年7月)》,吕芳上编《回眸世纪路——建国百年历史讲座》,台北:"国史馆",2012,第175页。
② 戚嘉林:《台湾官方的台湾史研究》,《史联杂志》第28期,1996年。
③ 黄英哲:《许寿裳与战后台湾研究的展开》,《近代国家的转型:中华民国建国一百年国际学术研讨会论文集》,台北:"国史馆",2013,第1156页。
④ 陈木杉:《海峡两岸编写"台湾史"的反思与整合》,台北:台湾学生书局,1997,第42页。
⑤ 台湾史研究编辑组:《台湾史研究的回顾与展望》,《台湾史研究》第1卷第1期,1994年。
⑥ 萧阿勤:《重构台湾:当代民族主义的文化政治》,台北:联经出版事业股份有限公司,2012,第273~322页。

二 台湾史研究之学者

以 1980 年代本土化思潮的兴起为界限，前后台湾学界对台湾史研究的立场和角度存在较大的差异。即便如此，学界在回顾战后台湾史研究的发展历程时，对那些曾经为台湾史研究和发展做出过贡献的学者，尤其是战后第一代学者颇为留意，有较多的讨论和研究。其中既有台籍学者，如杨云萍、王世庆、曹永和、陈奇禄、林衡道等人，亦有大陆迁台之学者如周宪文、郭廷以、方豪、许寿裳等人。现择其要者，简要介绍。

一是对从事台湾史研究的台籍学者的研究。

杨云萍在日据时代曾前往日本文化学院留学，返台后从事南明史、台湾历史文化的研究，同时亦关注台湾文学、民俗学等领域的研究，参与《文艺台湾》《民俗台湾》等编辑工作。战后任职于台湾省编译馆，后受聘于台大历史系，主讲南明史、台湾史，是当时学院为数不多的从事台湾史教学的学者，并且参与《台湾文化》《台湾风物》等刊物的编辑。学术界对杨云萍的研究，以其弟子许雪姬为著。许氏从研究与教学等方面对其师杨云萍在战后早期台湾史研究过程中所做出的贡献做了较为全面的介绍，认为杨氏对台湾史研究的贡献主要有：完成《台湾史上的人物》一书；对《台湾通史》进行推介与研究；提出鲜明而正确的历史观点为后世所用；担任《台湾风物》主编；呼吁修纂台湾史；暂定《台湾省通志》纲目；收藏各种珍贵史料；开设台湾史课程。[1] 洪淑苓认为杨云萍民俗研究的内涵与特色有四个：立足于地方文史研究，表达乡土之爱；耙梳文史材料，兼纳民间传说；采录民俗，予以诠释或批判社会风气；收藏民俗文物，研究庶民生活。[2] 陈羿安从杨云萍以 1940 年的协力文学活动与 1970 年以抵抗异族为目标的史学研究之间呈现的矛盾为出发点，分析杨云萍的思想体系，并从杨云萍的文学、民俗学与历史学思想展开讨论。[3] 除此之外，1980 年代至 1990 年代台湾学界对杨云萍的研究，可参见《研究杨云萍相关

---

① 许雪姬：《杨云萍教授与台湾史研究》，《台大历史学报》第 39 期，2007 年。

② 洪淑苓：《杨云萍的民俗文化观与民俗研究之特色》，《民间文学年刊》第 2 期增刊，2008 年。

③ 陈羿安：《摸索"台湾文化"的一个尝试：杨云萍的文学、民俗学与历史学（1920 ~ 1970）》，台湾交通大学社会与文化研究所硕士学位论文，2013。

目录》①。

王世庆长期任职于台湾省文献委员会，参与编修台湾省通志，并且整理台湾地名，及从事民间古文书、族谱等文献的搜集与整理工作，贡献颇大，尤其是在 1970 年代以后，俨然成为"台湾史研究的权威"。② 刘育嘉认为，王世庆的研究具有三大贡献：一是发掘史料与开创新的研究方向；二是考证翔实；三是启发学界后辈对台湾史研究的兴趣与方向。③ 周婉窈对王世庆的成长、从学、研究做了较为详细的考察，认为王世庆的贡献不只在于文献，还在于台湾史研究本身。④ 2002 年，台北中研院、台湾史研究所筹备处、台湾大学历史系主办了"林本源中华文教基金会九十一年会暨王世庆先生与台湾社会经济史研究研讨会"；2011 年，王世庆去世之后，《台湾风物》杂志社举办"王世庆先生纪念座谈会"，就王世庆和台湾史研究、民间学者与台湾史研究、王世庆及其时代的台湾史研究等三个主题进行讨论和交流。⑤ 同年，《台湾文献》亦设有"纪念王世庆先生专辑"栏目。⑥

在台大图书馆工作近 40 年的曹永和，专注于对台湾早期历史尤其是荷据时代台湾史的研究，并且培养了一批台湾史研究的新生学者。曹永和最为台湾本土论者所推崇的，乃是其提出的所谓"台湾岛史"观念，他也由此被奉为台湾史研究的"典范""先驱""巨擘"。学术界对此亦颇多关注，如陈能治对曹永和"台湾岛史"概念的提出、内涵、演绎等做了学理上的分析，并对台湾岛史研究进行了反思，认为 1990 年代曹永和受年鉴学派影响，提出"台湾岛史"的概念，20 余年来史学界在历史地理、长时段研究、整体史及世界视野等方面，多所阐扬，但同时也陷入"建构台湾主体论述"的思辨困局。⑦ 其他研究主要有：陈俐甫编《台湾史论集：曹永和教授古稀嵩寿纪念》（台北台史课程同窗会，1991）、曹铭宗著《自学典范：台湾史研

① 许雪姬主编《杨云萍文书资料汇编目录》，台北：中研院台湾史研究所，2008，第 285～287 页，附录一《研究杨云萍相关目录》。
② 翁佳音：《功在台湾文献学术界的王世庆先生》，《史联杂志》第 8 期，1986 年。
③ 刘育嘉：《王世庆在台湾史研究上贡献之析论》，蔡明贤编《中兴大学历史系研究所论文发表会论文集》，台中：中兴大学历史系，2014。
④ 周婉窈：《台湾史的开拓者王世庆先生的人生之路》，新北：新北市文化局，2011，第 126 页。
⑤ 详见《台湾风物》第 61 卷第 2 期，2011 年。
⑥ 详见《台湾文献》第 62 卷第 1 期，2011 年。
⑦ 陈能治：《从"台湾岛史"研究到探索"台湾特性"：布劳岱〈法兰西特性〉的启发》，《思与言》第 51 卷第 3 期，2013 年。

究先驱曹永和》（台北联经出版事业股份有限公司，1999）、《曹永和先生八十寿庆论文集》（台北乐学书局，2001）、《曹永和先生的学术世界讲论会》（台北中研院台史所筹备处，2001）、《曹永和院士访问记录》（台北中研院台史所，2010）、《近世台湾鹿皮贸易考：青年曹永和的学术启航》（台北曹永和文教基金会，2011）等。

二是国民党后迁台之后从事台湾史研究的大陆学者的研究。

战后任职于台湾大学的周宪文，后进入台湾银行创立经济研究室，并在大陆学者、台大教授夏德仪及台大图书馆曹永和、赖永祥等人的协助下，主持对明清时期台湾史料的整理、校注、出版工作。其所奋力刊行的《台湾文献丛刊》，保存了大量珍贵史料，为日后的台湾史研究奠定了基础。学术界对周宪文及《台湾文献丛刊》亦有一定的研究，多肯定其对台湾文献的重要贡献。如戚嘉林认为周宪文"为台湾留下极为珍贵的史料，贡献台史学界至巨"。① 赖建诚认为，周宪文赴台后，较少从事学术专题研究，可以说是一位学术研究的铺路者，他从经济学做起，拓宽至"与台湾相关的历史文献，给台湾'筚路蓝缕'的学术环境，长久、辛苦的铺上一条起飞前所需的小跑道"。② 萧敏如认为，在战后民族主义高涨的文化氛围中，强调殖民者的压迫与被殖民者的反抗，是战后学者评述日据时代台湾史的基本思考脉络。周宪文的台湾史观反映出鲜明的民族意识及对帝国主义的批判。他所编选的《文丛》，通过对南明与明郑史的推崇，强化台湾汉人眷恋旧主的"遗民"性格，在述及日据时期殖民史时，则强调"压迫/反抗"这个侧面。尽管他的台湾史观无法摆脱战后整个台湾思想氛围的制约，但对于激发整理台湾文献的热情仍有不可磨灭的作用。③ 陈凤华亦对周宪文与台湾史研究的开展做了一定的讨论，认为周宪文对台湾文献的整理开启了台湾文献研究的新面貌，具有时代性的意义。④ 亦有关注周宪文台湾经济史研究成果者，如侯立朝《台湾经济史的纪念碑——周宪文先生"台湾经济史"介绍》（《中华杂志》第 19 卷第 5 期，1981 年）、吴幅员《追思经济学者周

① 戚嘉林：《台湾官方的台湾史研究》，《史联杂志》第 28 期，1996 年。
② 赖建诚：《台湾研究文献的重生者：周宪文先生（1908～1989）》，《中国论坛》第 352 期，1990 年。
③ 萧敏如：《周宪文〈台湾文献丛刊〉（1946～1972）与战后民族主义史学氛围下的台湾史建构》，《台湾文学学报》第 21 期，2012 年。
④ 参见陈凤华《周宪文与台湾史研究的开展（1957～1972）》，台湾东海大学历史所硕士学位论文，1997。

宪文先生》（《台湾经济金融月刊》第 26 卷第 5 期，1990 年）等。

郭廷以不仅竭力推动台湾中国近代史研究的学术建设，同时对台湾史亦有一定的研究，如《台湾的国际关系——一个历史的说明》《甲午战前的台湾经营：沈葆桢丁日昌与刘铭传》《台湾早期的经营（二三〇年～一六八三年）》《台湾的开发和现代化（一六八三年～一八九一年）》等。尤其是其《台湾史事概说》一书，被视为战后早期台湾史研究的重要著作。其中所提出的关于晚清洋务运动与台湾现代化成就的观点，成为 1970 年代李国祁"内地化"论的滥觞。陈汉光在 1970 年代初就曾指出，《台湾史事概说》是当时学界台湾史著作中最好的一部。当然，因赴台时间短暂及与台湾史研究专家接触有限，郭著亦存在一些错误和遗漏，并且由于郭氏民族意识浓厚，其著作中亦有一些牵强附会之处。① 另外，陈仪深以郭著《台湾史事概说》为文本，对其中所涉及的曾引起争议的观点进行了分析，并根据他人研究成果对其予以评论，认为郭廷以的台湾史研究固然有精彩的一面，但由于"时代心灵"的限制，无法从台湾主体出发看事情，旁证之一是他对 1964 年彭明敏政治案的看法，以及对同人魏廷朝入狱的态度不符外界期待。毕竟，郭廷以的生命情调在内地，不在台湾。② 其他相关研究成果还有《郭廷以先生门生故旧忆往录》（台北中研院近史所，2004）、《南港学风：郭廷以和中研院近史所的故事》（九州出版社，2013）等。

早期以中西交通史、宗教史研究闻名学界的方豪，1949 年赴台后，转而主治宋史、台湾史。台湾史研究是方豪"晚年对史学界贡献最大的部分"③，尤其在清代台湾方志研究方面，其更可称为"典范"。④ 其弟子李东华称方豪为"内地学人转移研究领域最成功的人"。⑤ 目前学术界对方豪台湾史研究亦有不同程度的关注，颇为称赞其对台湾文献的搜集、整理和刊行工作。如许雪姬《方杰人教授对台湾史研究的贡献》（《方豪先生年谱·附录》，台北"国史馆"，2001）、李东华《史学与天主之间：方豪的志业与

---

① 陈汉光：《郭著台湾史事概说摘评》，《台湾风物》第 21 卷第 1 期，1971 年。

② 陈仪深：《从边疆史到台湾史：世变下郭廷以史学的一个侧面》，《思与言》第 48 卷第 4 期，2010 年。

③ 尹章义：《四十年来的台湾史研究》，氏著《台湾近代史论》，台北：自立晚报社，1986，第 190 页。

④ 洪建荣：《开启"典范"的先驱：方豪对清代台湾方志的研究》，《辅仁历史学报》第 26 期，2011 年。

⑤ 李东华：《方豪与现代中国史学研究的转变》，《台大历史学报》第 21 期，1997 年。

平生》（《历史月刊》1988 年第 8 期）、卢胡彬《方豪对台湾方志的研究》（《白沙人文社会学报》2002 年第 1 期）、卢胡彬《方豪对台湾方志研究的贡献》（《台湾文献》第 61 卷第 1 期，2010 年）、毛一波《方豪对台湾文献的研究》（《中央日报》副刊 1969 年 9 月 23 日）等。

当然，在前文所提及台湾学者对台湾史研究的总体考察中，亦有论及台湾学者的主要活动和贡献的论著。需要指出的是，还有许多针对台湾史研究学者的访谈，如中研院近史所《郭廷以先生访问记录》（中研院近史所，1987）、许雪姬等《王世庆先生访问记录》（中研院近史所，2003）、陈怡真撰《澄怀观道：陈奇禄先生访谈录》（台北"国史馆"，2004）等。

三 台湾史研究之刊物

学术刊物是呈现学术研究成果的重要载体。在台湾史研究进程中，既有以报刊副刊形式出现的《台湾风土》（《公论报》副刊），亦有民间刊物《台湾风物》《台湾史料研究》，还有官方机构刊物《台湾文献》《台湾史研究》（前身为《台湾史田野研究通讯》）等。学术界对这些刊物，亦有不同程度的研究。不过总体而言，多是刊物编辑或作者的回顾性研究。

1951 年，陈汉光创办《台湾风物》杂志。该刊继承了日据时期《民俗台湾》的班底。作为一种台湾民间研究刊物，该刊自创刊以来，一直被视为台湾研究的重镇，不仅刊发有关台湾史研究的具体成果，而且致力于推动台湾史研究的风气，[1] 同时还编辑出版丛书。更重要的是，自 1977 年开始，在林本源基金会的资助下，该刊邀请历史、考古、人类、民族、宗教、文学等各方面的专家，举办"台湾研究研讨会"。"台湾研究研讨会的内容几乎反映了近二十年来台湾研究的成果和发展脉络，也创下历时最久的研讨会记录。"[2]《台湾风物》维系了从日据到战后台湾史研究的香火，是台湾社会与历史变迁的一个缩影。由过去的惨淡经营到现代的茁壮发展，台湾史研究逐渐受到重视，《台湾风物》在其中扮演重要角色，有其历史地位。[3] 即便是中研院台史所成立之后，创办有台湾史研究专刊，"但《风物》仍有

---

① 如刊发尹章义《开拓台湾史研究的方法与视野》、翁佳音《台湾史研究的史的继承与批判》（《台湾风物》第 36 卷第 2 期，1986 年）等。

② 陈奇禄：《序》，张炎宪主编《历史、文化与台湾》（4），台北：台湾风物杂志社，1996。

③ 张炎宪：《〈台湾风物〉五十年——从草创到茁壮》，《台湾风物》第 50 卷第 4 期，2000 年。

其在台湾史研究上的位置：与官方各大研究所相较，稿源、题材、文体更自由；与各地方文献刊物相较，《风物》在民间刊物中仍领先群伦"。① 学术界多肯定《台湾风物》在早期台湾史研究中所扮演的角色和发挥的重要作用，如张炎宪认为，"1970 年代末期，台湾政治社会运动风起云涌，台湾本土意识日渐高涨，在此冲击之下，台湾研究渐渐受到重视，许多年轻人投入台湾研究的行列。这些人有一共同特色，大多出身学院，有良好的学术训练背景，对台湾研究充满热爱，由于他们的加入，使得《台湾风物》越来越学术化，越来越专业化。这种转变反映出台湾社会的变迁，以及《台湾风物》在时代改变中，扮演推波助澜的引导作用。"② 除所引研究成果外，《台湾风物》在 1981 年创刊三十周年之际刊发纪念特辑；于 2000 年创刊五十周年举办纪念座谈会，讨论了该刊自创刊以来的发展历程。③

　　1991 年，吴三连台湾史料基金会正式成立，1993 年创办《台湾史料研究》。该刊在创刊之初，就举办"台湾民众史之建立与台湾研究的民间角色"座谈会，探讨民间的台湾史料基金会所应扮演的角色以及如何推动台湾历史文化重建工作等议题。④ 台湾史料中心以民众史料为收藏特色，扮演史料搜集者与研究环境提供者的双重角色，达成促进台湾历史文化研究的宗旨。在"台湾主体"的史观下，刊物内容被认为具有"民间的、史料的、生活的"特质。该刊自 2000 年开始举办"新台湾史研习营"活动，以推动台湾史研究，表现出一种"重建台湾本土文化的强烈使命感"。⑤ 林呈蓉将该刊创刊十年来所刊行文章根据属性分为 27 类，较为系统地反映了该刊1990 年代在台湾史研究上的成果。林呈蓉最后分析认为，该刊一反过去以男性为主体之"官学"观点，而改以女性、小孩立场的"民间学"视点重新解释历史，此乃海内外近几年来历史研究的主流。《台湾史料研究》与时代潮流契合，从民间学的角度重新审视了台湾历史。⑥ 与《台湾风物》一样，《台湾史料研究》在创刊纪念活动中往往会举办座谈会或研讨会。如在

① 王世庆《〈台湾风物〉代表民间的台湾研究》，《台湾风物》第 60 卷第 4 期，2010 年。
② 张炎宪：《〈台湾风物〉四十年》，张炎宪、温秋芬主编《〈台湾风物〉总目录（1～60卷）》，台北：台湾风物杂志社，2010，第 23 页。
③ 《〈台湾风物〉五十周年纪念座谈会会议记录》，《台湾风物》第 50 卷第 4 期，2000 年。
④ 《〈台湾史料研究〉创刊座谈会——台湾民众史之建立与台湾研究的民间角色》，《台湾史料研究》第 2 期，1993 年。
⑤ 吴树民：《彰显三连先生精神，重建台湾本土文化》，《台湾史料研究》第 1 期，1993 年。
⑥ 林呈蓉：《〈台湾史料研究〉的十年回顾与展望》，《台湾史料研究》第 21 期，2003 年。

2001 年创刊十周年之际，举办台湾史研究与《台湾史料研究》座谈会，讨论了 1990 年代以降台湾史、台湾文学的研究发展情况。[①] 2013 年，又举办创刊 20 周年纪念座谈会。

以上两份民间刊物，时至今日，依然在发行之中，可以说对于早期台湾史研究的发展产生了重要影响。除了民间刊物，学术界对一些官方机构刊物亦有一定的研究，如中研院台史所《台湾史研究》。张光直作为台湾史研究的参与者，不仅主持早期的"浊大计划"，后来还直接推动了"台湾史田野调查计划"的制订。其对中研院如何重视和开展台湾史研究相关计划的情况做了简要介绍。[②] 许雪姬在《〈台湾史研究〉的回顾与展望》一文中，对由中研院台史所创办之《台湾史研究》的创立、发展过程、组织架构、编审制度及主题特色等做了较为全面的回顾和探讨，力求通过回顾与展望，重新开拓新的研究领域，并重构台湾历史的进程。[③]

其他还有对基金会的研究，如詹素娟《建构台湾岛史的推手：财团法人曹永和文教基金会》（《台湾史料研究》第 14 期，1999 年）；对台湾省文献会的研究，如黄文瑞《台湾省文献委员会沿革》（《台湾文献》第 45 卷第 2 期，1994 年）；对台湾文献馆的研究，如黄秀政《奠定台湾研究基础 充实本土文化内涵——论国史馆台湾文献馆对学术的贡献》（《台湾文献》第 59 卷第 2 期，2008 年）；对《台湾文献》的研究，如戴宝村《〈台湾文献〉与日治时代研究：研究史面向的考察》（《台湾文献》第 59 卷第 2 期，2008 年）；对台湾史迹源流研究会的研究，如林奇龙《台湾史迹源流研究会之成立缘起》（《史联杂志》第 34 期，1999 年）；对《台湾风土》的研究，如《〈公论报〉"台湾风土"副刊与战后初期台湾研究》（台湾师范大学历史系硕士学位论文，2008）、李若莺《台湾的过去、现在与未来——旅行〈台湾风土〉》，（《台湾风土》第 1 册，台南市文化局，2013）等。

除了学术界所关注的一些专门性的台湾史研究刊物或机构之外，一些综合性杂志亦颇多讨论台湾史的研究情况。如《中国论坛》自 1980 年代以来，经常召开座谈会或刊发专辑，讨论台湾史研究问题，对于带动台湾史研究风气起到很大作用。曾于 1991 年举办"三家评《台湾人四百年史》座谈会"，吴密察、张炎宪、杨碧川三人对史明以"台独"史观所撰之《台湾

---

① 《台湾史研究与〈台湾史料研究〉座谈会》，《台湾史料研究》第 21 期，2003 年。
② 张光直：《台湾史是怎样在中央研究院成长起来的?》，《台湾史研究》第 1 卷第 1 期，1994 年。
③ 许雪姬：《〈台湾史研究〉的回顾与展望》，《台湾史研究》第 15 卷第 4 期，2008 年。

人四百年史》做了讨论。同期还专访黄富三、许雪姬、郑钦仁三人，讨论台湾史研究的断代问题、史观问题、发展问题等。[①] 而作为当代台湾史学界的重要刊物《思与言》，自 1980 年代以来，亦多次召开与台湾史研究有关的座谈会，并刊发研究专号。如 1985 年第 23 卷第 1 期刊发"台湾史研究的回顾与展望研讨会"专号、1988 年第 26 卷第 1 期刊发"台湾史研讨会"专号、1993 年第 31 卷第 1 期刊发"台湾文化研究"专号、2011 年第 49 卷第 4 期刊发"地方学"专号。其他还有《历史月刊》（第 105 期，1996 年）刊发"两岸对峙下的台湾史观"专辑；《当代》杂志（第 87 期，1993 年）刊发"台湾史研究"专辑等。

四 台湾史研究之成果

1980 年代以降，台湾史研究兴起之后，相关成果自然与日俱增。无论是单篇研究论文，还是整本研究著作，无论是学术研讨会，还是硕博学位论文，都十分丰富。学术界对这些成果亦有不同角度的分析和研究。主要体现在两个方面。

一是对研究成果的梳理与介绍。

中研院台湾史研究所自 2005 年起逐年刊行《台湾史研究文献类目》，其内容涵盖中国台湾、大陆以及欧美、日韩等国家和地区关于台湾史研究的主要成果，大体分为总类、政治、经济、社会文化、人物传记、史料等专题。其所收录范围广，内容全，是了解上一年度台湾史研究成果的最佳参考目录。并且自 2007 年开始，中研院台湾史研究所及台湾师范大学台湾史研究所、台湾政治大学台湾史研究所三个专门性研究机构轮流主持召开"台湾史研究的回顾与展望研讨会"，对上一年度台湾史研究的现况加以评介。以每年定期出版的《台湾史研究文献类目》中收集的专书、论文目录为依据，邀请对相关主题素有专门研究的学者，针对该年度的研究出版情况做一简介，并择其重要研究成果撰述书评。同时，在研讨会结束后，由负责筹备的单位将相关评论汇整成一篇文章，总结该年度的研究成果。

由高明士主编，林玉茹、李毓中编著的《战后台湾的历史学研究（1945~2000）：台湾史》一书，对战后台湾史研究的成果做了较为全面的

---

① 详见《中国论坛》第 371 期，1991 年。

梳理。该书以时间为顺序，分为通论、史前史与早期历史研究、清代台湾史研究、日治时期台湾史研究、光复后台湾史研究、史料与工具书等部分。虽然该书正如编者所言，"偏重于文献解题和研究方向的介绍，而不是史学史或是史学方法论之专著"，① 但其为回顾 20 世纪后半叶台湾史研究的成果提供了线索。后来林玉茹又在该研究成果基础上，分别对台湾史研究的通论、早期历史研究、清代台湾史研究、日据时期台湾史研究以及战后台湾史研究等按时间先后顺序做了介绍。②

台湾史研究，学术界还有部分不同类型的研究书目汇编。如 1980 年代末庄英章主编《台湾平埔族研究书目汇编》（台北中研院民族所，1988 年）、张炎宪主编《台湾汉人移民史研究书目》（台北中研院三民主义所，1989 年）、张炎宪等编《台湾史关系文献书目（1984 ~ 1988)》（台湾风物杂志社，1989 年）、2004 年南天书局出版《台湾研究总书目》、2006 年台湾历史博物馆出版《早期台湾历史文献研究书目》、2006 年黄士旂编著《台湾研究要目》（修订版，台北捷幼出版社）、2016 年最新出版的由蔡秀美编著《二二八事件文献目录解题》（台湾二二八事件纪念基金会出版）等。

随着台湾史研究的逐渐兴起，台湾通史的撰写亦日益繁盛，学术界对此亦有不同程度的关注，较为全面者有翁佳音等人所著之《台湾通史类著作解题与分析》。该书首先对中、日、西三种语言所著之台湾通史类著作进行解题，然后对其做进一步的外部分析（编纂动机、作者、出版年代等）和内部分析（内容简介），最后做了综合性讨论，分析这些"通史"之中所塑造出来的历史观念或知识，并且提出书写理想的台湾通史著作的建议，认为从历史编纂的角度而言，应减少政治史的比重，要以台湾的土地、国民为历史的主要内容，并且应将台湾置于亚洲史、世界史的脉络中来书写。通史也要能综合过去的已有的各种成果。③ 范燕秋又从编写基础、出版概况、章节及史观等方面对 1990 年代至 2002 年间台湾通史类著作进行了回顾和分析。④

1995 年，适逢割台一百年，中研院台史所筹备处与台大历史系共同举办一次学术研讨会，对百年来台湾史研究做了一个回顾，其中多篇论文从

① 林玉茹、李毓中编著《战后台湾的历史学研究（1945 ~ 2000)：台湾史》，台北："国家科学委员会"，2004，第 3 页。

② 林玉茹：《1945 年以来台湾学者台湾史研究的回顾——课题与研究趋势的讨论（1945 ~ 2000)》，《台湾史料研究》第 21 期，2003 年。

③ 翁佳音、薛化元等：《台湾通史类著作解题与分析》，台北：业强出版社，1992。

④ 范燕秋：《近十年国内〈台湾史〉通论著作研究回顾》，《台湾史料研究》第 21 期，2003 年。

专史的角度着手，如平埔族研究、台湾政治史研究等。① 当然，学术界还有其他一些专门性的学术史回顾，大体有：某一历史时期的研究回顾，如荷据台湾史回顾（林伟盛《十年来荷据时期台湾史研究》，《台湾风物》第 60 卷第 1 期，2010 年）、清代台湾史回顾（翁佳音《台湾近代史初期史的研究与问题》，《台湾文献》第 49 卷第 1 期，1998 年）等；某一特定领域的研究回顾，如台湾开发史回顾（温振华《清代台湾土地开发研究回顾》，台湾历史学会《史学与国民意识论文集》，台北，稻香出版社，1999 年）、客家研究回顾（陈运栋《五十年来的台湾客家研究》，《台湾文献》第 49 卷第 2 期，1998 年）、地方史研究（陈进传《五十年来宜兰史研究的回顾》，《中华民国史专题论文集·第四届讨论会》，台北"国史馆"，1998 年）、契约文书研究回顾（李季桦《台湾契约文书的研究动向》，《台湾风物》第 60 卷第 4 期，2010 年）、历史教育研究回顾（《历史教育相关研究成果之回顾与前瞻》，《台湾历史学会会讯》第 13/14 期，2002 年）等。

二是对硕博论文的量化分析。

对于台湾地区学术期刊及硕博论文的量化分析与比较，以彭明辉所做研究最为丰富。通过对部分学术刊物的对比分析，彭明辉认为，在 1970 年代以前，期刊论文中的台湾史研究所占比例在 25.0% 上下，1971～1980 年反而下降到 13.5%，1981 年至 1990 年代仅占 9.0%。而台湾史研究受到关注，是 1990 年以后的事。这和部分学者认为 1987 年台湾地区"解严"，台湾史研究受到重视的说法恰好是一个反背。"一般讨论台湾地区历史学的发展，往往将台湾史研究的蓬勃发展，归因于 1987 年台湾地区解严，但从期刊论文的量化分析来看，1981～1990 年代……是台湾史研究占比例最低的时期。"② 但是，从彭明辉的期刊取样来看，它们虽然涵盖了台湾地区主要的民间历史学期刊（8 种）和大学历史学学报（20 种）以及官方刊物（14 种），但并不包括《台湾风物》《台湾史料研究》《台湾史田野研究通讯》等台湾史研究的专门刊物。即便如此，彭氏的量化分析还是可以从一个侧面反映台湾史研究的成果及趋势的。正如彭氏所言，"笔者个人当然也同意量化并非分析历史学研究的最佳方式，但借由量化的考察，或许亦可以提

---

① 详见黄富三等主编《台湾史研究一百年：回顾与研究》，台北：中研院台史所筹备处，1997。

② 彭明辉：《台湾地区历史学的研究趋势：以历史学期刊为分析对象（1945～2000）》，《政治大学历史学报》第 27 期，2007 年。

供我们另一种思考的切入点"。① 彭明辉还对 1945～2000 年台湾地区的历史学硕博士论文做了量化分析,认为虽然台湾史研究的硕博士论文总体上呈显著增长趋势,但总体而言,中国史仍是台湾地区历史研究所硕博士论文的最爱。② 其他如《台湾地区历史学研究的量化考察:以五种学术期刊为分析对象(1945～2000)》(《汉学研究通讯》第 20 卷第 4 期,2001 年)、《从历史学期刊论文分析台湾史学研究动向(1945～2000)》(《政治大学历史学报》第 19 期,2002 年)、《台湾官方历史学期刊的研究取向(1945～2000)》(《政治大学历史学报》第 30 期,2008 年)等论文,在对相关学术期刊及硕博士论文进行分析比较时,会涉及台湾史研究情况的介绍。

张胜彦以硕博士论文为例,对 1982 年以前台湾史研究概况做了论述,并对最近二十年来台湾史研究概况做了介绍,认为战后最初二十年,台湾几乎没有一篇研究台湾史的硕士论文,直至 1970 年代才有硕士研究生研究台湾史,到 1980 年代,台湾史研究渐成风气,1990 年代以后,台湾史研究的风气较前十年更盛。至于有关台湾史研究者关心的焦点,就时代而言,早期以研究清代者为多,1983 年到 1992 年以研究日据时期者为最多,到了最近十年则以研究战后者为最多;就主题而言,1983 年到 1992 年以研究文教史和经济史者为最多,均占 24.7%,但 1993 年以后的十年间,研究经济史者为最多,占 32.4%,文教史研究者数量次之,占 22.9%。③

施志汶对 1993～2002 年近十年中台湾历史研究所台湾史硕士论文不仅进行整体性的数量考察、断代研究与主题分析,且进行个别化的各校历史研究所特色分析,并分别将其与前一时期进行对照。通过分析发现,1993 年至 2002 年间台湾史硕士论文数量远远超过战后四十余年总量,这对于台湾史领域具有指标性作用,并且对所谓历史研究所过度集中于台湾史领域,对史学研究将有不利影响,表示不以为然。④

除此之外,还有学者通过对杂志的分析来讨论台湾史研究情况。如许毓良对二战后初期(1945～1949 年)台湾杂志的研究发现,这一时期的台

① 彭明辉:《台湾地区历史学期刊论文与博、硕士论文的量化比较(1945～2000)》,《汉学研究通讯》第 21 卷第 2 期,2002 年。
② 彭明辉:《台湾地区历史研究所博、硕士论文取向:一个计量史学的分析(1945～2000)》,氏著《台湾史学的中国缠结》,台北:麦田出版社,2002,第 156 页。
③ 张胜彦:《台湾二次大战后台湾史研究之趋势》,《人文集刊》第 5 期,2007 年。
④ 施志汶:《近十年历史研究所台湾史硕士论文之考察(1993～2002 年)》,《台湾史料研究》第 21 期,2003 年。

湾史研究全集中在日据时期。若按杂志篇数多寡而定，较为人所重视的领域是产业史、经济史、教育史、交通史、社会史、史料介绍、政治史、文学史、宗教史。对这些议题的研究，在很大程度上，也让初抵台湾的接收人员了解了日据五十年台湾发展的面貌，并且总体而言，正面的评价多过负面的评价。此外，关于清代台湾风土民情的文章，其数量不若日据时期那么多，动机属于重新认识的性质。至于建构台湾史的部分，在中国史框架下讨论台湾史，则是战后初期渐趋明朗的做法。1950 年代以后，至少三十年的时间，台湾学界对于台湾史的研究方向有一重大的翻转，即重视清代、忽视日据时期。这使得二战后初期围绕日据时期相关问题讨论所累积的成果，面临中断的命运。①

除此之外，还有对学位论文中有关台湾史某一专题研究的分析。如对学位论文中有关台湾妇女史的研究的分析等。② 又如对台湾大学中的台湾史课程设置、师资、教学重点等情况，亦有学者有所介绍和讨论。③

五　台湾史研究之困境

除了回顾台湾史研究的成果之外，台湾学者还对当前及今后台湾史研究所面临的困境及发展问题进行了反思或思考。他们不仅思考台湾史研究进一步推进的途径，还对台湾史研究与社会、政治之关系有所探讨。虽然有的学者是从学术发展的角度对台湾史研究进行考量，但很多学者依然试图通过对台湾史研究的提倡，来建构所谓台湾"主体性"。

1. 台湾史研究所面临的困境与挑战

许雪姬认为，政局的变化、大陆的强大磁吸，以及台湾史研究被认为与政治难脱干系，使学生裹足不前，台湾史研究有消沉之势。而且大陆学界对台湾史研究的重视和推进，紧逼台湾学界。加之历史学面临社会科学

---

① 许毓良：《战后台湾史研究的开启：以 1945～1949 年台湾各类型杂志刊载的内容为例》（上、下），《辅仁历史学报》第 21 期，2008 年；2009 年，第 23 期。

② 张淑卿：《近年来台湾地区的台湾妇女史学位论文研究回顾（1991～1999）》，《近代中国妇女史研究》第 7 期，1999 年；张秀卿：《战后台湾妇女史研究回顾——以国内各大学历史系所学位论文为中心（1987～2011）》，《历史教育》第 19 期，2012 年；等等。

③ 吴文星：《近五十年来关于日治时期之历史研究与人才培育（1945～2000）：以历史研究所为中心》，《台湾史研究》第 8 卷第 1 期，2001 年；郑丽玲：《我国大学院校台湾史课程概况》，《台湾史料研究》第 21 期，2003 年；等等。

的"入侵",在此背景下,台湾史研究也为跨界研究所挤压,逐渐成为"险学"。① 许氏在 2013 年"台湾史研究的回顾与展望研讨会"上,针对近些年台湾史的教学与研究等问题,提出了几点忧虑:(1)投考台史所硕博士班的人数减少;(2)政治干扰学术研究;(3)台史所或以台湾为研究对象的研究所近几年常常遭受被"合并"的威胁;(4)台湾史研究有碎化之虞;(5)必须面对"中国"的挑战。② 张隆志指出,台湾史研究虽然呈现蓬勃多元发展的现象,反映出历史知识民主化的趋势,然亦出现成为政治工具、商品庸俗化及研究琐碎化的危机,尤其是专业伦理薄弱、研究质量不均,以及学术视野狭隘等现象,均暴露出此一新领域在迈向成熟独立的发展过程中可能受到的限制。③ 林玉茹指出,虽然战后尤其是 1980 年以来,台湾史研究取得了较为丰硕的成果,但在某些方面仍然需要加强,亟待努力研究的课题甚多。应加强贯时性的通史研究,即便是断代史研究,也甚有发展的余地。在研究中,有几点问题需要深思:(1)台湾史研究受到"统独"思想的影响,学术性的讨论很容易受到意识形态之纠缠,以致研究者在资料的运用、课题的讨论中常有一些偏见、偏执;(2)学术成熟度仍不够,台湾史研究的学术权威和专业性犹待建立;(3)研究人力尤其是学院人力不足;(4)史料的收集和整理亦问题重重;(5)在研究方法上必须要对田野访查或口述历史心存警觉和批判。④

有的学者还就某一专门领域的研究所面临的困境做了探讨,如吴文星认为,日据台湾史的研究虽然取得较为丰硕的成果,但研究者普遍日语解读能力不足,对日本近代史的了解不足,加以有些研究者探讨日据时期历史时往往抱持强烈的民族主义和反日思想,以致未能正确理解史料之原意,或局限于主观批判,并且很多研究者在取得硕士学位之后,即中断了研究,造成人才浪费。⑤ 随着集体研究得到提倡,科际整合研究逐渐受到重视。在这种趋势下,如何培养能够规划和协调各学科的研究型人才,也是今后推

---

① 许雪姬:《台湾史研究三部曲:由鲜学经显学到险学》,《思想》(16),台北:联经出版事业股份有限公司,第 97~99 页。

② 许雪姬:《2004~2013 年台湾史研究的回顾与展望》,"台湾史研究的回顾与展望"学术研讨会论文集,2013 年。

③ 张隆志:《当代台湾史学史论纲》,《台湾史研究》第 16 卷第 4 期,2009 年。

④ 林玉茹:《1945 年以来台湾学者台湾史研究的回顾——课题与研究趋势的讨论(1945~2000)》,《台湾史料研究》第 21 期,2003 年。

⑤ 吴文星:《近五十年来关于日治时期之历史研究与人才培育(1945~2000):以历史研究所为中心》,《台湾史研究》第 8 卷第 1 期,2001 年。

动台湾史研究所必须面对的问题。①

2. 台湾史研究进一步推进的途径

在当代台湾学术发展背景和趋势下，学界亦思考如何进一步推进台湾史研究的发展问题，尤其是跨学科的合作与集体研究，以及研究主题的拓展和深化等问题。如刘翠溶认为，历史研究不能只讲史料的考证和分析，也要有一个综合的观念。研究台湾史，既要客观地探讨史实真相，也要以综合的观念来融会和解释历史现象；不仅要重视史料的搜集和整理，而且要选择有意义的问题，避免只以台湾论台湾。唯其如此，研究者才能够有所突破，兼顾个人专题研究和集体研究，并和其他国家的学者合作，研究国际学界共同关心的课题，使台湾史研究的成果受到国际学术界的重视。② 杨照指出，重新认识台湾史，"迫切需要比目前学院运作更积极、有效的分工，不同的人分头去准备不同的智识工具，扩大搜集相关史料，提供足够坚实的背景解读史料，才有办法慢慢将一个个时期的台湾史讲清楚，进而才可能有精彩的诠释解释"。③ 张隆志指出，"展望 21 世纪台湾史学的发展前景，如何结合人文学科的渊博细致、社会科学的严谨论证、以及文化研究的批判活力，开创出具有清晰问题意识和学术脉络，兼具历史叙事分析与理论意涵的新学术典范，将是本土史学未来能否茁壮发展的重要关键"。④ 林呈蓉认为，台湾史研究更精确、多元，史学研究者在史学专业领域之外，应该主动追求与研究课题相关之其他专业知识；另外，如何提升其他专业研究人才在史学上之相关素养，亦是当务之急。⑤ 施志汶认为，应该避免台湾史研究过度集中于某一特定时代、主题或群体，而造成研究资源的浪费与研究水准的停滞不前。台湾史研究持续发展，除了在于数量的扩充，更要者在于研究主题的开拓与深化，贯时性与同时性研究的并进，以及从台湾、中国、东亚而世界的视野上的观照。⑥

3. 台湾史研究与社会、政治之关系

台湾特殊的政治环境和学术生态，导致学术与政治之间往往有着千丝

---

① 刘翠溶：《我们要如何研究台湾的历史》，《台湾文献》第 50 卷第 2 期，1999 年。

② 刘翠溶：《我们要如何研究台湾的历史》，《台湾文献》第 50 卷第 2 期，1999 年。

③ 杨照：《建立衡量台湾史深度与广度的标尺》，《思想》（16），第 133 页。

④ 张隆志：《拾贝于婆娑洋畔、美丽岛间：一个学院台湾史研究者的观察札记》，《思想》（16），第 119 页。

⑤ 林呈蓉：《〈台湾史料研究〉的十年回顾与展望》，《台湾史料研究》第 21 期，2003 年。

⑥ 施志汶：《近十年历史研究所台湾史硕士论文之考察（1993～2002 年）》，《台湾史料研究》第 21 期，2003 年。

万缕的联系。尤其是台湾史研究的兴起，虽然是一种学术研究内在发展的必然要求，但与台湾政治社会的变迁息息相关。从一定程度上而言，台湾史研究与台湾文学等台湾研究一样，其兴起得益于政治诉求。台湾学者对台湾史研究与社会、政治之间的关系，亦有不同程度的审视。

有的学者意识到政治与学术之间的纠葛会影响台湾史研究的发展。如陈其南认为，台湾和大陆的历史研究工作者都很难摆脱当代历史大环境的束缚。台湾史研究逐渐政治化，直接或间接地影响了有关台湾史研究讨论气氛，甚至阻碍了台湾史作为一门理性科学的发展前景。[①] 林满红从史学与社会之间关系的角度分析台湾史研究，认为目前台湾学界许多从事政治运用史研究的学者，为使台湾地区脱离中国而忽略台湾深远的中国文化传统，并且表现出一种为脱离中国而背离事实的心理倾向，然而吊诡的是，那些想把台湾置于中国之外的企图，在思考历史时却时常没有摆脱以中国为思考范围的框架，如将割台之因归结于以李鸿章为代表的"外省人"。[②] 施志汶通过对 1993～2002 年的台湾史硕士论文进行分析，认为 1990 年代以降，台湾史成为历史研究所重要研究领域已然确立，在"本土化"意识、"台湾主体意识"不断增强前提下，并基于学术研究无以自外于社会发展现实，台湾史势将成为研究所硕士论文主要选项。[③]

有的学者则强调史学研究的社会功能性。林呈蓉认为，今后《台湾史料研究》在台湾史研究上所应该努力的方向是"透过史料的发掘与分析，提升台湾史研究功能性，而不仅止于学术研究的领域而已，而是从国民的国家认同、对外关系上的外交媾和、地方文化资产的保存、政府在经贸发展的规划与观光事业的推动等各个层面，都能一体均沾，有所裨益"。[④] 而刘翠溶亦认为，现在所面临的问题，"不是台湾史这个学术领域不受重视，而是如何提升研究水平，使本地的台湾史研究论著能受到国际学术界的重视，并且把研究成果推广到社会上去，做为社会教化的助力"。[⑤]

---

① 陈其南：《台湾史研究的政治意涵》，《历史月刊》第 105 期，1996 年。
② 林满红：《当代台湾的史学与社会》，氏著《晚近史学与两岸思维》，台北：麦田出版社，2002，第 159～168 页。
③ 施志汶：《近十年历史研究所台湾史硕士论文之考察（1993～2002 年）》，《台湾史料研究》第 21 期，2003 年。
④ 林呈蓉：《〈台湾史料研究〉的十年回顾与展望》，《台湾史料研究》第 21 期，2003 年。
⑤ 刘翠溶：《我们要如何研究台湾的历史》，《台湾文献》第 50 卷第 2 期，1999 年。

六 结语

当然，除了一些专门的研究论文之外，还有一些座谈会，如中研院台史所筹备处举办"日治时代台湾史研究之回顾与展望"座谈会，邀请从事台湾文史研究的部分学者对日据时代的台湾史研究现状加以回顾与检讨，并提出未来发展方向及对研究课题之展望。[①] 台湾学界对书评亦十分重视。关于台湾史研究的书评，在向学术界推荐最新研究成果的同时，也会涉及相关领域研究现状、研究方法等方面的介绍。其中，不仅包括台湾学者的台湾史著作，如许雪姬《评〈日据时期在台"华侨"研究〉一书》（《台湾史田野研究通讯》第 19 期，1991 年）等，也涉及国外学者的台湾史研究成果，如张隆志《历史人类学与西文台湾史研究的里程碑——评介邵著〈台湾边疆的治理与政治经济〉》（《台湾史研究》第 1 卷第 2 期，1994 年）等。

虽然本文主要以台湾学者对台湾史研究的回顾与反思为讨论对象，但需要指出的是，美籍华裔学者王晴佳亦对战后台湾史学的发展有较为系统的研究，尤其对台湾史研究在台湾的发展进行了深入的观察。王氏将当代台湾史学的发展分为三个时期：1949 年至 1960 年代中期为初创时期；1960 年代至 1980 年代为发展时期；1990 年以后为兴盛时期。王氏指出，台湾史研究的兴盛表现了台湾民众希望了解本地历史的愿望，转而影响到了台湾史学界。同时，这一史学新潮又与国际史学的总体倾向合拍，即在突破民族 - 国家史学的基础上，从多元的史学观念出发，重新认识过去。并且这一史学研究趋向既体现了乡土情怀，又有重建民族国家的意向，与其他地区相比有其特殊性。[②] 随后，王晴佳又在《台湾史学五十年（1950～2000）：传承、方法、趋向》一书中对战后台湾史学的发展做了更为全面的回顾和考察。他用较大的篇幅论述了台湾史研究在台湾的兴起与发展过程，认为"就史学界的情况来看，台湾史研究的发展，大致上经历了两个阶段，即从作为地方史的台湾史到具有民族史意向的台湾史的转变"。[③] 自 1987 年"解

---

① 《"日据时代台湾史研究之回顾与展望"座谈会记录》，《台湾史田野研究通讯》第 26 期，1993 年。

② 王晴佳：《台湾史学的"变"与"不变"：1949～1999 年》，《台大历史学报》第 24 期，1999 年。

③ 王晴佳：《台湾史学五十年（1950～2000）：传承、方法、趋向》，台北：麦田出版社，2002，第 97 页。

严"之后，台湾史学开始关注民族认同问题，而史料的开发促进了台湾史研究的兴盛。"政治的开放、社会的需求、史料的开发，使得台湾史的研究在 1980 年代后期以来逐渐兴盛，成为史学界的'显学'。"[①] 王氏还对乡土文学及政治运动中所蕴含的历史意识与本土意识进行了细致分析，同时对以《认识台湾》为主的台湾历史教科书问题进行了深入探讨。另外，王晴佳在《当代台湾历史论述的双重挑战》一文中，对当代台湾社会政治的变迁与台湾史学之间的关系进行了分析，其中涉及 1980 年代后期以来台湾史书写及史观建构问题。[②]

纵观 1990 年代以来台湾学界对台湾史研究的回顾与反思，基本囊括了台湾史作为一个专门研究领域的发展要素，既有从整个战后台湾史研究发展历程所做的宏观观察，亦有对研究学者、研究机构、研究刊物等的微观讨论，还有对硕博士论文、期刊等进行的量化分析。所有这些，不仅有助于了解战后台湾史研究在台湾的发展情况，而且对认识整个战后台湾史学乃至台湾学术的发展十分有益。当然，这些回顾与反思亦存在些许不足。

首先，从研究成果来看，相比较而言，目前以对某一领域的专门性研究的回顾为主，综合性的讨论略显单薄。虽然三个台史所自 2008 年起，每年召开台湾史研究的回顾和展望学术研讨会，但多以研究成果的介绍为主，较少有学理上的分析。即便有许雪姬、张炎宪、张隆志、林玉茹等学者所做的宏观考察，但这些考察不仅数量有限，而且多以单篇论文形式呈现，很多问题只是点到为止，未能进行更加深入的分析。如作者在回顾台湾史研究兴起和发展过程时，对政治与社会因素的考量较少。台湾社会思潮、政治变迁及整体学术发展对台湾史研究所产生的影响，有待做进一步全面的讨论。

其次，从研究群体来看，对台湾史研究进行回顾与反思的研究群体较为有限，而且多是"参与者"。其大体可以分为两类：一是从事台湾史研究的专业学者；二是期刊的作者、编辑。这种"亲历者"的直观感触，虽然能够较为全面地反映学术发展历程，但往往缺乏一种"旁观者"的客观批判，导致部分研究容易受到主观因素的制约，如对战后第一代台湾史研究学者的讨论，多出自被研究者的门生故旧之手，故以纪念功绩或表彰贡献

---

① 王晴佳：《台湾史学五十年（1950～2000）：传承、方法、趋向》，第 155 页。

② 王晴佳：《当代台湾历史论述的双重挑战》，《思想》（2），台北：联经出版事业股份有限公司，2006。

为主，鲜有批判性的思考。

最后，从研究目的来看，学术界所做的回顾与反思主要为了能够推动台湾史研究的进一步发展。这对于台湾史研究本身的发展而言，是很有必要的，但不排除部分研究过多地强调台湾史研究的"主体性"，掺杂一些政治诉求，忽略了学术研究的"客观性"。如着重强调乃至批判战后早期国民党对台湾史研究的"压制"，而较少讨论在台湾史研究发展过程中"台独史观"所产生的弊端。与此同时，这些反思与回顾对一些持"中国史观"的台湾史研究学者或团体亦鲜有涉及。如自1970年代开始专注于台湾史研究的王晓波，不仅自身研究成果丰富，对"台独史观"多有批判，还致力于提倡净化台湾史研究的风气。1987年，王晓波与尹章义等学者基于"对于吾土吾民的热爱和对于台湾历史知识的真诚"创办台湾史研究会。① 他们在台湾史研究的发展过程中理应占有一席之地。

"当代的史学研究工作总是与社会变迁在一种相互影响的作用之中，前者根植于后者，并企图阐明其理。"② 若从学术史角度观察当代台湾学界台湾史研究的发展历程，不仅要分析其内在理路，也要注重其外在因缘。战后台湾地区的台湾史研究究竟是如何从"地方史"转向所谓的"国家史"的，值得进一步深入研究和反思。

（作者单位：华东师范大学历史系）

---

① 《发刊词——台湾史研究会的缘起与构想》，《台湾史研究会会讯》第1期，1987年。
② 莫达明：《台湾本土史学的建构与发展（1972~2004）》，郭亮廷、周伶芝译，《思想》(16)，第70页。

细微之处见功夫

——评介庄林丽著《清代台湾道、台湾道台与台湾社会》

徐 鑫

从康熙二十三年（1684）清政府开始在台湾设置府县，直至光绪二十一年（1895）台湾被迫割让给日本，这两百多年间，正是中央政府对台管理制度形成和完善的重要时段。这一时期中央政府对台的治理观念几经变动，在台官员的设置和职权也都频繁发生改变，情况纷繁复杂。在此期间，台湾道台一职虽始终存在，但其管辖范围、职权、作用等方面都呈现出了复杂多样的变化，对台湾社会也产生了不同的影响。基于台湾道的复杂性与特殊性，庄林丽的《清代台湾道、台湾道台与台湾社会》（社会科学文献出版社，2015）一书从制度史的角度解读了台湾道的设置与变迁、台湾道台的基本情况以及台湾道台的管理制度。在此基础上，该书还从台湾道台与台湾社会关系的角度讨论了台湾道台与清代台湾的社会秩序维护、台湾的开发、台湾文教事业的发展方面的关系和作用。庄林丽深厚的考证功底以及对于资料的全面搜集、梳理、分析均予人以深刻的印象。

一

该书作者较为全面地搜集利用了海峡两岸关于台湾道的资料。其中既包括大部头的文献集刊，如《明清宫藏台湾档案汇编》《台湾文献丛刊》《康熙朝汉文朱批奏折汇编》等，也包括较为零散的台湾道台的奏折、著述以及时人的相关著述。不仅如此，作者还使用了族谱、碑刻等制度史研究中不常用的资料。基于这些丰富的材料，形成了这部近 50 万字的著作。全书对于资料的梳理和分析极为清晰，共用了 37 张表格、10 张图片，在文后还附有一个长达 27 页的《历任台湾道台任官经历表》。全书共分为八章，可以分为四个部分：第一章为背景部分，着重梳理和讨论明清道制的概况；第二章至第四章为职官制度部分，主要论述台湾道的设置和变迁、台湾道台基本情况以及台湾道台的管理制度；第三章到第七章为道台活动部分，主要论述台湾道台与台湾社会的关系；第八章为结论部分。

　　该书的背景部分对明清道制做了梳理，对道制的来源、演变和内容都做了简明扼要的论述，对明清福建各道设置、变化也做了说明，并且指出了福建道制在明清之际不断完善，但是仍然存在着无法改变的弊病和缺陷。

　　职官制度部分讨论了台湾道的设置和变迁、台湾道台基本情况以及台湾道台的管理制度三个方面的问题。台湾道的设置是康熙收复台湾之后管理台湾的重要制度设置之一。作者通过对台湾道设置的背景、台湾道制的发展与变化的梳理和分析，认为应将台湾道置于闽台关系的框架中进行分析，从而认为台湾道是一个综合性的道，集军政职能于一身，其设立是由台湾特殊的地理、军事、政治地位所决定的，且体现了闽台一体的政治体制。在此基础上，作者考证了台湾道的相关制度，分析了台湾道与福建两司、督抚以及其他各道之间的关系，进而认为"从乾隆十八年（1753）开始，台湾道已经具备了成为一级地方行政区划的所有条件"。除了对于制度的讨论外，作者对台湾道台的基本情况也做了详尽的考察，认为台湾道的职权和地位随着清政府治台政策的变化而不断变化，台湾道台作为台湾最高文官的地位一度被巡台御史动摇，建省之后，则为福建台湾巡抚取代，在此期间，台湾道台与台湾总兵的关系也十分微妙。作者通过对于台湾道台的品级与职衔、收入、人数以及与其他各官职权关系的考证，认为台湾道台的职权虽不断变化，但台湾道台始终是台湾官员中重要的组成部分之一，与台湾社会密切相关，并在一些重大历史事件中起了重要作用。与此密切相关的是台湾的文官制度。作者通过对于台湾道台的选任制度、考核与赏罚制度、任期制度的考察与分析，以点及面地归纳和总结出了清代台湾文官制度的特点和成因。作者认为清代台湾文官制度具备选任中前紧后松、待遇上入少罚重、任期上灵活多变的特点。作者进一步分析认为，造成台湾吏治腐败的原因在于台湾地理上先天即存在中央"鞭长莫及"的缺陷，在治理中也受中央治理观念变化以及赴台官员心理因素的影响，最终致"清政府未能在台湾建立起一支能干、高效、廉洁的官僚队伍"。

　　道台活动部分考察了台湾道台与台湾社会的关系。作者从社会秩序、经济开发、文教事业三个方面论述了台湾道台的作用，从而体现了台湾道台与台湾社会的紧密关系。作者认为台湾道台是台湾社会稳定的维护者。这表现在台湾道台具有巡查地方、组织乡治，清理词讼、禁绝歪风，督造战船、防范海盗，弹压械斗、平定民变等职能。台湾道台出于台湾孤悬海外以及自身职权范围较广的原因，较为直接地参与了地方秩序的维护。一方面台湾道台可以直接以行政手段插手台湾地方基层组织的管理，另一方面台湾道台还对台湾大小案件的处理有着直接的审判权。即使在军事方面，台湾道台也有着直接的军事权力，并且承担督造战船这一重要的海防责任。台湾道台在台湾始终扮演着守土官的角色，对于台湾的社会秩序负有重要的责任。在经济方面，作者认为台湾道台是台湾开发政策的践行者。通过对台湾道台与农业生产、"番民"管理、商业贸易、洋务运动的关系进行分析，作者认为台湾道台始终是台湾开发的参与者与推动者。在台湾的开发进程中，台湾道台因其对台湾了解深刻，关心和推动着台湾的发展。在清代前期，台湾道台重视农业的发展，积极保护"番民番产"；在台湾近代化转型过程中，台湾道台则极力倡导和推行"开山抚番"，尽心竭力地参与洋务运动。台湾道台们"提出的各种政策和实践活动大大促进了台湾的开发"。在文教事业方面，作者认为台湾道台是台湾文教发展的倡导者。台湾道台长期具有"学政"衔，对于台湾文教事业发展负有管理和主持的责任。通过对于台湾道台的"学政"衔、台湾道台与学校教育、组织宣讲圣谕、旌赏美德善行、组织编纂方志、自身文学创作等方面的考察，作者认为台湾道台对于台湾文教事业的发展有很大的推动作用。台湾道台长期作为台湾的最高文官，且长期兼理学政，与台湾文教的发展息息相关。其中，台湾道台对于素有"全台文教领袖"之称的海东书院的支持和帮助又是重中之重。台湾道台不但推动建立海东书院，而且直接主持海东书院的日常管理工作。台湾道台甚至直接参与书院的教学活动，主持学院的学生选拔，每月对学生进行考课，直接参与授课。

结论部分总结了台湾道研究的意义。作者认为台湾道作为一个综合道凸显了清代台湾的特殊性，台湾道的频繁变动突出体现了行政干预与台湾社会的关系，台厦道的设置及道台的职能充分体现了"闽台区域一体化"的特点。

台湾道具有不同于其他道台的复杂性。台湾孤悬海外，清初建制不过一府三县，其后数次增加建制，及至清末才设省。在建省之前，台湾道台就是台湾岛内常设的最高文官。台湾社会的重要变化，都与台湾道台分离不开。这样特殊的地理状态和复杂的治理要求是其他道台所不会面临的。因此，台湾道经常会兼不同的衔，如兵备衔、按察使衔、学政衔等。在清代，台湾道就经历"福建分巡台湾厦门兵备道"（约38年）、"福建分巡台湾厦门道"（约5年）、"分巡台湾（台澎）道"（约40年）、"分巡台湾（台澎）兵备道"（约120年）、"福建台湾道"（约10年）这五个时期。台湾道的职权纷繁复杂，取决于因时、因事的具体决策，而非全国均一的制度设计。这样的情况为理解台湾道的性质、理清台湾道的活动带来了很大困难。作者在这该书中对台湾道的制度、台湾道台的活动都进行了详细的考证、梳理和分析，将200多年间台湾道的变化、台湾道台与台湾社会的关系抽丝剥茧、娓娓道来，实属不易。

二

道作为地方政治体制中承上启下的一级，因其复杂多变早已引起学界重视。在大陆学界，对于清代道制的研究已经形成了一定的规模。就讨论的问题而言，学界主要集中于道的性质和作用方面。其中，关于道是否为一级地方行政机构的讨论是道制研究中的热点问题。这一问题的研究者众多，但是尚无统一的观点。除此之外，随着研究的深入，个案研究成为道制研究的新热点。近几年，关于川东道、东边道、天津海关道等地方性、专业性道的研究不断涌现。这既体现了道制研究在不断推进，又说明相较于道制的一般性制度规范而言，各个地方道制的特殊性更值得深入探索。该书也正是在这样的背景下写作而成的。正如作者所言，对于台湾道的研究，能够"深化清代职官制度研究，加强对清代道的研究"。不仅如此，台湾道作为一个极具特殊性的道，其研究对于深化台湾史研究也颇具意义。在这方面，台湾学者起步较早，并且已经产生了一定的研究成果。早在1976年张世贤即在《台湾风物》发表了《清代台湾镇道关系（康熙二十三年至同治十三年）》一文，其后，许雪姬的《清代台湾之绿营》、薛鼎霖的《同治前清代台湾镇道府职权研究》等论著也都涉及台湾道制，更为重要的是1980年台湾大学历史学研究所张舜华的硕士学位论文《台湾官制中"道"的研究》，对台湾道制做了制度上的全面讨论。台湾学界对于台湾道制的探讨已经颇具规模，但是仍有可以深入讨论的空间。该书作者敏锐地把握到了台湾学者对于清代台湾道及台湾道台的研究中"更多的是把重点放在镇、道关系的论述上"。张世贤、许雪姬、薛鼎霖等人的论文都以镇道关系为核心论题,即使在专门讨论道制的论文中,张舜华也花费了相当篇幅来论述道台与总兵之间的关系。作者认为台湾道台"作为一个承上转下的地方中层官员,他们还要应对作为上级的督抚藩臬、中央特派的巡查御史,并且要管制下级的府州县官吏。台湾道台与这些官员的关系又是如何的呢?这也是值得我们深入研究的"。从这些角度入手,作者在前人研究的基础上,跳出已有的研究视角,将台湾道、台湾道台与台湾社会都纳入视野考量,从而形成了该书这样具有多角度思维的研究成果。

作者并非局限于台湾道这一论题,而是试图通过对于台湾道的详细考察和分析,回应一些道制研究和台湾史研究的基本问题,如学界较为关注的关于道是否为一级地方行政机构的讨论。作者通过对于台湾道的考证说明台湾道符合一级地方行政机构的四个条件:(1)台湾道具有固定的治所,在台湾府治西定坊;(2)台湾道始终都有固定的辖区,在雍正六年(1728)之后,其辖区便固定为整个台湾地区;(3)台湾道配备有道标、吏役、司狱及幕友,具备僚佐属吏;(4)从乾隆十八年(1753)开始,台湾道摆脱了按察司佐贰的地位,直接受督抚管理。对于这几项,作者进行了严密的考证,进而说明台湾道在乾隆十八年后就成为一级正式行政机构。而在关于清代台湾吏治问题的讨论中,作者通过对于台湾道台的管理制度的细致考证,指出了台湾道台任职中的困难,这正是清代台湾文官制度弊病的缩影。由于台湾远离大陆,难以选任到合适的人才;待遇上,官员收入较少、惩罚极重,任期变化较多。这些因素都对台湾的吏治造成影响。清代台湾的管理制度在不断变化,但是这些变化大多没有切中台湾吏治的要害,使得终清一代,台湾吏治始终处于较差状态。

考证功底深厚是该书的显著特点。制度史的研究中,准确地挖掘和把握史料无疑是重中之重。该书不仅能够较为精确地把握材料,而且根据相关材料的对比,剔除了一些材料中的错误说法,从而推进了相关的研究,如对于台湾道台的人数的考证。在本文之前,对台湾道台的任职情况研究最好的是张舜华的《台湾官制中"道"的研究》,一共列出了97任84位道台,另外还有6位未到任者,共90人。该文被许雪姬认为是"台湾学界做的最好的职官表之一"。该书的作者则根据一系列材料考订,纠正了《重修台湾省通志》的数项错误,最终得出的统计数字是:"清代台湾道台的总人数是 108 人 124 次任命，未到任者 17 人（包括存疑待考者 4 人），到任者共有 91 人 106 任（到任者包括署理和护理者）。"作者的考证功底深厚，对于相关问题善于从不同材料、不同方面发掘史料，进而建构出自己的理论观点。如在第三章中，为了说明台厦道的衙署问题，作者没有轻信"兴泉永道就是在台厦兵备道的原址上建立"的传统看法。作者首先根据何丙仲的考证，确认了兴泉永道的衙署遗址，其后，又根据道光年间福建分巡兴泉永海防兵备道道台周凯的记载，发现了兴泉永道"买地建署"的记载，思考是否存在台厦兵备道遗址，进而在闽浙总督高其倬的奏折中找到证据，证明了驻扎厦门的，仅仅是泉州府同知，而非台厦兵备道。这就有力地证明了在分巡台厦兵备道时期，道台并非人们认为的"半年驻台，半年驻厦"，从而纠正了光绪朝《台湾通志》的错误说法。作者能够从细节处发现问题，综合运用多种史料，进而弥补既往研究的不足。

除了对于制度的考证之外，作者对于具体道台行为的考证则可以进一步丰富对台湾文官制度实践情况的认识，有助于从另一个方面来理解台湾道台的命运。如对于朱一贵事件中"弃职潜逃"的梁文煊，作者提出了不同看法。首先，作者认为道台标兵仅仅 500 名，而乱民则达十几万之众，二者实力悬殊，梁文煊的逃跑并非不可原谅。其次，作者根据蓝鼎元的《东征集》的记载说明梁文煊被处斩是因其成为"平民愤"的牺牲品，此次逃跑中，官员众多，但是对于文官的处置则过于严苛。根据这些考证，作者认为，造成悲剧的根本原因"不在于梁文煊本身的道德操守问题，而在于制度本身存在着缺陷"。台湾道虽有兵备衔，但是所辖兵数过少，且又是文官，无力保境安民。这一事件导致台厦道被取消了兵备衔，进而成为镇、道不和的一个因素。除了梁文煊之外，孔昭慈也是如此。《清史稿》将其列入忠义传，其因在戴潮春民变事件中殉难而得到朝廷嘉奖，朝廷为其立专祠。作者通过亲历这一民变事件的吴德功、林豪以及同光年间的蔡青筠的记载发现，在整个民变事件中，孔昭慈接连做出了错误的判断，事前未能有效防范，事后未能正确应对，从而导致了民变的扩大以及自己的身亡。但是根据之后闽浙总督、福建巡抚的奏折，朝廷为其立祠。这并非基于孔昭慈的指挥表现，而是因其殉职符合清政府稳定军心、民心的宣传需要。作者通过一系列精妙的考证，以小见大，见微知著，从细节中进一步丰富了台湾史的研究，纠正了一些长期以来因清政府官方需要而"书写"的历史。

　　该书全面地论述了清代台湾道、台湾道台与台湾社会，但是仍然存在一些可以进一步研究探讨的方面。作者虽然通过丰富的材料全景式地反映了清代台湾道的面貌，但是还可以从理论上对台湾道的相关问题进一步深入探讨。该书对于所讨论的问题更多是呈现出全方位的细节性描述。如在台湾道性质的考察中，作者使用了大量材料说明台湾道符合一级地方行政区划的标准；但是对于这一重要的标准，作者却直接使用了其他学者的划分标准，缺乏自己的讨论。除此之外，台湾孤悬海外，上级官员较少巡视，朝廷命令也常常延迟到达。台湾道长期作为岛内最高文官而拥有大于他省道台的权力。同时，清政府赋予了台湾道一系列头衔，使之成为一个综合性的道，对岛内各项事务都负有责任。这样的情况极为特殊，是其他道所难以企及的。台湾道的这一特殊性在该书中表述得较为详尽，不必赘述。但是道作为全国普遍设立的机构，也必然具备普遍性。如何理解和解释台湾道的特殊性与全国道制的普遍性之间的关系，在该书中表达得并不明确，这一方面应有进一步探讨的空间。

（作者单位：中国社会科学院近代史研究所）

Table of Contents & Abstracts

- *Monographs*

Abstract: Originally Taiwan had no valuable local products to attract attention of foreign capitalists and imperialists. Tianjin Treaty signed in 1861 regulated that China opened nine treaty ports for trade, and Danshui was one of them. But the reason to choose Danshui has been unknown. It confirmed that tea was the most important export products after Danshui was opened, and Taiwan thereby was brought to the stage of modern international trade. This laid foundation for North Taiwan's economic development, and created economic prosperity in Taiwan. This resulted in the coveting of Japanese people and caused disaster that the Qing government ceded Taiwan in 1895. This article focuses on the topic that how tea affected Taiwanese. To answer this question, it is necessary to enlarge the view to the modern world trade history, and then we can make clear various links relating to tea. This article will firstly explain how British people like to drink tea, and how they found tea, and then discusses foreign firms in Taiwan and tea export. Oolong tea, baozhong tea and black tea respectively represent different political systems, political-commercial relations and marketing strategies or marketing channels.

Abstract: As to the colonial policy of the Office of the Taiwan Governor-General, we could analyze it from "medical and hygiene" for outlining the characteristics of "managing aboriginals" policy in the 1920s. At that time, after the World War I ended, the world shrouded in unexplained bacteria of "Spanish flu" infection. Meanwhile, the rule of Japanese colonial policy changed from military suppression to "Mainland Extending Doctrine" (assimilation) period. The "Mainland Extending Doctrine" was an assimilation policy that forbid the colony to be separated or be independent, but making the colony to integrate into Japan. And the policies toward "aborigines" and "aboriginal lands" were also in a transition period of the Japan's cultural invasion. This article explores the medical activities of a Tayal "Public Doctor" Losin Watan, his Japanese name is "Saburou Watarai" in aboriginal lands in the 1920s, and it's relations with policy of "managing aboriginals".

Taiwan Products and Ling Nan Market on the Eve of the War of Resistance against Japanese Aggression　　　　　　　　　　　*Zhang Xiaohui*（张晓辉）／61

Abstract: On the eve of the Resistance War, the legal market for Taiwan products in Ling Nan area was gradually deprived, while smuggling turned to blossom. The obstacles for Taiwan products in Ling Nan market were mainly people's boycott to Japanese products, the Nationalist government increased import tax rate, Guangdong provincial government carried out economic controlling measures, and the Customs enhanced anti-smuggling acts, etc. Taiwan products had character just as Japanese products, and became competitive in the Ling Nan market. Supported by the "Southern China Policy" of Japanese colonial authority and took Hong Kong as a port to free sale, Taiwan products were secretly sold in Guangdong province, intensifying conflicts between Ling Nan area and Taiwan.

The Fail of the Kuomintang Candidate in the Fifth "Taipei Mayor" Election
Feng Lin（冯琳）／79

Abstract: In the fifth "Taipei Mayor" election that Chiang Kai-shek personally designated candidate and cared election assistance, the KMT candidate "accidentally" failed, giving Chiang a great blow. There were many factors: the fault of the KMT's reconciliation line, the lack of the KMT's power as a party, and the burden of failure in the mainland, etc. The KMT attempted to reconcile all the people, but in the city full of corruption, the actions gave the people an impression of covering up. The constant internal struggles in the KMT and the ineffective propaganda helped Gao Yu-Shu to enjoy a win of "an oppressed one". After retreating to Taiwan, the KMT had been trying to "counterattack" the mainland in order to gain popular support, but it broke its words again and again because of the serious situation, which instead resulting in the loss of popular support. The election won some praise of "democracy" for the KMT, it also reflected many problems.

Land Policy and Agricultural Modernization: The Debate on "the Second Land Reform" in Postwar Taiwan   *Cheng Zhaoyun*（程朝云）／93

Abstract: Taiwan successfully transformed from the agricultural society to industrial society in the 1960s. The agriculture had declined comparing with the rapid development of industry. Facing the dilemma of agricultural development, Wang Zuorong and a number of economists suggested the authorities implement "the Second Land Reform", so that the land could be transferred freely, thus to enlarge the scale of agricultural operation and promote agricultural modernization. This suggestion caused many debates in the circle of economists, the agricultural officials and the land management system. They mainly argued about the relationship between the land-to-the-tiller policy and the agricultural modernization, behind those debates were their thinking about the path of Taiwan's agricultural development, i. e. , regarding the agricultural modernization as western style of "big farming" that characterized by the mechanization and industrialization. Taking agricultural modernization as its goal, the land-to-the-tiller policy gradually became the obstacle to the agricultural development, and the land policy of Taiwan thereby gradually changed, the government finally abolished the land-to-the-tiller policy.

The Diaoyutai Movement and New China Identity of Taiwan Students Studying in the United States in the Early 1970s   *Wang Yuguo*（王玉国）／108

Abstract: In the early 1970s, Taiwan students studying in the United States launched the Diaoyutai Movement and protected the territory and sovereignty of the state. Because the attitude of the Taiwan authorities towards the Diaoyu Islands was weak, Taiwan students began to identify New China. In the conference held in Brown University adopted a resolution to support the People's Republic of China as the only government representing China. After the thaw of the Sino-American relations, famous Chinese-American scholars and Taiwan students visited mainland China and re-knew New China. They got to know the socialist system and praised for the achievements which deepened their identity of New China. From understanding to identity of New China, Taiwan students in the USA experienced the perceptual knowledge of the Diaoyutai Movement and the rational identity of homeland journey. National identity includes "ethnic identity", "cultural identity" and "institutional identity". The change of Taiwan students was only "institutional identity", but not the national identity.

Abstract: Since 1987, the Taiwan Society entered a historical period of reform, and one of them was educational reform. The Taiwan folk educational reform movement was motive power of promoting Taiwan educational reform. After 1994, the Taiwanese authorities formally started to implement educational reform. Until the end of Cheng Shuibian's ruling, the Taiwan educational reform had got many specific achievements. However, because the reform was carried out during the periods of Li Denghui and Chen Shuibian, there was a line of "Desinicization" or "Taiwan independence". Therefore, it is natural for the reform resulting in controversies, especially resulting in intense controversies between Blue camp and Green camp, and between union faction and "dependence" faction. This kind of controversies will be continued.

Abstract: Taiwan's "National Conference" in 1990 was held against the background of development of world democratization wave, the growing rise of the international status of the People's Republic of China, constant internal disputes in the Kuomintang, the growing of the opposition forces outside the KMT, the rise of the middle class and social movements in Taiwan. The conference discussed five important topics, including "the Congress reform", "local institution", "the central government system", "Constitution (including Temporary Provisions) amendment mode", and "mainland policy and cross-strait relations", reaching some consensus such as declaring the end of "Rebellion Suppression Period", abolishing the "Temporary Provisions", retire of "senior representatives of National Assembly", starting "constitutional reform", and enhancing cross-strait exchanges. A group of political figures emerged in this conference and they are still active in Taiwan today. In general, it is an important conference in Taiwan's social transformation. It has a form of political consultation, and also a clear color of party consultation. The conference exerted certain influence on the change of Taiwan's political structure and the development of cross-strait relations.

Abstract: At the beginning of the 21th century, during Chen Shuibian period, along with the strengthening of the Japanese-American security system and gradual increase of military relations between Taiwan and the USA, the Taiwan-Japanese military relations developed swiftly. After the KMT returned to power again in May of 2008, the Taiwan-Japanese relations, though temporarily frustrated, developed rapidly. To some extent, their military relations declined, but they still maintained close and high level contacts. Looking from a deep level, the long term abnormal development of the Taiwan-Japanese military relations is a strategic plan for Japan to actively cooperate with the USA's Asia-Pacific strategy and policy of containing China's rise, and also an inevitable outcome for the USA to raise Japan's military role in Asia-Pacific region through strengthening the Japanese-American alliance after the Cold War. In recent years, affected by various factors, Taiwan and Japan take a lower and cautious position to the development of military relations. However, in the foreseeable future, especially along with high military integration of the United States and Japan, the Taiwan-Japanese military relations will be certainly "heating up" again. With the coming of Taiwan's leader election in 2016, Taiwan's political authorities will certainly be changed, and the Taiwan-Japanese relations (including military relations) will be uncertainty.

A Comparative Study of the History of the War of Resistance against Japanese Aggression in Middle School History Educations both in Chinese Mainland and Taiwan
  —Based on Current Curriculum Standards and Textbooks

Xue Weiqiang (薛伟强) / 183

Abstract: History education, especially middle school history education, plays an important role in gathering the common historical memories across the Taiwan straits, and cannot be replaced by any other way. As to the Resistance War, there are many differences in curriculum standards, textbooks views and narratives about important historical facts between mainland and Taiwan. In particular, when it involves the relations between the Kuomintang and the Communist Party, two sides have opposite views because they have different positions. Ideological difference is the biggest obstacle to unify common historical memories across the straits. Although the contents of history textbooks in Taiwan have broad visions, the part of the history of the Resistance War is not focused on the War itself, and they deliberately de-emphasize the heroic deeds of the Nationalist army and violence of Japanese army, and avoid the backstage struggles led by the Chinese Communist Party. This, of course, is related to the long-term ferocious battles between the Blue and Green camps in Taiwan and also related to the special political environment of Taiwan "independence" ideas prevailing in Taiwan. In comparison, textbooks in Chinese mainland describe, with a great length on the heroic deeds of the Kuomintang army in frontline battlefield, displaying generosity and tolerance. Both sides should strive to overcome the ideological shackles, and on the basis of "sharing historical data, and jointly writing history books," to jointly write Chinese history textbooks, gathering the common historical memories across the straits and promoting mental agreement of compatriots on both sides.

• *Ph. D Candidate Forum*

The Eight Banners Officers and Soldiers Involved in the Lin Shuang-wen Event Occurred in Taiwan of Fujian Province in the Qing Dynasty

Abstract: In the Qing dynasty, since Emperor Kangxi recovered Taiwan, Taiwan was a part of Fujian province in terms of administrative division and lasted for more than 200 years. Geographically, Taiwan, Zhangzhou and Quanzhou are located in the south of Fujian province, Taiwan is one of traditionally called "Three Prefectures of South Fujian". Ethnologically, these three regions are the main action zones of southern Fujian ethnic group. In the late period of Emperor Qianlong, Taiwan broke out social unrest with largest scale since the Qing dynasty in Fujian— "Lin Shuang-wen Event". For a long time, academic studies have focused on the causes, nature of the uprising, and the relationship between the uprising and the Heaven and Earth Society. These studies basically explore in Lin Shuang-wen side. As to the Qing government, the researches have been concentrated on the strategies of Emperor Qianlong toward the turbulence. As to requisition of the army, only involve such problems as dispatches of Fujian Green Camp and Sichuan "Tun Fan" system. Until now, no one pay attention to the role of Eight Banners army in this event. This is why I wrote this article.

Unusable Japanese Colonial Statistics

Abstract: According to the colonial Taiwan's agriculture statistics, this article makes a preliminary study on differences between production output and factual production. Output is always affected by money inflation or deflation, and it can't reflected the actual situation. Here define the importance of yield and limit of output, show the relation numerical grounds and study method. Agriculture was the most important industry. Both Taiwan and Japanese scholars have successively probed related statistics, but their viewpoints focused on revising total output value and ignored total production. The problems caused by different statistics have not been noticed seriously. Through comparing the resources of statistics used by both parties, this paper tries to analyze the inherent problems of agriculture statistics, and also displays the importance of output and limitation of output value when we evaluate the production capacity.

• *Summary*

• *Review*

稿　约

一、《台湾历史研究》由中国社会科学院台湾史研究中心主办，中国社会科学院近代史研究所台湾史研究室编辑，社会科学文献出版社出版。2013年创刊，每年出版 1 辑。

二、本刊为台湾历史研究专业学术刊物，登载自古迄今台湾历史研究领域原创性的优秀学术成果。内容涵盖政治史、经济史、社会史、文化史、思想史、军事史、外交史、两岸关系及历史人物等各个方面，体裁包括专题研究论文、读史札记、史实考订、史料评介、书评（研究性书评和介绍性书评）及文评、学术综述、学术讨论、学术动态等。同时适当刊载有关台湾历史研究的珍稀资料与口述史料。

三、本刊提倡实事求是的学风，贯彻"百花齐放、百家争鸣"的方针，大力倡导探索创新的学术研究和相互尊重的学术争鸣。热诚欢迎国内外学者惠寄稿件（暂限中文稿），热诚欢迎读者提出批评和建议。

四、来稿字数不限；提倡言简意赅，详略得体。

五、来稿务请遵循学术规范，遵守国家有关著作权、文字、标点符号和数字使用的法律和技术规范以及本刊有关规定。投稿以电子邮件或纸质打印稿形式均可。

六、来稿请附英文题目及 300 字左右的中英文内容提要和 5 个以内关键词。

七、为便于联系，请来稿注明作者姓名、职称、工作单位、通信地址及邮政编码、电话、传真、电子信箱等信息。

八、稿件寄出三个月后未收到采用通知者，请自行处理。

九、来稿发表后，赠送两册样刊，并略致稿酬。

十、来稿一律不退，请作者自留底稿。

联系人：程朝云　　电话：13811346676

投稿电子邮箱：tws2013@ cass. org. cn

纸质稿请寄：北京市王府井大街东厂胡同 1 号　　邮政编码：100006

中国社会科学院近代史研究所台湾史研究室《台湾历史研究》编辑部

中国社会科学院台湾史研究中心

《台湾历史研究》编辑部

2013 年 5 月 20 日

图书在版编目（CIP）数据

台湾历史研究. 第四辑 / 张海鹏，李细珠主编. --
北京：社会科学文献出版社，2016.11
ISBN 978 - 7 - 5097 - 9669 - 6

Ⅰ.①台…　Ⅱ.①张…②李…　Ⅲ.①台湾 - 地方史
- 研究　Ⅳ.①K295.8

中国版本图书馆 CIP 数据核字（2016）第 212879 号

台湾历史研究（第四辑）

主　　编 / 张海鹏　李细珠

出 版 人 / 谢寿光
项目统筹 / 赵　薇
责任编辑 / 赵　薇　陆　彬

出　　版 / 社会科学文献出版社·近代史编辑室（010）59367256
　　　　　地址：北京市北三环中路甲 29 号院华龙大厦　邮编：100029
　　　　　网址：www. ssap. com. cn
发　　行 / 市场营销中心（010）59367081　59367018
印　　装 / 北京季蜂印刷有限公司

规　　格 / 开本：787mm×1092mm　1/16
　　　　　印张：18.75　字数：313 千字
版　　次 / 2016 年 11 月第 1 版　2016 年 11 月第 1 次印刷
书　　号 / ISBN 978 - 7 - 5097 - 9669 - 6
定　　价 / 59.00 元